Durch die weite Welt

52. Band

Durch die weite Welt

**Abenteuer des Alltags:
Natur, Technik, Sport, Reisen
und Hobby**

52. Band

Mit 300 farbigen Abbildungen

**Franckh'sche Verlagshandlung
Stuttgart**

Umschlagentwurf von Edgar Dambacher. Fotos von Bernhard Wagner (Motor-Skijöring) und Werner Gartung (Mädchen mit Hund)
Die Farbbilder am Anfang und am Ende des Buches zeigen ein »Gedränge« beim Rugby (Foto: Siegfried Gragnato) und ein Dnpr-Motorrad-Gespann (Foto: Reiner H. Nitschke). Den Falkner auf Seite 3 fotografierte Bernhard Wagner bei den historischen Ritterspielen in Brügge.

Redaktion: Uwe Höch, Regina Birk und Barbara Hummel

Franckh'sche Verlagshandlung, W. Keller & Co., Stuttgart/1978
Printed in Italy / Imprimé en Italie / LH 12 hö / ISBN 3-440-04581-1
Satz: Ernst Klett, Stuttgart
Reproduktion, Druck und Buchbinder: Grafiche Muzzio, Padua/Italien

Durch die Weite Welt   52. Band

Natur

Die Mutter macht den Familien-Omnibus / Von Wolfgang Bechtle 38

Der Aronstab – ein Fliegengefängnis / Von Harry Vitalis 59

Moschusochsen – Überlebende der Eiszeit / Von Vitalis Pantenburg 177

Aus Eins mach Zwei – Vom Geheimnis der Flechten / Von Hans-Heinrich Vogt 249

Nur echt mit roter Nase / Von Wolfgang Bechtle 270

Forschung und Technik

Der große Trichter in der Eifel – Aufgaben und Leistungen des Radioteleskops Effelsberg / Von Bruno P. Kremer 28

S-O-S – S-O-S – holt uns raus um Gottes willen! Seenotkreuzer »Hermann Ritter« / Von Ernst Leverkus . 88

Produktion auf Probe – Pilotwerk garantiert Qualität ab Wagen Nummer 1 / Von W. Wendel 120

Feinmechanik, die man mit den Füßen tritt / Von Claus Peter Becker ... 146

Notrufsysteme für Autofahrer / Von Tilo Diepholz.................... 182

Garne, Schaum und 1000 Nadeln – So entsteht ein Teppichboden / Von W. Wendel 237

Arlberg-Straßentunnel – Großbaustelle unter Tag / Von Richard Höhn 278

Tauschaktion für Linien-Jets – Lufthansa-Flotte im Wandel / Von Erich H. Heimann 328

Handelsschiffahrt unter Wasser? / Von E. Klacks 340

Ein Bad wie bei den Königen – Sanitärkeramik gestern und heute / Von L. Werner 344

Chemiewerkstoffe im Kreuzverhör – Werkstoffprüfung sichert Qualität / Von L. C. Treppel 361

Kunst, Kultur und Zeitgeschichte

Groot Tornooi van Brugge / Von Richard Höhn 78

Reggae / Von Helmut Röhrling 226

Die Rätsel der alten Ägypter / Von Harry Vitalis 321

Geschichten auf Geld / Von Inge Leverkus 356

Fremde Länder und Abenteuer

Sklaven der Not – Notizen über die indischen Ureinwohner / Von Fred C. Siebeck..................... 8

Im Pullmann durch die Schluchten der Sierra Madre / Von Alfred M. W. Schürmann..................... 62

Wenn Nomaden fischen – Existenzprobleme des Turkana-Stammes in Kenia / Von Werner Gartung 108

Viva la paloma blanca! – Wallfahrt in Andalusien / Von Anton Dieterich 216

Whisky, Dudelsack und Haggis – Schottland – Land am Rande Europas / Von Albert Martin Steffe 256

Im Land der Drachen – Auf Expedition in Bhutan / Von Fred C. Siebeck 296

Im Motorradsattel durch Sizilien / Von Reiner H. Nitschke 373

»Chairete« Griechenland – Ein Streifzug durch Antike und Gegenwart / Von Erich H. Heimann 384

Sport

Rugby / Von Jürgen Rau 48

Motorrad-Gespanne – Fahrspaß auf drei Rädern / Von Reiner H. Nitschke 156

Des Weltmeisters roter Kobold / Von Ernst Leverkus.................... 232

Motor-Ski-Jöring / Von Ingrid Stimmer 308

Erzählungen

Gebt acht auf den 1. Vorsitzenden! –
Die Geschichte eines Zweifels / Von
Herb Chapman 132

Flöz Mausegatt / Von Dieter Schliwka........................... 194

Hobby und Freizeit

Von der Sonnenuhr zur elektronischen Uhr / Von Rudolf Schönwandt   18

Das Experiment: Wir trennen Blattfarbstoffe an Tafelkreide / Von Bruno P. Kremer 77

Die Geschichte der Technik miterlebt
– Automaten gab es schon im Altertum / Von Erich H. Heimann 98

Malen mit der Kamera / Von Jörg
Reichle 166

Auch Kleben will gelernt sein – Was
man vom Kleben und von Klebern
wissen sollte / Von L. C. Treppel 285

Sklaven der Not

Notizen über die indischen Ureinwohner

Von Fred C. Siebeck

Indien, im Osten. Unterhalb von Kalkutta
schmiegt sich der Bundesstaat Orissa in die
Beuge des Indischen Subkontinents. Die
Ufer des Golfs von Bengalen bilden über
482 sandige Küstenkilometer die Ostgrenze
dieses Staates.
Mein Ziel verbirgt sich in den Regenwäl-
dern der Bergregion von Orissa. Auf die indischen Ureinwohner, die sich in diese Regenwälder von Orissa zurückgezogen haben, richtet sich meine Neugier. Adibasi
heißen alle Ureinwohner mit einem Sam-
melwort. Häufig werden sie abfällig
»Waldmenschen« genannt. Seit dem Vor-
dringen der Hindus auf dem Subkontinent,
seit dem ersten nachchristlichen Jahrhundert werden die Adibasi von den eingewanderten Ariern als Primitive beschimpft und
mörderisch verfolgt.

*Oben: Reste von 100 Stämmen der Urein-
wohner Indiens haben sich nach Orissa zurückgezogen. Die Lebensbedingungen dieser
Adibasi sind hart. Wetterkatastrophen und
Wildschäden bewirken oftmals Hungersnö-
te.*

Die letzten Splitter von nahezu hundert Stämmen halten sich abseits in den bewaldeten Bergen von Orissa in abgekapselter Scheu. Ich bin auf der Suche nach dem Rest des Stammes der Kondh. Mein einheimischer Dolmetscher ist ein schmächtiger, kleiner Mann vom Stamm der Koya. Sein Name ist Gundi Maji. Unter der Führung von Gundi Maji ersteigt meine vierköpfige Erkundergruppe im inneren Bergland von Orissa den schluchtenreichen Dschungel. Unsere Fahrzeuge, Jeep und Limousine, mußten wir an einer Flußniederung zurücklassen. Königsfischer, prachtvolle Vögel, bestreichen das Ufer. Ich entdecke einen Ameisenbär und mehrere Faultiere. Die feuchte Hitze schlaucht uns. Surya, der Sonnengott, sei es, der uns mit Hitzeschwaden überhäuft, sagt Gundi Maji. Als wir durch seine Unachtsamkeit in die Irre geraten, nennt er achselzuckend als Schuldige die Baumnymphe Shalabhanjika.

Elefantenlosung sticht mir in die Nase. Ein Erdrutsch hat ein Getreidefeld vernichtet; Kurkuma nennen die Kondh das rötliche Korn. Eine Dschungelkatze duckt sich ins Reisig. Blutgierige Insekten schwirren. Nachts wecken mich die Jagdschreie eines Tigers. Füchse bellen. Fledermäuse kreisen lautlos. Wispernde Eingeborene, die geduckt ums Feuer schleichen, suchen unter den Abfällen nach eßbaren Nahrungsresten. Hyänen streunen.

Vor Sonnenaufgang durchqueren wir ein verwüstetes Maisfeld. Nashornvögel turnen in baumhohen Farnen. Eine Reisterrasse, in einen Berghang gestuft, ist zerwühlt. Affen kichern in Kenua-Bäumen. Schwarze Drangos, Krähenvögel, stochern im Boden. Schlangen haben sich gehäutet: Im Gestrüpp hängen leer die Bälge, aus denen sie geschlüpft sind. Holz knackt unter dem Polterschritt der Elefanten. Teakholzstämme sehe ich zersplittert.

Gegen Mittag erreichen wir nach schweißtreibendem Aufstieg durch verkohlte Wälder ein Dorf der Kondh. Zwei, drei Männer mit schwarzem Kraushaar, dürr, braunhäutig, bis auf den Lendenschurz nackt, schleppen sich kraftlos heran. Es sind Raiyats, erfahre ich, sie gehören dem »Rat der Ältesten« des Stammes an. Ihren müden Gesichtern gelingt kein Lächeln zur Begrüßung.

Wie Modergeruch weht mich der Hauch des Todes an. Versunkene Gestalten kauern in Trauerstellung auf Matten aus Bast. Sie regen sich nicht. Kinder blicken stumm zu mir auf. Greise, die auf mich zutaumeln, sind wankende Schrecknisse. Welches Unglück hat diesen Zustand bewirkt? Der Hunger. Nichts als der tötende Hunger.

»Die Elefanten«, sagt Gundi Maji, »haben beim Vollmond das letzte ihrer Felder abgefressen und danach zertrampelt.« Diese Katastrophe, von der man sich ohne fremde Hilfe nicht erholen könne, habe sich vor 23 Tagen ereignet, und, alle 84 Götter der Kondh könnten es bezeugen: es sei in diesem schlimmen Jahr nicht die einzige Katastrophe gewesen.

Ist, frage ich, keine Hilfe zu erwarten? »Hilfe? Woher denn?« Hohn schwingt hinter dieser Gegenfrage. Wieviel Einwohner, frage ich weiter, hat das Dorf? »So etwa zweihundert gehören zu dieser Mutha«, lautet die ungefähre Angabe. Kein Kondh in diesem ausgelaugten Dorf macht sich noch die Mühe, die genaue Ein-

Rechts: In der überschwemmten Senke einer Flußniederung, hinter der unbefahrbarer Bergdschungel beginnt, müssen wir unseren Jeep mit allen Vorräten, der Ausrüstung und den Geschenken für die Adibasi zurücklassen.

10

wohnerzahl, die sich täglich durch Todesfälle verringert, zu ermitteln.

»Mandi, mandi.« In einem Gefäß, dem Mandi, werden mir vom altersschwachen Disari, dem Dorfpriester der Hauptgöttin Dharani, ein paar Tropfen Wein gereicht. »Mahula, mahula.« Der Wein heißt Mahula in der Uraltsprache der Kondh, dem Kui. Aus Höflichkeit nippe ich daran. Fünf Körner Reis erhalte ich dazu. Es rührt mich, von Hungernden bewirtet zu werden. Hat man es den Kondh nicht beigebracht, Vorräte anzulegen? Doch, gewiß, man habe es ihnen beigebracht. Ein Beamter aus Puri habe sie gelehrt, den Kulian, den ungeschälten Reis, aufzubewahren. »Doch der Kulian, den wir ernten, reicht für unsere vielen Bäuche nur zweimal über die Dauer des vollen Mondes«, berichtet Gutuna, der stoppelbärtige Ortsvorsteher.

Alle Vorräte seien vertilgt. Sogar das Reisstroh hätten sie gekocht. Schwache Ernten im Oktober und Wildschäden das Jahr hin-

Oben: Zwei Adibasi, die wir im Wald aufspüren, sind bereit, gegen einen Lohn in Lebensmitteln und Kleidung uns als Träger zu begleiten.

Rechts: In halber Höhe der Bergregion von Orissa treffen wir auf eine Siedlung, in der nur noch wenige Ureinwohner leben. Viele sind verhungert, andere hat der Nahrungsmangel vertrieben.

durch erlaubten keine Vorratswirtschaft von langer Hand. »Unsere Hand«, sagt Gutuna wehmütig, »reicht nur bis zum Mund.« Oft sei die Hand leer. Verwüstet sei Mera, das fruchtbare Land. Sie besäßen nicht mehr die Kraft, um mit dem Ackerbau, dem Herru kumma, von vorn zu beginnen. Denn es fehle nicht nur an Reis und Fleisch, es mangele auch an Mangokernen und an Karanjafrüchten, um daraus Öl herzustellen.

Gutuna: »Keine Karanja, keine Mohwa,

12

kein Mark vom Salapbaum! Gepflückt sind alle Beeren, alle Wurzeln sind ausgegraben!« Selbst die eßbaren Würmer hätten sich verkrochen, und die begehrten Schmetterlingslarven seien selten. »Und Blätter und Baumrinde stillen nicht den ganzen Hunger.«

Hat man denn nicht, frage ich, zum Landbeauftragten der Bhudan Karmi geschickt? Er verwaltet ein Vorratslager, das die Regierung für derartige Notfälle eingerichtet hat. Gutuna entgegnet: »Kein Kulian in Bhudan Karmi.« Hohn mischt sich mit Trauer zu der Antwort: Die Geldgier habe das Vorratslager geplündert. Die Vorräte seien von eigennützigen Verwaltern unrechtmäßig unter der Hand verschoben worden. »Kein Kulian, kein Manjian, kein Reiskorn für einen hungrigen Kondh.«

Der Tag verdämmert. Die Kälte läßt die Luft gerinnen. Als der Nachtschatten die Erde deckt, drängen wir frierend ans Feuer. Zwei alte Männer, die nur dürftig

mit einem Hüfttuch bekleidet sind, beschichten sich gegenseitig den Rücken und die bloßen Schultern mit angewärmten Blättern, um der kalten Feuchtigkeit zu wehren. Sie spucken, sie husten. Braune, sanfte Kinder, die sich an mich pressen, sind splitternackt. Sie zittern. Vom Hunger geschwächt, frieren sie leicht. Rundum herrscht lebensvernichtende Not.

Zwar lasse ich alles, was sofort eßbar ist, an die Kinder verteilen: Brot, Kekse, Eiweißpulver, Trockennahrung, Nußkerne, Schokolade; zwar wird das Kilogramm Reis, das als Abendmahlzeit für vier Personen gedacht war, mit Suppenwürfeln in einem Zwanziglitertopf gekocht – doch bei 200 Hungernden ergibt das für jeden nur eine Kostprobe.

Mich bekümmert die Not, an der ich teilhabe. Ich könnte sie vorübergehend lindern, wenn unsere Fahrzeuge an einer unpassierbaren Flußschwelle nicht hätten zurückbleiben müssen. Ich beklage das. Doch

der einheimische Gott der Barmherzigkeit, wer immer von den 84 Himmlischen der Kondh-Religion das sei, bahnt zu meiner Überraschung dem Jeep einen Fahrweg durch den Dschungel.

Fünfzig Kilogramm Reis, ein Sack Mehl, zehn Hühner, gesalzenes Rindfleisch, zwei Speckseiten, ein Karton Kekse, Süßigkeiten, allerlei Konserven, Wolldecken, eine Kiste Obst, eine Kanne Speiseöl, Geschenke: vom Taschenmesser bis zur Taschenlampe, Medikamente und Bilderbücher werden mit atemloser Andacht bestarrt. Ungläubig ist man stumm. Im Kreis umkniet die Bevölkerung die unerhörte Gottesgabe.

Gutuna weint. Rufe lösen sich aus der Menge. Arme recken sich. Kinder kriechen auf den Gabenstapel zu; sie können nicht begreifen, was sie berühren. Der Dorfprie-

Oben: Unter der Nahrungsknappheit in den Waldgebieten von Orissa haben insbesondere die Kinder zu leiden, denen es an Aufbaustoffen fehlt.

Rechts: Nach einem 28 Kilometer langen Fußmarsch erreichen wir ein abgelegenes Dorf der Kondh, in dem Hunger und Verzweiflung herrschen. Von den 200 Bewohnern des Dorfes sind bei unserem Eintreffen nur einige wenige auf den Beinen.

ster des obersten Himmelsgottes, der Jani, springt mit einem Schluchzer auf und umarmt den Dorfpriester der Hauptgöttin Dharani, den Disari. Heulend liegen sie sich in den Armen.

Wie eine Flamme schießt der Jubel auf. Ich mahne. Ich habe dem Hunger nur einen Dämpfer aufgesetzt, vorübergehend nur,

14

für einen satten Tag nur – ein flüchtiges Glück! »Ach, ach, das Glück«, erwidert Gutuna, »ist wie ein fruchtbarer Acker mit gutem Wasser.« Er lacht: »Heute fließt das gute Wasser, fruchtbar ist der Acker des Glücks, und fröhlich sind heute die Kondh.«Ich nicke. Hier Einsicht zu fordern, hieße den Frohsinn zu maßregeln. Eine Flöte fiept: »Bansi, bansi.« Eine Trommel wird geschlagen: »Dadam, dadam.« Dadam heißt die flache Trommel. Das dreisaitige Pleka wird mit einem büffelhaarbespannten Bogen gestrichen. Zu den Tönen, die sich wie Schluchzer anhören, singen die Männer, Mädchen tanzen. Die fellbespannte, metergroße Pauke, die Tapka, die unter wilden Schlägen rhythmisch dröhnt, läßt die Dunkelheit erbeben. Lustvoll gebärden sich die Adibasi. Ausgelassen narren die Übriggebliebenen vom Stamm der Kondh den Tod, der sie alle schon im Würgegriff hielt, als ich erschien. Das Leben hat sie wieder.

Die unverhofften Nahrungsmittel haben diese dankbaren Armen bis zur Tollheit überwältigt. Sie wollen mich umarmen. Doch der Segen, den ich ihnen beschert habe, wird nur von kurzer Dauer sein. Mit der Sonne kehrt auch der Hunger zurück. Was soll dann geschehen? Kein Kondh stellt sich diese Frage.

Ein pockennarbiger Mann, der mir als Bui vorgestellt wird, stößt mit dem Übermut des Glücklichen in das Kama, ein alphornähnliches Instrument. Die Kondh loben mich als ihren Retter. Zu retten vermag ich sie nicht.

Immerhin – ich erreiche es durch meinen Zuspruch, daß die Raiyats die Feldbestellung anordnen. Es gelingt mir, nach einem wortreichen Dauergespräch über Stunden hinweg, durchzusetzen, daß Feldhüter bestimmt werden, um Wildschäden zu verhindern. Jäger, die ich unterstütze, erlegen einen Büffel. Ein Schwarm Vögel wird gefangen. Eine Milchkuh läuft zu. Ein Elefantenkalb wird geschossen. Schließlich wird sogar ein Kind geboren. »Der Herr mit den vier Augen hat uns das Glück wie einen Sonnenball ins Dorf geworfen«, verkündet Gutuna, der mich den Herrn mit den vier Augen nennt, weil ich eine Brille trage.

Oben: Ackerbau, Viehzucht und Jagd sind die Lebenssäulen der Adibasi. Doch die Ernteerträge werden von Jahr zu Jahr geringer, und die Zahl der jagdbaren Tiere nimmt ständig ab.
Rechts: Während des langen Aufstiegs durch den Bergwald begegnen mir auf einer Lichtung die ersten Ureinwohner vom Stamm der Kondh.
(Fotos: F. C. Siebeck)

Ich tue, was ich kann. Ich lehre die Kondh, was ich weiß. Ich hoffe, daß sie es lernen. Und inständig hoffe ich, daß sie das Gelernte für immer behalten. Und daß sie alles, was sie von dem Gelernten behalten haben, nutzbringend anwenden. Aber ich fürchte zu wissen: Kurzlebig ist ihre Einsicht. Sie müssen zur Einsicht erst noch geführt werden.

Die Ureinwohner des Indischen Subkontinents können im Zeitalter der Technik nur bestehen, wenn Inder und Europäer bereit sind, mit Güte, angepaßtem Sachverstand und hartnäckiger Geduld den Adibasi die Anleitungen zum Überleben zu erteilen. In Indien geschieht das nicht. Die Europäer haben andere Sorgen. Somit steht den Kondh das Ende bevor.

Von der Sonnenuhr zur elektronischen Uhr

Von Rudolf Schönwandt

Neulich habe ich meinen beiden Söhnen (zehn und elf Jahre alt) eine Prämie von fünf Mark ausgesetzt. Die Aufgabe: das Fernsehgerät einschalten, wenn die Sportschau beginnt. Die Schikane dabei: Sie sollten die Zeit mit Hilfe einer Sonnenuhr bestimmen. Einer sehr schönen, alten Sonnenuhr, die ein Meister Andreas Vogler gegen Ende des 18. Jahrhunderts in Augsburg angefertigt hat.

Die beiden bauten die Sonnenuhr sorgfältig auf. Aber sie hatten Pech. Lange bevor die Sportschau um 17.48 mitteleuropäischer Zeit startete, hatte sich die Sonne hinter dicken Wolken versteckt. Doch selbst wenn sie geschienen hätte, wäre den beiden die Prämie wahrscheinlich entgangen. Denn als Meister Vogler unsere Uhr konstruierte, konnte er noch nicht ahnen, daß es einmal so etwas wie eine mitteleuropäische Zeit geben würde. Seine Uhr zeigt die natürliche Ortszeit. (Gleich mehr darüber.)

Wir sind heute äußerst pünktliche Leute

Um 7.43 fährt der Schulbus. 8.15 Uhr Schulbeginn. 10.34 Uhr geht mein Zug nach Hamburg ab. 11.15 Uhr soll meine Frau beim Zahnarzt sein. Jahrtausendelang kam es den Menschen auf zwei, drei Stun-

den mehr oder weniger nicht an. Bei uns geht es um Minuten. Wenn wir nur die Sonnenuhr hätten, wären wir ganz schön aufgeschmissen.

Natürlich sind wir es nicht. Schließlich trägt heute fast jeder Mensch eine Armbanduhr. Wir auch. Und in unserem Wohnzimmer steht ein kleines, pechschwarzes Kästchen. Es tickt nicht, es schnurrt nicht, es surrt nicht. Völlig lautlos erscheinen auf seiner Frontseite magisch grün schimmernde Zahlen.

Meine Frau und meine Söhne haben nicht die geringste Ahnung, was in diesem Kästchen passiert. Sie wissen nur: Wenn die Uhr 17.48 anzeigt, dann ist es 17.48 Uhr. Hundertprozentig. Man könnte die Fernsehuhr danach stellen.

Jede Uhr zerstückelt den Strom der Zeit

Wie mißt man eigentlich etwas, das niemand sehen, fühlen oder hören kann – den gleichmäßigen Strom der Zeit, der weder Anfang noch Ende hat? Indem man die Zeit in Stücke teilt und diese zählt. Aber wo bekommt man »Zeitstücke« her? Vorgänge also, die sich wiederholen und möglichst genau dieselbe Dauer haben?

Unsere Vorfahren hatten einen solchen

18

Oben: Die Fluoreszenzanzeige einer modernen elektronischen Digitaluhr: Aus den 7 Segmenten eines Anzeigefelds kann jede Zahl gebildet werden. Die Segmente leuchten, wenn sie unter Spannung stehen und von den Elektronen getroffen werden, die die drei quergespannten, geheizten Kathodendrähte ausschicken. (Foto: Braun AG).
Rechts: So sieht die Oberfläche eines modernen integrierten Schaltkreises bei starker Vergrößerung aus. Mit einer raffinierten Herstellungstechnik sind hier verschiedene Schichten von Halbleitermaterialien so angeordnet, daß sie die Funktion Tausender von einzelnen elektronischen Bauteilen wie zum Beispiel Transistoren erfüllen.
(Foto: Braun AG)

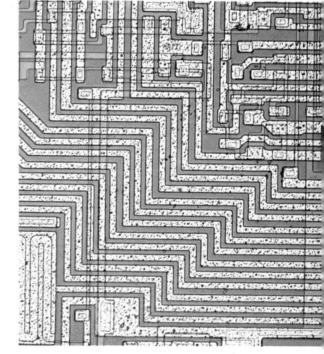

Vorgang .ständig vor Augen: Die tägliche Wanderung der Sonne über den Himmel. Mit der Sonne wanderten auch die Schatten von Pfählen, Hausecken, Bäumen. Tag für Tag legte der Schatten dieselben Wege etwa in derselben Zeit zurück.

»Wir rasten hier, bis der Schatten des Baumes die Quelle erreicht hat.« Das ist die Idee der Sonnenuhr! Weil die Sonne nicht ständig scheint, erdachten sich die Menschen der Antike Uhren, die die Zeit mit anderen, immer wiederholbaren und einigermaßen gleichlangen Abläufen maßen: z. B. dem Auslaufen von Sand oder Wasser aus einem Gefäß. Oder auch dem Abbrennen von gleichlangen Kerzen.

Im mittelalterlichen Europa wurde dann die mechanische Räderuhr erfunden. Hier wird der Zeitablauf durch das Schwingen eines Pendels oder einer Unruh in gleichlange Takte zerteilt, die dann von den schrittweise vorrückenden Zeigern sozusagen gezählt werden.

Die Revolution in der Zeitmeßtechnik

In unserem Jahrzehnt nun sind wir Zeugen einer dramatischen Revolution der Zeitmeßtechnik: der Entwicklung der elektronischen Digitaluhr.

Wenn man eine solche elektronische Uhr aufmacht, erinnert nichts mehr an die Räderuhr. Sie ähnelt eher einem Transistorradio. Dennoch: Auch elektronische Uhren messen die Zeit, indem sie eine Folge von gleichlangen »Zeitstücken« zählen. Z. B. die Schwingungen eines Quarzkristalls.

Bei der schwarzen Uhr, die in unserem Wohnzimmer steht, ist es eine andere Schwingung – nämlich die des Wechselstroms aus der Steckdose.

10 000 Mark für eine Sonnenuhr

Das 18. Jahrhundert, in dem Meister Vogler meine Sonnenuhr fertigte, war die Glanzzeit der Sonnenuhr. Unzählige Gelehrte und Tüftler dachten sich immer neue

Konstruktionen aus. Es entstanden dabei zauberhafte Kunstwerke, die in unseren Museen Ehrenplätze haben. Sie sind bei Sammlern so begehrt, daß schöne Stücke auf Auktionen leicht 10 000 Mark und mehr bringen.

Mein Exemplar ist leider viel weniger wert. Ich besitze nämlich nur eine originalgetreue Kopie. Aber auch die kostet mehr als drei hochmoderne, sekundengenaue elektronische Uhren zusammen.

Andreas Vogler baute eine Äquatorialuhr

Die Konstruktion einer Sonnenuhr ist sehr simpel im Vergleich zu der einer elektronischen Uhr. Dennoch muß man auch als Sonnenuhrmacher einiges wissen. Ich will hier versuchen, die Idee einer Äquatorialuhr mit einem Gedankenexperiment zu verdeutlichen.

Stellen wir uns einen kleinen Globus aus Glas vor. Durch den Globus geht von Pol zu Pol eine Achse. Der Äquator ist als Strich aufgemalt. Nun richten wir die Achse parallel zur Erdachse aus. Ein Forscher, der sich gerade am Nordpol befindet und sozusagen oben auf der Erdachse steht, müßte die Achse des kleinen Glasglobus also genau senkrecht stellen. Auf dem Äquator wäre sie genau waagrecht. An allen Orten dazwischen muß sie jeweils

Rechts oben: Ein integrierter Schaltkreis auf der Spitze eines Zeigefingers, fotografiert unter einem Rasterelektronenmikroskop. Diese winzigen Plättchen sind die Rechen- und Steuerzentralen vieler moderner elektronischer Geräte. (Foto: Braun AG)
Rechts unten: Das Innenleben einer elektronischen Tisch- und Weckuhr. Hier bewegt sich nichts mehr – außer den Schaltern und den Elektronen.

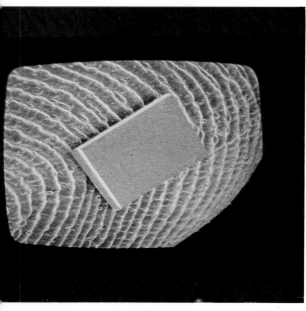

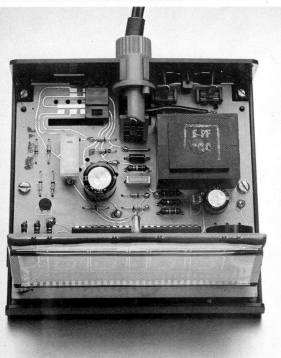

um soviel Grad geneigt werden, wie die geographische Breite des Ortes beträgt. In Frankfurt z. B. um etwa 50 °.

Wenn die Achse unseres kleinen Globus parallel zur Erdachse steht, dann steht der aufgemalte Äquator automatisch parallel zum Erdäquator. Was passiert nun mit unserem Glasglobus, wenn die Sonne einen strahlenden Sommertag lang über den Himmel wandert?

Der Schatten, den die Achse des Globus wirft, wandert getreulich mit der Sonne über die rückwärtige Hälfte des Globus. Natürlich in entgegengesetzter Richtung.

Wenn die Sonne genau im Süden steht und dabei den höchsten Punkt ihrer täglichen Bahn erreicht hat, ist Mittag. Wir markieren ihn auf dem aufgemalten Äquator unseres Glasglobus. Eine Stunde später ist die Sonne auf ihrem Himmelskreis genau 15 ° weitergerückt. (Für den vollen Kreis von 360 ° braucht sie 24 Stunden.) Ebenso ist der Schatten auf dem Glasglobus-Äquator um 15 ° weitergewandert. Wir machen eine Markierung für 1 Uhr. Und dann zeichnen wir gleich alle 15 ° einen weiteren Stundenstrich – die Sonnenuhr ist fertig.

Genau nach diesem Prinzip ist die Sonnenuhr des Meisters Vogler gebaut: ein »Äquator-Kreis« mit 15-Grad-Einteilung, der sich parallel zum Erdäquator einstellen läßt. In der Mitte des Kreises ein Schattenwerfer, der dann parallel zur Erdachse steht. Ein Kompaß, damit man die Uhr nach Süden richten kann. Ein Pendel, um die Uhr waagrecht aufbauen zu können.

Die Uhr zeigt »natürliche Ortszeit«. Sie berücksichtigt also nicht, daß wir die Erde in große Zeitzonen eingeteilt haben – in denen überall gleichzeitig zum Beispiel 12 Uhr ist, obwohl die Sonne im westlichen Teil der Zone noch nicht ihren höchsten Stand erreicht hat, während sie im östlichen schon ein gutes Stück weitergewandert ist.

Wie funktioniert eine elektronische Digitaluhr?

Um das wirklich zu verstehen, müßte man schon ein erfahrener Elektroniker sein. Aber das Grundprinzip läßt sich erklären. Die Uhr von Braun, die in unserem Wohnzimmer steht, arbeitet mit dem Wechselstrom aus der Steckdose. Sie benutzt ihn als Antriebsenergie und zugleich als »Taktgeber«. Denn der Wechselstrom hat exakt 50 Schwingungen in der Sekunde.

In der Uhr befindet sich nun ein winziger elektronischer »Rechner« – ein integrierter Schaltkreis, der auf wenigen Quadratmillimetern Tausende von Transistorfunktionen vereinigt. Ähnliche integrierte Schaltkreise sind auch das Kernstück unserer modernen Taschenrechner.

Der kleine »Zeit-Rechner« in der Uhr ist so gebaut, daß er die Schwingungen des Wechselstroms »abzählen« kann. 50 Schwingungen = eine Sekunde. 60 Sekunden = eine Minute. Jedesmal wenn er 3600 Schwingungen abgezählt hat, gibt er einen gezielten elektrischen Impuls an die Zeitanzeige-Tafel: Die nächste Minutenzahl erscheint. Und jeweils nach 60 Minuten die nächste Stundenzahl.

Elektronen lassen die Zeit aufleuchten

Die Uhr hat vier Zahlenfelder. Jedes besteht aus 7 einzelnen Segmenten. Die Segmente tragen eine fluoreszierende Beschichtung. Wenn an eines der Segmente eine Spannung gelegt wird, dann wird die Beschichtung zum Leuchten gebracht. Und zwar durch Elektronen, die von einem geheizten Kathodendraht ausgehen.

Aus den 7 Segmenten läßt sich nun jede Zahl darstellen. Bei der Zahl 8 stehen auf Anweisung des kleinen Rechners alle 7 Segmente unter Spannung und leuchten

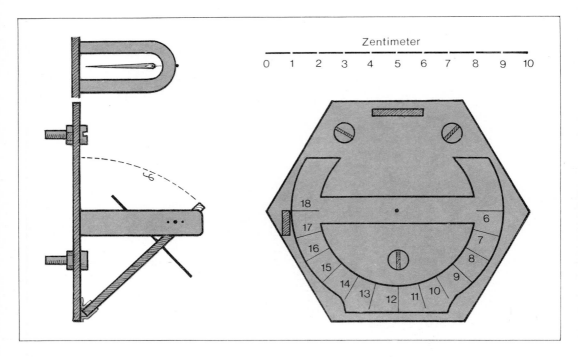

Zentimeter
0 1 2 3 4 5 6 7 8 9 10

Oben und unten: Bauplan und Schema-
zeichnung für eine Äquatorial-Sonnenuhr
zum Selberbauen. *(Zeichnung: E. Munz)*

Rechts: Zusammenklappbare Äquatorial-
Reisesonnenuhr aus Silber. Detailgetreue
Kopie eines Originals, das gegen Ende des
18. Jahrhunderts von Andreas Vogler in
Augsburg hergestellt wurde.

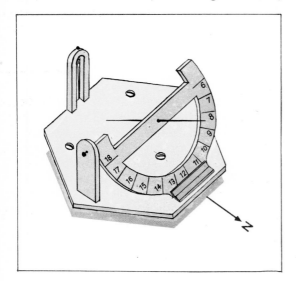

auf. Bei der Zahl 1 sind es nur zwei Segmente.

Eine Sonnenuhr zum Selberbauen

Wenn es um Zeitmessung geht, ist die elektronische Uhr der Sonnenuhr unendlich
überlegen. Aber sie hat auch einen Nachteil: Man kann sie nicht mit einer Laubsäge
und einem Winkelmesser in einer Stunde
selber bauen. Bei der Sonnenuhr dagegen
schafft das jeder, der nicht gerade zwei linke Hände hat. Deshalb hier ein Bauplan
(Zeichnungen oben und links) für eine ein-

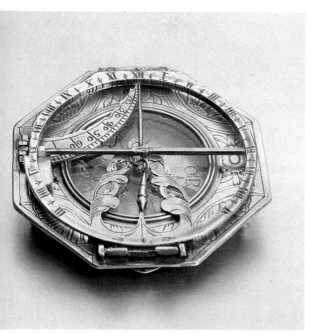

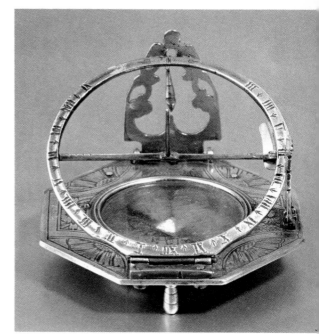

fache Äquatorial-Sonnenuhr, die natürliche Ortszeit zeigt.

Die Grundplatte, der Skalenring, die Stütze für den Ring und die Aufhängung für das Lot können aus dünnem Sperrholz ausgesägt werden. Von der Mitte des Skalenrings aus werden mit einem Winkelmesser die Stundeneinteilungen abgetragen. Jeweils im Abstand von 15°. Als Schattenwerfer dient eine lange Nähnadel; als Lot eine kurze, die an einem dünnen Faden hängt. Der Skalenring kann mit zwei Pflasterstreifen beweglich befestigt werden. Er wird dann an der senkrechten Stütze so befestigt, daß der Schattenwerfer mit der

Oben: Bei Äquatorialsonnenuhren wird die Skala parallel zum Äquator eingestellt – der Schattenwerfer steht dann parallel zur Erdachse. In der Nähe des Äquators ist der Skalenring also fast senkrecht aufgerichtet, der Schattenwerfer liegt fast waagrecht. Je mehr man nach Norden kommt, um so flacher steht der Skalenring und um so mehr richtet sich der Schattenwerfer auf.

Rechts: Moderne Digitaluhr mit Fluoreszenzanzeige. Wenn man die Uhr kippt, erscheint die eingestellte Weckzeit. Auch die Nachweckautomatik wird durch einfaches Kippen eingeschaltet.

(Fotos: Braun AG)

Grundplatte einen Winkel bildet, der der geographischen Breite des jeweiligen Ortes entspricht. Der Winkel φ beträgt also 90° minus der geographischen Breite.

Mit den drei Schrauben kann man die Uhr waagrecht stellen. Die Uhr muß so aufgebaut werden, daß die Linie von der Zahl 12 auf dem Skalenring zum Schattenwerfer genau nach Süden weist.

Eine Sonnenuhr, die funktioniert. Nur sollte man sich nicht ganz auf sie verlassen.

Der große Trichter in der Eifel

Aufgaben und Leistungen des Radioteleskops Effelsberg

Von Bruno P. Kremer

Eigentlich begann alles mit einem ungewöhnlichen Zufall – aber ein unvorhergesehenes Zusammenspiel vieler Umstände stand in der Wissenschaftsgeschichte ja schon oft am Beginn bahnbrechender Entwicklungen.

In den Jahren 1932 bis 1935 befaßte sich K. Jansky, Radioingenieur einer amerikanischen Telefon-Gesellschaft, mit der Beseitigung lästiger Störungen des transozeanischen Funkverkehrs, die sich in den Empfängern meist als knackende oder prasselnde Nebengeräusche bemerkbar machten. Jansky verwendete zur Ortung solcher Störquellen, die in der Hauptsache wohl von entfernten Gewitterentladungen herrührten, Spezialantennen mit Richtwirkung, die ein genaueres Anpeilen der Störfelder ermöglichten. Bei der planmäßigen Suche stieß er auf eine bemerkenswerte Störungsstrahlung, die sich von den inzwischen bekanntgewordenen übrigen Quellen vor allem dadurch unterschied, daß sie mit unveränderlicher Stärke einfiel und er-

staunlicherweise zu einer bestimmten Tageszeit immer wiederkehrte. Als nach langwierigen Beobachtungen schließlich ihre Richtung erkannt und festgelegt werden konnte, hatte man herausgefunden, daß diese Radioquelle ähnlich wie ein Gestirn eine bestimmte Tagesbahn um die Empfangsanlage zurücklegte und sogar im jahreszeitlichen Ablauf eine feste Lage unter den Fixsternen einzunehmen schien. Damit war im Grunde eine großartige Entdeckung gelungen: Jansky hatte eine unbekannte kosmische Strahlungsquelle gefunden, die ununterbrochen Radiowellen aussendet. Folglich mußte es also Sterne oder andere Himmelsobjekte geben, die am besten als Radiosender zu verstehen sind. Mit dieser Feststellung begann die Geschichte der Radioastronomie.

Bisher war das unmittelbar sichtbare oder mit fotografischem Aufnahmematerial gerade noch nachweisbare Licht die einzige Verbindung zwischen uns und den leuchtenden Himmelsobjekten. Aus zahllosen Messungen der Eigenschaften dieses Lichts, seiner Farbe, Stärke, Polarisierung, konnte mühsam eine gewisse Vorstellung über solche Bereiche des Weltalls aufgebaut werden, die uns ausschließlich durch die optische Beobachtung zugänglich waren. Obwohl viele Aufschlüsse und Erkenntnisse gewonnen werden konnten, ist diese Vorstellung immer noch sehr begrenzt. Von um so größerer Bedeutung war es daher, mit Hilfe der gerade entdeckten kosmischen Radiostrahlung einen weiteren Zugang gefunden zu haben. Hier liegt das eigentliche Arbeitsfeld der Radioastronomie. Die radioastronomische Forschung benutzt zur Beobachtung und Beschrei-

Rechts: Das Effelsberger Radioteleskop mit seinem riesigen 100-Meter-Reflektor

28

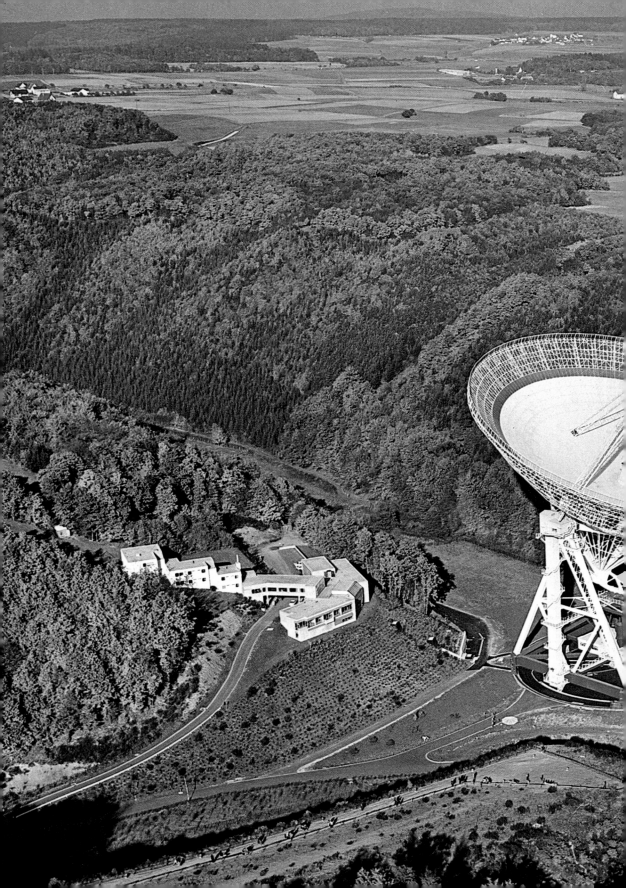

bung der Vorgänge im Weltall die von uns einfach Radiowellen genannte kosmische Hochfrequenzstrahlung in der gleichen Weise wie das Sternenlicht. Dazu sind besonders konstruierte, hochempfindliche Empfangsanlagen und Auswertstationen, sogenannte Radioobservatorien, erforderlich.

In enger Nachbarschaft zum Eifeldorf Effelsberg zwischen Bad Münstereifel und Altenahr steht in einem Nebental der Ahr eines der gewaltigsten technischen Meisterwerke in der Bundesrepublik, das große Radioteleskop des Bonner Max-Planck-Instituts für Radioastronomie. Diese Anlage stellt das größte vollbewegliche Radioteleskop der Welt dar und ist zugleich das zur Zeit leistungsstärkste Einzelteleskop.

Der wichtigste Teil des riesigen Beobachtungsinstruments ist sein kreisrunder Reflektor, der in der Art einer paraboloidförmigen Schale gewölbt ist. Dieser Teleskopteil ist die eigentliche Empfangsantenne. Ihr Durchmesser beträgt 100 Meter bei einer Gesamtfläche von 7850 Quadratmetern – das entspricht der Größe von anderthalb Fußballfeldern!

Die runde, gewölbte Teleskopschale ruht auf einer Stahlkonstruktion, mit deren Hilfe Kipp- und Drehbewegungen um zwei Achsen möglich sind. Das Teleskop kann in maximal neun Minuten horizontal einmal um sich selbst (= 360 Grad) gedreht werden, pro Minute also um höchstens 40 Grad. Dabei wird es auf einem waagerechten Schienenkranz von 64 Meter Durchmesser durch vier Fahrwerke bewegt. Jedes Fahrwerk ist mit acht Laufrädern und vier Elektromotoren von je 20 Kilowatt Leistungsaufnahme ausgerüstet, einer zugkräftigen Lokomotive gar nicht unähnlich.

Ein senkrecht angebrachter Zahnkranz von 28 Meter Durchmesser ermöglicht die Kippbewegung des riesigen Reflektors zwischen 7 Grad und 94 Grad. Die Kippung kann mit einer Geschwindigkeit von 20 Grad pro Minute ausgeführt werden. Es dauert also nur etwas mehr als vier Minuten, um die riesige Antenne von der nahezu senkrechten in die waagerechte Position zu bringen. Drehen und Kippen des Instruments sind unabhängig voneinander möglich. Damit ist jeder beliebige Punkt am Himmel des Aufstellungsortes innerhalb weniger Minuten für eine Anpeilung erreichbar. Die Steuerung der Bewegungsabläufe des Teleskops übernimmt ein entsprechend programmierter Computer.

Die gesamte bewegliche Einrichtung des Teleskops wiegt 3200 Tonnen. Um dem Instrument einen genügend stabilen Standort zu geben, mußte der Fundamentring über mehr als 150 Betonpfeiler zwischen 7 und 11 Meter Länge mit dem gewachsenen Felsuntergrund verbunden werden.

Fordern schon allein die äußeren Abmessungen des Instruments uneingeschränkte Bewunderung, so gilt dies um so mehr für seine Arbeitsgenauigkeit und Beobachtungsleistungen. Die aus dem Weltall auf die Erde treffenden Radiowellen werden von der hohl gewölbten Antennenfläche reflektiert und gebündelt. Die gewaltige Oberfläche ermöglicht dabei den Empfang von außerordentlich schwachen Radiosignalen. Da die Brennweite des Reflektors 30 Meter beträgt, befindet sich in 30 Meter Höhe über seinem Fußpunkt eine Kabine mit Empfangsystemen (= Primärfokus). Hier ist zusätzlich ein kleinerer elliptischer

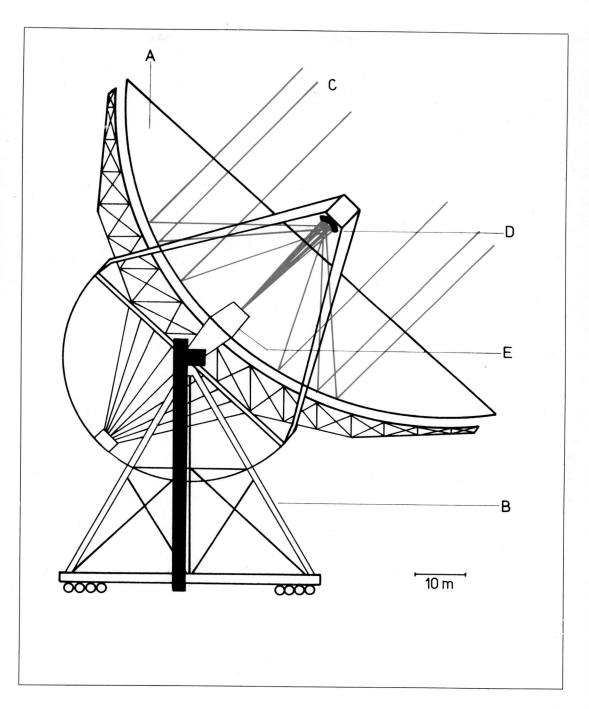

A

C

D

E

B

10 m

Umlenkspiegel angebracht, der die einfallende und bereits gebündelte Radiostrahlung einem Sekundärfokus am Boden des Reflektors zuführt, wo weitere Empfangssysteme, zum Beispiel extrem empfindliche Hochfrequenzverstärker, in einer zweiten Kabine untergebracht sind.

Bei den Dreh- und Kippbewegungen des 3200-Tonnen-Stahlkolosses sind elastische Verformungen unvermeidbar. Hierbei kann die Reflektorschale zwischen 5 und 10 Zentimeter von der idealen Parabolform abweichen. Dies führt natürlich zu einer ständigen Verlagerung des Brennpunktes, was zu Lasten der Beobachtungsgenauigkeit geht. Der Brennpunkt des Reflektors kann jedoch durch eine komplizierte Zusatzelektronik nachgesteuert werden, so daß letztlich nur eine Abweichung von der Idealform im Bereich um einen Millimeter entsteht. Diese Formgenauigkeit muß übrigens auch dann gewährleistet sein, wenn etwa im Winter einige Reflektorteile von

Oben: Blick auf eines der vier Fahrwerke, mit denen das 3200 Tonnen schwere Teleskop horizontal gedreht werden kann.
Rechts: Ein Zahnkranz ermöglicht das Kippen der großen Antenne um 90 Grad.

der Sonneneinstrahlung bereits erwärmt werden, während andere noch frostigen Temperaturen ausgesetzt sind.

Das Radioteleskop Effelsberg wird für den Empfang von Wellenlängen zwischen 8 Millimeter und 50 Zentimeter eingesetzt. Der große Durchmesser sowie die Oberflächengenauigkeit sind dabei für das vergleichsweise hohe Winkelauflösungsvermögen von Bedeutung. Bei Wellenlängen von ungefähr 6 Zentimeter beträgt die Auflösung (= Genauigkeit der Ortung der angepeilten Radioquelle) 2.5′ (Bogenminuten), bei 3 Zentimeter Wellenlänge nur 1.2′, und bei Wellenlängen im Zentimeterbereich nur noch 35″ (Bogensekunden).

Ein so präzises und dennoch riesiges Meß- und Beobachtungsgerät wie das Radioteleskop Effelsberg kostet seinen Preis. Mehr als dreißig Millionen DM wurden für die Entwicklung und den Bau des Instruments ausgegeben. Die Finanzierung übernahm neben dem Land Nordrhein-Westfalen und der Max-Planck-Gesellschaft überwiegend die Stiftung Volkswagenwerk. Nach nur dreijähriger Bauzeit (1969–1971) konnte das Radioobservatorium im August 1972 erstmals in Betrieb genommen werden.

Von den Forschungsarbeiten, die in den neben dem Teleskop gelegenen Steuerräumen und Laborgebäuden durchgeführt werden, bemerken die Besucher der gewaltigen Anlage kaum etwas. Einige Zehntausend kommen jedes Jahr, um das Teleskop vom Aussichtsplatz aus betrachten zu können.

Das Effelsberger Radioobservatorium ist weltweit eines der bedeutendsten und erfolgreichsten Institute seiner Art. Bis zu 40 Prozent der möglichen Beobachtungszeiten können von ausländischen Forschern genutzt werden. Die Restzeit teilen sich die wissenschaftlichen Mitarbeiter des Instituts. Dennoch entfallen auf jeden von ihnen jährlich nur etwa sechs bis zehn Beobachtungsnächte, denn wegen der besseren Empfangsbedingungen wird hauptsächlich zur Nachtzeit gearbeitet.

Die Radioastronomie entdeckte mit ihren ständig verbesserten und vergrößerten Empfangsantennen rasch eine Reihe von Himmelsobjekten, die der klassischen Astronomie verborgen blieben. Nachdem zunächst die Radiostrahlung von Himmelskörpern unseres eigenen Sonnensystems (1942: Radiostrahlung der Sonne;

1955: Eigenstrahlung des Jupiter) oder des Milchstraßensystems (1946: Strahlungsquelle im Sternbild des Schwan) gefunden wurde, gelang bald auch der Sprung in extragalaktische Weiten. Radioteleskope stießen 1967 auf die sogenannten Pulsare, die wahrscheinlich Neutronensterne ungeheurer Dichte sind und gewisse Stadien aus der Entwicklung eines Sterns darstellen. Ihnen folgte die Entdeckung der Quasare, kleiner, sehr lichtstarker Objekte in unvorstellbaren Entfernungen, deren Bezeichnung aus einer englischen Abkürzung für »Radiostrahler von sternähnlichem Aussehen« abgeleitet ist. Schließlich wurden nicht nur einzelne Radiosterne, sondern auch ganze Radiogalaxien bekannt. Der Radionebel Cassiopeia A ist die stärkste Radiostrahlungsquelle am gesamten Himmel. Sie ist mehrere hundert Millionen Lichtjahre von uns entfernt.

Die Effelsberger Antennenanlage kann Radiosignale buchstäblich von den Grenzen

des Alls empfangen. Etwa zwölf Milliarden Lichtjahre beträgt die Antennenreichweite – eine alle Vorstellungskraft sprengende Entfernung. Und dennoch liegt der unschätzbare Vorteil des Instruments weniger in seiner enormen Reichweite, sondern vielmehr in der Möglichkeit, dank seiner hohen Arbeitsgenauigkeit den Weltraum sozusagen millimeterweise abtasten zu können.

Die Forschungsschwerpunkte des Radioobservatoriums umfassen neben der

Entwicklung besserer und neuerer Empfangssysteme praktisch alle Fragen, die mit den Mitteln der Radioastronomie bearbeitet werden können. Hier erfährt man mit Staunen, daß nicht nur stärkere oder schwächere Radioquellen mit dem Radioteleskop beobachtet werden, sondern daß sich mit seiner Hilfe sogar verschiedene Molekülarten im Weltall aufspüren lassen. Man weiß heute, daß im Weltall selbst komplizierter gebaute organische Moleküle entstehen können. Die Entdeckung von Ameisensäure im Zentrum unseres eigenen Milchstraßensystems, die mit dem Effels-berger Radioteleskop gelang, ist nur *ein* Beitrag aus diesem erregenden Forschungsprogramm.

Die zahllosen Daten und Signale, die täglich aus der Nachbarschaft unserer Erde oder auch aus den größten Entfernungen extragalaktischer Räume empfangen werden, helfen uns, bisher unbekannte Vorgänge im Weltall zu untersuchen und zu verstehen. Damit kommen auch die grundlegenden Fragen nach der Entstehung und dem Aufbau der Welt, nach der Geschichte und den Strukturen der Sternsysteme, einer Lösung schrittweise näher.

Die Mutter macht den Familien-Omnibus

Von Wolfgang Bechtle

In einem Steinbruch bei der spanischen Stadt Toledo. Ich wollte Perleidechsen fotografieren und kontrollierte jedes Loch im Boden nach Spuren. Man hockt da auf den Knien und untersucht die Eingänge der unterirdischen Behausungen aus nächster Nähe. Ich erzähle dies nur, um den Eindruck zu schildern, den die erste Begegnung mit einer Tarantel hinterläßt.

Es war ein Loch von etwa Zweimarkstückgröße, eigentlich viel zu klein für eine Perleidechse, und ich schaute auch nur aus Routine und ziemlich gedankenlos aus drei Zentimeter Entfernung hinein. Es war dunkel da drin – trotzdem glaube ich, daß meine Schrecksekunde niemals kürzer war als in diesem Augenblick: Meine Nase fuhr zurück, wie von der Tarantel gebissen (was

Rechts: Sind die jungen Taranteln aus dem Kokon geschlüpft, entern sie sofort den Rükken ihrer Mutter und klammern sich dort fest. Die Spinnenmutter trägt ihre etwa dreihundert Kinder nun wochenlang spazieren.

38

sie Gott sei Dank nicht war). Aus dem Dunkel der Erdröhre blitzten mir zwei Diamanten mit grünlichweißem Feuer entgegen. Ich war erschrocken und hatte keine Ahnung, was für ein Tier das sein könnte, das einen mit leuchtenden Augen regungslos anblickt. Später wußte ich es: Taranteln haben acht Augen – vorn zwei große, darunter vier kleine und seitlich am Oberkopf noch einmal zwei kleine Augen. Von den acht leuchten aber nur die vorderen zwei; sie reflektieren einfallendes Licht. Natürlich nahm ich damals meine Taschenlampe und leuchtete in den Höhleneingang. Die Tarantel hatte sich nicht von der Stelle bewegt. Da hockte sie und saugte mümmelnd an einem schlappen Gebilde, das, wie sich später herausstellte, einmal ihr Liebhaber und erfolgreicher Gatte gewesen war. Tarantelweiber suchen nämlich stets doppelten Vorteil aus ihren Liebhabern zu ziehen: Nachher haben sie die Kerle zum Fressen gern (so wie auch Kreuzspinnen oder Gottesanbeterinnen). Es gibt also für ein Tarantelweib nur zwei Möglichkeiten, ihre Vermählung anzuzeigen: Entweder als verlassene Frau (wenn der Mann schnell genug war) oder als Witwe (was ihr lieber ist). Taranteln gibt es in der ganzen Welt. In Europa kann man verschiedene Arten treffen – unter anderem die spanische (die ich bei Toledo gefunden hatte), eine südfranzösische, die ihren Namen nach der Stadt Narbonne hat, und auch eine südrussische, die am Neusiedler See bei Wien noch – selten – vorkommt. Den Namen hat die Tarantel aber von der süditalienischen Art, die nach der Stadt Tarent benannt ist: *Lycosa tarentula,* die Apulische Tarantel.
Die Stadt Tarent ist auch der Ort, wo der ganze Tarantel-Rummel, der dieser Wolfsspinne den Ruf kolossaler Giftigkeit eingebracht hat, seinen Anfang nahm. Das südliche Italien war schon immer für Feste aller Art zu haben, und die Veranstalter dieser unterhaltsamen Orgien umgingen ein Behördenverbot dadurch, daß sie den Gelagen ein wohltätiges Mäntelchen umhingen und als die Heilung von Tarantelbissen deklarierten. Ein Heilkundiger führte den »Patienten«, der angeblich von einer Tarantel gebissen worden war, in einen Saal, in dem ein großes Orchester schon auf den Einsatz wartete. Man intonierte eine Reihe von flotten Weisen, um den in Depression verharrenden Patienten in Stimmung zu bringen. Doch erst bei der einzig richtigen Melodie sprang der Mann (oder die Frau) auf, stierte wild um sich, stieß Schreie aus und begann einen verrückten Tanz. Nach einer langen Weile sank der vom Tarantelfieber Befallene schweißtriefend nieder und wurde auf ein Lager gebracht, wo er einschlief. Nach einigen Tagen, während derer er hervorragend verpflegt wurde, konnte man ihn als geheilt entlassen.
Natürlich war auch damals ein Tarantelbiß nicht giftiger als heute, und wenn in unseren Tagen eine Begegnung mit dieser Spinne ziemlich harmlos verläuft, so liegt der Verdacht nahe, daß man damals nur viel Schau gemacht hat. Fahrendes Volk hatte sich wohl auf die Tarantelvorstellungen spezialisiert – nur um der prächtigen Verpflegung als Honorar für gute Tanzleistungen teilhaftig zu werden. Übriggeblieben von dieser Unterhaltung ist eine Tanzweise, die es auch heute noch in sich hat: die Tarantella.
Wie steht's aber nun wirklich um das Tarantelgift? Wenn man ein Porträtfoto dieser Spinne ansieht, entdeckt man an den

Rechts: Eine Tarantel mit ihrem Eierkokon. Sie paßt sehr gut auf ihn auf und nimmt, verliert sie die runde Kinderwiege, einen Ersatz – etwa ein Holzkügelchen – an.

Seiten der beiden brandroten Bärte je eine rote, gebogene Klinge – ähnlich einem Türkensäbel. Man nennt diese Giftklauen »Chelizeren«. Sie sind innen hohl und führen das Gift, das einem Menschen etwa so zusetzt wie der Stich einer Wespe. Es ist meist unnötig, einen Arzt aufzusuchen, da sich alle Symptome wieder von selbst verflüchtigen. Die Wirkung eines Tarantelbisses hängt außerdem sehr davon ab, über wieviel Gift die Tarantel im Augenblick des Bisses verfügt, wann also die Spinne zuletzt ein Beutetier getötet hat. Ferner spielt natürlich auch die psychische Verfassung des menschlichen Opfers eine Rolle, wie gut oder wie schlecht der Schock eines Spinnenbisses verdaut wird. Einen Wespenstich kennt man – einen Tarantelbiß nicht, und man ahnt Fürchterliches. Im übrigen ist es auch nicht ganz gleichgültig, wohin die Tarantel beißt. Das ist wie beim Wespenstich, dessen Folgen ebenfalls ungleich ausfallen.

Ich muß allerdings gestehen, daß mir der echte und heroische Forschertrieb leider fehlt, der nötig wäre, um diese Frage aus Erfahrung zu beantworten. Zwar habe ich schon etliche Taranteln gepflegt und hätte leicht am eigenen Zeigefinger ausprobieren können, wie ein Tarantelbiß piekt. Ich schließe mich aber lieber dem Heer jener kühlen Zoologen an, die darüber berichten, wie weh dieser Spinnenbiß anderen Menschen getan hat. Einhellig ist man der Ansicht, daß diese Leute sich nicht so haben sollen.

Ja, wäre es eine Schwarze Witwe, ein *Latrodectus,* jene schwarzorangeschockfarbene Giftspritze, da zöge man den Hut. Aber bei einer Tarantel?

Links: Eine seltene Aufnahme: Sie zeigt, wie die Tarantel ihren Kokon baut. Zuerst webt sie einen weichen Seidenteppich in runder Form, . . .
Oben: . . . dann werden die Ränder des Teppichs aufgebogen und zur Kugel geformt. Diese Prozedur dauert einige Stunden.

Die Jagdtechnik der *Lycosa* ist die des Überfalls. Sie streift – meist nachts – umher oder lauert im Versteck und versucht, im kurzen Sprint nach Art eines Geparden oder eines Habichts ihr Wild zu erwischen. Häufig hockt die Jägerin – quasi im Tiefstart – im Eingangsloch ihrer unterirdischen Burg und wartet auf ein ahnungsloses Insekt, das da des Weges kommt. Genau wie der Wanderfalke, der so schnell startet, daß er seine Beute »überfliegen« würde und nicht greifen könnte, gibt auch die Tarantel einem Käfer oder einer Heuschrecke meist einen kleinen Vorsprung,

bevor sie aus dem Startloch schnellt und über ihre Beute kommt. *Über* ihre Beute – das ist wichtig. Denn die achtbeinige Jägerin beißt ihr Opfer am liebsten in den Nakken. Diese Vorliebe für den Nackenbiß der *Lycosa* hat der berühmte französische Insekten- und Spinnenforscher J.-H. Fabre ermittelt; Fabre wohnte in dem kleinen südfranzösischen Ort Serignan, einem Gebiet, wo Taranteln häufig sind. Er nahm, um die Spinnen herauszufordern, lebende Bienen in Gläsern mit, stülpte dann einfach die Gläser über die Tarantellöcher und verfolgte, was geschah. Anscheinend mögen Taranteln Bienen nicht besonders, denn Fabre mußte schon sehr hungrige Spinnen finden, bis sie sich zum Angriff entschlossen. Bissen die Taranteln aber, dann bissen sie stets in den Nacken, und die Bienen waren auf der Stelle tot.
Natürlich ist *Lycosa* eine Räuberin, doch ist zu vermerken, daß sie nur soviel Beute fängt, wie sie gleich fressen kann. Da sie

43

als Wolfsspinne für Beutefang keine Seide zur Verfügung hat, um, wie es unsere Kreuzspinne tut, gelähmte Beute gefesselt als Vorrat hinzulegen, muß sie töten und die Opfer entweder sofort oder drunten in ihrem Bau verzehren. Sie tut dies nicht, indem sie Stücke abbeißt und verschluckt; die Tarantel speist wie alle Spinnen, indem sie Verdauungssaft in die Wunden einfließen läßt, der die Weichteile des Opfers so auflöst, daß es ganz ausgesogen werden kann und am Ende nur noch die Haut wie ein leerer Handschuh übrigbleibt.

Damit sind wir wieder bei jenem Hochzeitsdrama, dessen tragisches Ende ich im Steinbruch bei Toledo vorgefunden hatte; dem kleinen Tarantelmann war es nicht gelungen, seine Braut im Galopp zu verlassen. Er war Opfer jenes Stimmungsumschwungs der Tarantelin geworden, mit dem ein Spinnenmann immer rechnen muß. Es muß hier, der zoologischen Akkuratesse wegen, ganz kurz auf die Liebesbräuche der Spinnen eingegangen werden, damit klar wird, in welcher Gefahr sich das werbende Männchen permanent befindet. Das Tarantelweib verläßt, wenn ihr danach ist, das für eine Hochzeit zu enge Erdloch und wartet draußen auf einen Bräutigam. Man nimmt an, daß das Männchen von einer Duftspur angelockt wird, die das Weibchen auf dem Boden hinterläßt. Wenn dann der Freier eingetroffen ist, darf er sich beileibe nicht kurzerhand der Dame nähern, sondern muß durch optische Signale, die er winkend mit den Vorderbeinen bewirkt, seine Ankunft mitteilen. Würde er das unterlassen, wäre er schon vor der Hochzeit tot. Da der Spinnenmann kein Geschlechtsorgan besitzt, das beim Weibchen eingeführt werden könnte, sondern nur eine Körperöffnung, die sein Sperma entläßt, muß er vor der Brautwerbung eine notwendige Prozedur erledigen;

mit den »Kölbchen«, den verdickten Spitzen seiner Kiefertaster, nimmt er das Sperma auf und ist erst dann hochzeitsfertig. Die gleichen Kölbchen muß er nun in die Geschlechtsöffnung des Weibchens unten am Bauch einführen, damit die Befruchtung der Eier im Weibchen stattfinden kann. Daß der Hochzeiter bei diesen Manipulationen nicht pausenlos auf der Hut vor dem Weibchen sein kann, liegt auf der Hand.

Die Tarantelin wird von diesem Tage an zunehmend dicker und schwerfälliger. Sie versucht gar nicht mehr, schnellen Insekten nachzurennen, sondern nimmt nur, was gerade an ihr vorbeikommt. Nach zehn Tagen ist sie so gewaltig angeschwollen, daß sie ihre Niederkunft vorbereiten muß.

Ich habe schon mehrere Taranteln, die begattet waren, im Terrarium gehalten, und immer habe ich die Damen entweder ohne oder aber schon mit fertigem Kokon angetroffen. Es ist purer Zufall, daß man dazukommt, wenn eine Tarantel ihren Kokon baut. Ich glaube, es gibt von diesem Vorgang auf der ganzen Welt nicht viele Fotos; er findet ja in der Höhle oder unter einem Stein statt. Nur einmal hatte ich Glück – bei einer *Lycosa narbonnensis,* die mir mein Sohn vom Campingplatz der südfranzösischen Stadt Gordes mitgebracht hatte. Die Taranteln waren dort häufig, und der Filius hatte jede Auswahl, mir eine große mitzubringen. (Nie hat man davon gehört, daß auf diesem Campingplatz jemand von einer Tarantel gebissen worden wäre!) Diese *Lycosa narbonnensis* (dieselbe Art, mit der auch Fabre experimentiert hat) führte mir im Terrarium vor, wie das mit dem Kokonbau vor sich geht. Sie erregte meine Neugier, als sie in ihrer Steinhöhle, in die ich hineinsehen konnte, mit dem Hinterleib ohne Unterlaß hin- und hergeigte. Sie webte aus grober Seide (deshalb sind

Oben: Dieser geöffnete Kokon zeigt die vielen Eier, aus denen lauter kleine »Giftspritzen« werden. Taranteln können aber dem Menschen kaum gefährlich werden.

die Tarantelmütter auch so besonders dick!) eine Unterlage auf den Boden – eine Art Windel oder Fußmatte, die wohl dazu dienen soll, Schmutz vom späteren Kokon abzuhalten und auch das Ablösen des Kokons von der Unterlage zu erleichtern. Auf die Unterlage webte sie nun eine runde, leicht nach innen gewölbte Platte, das Unterteil des künftigen Kokons. Da hinein legte sie einen Haufen Eier, immer eins aufs andere, bis eine Art Kugel entstanden

war. Und nun arbeitete sie an ihrem Kokon weiter, wie wir früher in der Schule im Werkunterricht Aufbaukeramik betrieben haben: Wir legten Tonwürste aufeinander, wenn wir eine Schale machen wollten. Die *Lycosa* machte dasselbe mit Spinnseide. Zum Schluß muß das weiße, runde Ding mit Beinen und Kiefertastern vorsichtig von der Unterlage abgelöst werden. Uff! Das wäre geschafft – und die nun schlaffe und schlanke Tarantelin ist es ebenfalls. An diesem Tag tut sie nichts mehr. Sie bleibt sitzen und nimmt nur ihren Kokon in Gewahrsam.
Eine zoologische Grundregel besagt, daß nur solche Lebewesen intensive Brutpflege betreiben, deren Kinderzahl begrenzt ist –

auf etwa eins bis zwanzig. Nur ganz wenige Tiere widmen sich einer Nachkommenschaft von einigen hundert Kindern. Dazu gehört etwa der Buntbarsch, der, wie man im Aquarium beobachten kann, seinen Jungfischschwarm beschützt und spazierenführt. Auch Maulbrüter treiben Brutpflege – bei ihnen nehmen die Männchen den Kindersegen schützend ins Maul und lassen die Nachkommenschaft nur, wenn kein Feind in der Nähe ist, ins Wasser zum Schwimmen und Fressen. Auch der Skorpion, wie die Tarantel bei vielen Leuten ein Schreckenswesen, betreut seine Jungen, indem er sie auf dem Rücken spazierenträgt. Aber nun die Tarantel selbst! Wenn man sieht, was passiert, muß man ihr sämtliche mildernden Umstände zubilligen.

Zunächst der Kokon. Am nächsten Tag sieht man die *Lycosa* mit ihrem weißen Ballon umhergehen, den sie sich mit einigen Fäden an den Bauch gebunden hat. Das gefräßige Weibsstück wird jetzt vollkommen von ihrem geliebten Kokon in Anspruch genommen. Es bricht die große Mutterliebe aus. J.-H. Fabre hat auch diese »Mutterliebe« geprüft und seiner Tarantel den Kokon mit einer langen Pinzette (ich glaube, dies wäre ein Augenblick, da sie beißen würde) den Kokon entrissen. Das arme Spinnentier rannte im Terrarium umher und suchte seine Eier. Forscher haben festgestellt, daß die Tarantelin in diesem Zustand bis zu zwei volle Tage auf der Kokonsuche ist, ehe sie aufgibt. Während dieser Zeit nimmt sie ihren eigenen Kokon ebenso begierig wieder entgegen wie etwa den Kokon eines anderen Tarantelweibes. Nicht genug: Fabre hat aus Kork einen runden kleinen Ball geschnitzt und der verzweifelten Mutter angeboten. Sie nahm ihn, band ihn um und war zufrieden.

Im Spätsommer, meist im Laufe des Septembers, wird die Tarantelin zur »Vollmut-

ter«. Jetzt bricht der Kokon auseinander, und es entquellen ihm um die zweihundert Kinder – so etwa, wie sich in der Schulpause blitzartig der Schulhof füllt. Der nun leere Kokon wird weggeworfen. Man könnte erwarten, daß sich jetzt jedermann freundlich verabschiedete und seiner Wege ginge. Doch die zweihundert Jungtaranteln wissen es besser. Sie kommen angerannt und beginnen, an jenen griffigen Kletterstangen aufwärts zu entern, die vor ihnen stehen. Die Mutter bleibt wie angewurzelt stehen und bietet ihre Beine dar. Mit der Lupe (oder auf dem Makro-Foto) sieht man es deutlich: Die kleinen, völlig ausgebildeten Taranteln sitzen nun dichtgepackt in Reihen und Lagen, als lebender Überzug ineinanderverkrallt, auf dem Rücken ihrer Mutter. Sie werden sich nun lange Wochen hier aufhalten, ohne das geringste zu sich zu nehmen.

Die Tarantelin trägt ihre Kinderkompagnie mit einer Geduld ohnegleichen. War sie jedoch beim Kokon noch sehr engagiert, so entwickelt sie als Omnibus zunehmend Gleichgültigkeit. Später wird der *Lycosa* der Kinderzirkus ausgesprochen lästig, wenn sie auch noch weit davon entfernt ist, die eigene Brut als willkommene Nahrung anzusehen. Bevor dies eintritt, nehmen die Kinder Abschied und stehlen sich in Scharen davon. Die Mutter aber schaltet nun wieder ganz und gar um und wird zu jener Giftnudel, vor der es jedem Käfer graust.

Rechts: Der fertig gewobene und mit Eiern belegte Kokon wird mit zwei Haftfäden am Körper der Tarantelmutter festgebunden. Kommen schwierige Wegstrecken, so nimmt die Spinne den Kokon auch mal vorsichtig zwischen ihre beiden Giftzähne. (Fotos: W. Bechtle)

Was wie Gruppenringkampf aussieht, ist das Anspiel im Rugby, das »Gedränge«. Jede Mannschaft versucht die andere vom Ball wegzudrücken, um ihn mit dem Fuß aus der Gruppe heraushakeln zu können.

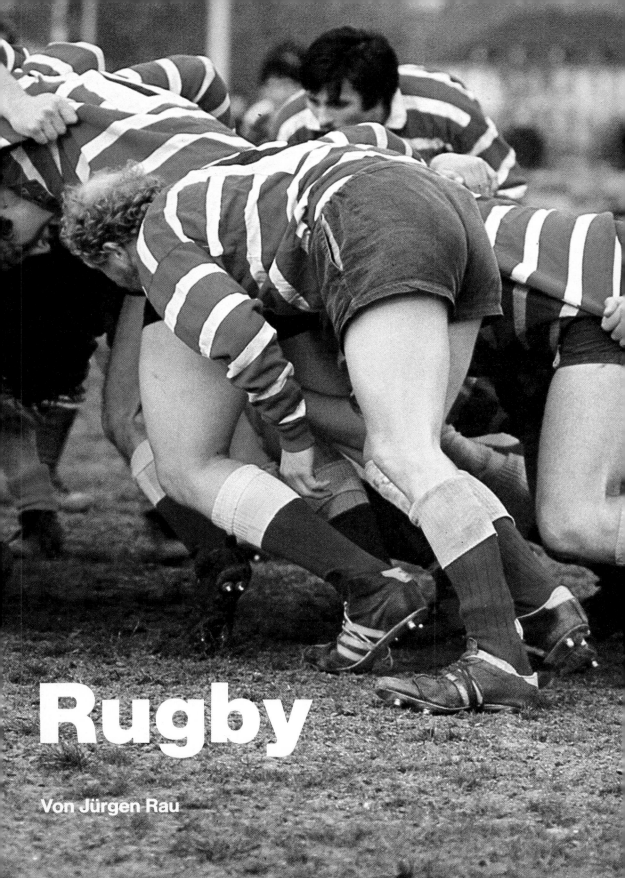

Rugby

Von Jürgen Rau

Da spurtet er, wie ein 100-Meter-Läufer, die Seitenauslinie entlang, die Pille im Arm, als ob er Zerbrechliches schützen wollte. Knapp hinter dem Stürmer im geringelten Trikot setzt ein Dreiviertelspieler des Gegners nach. Von vorne kommt in spitzem Winkel der Schlußmann herangedonnert – der letzte Mann, der einen durchgebrochenen Stürmer abzufangen hat.

Ein Rempler, eine gehörige Breitseite Energie, der Stürmer wird regelgerecht gelegt, fällt und versucht, den eiförmigen Ball unter sich zu begraben. Der nachhetzende Dreiviertel wirft sich über ihn und nun stürzt sich alles darauf, was sich in der Nähe des Spielgeschehens bewegt.

Der Schiedsrichter pfeift ab, denn der Ball kann nun nicht mehr ohne Behinderung vom Boden aufgenommen werden. Das formlose Gedränge, so wird diese Situation in der Rugbysprache genannt, löst sich auf. Der Stürmer, der zuunterst lag, erhebt sich etwas benommen und ringt nach Luft. Er schüttelt den Kopf, kommt wieder zu Atem. Nach zwei Minuten kann es weitergehen – mit einem Gedränge, tief in der gegnerischen Hälfte.

Das Gedränge ist das Anspiel im Rugby. Für den Nicht-Eingeweihten sieht dies nach einer Art Gruppenringkampf aus. Gebückt, mit den Händen sich umfassend, bilden die Spieler eine Halbkugel. Jede Seite drückt und schiebt, denn der Ball liegt nun mitten in dem »Gewölbe«. Er muß mit den Füßen nach hinten herausgehakelt werden. Von jeder Mannschaft steht einer da, um die Pille in Empfang zu nehmen. Wer die anderen im Gedränge einfach weg-

Rechts: Aus dem »formlosen Gedränge« ist der Ball herausgehakelt worden. Das »formlose Gedränge« entsteht während des Spiels.

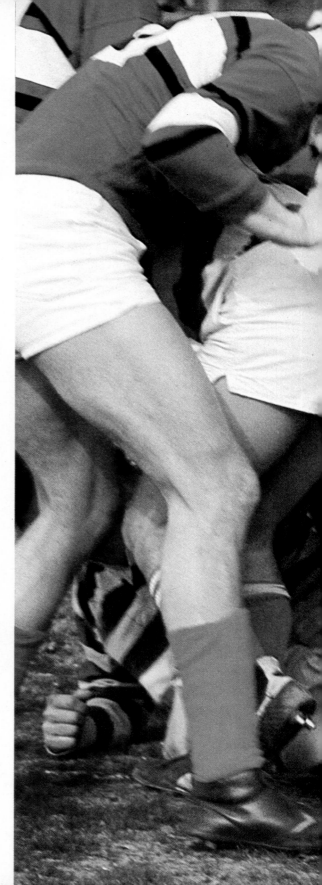

drückt, der hat um so sicherer das Anspiel gewonnen.

Die angreifende Mannschaft holt sich das Anspiel, eine Abgabe leicht schräg nach hinten, und der Stürmer zieht mit der Pille davon. Ein Haken, ein Arm wehrt ab, ein Hechtsprung über die Mallinie. Der Gegner bekommt den Angreifer noch um die Beine zu fassen. Doch der Ball liegt hinter der Mallinie. Vier Punkte. Und quasi als Zugabe für den gelungenen Versuch gibt es noch eine Möglichkeit, zwei Punkte zu machen. Ein Spezialist läuft an und tritt den Ball über die Querlatte zwischen die Malstangen. Die Zusatzpunkte sind sicher.

Die Begeisterung über den gelungenen Angriff war bei den Zuschauern groß, der Beifall dünn. Denn die Zuschauerzahlen in der Rugby-Bundesliga kommen über das Quantum bei einem Fußballspiel der B-Klasse oft nicht hinaus. Dabei sahen die Aktiven schon einmal bessere Zeiten. So feuerten 1928 beim Länderspiel Deutschland gegen Frankreich 15 000 Zuschauer ihre Mannschaft an.

Damals gab es auch noch vage Hoffnungen bei den Rugby-Funktionären, vom Fußball nicht ganz überrollt zu werden. Selbst heute noch will sich der Präsident des Deutschen Sportbundes, Willi Weyer, mit dem undankbaren Schicksal des Rugby nicht so recht abfinden. Vor drei Jahren – damals wurde 75. Verbands-Geburtstag gefeiert – schrieb er ins Jubiläumsstammbuch: »Rugby wäre eigentlich das Spiel unserer Zeit: schnell aus dem Gedränge herauskommen, im ständigen Kampf um Ball und Raum vorn bleiben, mit List und Geschick alle Hindernisse überwinden und in der Hitze des Gefechts immer fair bleiben,

Rechts: Ein Spieler hat sich den Ball gegriffen, kommt aber nicht weit damit.

52

Oben: Ein Angriff wird gestoppt. Der Spieler mit der Nummer 8 konnte den Ball aber gerade noch abgeben.
Links: Ein Spieler erwartet den Einwurf.
Rechts oben: Mit einem Hechtsprung wird der Ball weitergegeben.
Rechts: Beim kämpferischen Rugby sind Verletzungen leider nicht selten.

obwohl doch fast alles erlaubt ist. Die Regeln des Rugby-Spiels sollten Lebensregeln sein.«

Ob die Zeit nicht mit dem Spiel oder das Spiel nicht mit der Zeit geht – wie dem auch sei, angefangen hat es schon vor über einhundert Jahren in Deutschland. Damals ging es freilich königlich und kaiserlich und weniger nach den Regeln einer demokratischen Leistungsgesellschaft zu.

Wo es genau angefangen hat, darüber streiten sich mehrere Städte, nämlich Hannover, Heidelberg, Frankfurt und Stuttgart, genauer Cannstatt. Sicher ist, daß in allen vier Städten auf die gleiche Weise Rugby eingeführt wurde. Das Ganze ging von

55

englischen Schulen aus, die es zur Gründerzeit des Rugby in deutschen Städten gab. Viele Engländer schickten aus Kostengründen ihre Söhne ins deutsche Ausland. Die Internate dort waren preiswerter als die im englischen Mutterland. Und zur englischen feinen Erziehungs- und Lebensart gehören auch ganz bestimmte Sportarten. So wurden diese englischen Lehranstalten zu Missionsstationen für Rudern, Tennis und eben auch Rugby.

Das Rennen um das Erstlingsrecht in Deutschland scheinen die Cannstatter Schwaben zu machen. Dort nämlich spielten auf dem Cannstatter Wasen bereits 1865 ein William Cail und seine Mitschüler Rugby. William Cail war nicht irgendwer, er wurde später Präsident des englischen Rugbyverbandes. Den ersten deutschen Verein, in dem Rugby gespielt wurde, kann Heidelberg vorweisen, den »Flaggenclub«. Der erste reinrassige Rugby-Club entstand in Hannover 1878. Heidelberg und Hannover sind heute noch Hochburgen dieses Ballsports.

In dieser ersten Entwicklungsphase war man noch weit von einem geregelten Spielverkehr entfernt, ja man war sich noch nicht einmal über das Regelwerk einig. Obendrein nährte man eine Natter an der Brust, den sogenannten »Association Fußball«. Und die Zeit spielte für den Fußball. Noch zur Pariser Weltausstellung im Jahre 1900 fuhr als sportliche Vertretung Deutschlands und des Deutschen Fußballbundes die Rugby-Mannschaft des S. C. 1880 Frankfurt. Aber bereits ein Jahr danach lösten sich die Rugby-Spieler aus der erdrückenden Umarmung des sogenannten Association Fußball im D. F. B. Man trennte sich und gründete – offenbar viel zu spät – den eigenständigen Deutschen Rugby-Verband.

Wie schnell sich aber die Gunst von Sport-lern und Publikum dem Fußball zuwandte, das macht eine Passage aus einem Bericht über eine große Rugbybegegnung in Stuttgart in der »Süddeutschen Sportzeitung« Nummer 85 von 1913 deutlich: »Das Spiel, das durchweg sehr temperamentvoll durchgeführt wurde, machte den besten Eindruck. Leider waren nur etwa 700 Zuschauer erschienen, da zu gleicher Zeit das Ligaspiel Kickers–Mühlburg in Degerloch stattfand. Aber es darf sicher damit gerechnet werden, daß in Stuttgart der Rugbysport nicht nur sich erhalten, sondern noch eine größere Entwicklung nehmen wird. Es erscheint einem überhaupt unbegreiflich, daß der so überaus anregende Rugbysport sich hat in solcher Weise ›überspielen‹ lassen.«

Den Ausgang dieser Konkurrenz kennt heute jeder. Warum Rugby das Wettrennen gegen den Fußball verloren hat, ist nicht einfach auszumachen. Denn in England setzten sich beide Sportarten durch und in Frankreich ebenfalls. Dort könnten heute für ein Länderspiel 300 000 Karten verkauft werden, wenn das Stadion groß genug wäre. Rugby-Länderspiel-Übertragungen im Fernsehen holen acht Millionen Franzosen vor den Bildschirm.

Warum erreichte bei uns Rugby nie diese Popularität? Da wird vermerkt:

Der gute »Deutsche Bürger« zeigte zur Gründerzeit des Rugby wenig Verständnis für dieses Raufen, Balgen und Jagen. Rektoren höherer Schulen verboten leichten Herzens – so etwa in Heidelberg – das Rugby wegen der Unfallgefahren.

Die Engländer leisteten nicht lange genug Entwicklungshilfe. Sie kehrten ins Mutterland zurück, als die Lebenshaltungskosten in Deutschland zu hoch kletterten.

Rugby fand Eingang nur in wenige höhere Schulen. Der gute deutsche Turnverein beherrschte an den Schulen das Feld.

Oben: Ein Stürmer verliert den Ball, seine Clubkameraden sind schon auf dem Sprung. (Fotos: S. Gragnato)

Dadurch blieb man in elitärem Kreise. Man verstärkte dies noch, indem man im deutschen Rugby Apollo als Vorbild hinstellte, also das klassische griechische Ideal vom moralisch, geistig und körperlich vollkommenen Menschen.

Rugby fand, anders als in Frankreich, keinen Platz im Heer und in der Marine.

Der Fußball hat sich schnell von seinem ausländischen Namensteil »Association« getrennt, Rugby (benannt nach der englischen Stadt Rugby) blieb jedoch ein Fremdwort.

Mit all diesen Handikaps beladen stolperte das deutsche Rugby von einer Krise in die andere. Auch nicht die großen Länderspiele gegen Frankreich – als friedliche Ersatzauseinandersetzung ums nationale Prestige – konnten diesen Rasensport bei uns groß machen. Die Bilanz sieht einfach zu miserabel aus: Zwischen 1927 und 1975 wurden 38 Spiele gegen Frankreich ausgetragen. Heraus schauten für Deutschland zwei Siege und ein Unentschieden.

So plausibel das alles klingen mag, es erklärt die Situation mehr schlecht als recht. Was immer schuld war, eine große Rugby-Zeit steht auch heute nicht am Horizont. Die Bundesrepublik gehört nicht in die Gruppe der »großen Fünf« England, Wales, Schottland, Irland und Frankreich. Man spielt um die Europameisterschaft der Gruppe B. Trotz alledem, das Selbstbewußtsein unserer Rugbyspieler – etwa 3000 Aktive – hat erfreulicherweise nicht gelitten.

Ihr Selbstverständnis tun sie in einem Handzettel für Laien kund: »Ein Rugbyspieler muß schnell sein wie ein 100-m-Läufer, um die gegnerische Abwehr zu überspurten; mutig sein wie ein Skiabfahrtsläufer, um sich dem anstürmenden Gegner entgegenzuwerfen und ihn fair zu Boden zu bringen; kräftig sein wie ein Ruderer, um den Gegner beim ›Gedränge‹ zum Rückzug zu zwingen; hart sein wie ein Boxer, um auch einmal einen Stoß einstecken zu können; geschickt sein wie ein Jongleur, um den eiförmigen Ball fangen und spielen zu können; konditionsstark wie ein Zehnkämpfer, um das kräftezeh-

rende Spiel 80 Minuten durchstehen zu können.«

Rugby ist nicht totzukriegen. Der Glitzerschleier des ganz großen Showgeschäfts wird sich wohl kaum darüber ausbreiten. Und dies ist keine Schande, im Gegenteil. Man muß nur zu akzeptieren wissen, daß in diesem Sport ohne Mammonverschnitt nur kleine Brötchen gebacken werden können.

Grundzüge des Rugby

Im Rugby treten zwei Mannschaften zu je 15 Spieler an. Sie stehen sich auf einem Rasenplatz – maximal 100 Meter lang und 67,5 Meter breit – in folgender Aufstellung gegenüber: acht Stürmer, dahinter zwei Halbspieler, hinter diesen vier Dreiviertelspieler und der Schlußmann.

Sinn des Spieles ist es, den eiförmigen Lederball hinter die Mallinie des Gegners zu bringen oder den Ball über das Mal zu treten. Das Mal besteht aus zwei 5,67 Meter voneinander entfernten, mindestens 3,50 Meter hohen Pfosten. Sie halten eine Querstange 3,00 Meter über dem Boden. Der Ball darf mit Händen und Füßen gespielt, zur Abwehr kann der Gegner niedergehalten werden. Es werden zweimal 40 Minuten gespielt. Wer am meisten Punkte holt, hat gewonnen.

Der Aronstab – ein Fliegengefängnis

Von Harry Vitalis

Es klingt ein wenig seltsam, aber ich unterhalte mich ab und zu mit netten Tieren. Ich erzähle zum Beispiel meinem Hund von meinen Sorgen und Freuden, und dieser wiederum schwärmt mir von den Schaufensteranlagen des Metzgers an der Ecke vor. Er verdreht dabei die Augen und seufzt herzzerreißend. Neulich hatte ich sogar ein Gespräch mit einer Fliege. Es war eine von der ganz ordinären Art, die wir Aasfliegen nennen. Ich saß gerade im Sessel und ließ mich von der Sonne wärmen, da kam sie herangeflogen und setzte sich auf meine Hand. Sie begann sich zu putzen mit jener Sorgfalt, die ich bei diesen kleinen Kerlchen so bewundere. Es dauerte eine ganze Weile, und ich wurde schon ein wenig müde. Aber da fing sie an, ganz deutlich zu sprechen. Ich täuschte mich bestimmt nicht, wenn auch meine Frau steif und fest behauptet, ich sei eingeschlafen.

»So ein Pech hat mich schon lange nicht mehr verfolgt«, ließ sich die Fliege vernehmen, »jetzt bin ich doch aus lauter Unachtsamkeit zweimal hintereinander eingesperrt worden, und zwar von diesen hinterhältigen Pflanzen, die die du ja sicher auch kennst!« Ich nickte verständnisvoll, denn ich weiß, daß der Aronstab mit den Fliegen gern seine Späße treibt. »Da fliege ich

Rechts: Der Aronstab kommt besonders in Laubwäldern vor und gehört zu den »Gleitfallenblumen«. (Foto: J. F. Klein)

doch vorgestern bei wundervollem Wetter durch den herrlichen Buchenwald drüben an der Straße und freue mich so recht meiner Flügel. Zu allem Überfluß wittere ich auch noch von ferne jenen Duft, den wir so lieben.« Den kenne ich, es ist der Geruch nach Kot, hier verzückt als Duft bezeichnet. Aber über so etwas läßt sich nicht streiten. Jedem Tierchen sein Pläsierchen. »Als ich nach der Quelle des Parfums suche, stelle ich fest, daß dies eine Pflanze am Waldboden ist, die ein leuchtend weißes Blatt wie eine Hülle um einen braunen Kolben legt. Neugierde ist nun mal meine Schwäche. Mit elegantem Schwung lande ich daher auf der einladend hellen Fläche und – nie hätte ich so etwas geglaubt – gleite darauf aus wie irgendein plumpes großes Tier! Stets habe ich mir auf meine Trittsicherheit etwas eingebildet. Ich steige Wände hinauf, spaziere sicher über senkrechte Spiegelscheiben, aber an diesem verteufelten Parkett hat's mich erwischt. Es war offenbar frisch geölt. Ehe ich die Lage überschaue, rutsche ich kopfüber in den Trichter des weißen Hüllblattes ab, stoße mich noch an ein paar Borsten, die im Wege sind, und finde mich erst wieder, als ich etwas benommen am Grund meines Gefängnisses liege. Daß hier nämlich kein Entrinnen möglich ist, merke ich bei dem Versuch, an den Wänden hochzukriechen. Alles mit einer öligen Flüssigkeit überzogen, an der man sich nicht festhalten kann. Zwar bleibt unsereinem ja in solchen Fällen noch das Fliegen. Doch damit war's erst recht nichts. An den Borsten, die die Decke meiner Zelle bildeten, konnte ich von oben heruntergleiten, wollte ich aber von unten wieder herauf, so sperrten sie sich widerspenstig dagegen, so daß ich es nach mehrfachem Probieren aufgab. Als ich mir mein Appartement ein wenig näher betrachtete, stellte ich übrigens fest, daß es gar nicht so übel war. Wärme umgab mich, man brauchte keine Angst vor Vögeln und anderem Raubzeug zu haben, und der angenehme Geruch war auch nicht zu verachten. An der Mittelsäule des Raumes befanden sich allerdings merkwürdige Keulen, von denen die oberen sich während meines Aufenthaltes allmählich öffneten und eine große Menge Puder aus sich hervorquellen ließen. Eine wirklich unangenehme Beigabe, und du siehst ja, ich muß mich noch jetzt dauernd putzen, so sehr hat sich das Zeug in die Haare gesetzt. Trotzdem störte mich die Staubfabrikation nicht sonderlich, denn ich bekam bald Gesellschaft in Gestalt eines entzückenden Fliegenfräuleins, das mir im wahrsten Sinne des Wortes vom Himmel fiel. Die Dame wählte nämlich denselben Weg in meine Zelle wie ich, sie kam heruntergepurzelt. Wir unterhielten uns glänzend und merkten nicht, wie schnell die Zeit verging. Es war längst Nacht geworden, und als der erste Schein des Morgens uns beleuchtete, lachten wir hellauf über unser Aussehen: beide über und über bepudert! Zum Spaß versuchte ich nun nochmals, an der Gefängniswand hochzuklettern – und siehe da! Die Mauer war ausgesprochen rauh und griffig geworden. Es war kaum zu glauben, daß am Abend vorher jeder Versuch mit einer Blamage geendet hatte. Wir kamen nun auch ohne Schwierigkeiten an den Borsten vorbei, die schlaff und kraftlos herabhingen. Trotz unserer Maskerade gefielen uns der helle Morgen und die wiedergewonnene Freiheit ausgezeichnet. Ich verabschiedete mich von meiner nächtlichen Bekanntschaft und flog davon.

So weit mag mein Abenteuer noch ganz vernünftig klingen. Du wirst mir recht geben, daß einem ein Fehltritt verziehen werden kann. Aber was ich mir dann leistete, ist mir selbst unverständlich. Ich war kaum

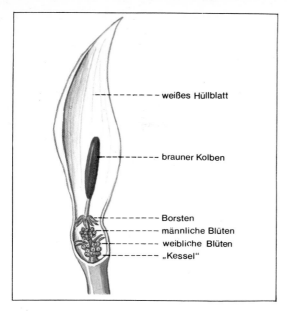

So sieht ein Aronstab aus. Es handelt sich um einen Blütenstand aus vielen unscheinbaren Einzelblüten. (Zeichnung: E. Munz)

Bildbeschriftung:
weißes Hüllblatt

brauner Kolben

Borsten
männliche Blüten
weibliche Blüten
„Kessel"

ein paar Stunden herumgebummelt, da roch ich wieder diesen verlockenden Duft. Und anscheinend hatte ich mich innerlich doch noch nicht ganz von meinem Fliegenfräulein losgerissen; jedenfalls setzte ich mich gedankenverloren auf eines derselben weißen Hüllblätter, die mir schon einmal zum Verhängnis geworden waren. Das Weitere lief haargenau so ab, wie ich es dir schon erzählt habe. Leider blieb ich diese Nacht allein und hatte Zeit, mich ausgiebig in meinem neuen Verließ umzusehen. Wieder war ich bald ganz mit feinem Staub bedeckt. Daß auch hier die Gefangenschaft sich nur über ein paar Stunden erstreckte, blieb der einzige Trost. Aber eine Wut habe ich . . .« Meine kleine Fliege stampfte vor Zorn mit ihren sämtlichen sechs Füßen auf. »Nun hör' mal zu. Weißt du denn überhaupt, daß du dieser Pflanze, dem Aronstab, einen großen Dienst erwiesen hast?« Große Augen, Kopfschütteln. »Du hast dich gewissermaßen zu einem Boten für das Überbringen von Blütenstaub gemacht. Keine der vielen kleinen weiblichen Blüten kann sich weiterentwickeln, wenn sie nicht

Staub von einer anderen Aronstabpflanze übermittelt bekommt. Wohlgemerkt: von einer ganz *anderen* Aronstabpflanze! Der Staub muß also sehr weit herangetragen werden. Ihr eigener nützt ihr gar nichts. Sie könnte keine Samen hervorbringen. Dir sind in deinem Gefängnis die dicken Keulen an der Mittelsäule aufgefallen, das waren die weiblichen und männlichen Blüten, von denen dich besonders die letzteren dadurch ärgerten, daß sie dir ihren Staub aufluden. Als du nach der ersten Nacht deine Freundin verabschiedetest, hoffte der Aronstab, du würdest recht bald die Dummheit begehen, in eine andere Pflanze zu fallen und den dortigen weiblichen Blüten den Puder, ohne daß du es beabsichtigtest, zu überbringen.«
»Dann bin ich diesen raffinierten Gewächsen also tatsächlich in die Falle gegangen?« fragte mein Gegenüber. Ich wollte den Reinfall mindern und sagte: »Ist es dir denn wirklich so schlecht ergangen? Du warst eine Nacht lang gut aufgehoben, der Aronstab hat sich sogar bemüht, die Temperatur im Gefängnis um ein paar Grad zu steigern. Stell' dir vor, Heizung ganz allein für dich! Und war es nicht nett, daß die Pflanze dich am nächsten Morgen geradezu zum Fliehen einlud, indem sie Wände und Borsten welken ließ? Ich muß schon sagen, daß du für all die Freundlichkeit wohl ein wenig den Blütenstaubboten spielen durftest.« Meine kleine Fliege war nicht überzeugt. »Das eine kann ich dir versichern. Noch einmal falle ich auf diesen Aronstab nicht herein. Eine Freiheitsberaubung bleibt's übrigens auf jeden Fall, und wenn man bedenkt, wie kurz bei unsereinem das Leben ist, dann sind ein paar Stunden schon ein Verlust.« Dies leuchtete mir ein. Ich schaute der kleinen Fliege gedankenvoll nach, als sie sich in die Luft erhob und meinen Blicken entschwand.

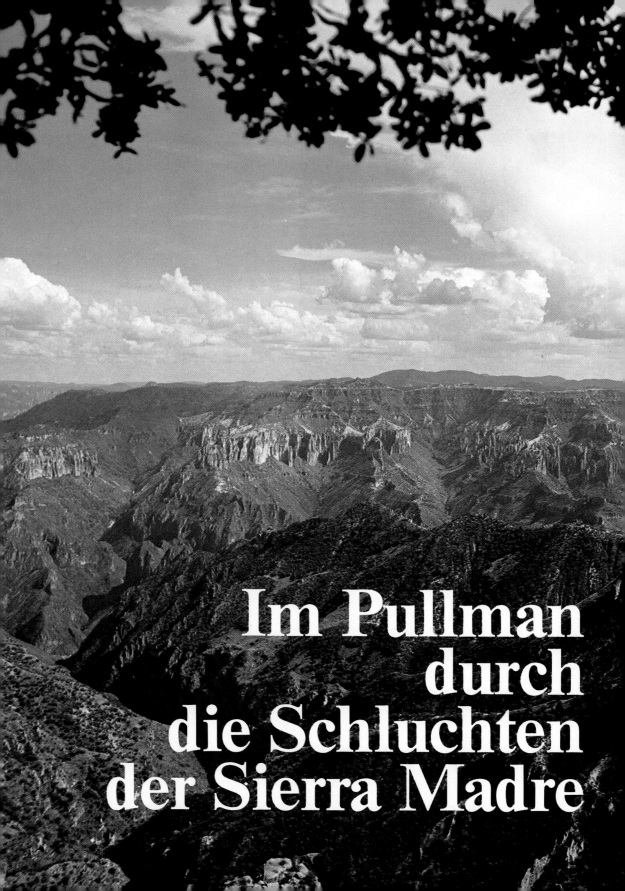

Im Pullman
durch
die Schluchten
der Sierra Madre

Von Alfred M. W. Schürmann

»Sie bildet ein nicht ganz regelmäßiges Viereck und gilt (namentlich unter Berücksichtigung der großartigen Umgebung mit den beiden Riesenvulkanen Popocatepetl und Iztaccihuatl im S.) für eine der schönsten Städte Amerika's, obgleich sie diesen Ruhm jetzt nicht mehr in dem Grad verdient wie früher.«

Die Autoren des Lexikons, aus dem diese Kurzbeschreibung von Mexiko City stammt – übrigens unter dem Stichwort »Mejiko« – würden heute weniger vornehm urteilen. Damals, 1878, vor hundert Jahren, hatte die Metropole des von Unruhen geschüttelten Landes ganze 316 000 Einwohner. Heute sind's wahrscheinlich an die 15 Millionen, genau weiß das wohl niemand. Und die Sache mit dem »Ruhm als eine der schönsten Städte Amerika's«, der schon damals abbröckelte, ist sicher nur darum noch halbwegs aufrechtzuerhalten, weil die anderen Städte »Amerika's« auch nicht gerade schöner geworden sind.

Hier jedenfalls waren wir nach zwölfstündigem Flug gelandet und nach einer Woche Aufenthalt heilfroh, daß es nun weiterging. Auf dem Airport von Mexiko City kletterten wir aufatmend in eine silberglänzende DC 9 und starteten in den weithin unbekannten Norden des aufregenden Landes. Wir hatten von einem gewaltigen Cañon gehört, durch den nur eine Eisenbahn führe und der ansonsten nahezu unpassierbar sei. Aber wir waren skeptisch. Nach einer Woche in diesem Land hatten wir uns an die feurigen Übertreibungen gewöhnt, und was man uns da von diesem angeblich so ungeheuren Tal vorschwärmte, von der »schönsten Eisenbahnfahrt der Welt« – na ja, Superlative auf mexikanisch.

Aber es muß nicht immer Acapulco sein oder Yucatan, dachten wir uns, wohin ein halbes Dutzend Reiseveranstalter allwöchentlich Jumbojets mit von Touristen prallgefüllten Bäuchen verfrachten. Uns stand der Sinn mehr nach Abenteuer, nach

Oben: Der Zug hat die eintönige Ebene verlassen und windet sich hinauf in die Berge.
Rechts: So sehen die »Siedlungen« an der Eisenbahnlinie aus – abgestellte, verrottende Waggons.

Ausnahmen von der Ferienroutine, nach dem Ungewöhnlichen, und wir waren bereit, Anstrengungen auf uns zu nehmen und auf Komfort der üblichen Art zu verzichten.

Die DC 9 bog buchstäblich um die Ecke, um in Chihuahua zu landen. Bis zuletzt hatten uns rauhe Bergmassive den Blick auf die Stadt verstellt, und da lag sie nun, eintönig, schachbrettartig, weiß und grau, inmitten riesiger Weiden. Nur der unvermeidliche Turm eines amerikanischen Hotelkonzerns ragte aus dem fast geometrisch angeordneten Häusermeer.

Chihuahua: Raus aus dem klimatisierten Flugzeug, über die hitzeflimmernde Betonpiste durch erdrückende Schwüle rein in die Empfangshalle, die uns mit ihrer maßlosen künstlichen Kälte fast erschlägt, wieder raus in die Brutofenatmosphäre der Landschaft – und schnell zurück: Unvermittelt öffnen ein paar Wolken ihre Schleusen, heftiger Wind kommt auf – und nach ein paar Minuten ist alles wieder vorbei. Und eigentlich noch schlimmer geworden, denn nun wird die feuchtheiße Luft noch unerträglicher.

Der winzige Bus hat weder Klimaanlage noch Scheibenwischer. Er rumpelt nach Chihuahua hinein, hält schließlich vor einem früher sicher einmal prächtigen Haus. Und das ist die erste Überraschung: Hier hat Pancho Villa gewohnt, der Gangster und Revolutionär, mit dem Hollywood so manchen guten Dollar verdient hat: Ein halbes Dutzend Filme sind über ihn und seine Zeit gedreht worden. Seine letzte Frau lebt noch, hier, in diesem Haus. Und im Hof, in einem wintergartenähnlichen Glaskasten, steht noch das Auto von Pancho Villa, ein Traum von einem Oldtimer. In diesem urigen Vehikel wurde der Gangsterkönig und Held der mexikanischen Nation ermordet. Man sieht die Einschußlöcher der Gewehrgarben, die den Umschwärmten und Gefürchteten umbrachten. Seine Frau ist gerne bereit, alles über ihn zu erzählen, sie unterstreicht die wortreichen Anekdoten immer wieder mit dem Hinweis auf die Unzahl von Fotos, die alle Wände bedecken. Kennedy war hier, fast jeder mexikanische Staatspräsident, Nixon, Johnson, Schauspieler und andere Prominenz. Wir sitzen ein Stündchen mit Frau Villa zusammen, lauschen ihren Erzählungen – eine einfache, aber längst weltgewandt gewordene, kränkliche, dennoch temperamentvolle alte Dame. Jeder von uns läßt schließlich ein paar Pesos liegen. Unauffällig, versteht sich. Immerhin muß das Pancho-Villa-Haus, das bewohnte Museum, erhalten werden. Und natürlich auch Frau Villa.

Mit dem Rumpelbus geht's weiter. Zunächst gibt es noch Straßen zu unserem Ziel, einer Ranch, in der wir übernachten wollen. Die asphaltierte Piste endet irgendwo zwischen den Maisfeldern. Ein Bachbett wird durchquert. Noch eins. Ein lehmiger Abhang. Ein buckliger Feldweg. Ein paar Reiter begegnen uns, verschwinden im Staub unseres klapprigen Gefährts. Säulenkakteen, stachliges Gebüsch. Irgendwo dahinten zwischen den blauen Bergen liegt unser Ziel.

Vor der Ranch erwartet uns ein martialisch dreinblickender Mexikaner. Man braucht ihn nicht zu schildern. Sicherlich hat er im Kino die gleichen Wildwestfilme gesehen wie wir, und so sieht er auch aus. Sogar ein Colt ragt aus einem abgegriffenen Halfter. Und der wilde Mann schwört, daß diese Bewaffnung unumgänglich sei. Klapperschlangen gebe es hier, und wenn er mit seinen Pferden unterwegs sei, dort drüben im Cañon hinter der Ranch, dann müsse er schon mal zur Waffe greifen.

Er lädt uns ein mitzureiten. Er will uns den Cañon zeigen. Und die Klapperschlangen. Selbstverständlich hält er uns für gute Reiter, was ist schließlich ein gestandener Mann ohne Pferd? Woher soll er wissen, daß wir Mitteleuropäer nur mit Schalthebel und Bremse umgehen?

Der Ritt durch die Schlucht in der romantischen Halbdämmerung wird zur gefährlichen Strapaze für uns Asphalt-Cowboys. Steilhänge, steinige Bachbetten, Felsen – wir vertrauen auf die Pferde in der Hoffnung, daß sie diesen Weg nicht zum erstenmal machen. Und wir schaffen es. Nach einer Stunde taucht die Ranch auf, und nach einem kräftigen Schluck Whisky schieben wir uns erst einmal ein scharf gewürztes Stück Fleisch zwischen die Zähne, ehe wir erschöpft und schwitzend auf die Matratzen fallen.

Bleierner Schlaf und am nächsten Morgen Rückenschmerzen – und ein paar Handbreit drunter gibt es natürlich ebenfalls Beschwerden durch den abendlichen Ritt. Da tut uns das Sitzen in unserem klapprigen Bus schon gut. Aber kaum haben wir die Wildnis verlassen und wieder Asphalt unter den Rädern, da ist es mit der Wohltat schon wieder vorbei. Ein Knall, ein Zischen – aus. Der Bus bleibt liegen. Maximilian, unser Fahrer, ist untröstlich. Natürlich nicht, weil wir jetzt wahrscheinlich die Abfahrtszeit des Zuges durch den legendären Copper-Cañon versäumen, sondern wegen der Schäden an seinem geliebten Bus. Zwei Reifen sind platt, aus dem Kühler rinnt das Wasser. Weit und breit kein Mensch, kein Dorf, keine Werkstatt. Aus. Lautlose Stille hier draußen zwischen den

Rechts: Durch fast hautnahe Felsenschluchten stampft der Zug hinauf zur Station Divisadero-Barrancas, dem Höhepunkt der abenteuerlichen Fahrt.

riesigen Weiden, Einsamkeit, eine Piste schnurgerade bis zum Horizont. Trockenbraune Wiesen, ein paar Zäune. Aasgeier kreisen am wolkenweiß getupften Himmel. In einer guten halben Stunde fährt unser Zug von Cuauhtemoc ab. Maximilian flucht vor sich hin. Wir können ihn nicht verstehen mit seinem Spanisch. Und er uns nicht. Dennoch weiß jeder, was der andere sagt. Die Flüche beider Sprachen sind gewiß nicht druckreif.

In der Ferne ein Punkt, der sich rasch nähert. Ein Auto. Ein klappriger Pritschenwagen mit einem bärtigen Mexikaner am Steuer. Natürlich kann er nicht weiterfahren, wenn wir fuchtelnd und gestikulierend die Straße sperren. Schon steht Maximilian auf dem Trittbrett des vergammelten Dodge, für den kein deutscher TÜV mehr eine Plakette verschwendet hätte. Aha, nach Cuauhtemoc, zum Zug. Ja, mache ich. Obwohl ich gerade daher komme. Macht nichts. Also rauf mit dem Gepäck. Auf die

Oben: *Ein Indio-Junge versucht, mit dem Verkauf von Äpfeln ein paar Pesos zu verdienen.*
Rechts: Tarahumara-Indianerinnen vor dem Pulmanzug an der Bahnstation Divisadero-Barrancas.

Pritsche, und die Burschen da auch. Mache ich.

Maxens Landsmann ist stolz, daß er uns helfen kann. Heute abend in der Bar kann er was erzählen. Von verrückten Deutschen, die es so ungeheuer eilig hatten, zum Zug zu kommen. In drei Tagen fährt doch wieder einer! Versteht doch keiner, daß die so eine Hast an sich haben.

Wir haben es gerade noch geschafft. Und was da gewichtig heranpfeift, eine riesige, PS-starke Diesellok mit fünf Wagen, das kennen wir ebenfalls aus dem Kino. Erschöpft und erleichtert lassen wir uns in die Polster fallen – aber Vorsicht, das hält nicht jeder Sitz aus. Die Wagen haben die Strecke zwischen Texas und dem Pazifik schon viele tausendmal zurückgelegt, und es ist nicht mehr alles so in Ordnung. Die Rückenlehne des Sitzes vor uns ist aufgeschlitzt. Früher hat da wohl mal ein Aschenbecher gesteckt. Jetzt gähnt hier ein Loch, und wir haben bald heraus, daß es schon manchem Reisenden als Papierkorb gedient hat.

Da kommt auch schon der Mann mit dem Bier. Im früher sicher einmal sauberen roten Dinnerjacket schleppt er in einem verbeulten und rostigen Blecheimer Flaschen durch die Gänge, Flaschen übrigens mit einem Bier, das sich trinken und sehen lassen kann. Köstlich kalt und von einer Qualität, die der deutscher Biere keineswegs nachsteht.

Und was ist draußen? Der Zug rattert träge durch eintönige Landschaft. Weiden, Zäune, Maisfelder, Rinderherden. Nichts Sensationelles. In der Ferne ein paar blaue Berge. Telegrafendrähte schwingen rhythmisch-einschläfernd von Mast zu Mast. Wir reden immer wieder von dem halsbrecherischen Ritt durch die finstere, felsige Schlucht an der Ranch, von der Panne auf der einsamen Landstraße, von dem freundlichen Mexikaner, der uns zur Station schaffte und nicht einmal Geld haben wollte. Draußen wird die Luft jetzt würziger. Es duftet nach Harz und Holzfeuer. Spessart, Odenwald, Bayerischer Wald – kaum ein Unterschied, wenn da nicht immer wieder die Geier wären, die zu Hunderten am Himmel kreisen. Ab und zu ein paar Agaven. Indios an einsamen Bahnstationen.

Wir haben kaum wahrgenommen, daß sich

der Zug in langen Schleifen unauffällig in die Berge hinaufwindet. Aber jetzt rücken die Felsen näher heran. Unvermittelt wird es Nacht: der erste Tunnel. Und jetzt spüren wir es ganz deutlich: Der Zug beschreibt brummend und steigend eine enge Kurve in dieser Finsternis, es wird schlagartig hell, wir rennen mit unseren Kameras hinaus auf die Plattform zwischen den Wagen, und da sehen wir tief unter uns eine andere Bahnlinie, die unseren Schienenweg zu kreuzen scheint. Aber wohin verschwinden die Schienen da im Tal? Es dauert einen Augenblick, bis wir erkennen, daß wir unseren eigenen Weg gekreuzt haben, und dieses Verwirrspiel begleitet uns fortan fast zehn Stunden lang.

Die Landschaft wird wilder, die Schluchten enger, die Abgründe tiefer. Die steilen Hänge rücken immer näher zusammen, längst haben wir die eintönige Ebene verlassen. Hinter jeder Kurve wird der Ausblick atemberaubender – und noch haben wir keine Ahnung, was alles auf uns zukommen wird. Oft sehen wir über uns einen Schienenstrang, der sich am Rande einer gähnenden Schlucht eng an die Felsen lehnt. Jetzt verschwindet er in einem Tunnel, wir überqueren eine Brücke ohne Geländer, winden uns durch Einschnitte, so eng, daß wir nicht den Kopf aus dem Fenster zu strecken wagen, entdecken unter uns eine andere Bahnlinie – nein, wieder ist es unsere eigene –, rumpeln noch mal über eine Brücke, aber noch ehe wir das Schwindelgefühl angesichts des finsteren Lochs da unter uns überwunden haben, verschwinden wir wieder in einem Tunnel – das ist doch der, den wir eben noch hoch über uns gesehen haben!

Am deutlichsten wird dies im Tal der Rangierstation von Temoris. In einer schwachen Rechtskurve dieselt der Zug durch eine lange, finstere Unterführung, erscheint neben einem rauschenden Wasserfall wieder am Tageslicht, zwängt sich nach links und umkreist bergab dreimal das riesige Tal. An den Ein- und Ausgängen, wo es sich öffnet, liegen in drei Etagen die Brücken übereinander, und jedesmal folgen ihnen wieder Tunnels, steile Felswände, an die sich die Trasse fast ängstlich schmiegt. Endlich kreischen wir über jenen niedrigen Viadukt, der hier den seichten Fluß in der Talsohle überwindet. Hoch über uns das winzige Loch in der Felswand neben dem Wasserfall. Dort oben sind wir vor einer halben Stunde herausgekrochen! Nun keucht die Bahn wieder bergauf. Ein Felseneinschnitt nimmt uns auf, die von den Sprengungen zerrissenen Felsen stehen fast hautnah. Plötzlich reißen sie auseinander, das brummende Fahrgeräusch der Diesellok erstirbt, die Schienen schlängeln sich über ein sanftes Hochplateau – und da liegt der Kupfer-Cañon!

Der Anblick verschlägt uns fast den Atem. So weit das Auge reicht eine Urlandschaft von überwältigender Schönheit. Bis zum Horizont fast himmelhohe, abgeflachte

Oben und links: Gähnende Abgründe, steile Felswände, Türme, Mauern und Dome – in Millionen von Jahren entstand ein einzigartiges Naturschauspiel. Die Schluchten im Copper-Cañon sind bis zu 1700 Meter tief.

Felsen, zerrissen, zerschnitten, zerklüftet. Dome und Burgen, Schlösser und Türme hat die Natur hier in Millionen von Jahren geformt. Alle Farbabstufungen vom satten Grün bis zum unwirklichen, sanften Blaugrau in der Ferne, scharfe Schlagschatten, rötlich-gelb beschienene Steilhänge – eine Sinfonie der Farben, hervorgezaubert durch die glühende Sonne über dieser narbigen Landschaft. Die ungeheuren Dimensionen dieses Felsenmeers sind für uns Europäer ungewohnt, fast bedrückend. Noch nie kamen wir uns so winzig vor, so unbedeutend wie jetzt, wo wir am Rande der Schlucht stehen.

Die Mexikaner haben es zum Glück nicht verstanden, dieses Naturwunder so knallhart bis zur Weltberühmtheit zu vermarkten, wie die Amerikaner ihren Colorado-Cañon. Dabei hätten sie allen Grund dazu gehabt. Immerhin nämlich würde der zweifellos beeindruckende Cañon von Colorado glatt viermal im Kupfer-Cañon verschwinden!

Es waren Jesuiten, die dieses Naturwunder im frühen 17. Jahrhundert entdeckten. Schnell hatten sie erkannt, daß sie hier auf die Schatzkammer Nordmexikos gestoßen waren, denn der Cañon barg Unmengen an Kupfer, Blei, Gold, Silber und edlen Steinen. Es dauerte nicht lange, und große Maultierkarawanen begannen mit dem Abtransport der Schätze. Die Eingeborenen zogen sich immer tiefer in immer unwegsamere Seitentäler zurück, und hier haben sie sich bis heute ihre Eigenständigkeit, ihre Götter und Riten bewahrt. Es sind die Tarahumara-Indianer, ein kaum erforschtes Volk, von dem man nur wenig weiß. Tieropfer sollen sie noch bringen und im Winter in Höhlen hausen. Hier oben, an der Bahnstation Divisadero-Barrancas, sieht man einige der Frauen, die Flechtwerk oder kleine Handtrommeln verkaufen. Nur selten hat jemand einen der männlichen Stammesangehörigen zu Gesicht bekommen. Sie gehen noch mit Pfeil und Bogen auf die Jagd, für Handeln und Feilschen sind sie sich zu schade. 40 000 Menschen sollen es noch sein, und man kann nur auf die Einsicht der mexikanischen Regierung hoffen, daß sie diesen letzten großen, nahezu unberührten Indianerstamm des Landes auch weiterhin ungeschoren läßt. Es ist wohl längst unbestritten, daß wir nicht jedes Volk dieser Erde mit den »Segnungen« unserer sogenannten Zivilisation behelligen sollten. Oft genug hat die Geschichte bewiesen, daß derartige »Segnungen« letztlich zur Ausrottung ganzer Völkerstämme geführt hat.

Eigentlich wurde diese Urlandschaft zweimal entdeckt. Vor Jahrzehnten machte sich ein Forscher auf die Suche nach einem gangbaren Weg von den Höhen der Sierra Madre hinab zum Pazifik. Es gelang ihm zwar unter großen Strapazen, nach monatelangem Marsch die Küste des Stillen Ozeans zu erreichen, aber einen eigentlichen Weg gab es nicht – bis heute. Dennoch ließ der gute Mann nicht locker und überredete die mexikanische Regierung, es mit einem Schienenstrang zu versuchen, der an der Nordwestflanke des unwegsamen Cañons vorgetrieben werden sollte. Sicherlich waren die Mexikaner nicht sonderlich an einer Touristenattraktion interessiert, sondern eher an einem bequemeren Weg, die immer noch reichlich vorhandenen Bodenschätze abzutransportieren.

Und bald machten sich Geologen und Ingenieure, Brückenbauer, Sprengkolonnen und Tausende von Arbeitern daran, eins der großartigsten technischen Bauwerke zu planen und durchzuführen, das es bislang auf unserer Erde gegeben hat. 1961 war es soweit: Adolfo Lopez Mateos, der damalige mexikanische Staatspräsident, konnte die abenteuerliche Strecke freigeben. Eine riesige Gedenktafel vor der Einfahrt in einen der zahlreichen Tunnels erinnert bei Kilometer 704 an dieses große Ereignis. Die Schrift wurde aus 160 Schienenteilen zusammengesetzt und auf fast sieben Metern Länge an einer steilen Felswand weithin sichtbar angebracht – hoch über dem Tal von Temoris.

Mit einem Aufwand von – damals – 275 Millionen Mark hatte man sich durch Tausende von Metern Fels gebohrt, Dutzende von Tälern überquert, abenteuerliche Trassen aus den Steilhängen gesprengt, unge-

Rechts: Nur die Frauen der Tarahumara-Indianer kommen zur Bahnstation, um mit Korbflechtereien zu handeln. Die Männer sind sich fürs Feilschen zu schade.

zählte Bäche und Flüsse übersprungen. Man sollte meinen, daß durch diesen heftigen Eingriff die Natur schwer gelitten hat. Aber man nimmt die Bahn eigentlich kaum wahr. Sie ist so winzig in dieser ungeheuren Landschaft, sie stört nicht trotz ihrer 89 Tunnels und 39 Brücken. Sie verschwindet fast zwischen den oft 3000 Meter hohen Felsgiganten und bis zu 1700 Meter tiefen Tälern.

Wenn man an der Divisadero-Barrancas steht und sich nicht sattsehen kann an dem grünblauen Naturwunder, dann erkennt man schnell, daß hier nicht jedes Fleckchen Erde erforscht sein kann. Viele Täler, viele Berge sind noch von keines Menschen Fuß betreten worden, wahrscheinlich kennen nicht einmal die scheuen Tarahumara-Indianer alle Winkel in diesem viele tausend Quadratkilometer großen Schlund der Erde.

Wir sind wieder im Zug, aber wir haben

Oben: Wellblechgedeckte Baracken – ihre Bewohner sind vergleichsweise wohlhabend, wenn man an die armseligen Waggon-Behausungen denkt.
Rechts: Nur selten verlassen die männlichen Tarahumara-Indianer ihre Schlupfwinkel im fast unwegsamen Copper-Cañon. Dieser hier ist schon »zivilisierter« – stolz trägt er seinen Sombrero.

keine Zeit zum Verschnaufen, uns ein wenig auszuruhen von den großartigen Eindrücken. Inzwischen haben wir die höchste Stelle unserer Fahrt überwunden, die Station Los Ojitos, die 2421 Meter hoch liegt. Hier beginnt der unaufhaltsame Abstieg zur Küste des Stillen Ozeans, nach Los Mochis und Topolobampo. Als wir wieder draußen auf der Plattform stehen, spüren wir auch deutlich, daß wir allmählich in eine andere Klimazone geraten. Die fast trockenwarme Luft der Berge weicht einer immer beklemmenderen feuchten Schwüle. Selbst der Fahrtwind des nun schneller dahingleitenden Zugs bringt uns keine Erleichterung mehr, bald klebt uns das Hemd auf der Haut.

Aber wir verspüren trotzdem keine Lust, uns im klimatisierten Abteil zu verkriechen. Zu beeindruckend ist die Landschaft, fast hinter jedem Felsen, nach jedem Tunnel gibt es neue Überraschungen. Da windet sich ein rötlich-lehmiger Fluß tief unter uns durch ein von Schlingpflanzen überwuchertes Tal, eine Hängebrücke, aus Seilen geflochten, schwingt sich Ufer zu Ufer, verschwindet irgendwo im Dschungel. In jeder Felsspalte krallen sich Bromelien und Säulenkakteen fest, ein Papageienschwarm flieht in reißendem Flug vor unserer brummenden Diesellok, Affen soll es hier geben, Pumas, Klapperschlangen, Skorpione.

Nur selten hält der Zug an einer »Station«, ausrangierten Güterwagen, in denen seit dem Bau der Eisenbahn immer noch Indios hausen. Manchmal können sie sich bei Ausbesserungsarbeiten ein paar Pesos verdienen. Der Zug bringt ihnen nichts mit, was auch? Sie könnten es ohnehin nicht bezahlen. Die Menschen hier haben kaum Verbindung zur »Außenwelt«. Wohin sollten sie auch gehen? Die Fahrt mit der Bahn wäre unerschwinglich für sie, einen anderen Weg zum nächsten »Dorf« gibt es nicht. Vielleicht würde ein Maultier es schaffen, aber was sollen diese dahinvegetierenden Menschen in der stets viele Kilometer entfernten nächsten Siedlung? Die sieht auch nicht anders aus. Drei, vier Güterwagen auf einem Abstellgleis, sonst nichts.

Und dann wieder eine Überraschung. Das Tal weitet sich plötzlich und unerwartet, unter uns liegt ein grünender und blühender Kessel mit satten Wiesen, Maisfeldern, Weiden, auf denen wohlgenährte Rinder stehen. Das kann doch nicht wahr sein! Eben noch die bedrückende Armut bettelnder Indios, und hier plötzlich deutsche Gründlichkeit, Zäune, gepflegte Hecken, ein schneeweißes, langgestrecktes Wohnhaus, Stallungen. Das paßt nicht in die Landschaft, stört fast in dieser undurchdringlich scheinenden Wildnis.

Wir haben uns später erkundigt: Das mit der deutschen Gründlichkeit und Ordnung stimmt in der Tat. Eine Mennonitenfamilie hat sich hier niedergelassen, deutschstämmige Angehörige einer religiösen Sekte, die sich ihres Glaubens wegen nicht den Gesetzen eines Staates unterwerfen will, der ihre Kinder in die Schulpflicht nimmt. Auch lehnen sie moderne Technik ab, bauen sich aber gleichwohl Mähdrescher und Traktoren, und mancher hält sich heimlich ein Radio oder einen Cassettenrekorder. So

75

ganz orthodox sind sie wohl längst nicht mehr. Dafür dürfen ihre Kinder nur drei Jahre lang die Schule besuchen, wo sie gerade eben Rechnen, Schreiben und Lesen lernen – mehr nicht. Ach ja, und natürlich die Geschichte ihrer Vorväter, die einst aus Ostfriesland auswanderten. So sehen diese Mennoniten auch aus, blond, blauäugig und ziemlich stumpfsinnig. Nicht, weil sie aus Ostfriesland stammen, sondern weil sie unter sich bleiben wollten und jahrhundertelange Inzucht betrieben.

Es wird immer schwüler. Die Nacht bricht fast unvermittelt über uns herein. Wir sind schweißgebadet. Langsam kommt Müdigkeit auf. Zehn Stunden haben wir immerhin hier draußen auf der Plattform gestanden, konnten uns nicht losreißen von den

Oben: Aus einem Tunnel oben in den Bergen ist der Zug herausgekrochen und windet sich nun in drei riesigen Schleifen hinab zur Talsohle, wo der Schienenstrang einen Fluß überquert. (Fotos: U. Höch, A. Schürmann)

grandiosen Bildern dieser wilden, bizarren, fast drohenden Landschaft.

Langsam rollt der Zug in den Bahnhof von Los Mochis ein. Die feuchte Schwüle erschlägt uns fast. Stickig, sumpfig, unerträglich, und dann auch noch die konzentrierte Plastikscheußlichkeit des amerikanischen »Holiday Inn«-Hotels dieser Stadt. Aber was soll's! Wir haben die schönste Eisenbahnfahrt der Welt hinter uns – und das ist keine mexikanische Übertreibung.

76

Wir trennen Blattfarbstoffe an Tafelkreide

Von Bruno P. Kremer

Um die Jahrhundertwende gelang die Entwicklung eines neuen Trennverfahrens, das Stoffgemische dadurch zerlegte, daß man sie mit Hilfe einer Trennflüssigkeit durch ein genügend poröses Trägermaterial bewegte. Da man zunächst vorzugsweise mit Farbstoffen arbeitete, nannte man die neue Technik einfach Chromatographie (vom griechischen χρῶμα = Farbe). Sie stellt auch heute noch eines der wichtigsten Analyseverfahren dar. Mit Grundlagen und Anwendbarkeit dieser Methode können wir uns auf verblüffende Weise vertraut machen, indem wir pflanzliche Farbstoffe mit Hilfe gewöhnlicher Tafelkreide chromatographieren.

Unter den in Pflanzen vorkommenden Farbstoffen kann man die wasserlöslichen, blauen und roten Anthocyane von den grünen Chlorophyllen und den gelblich-rötlichen Carotinoiden unterscheiden, die nur in organischen Lösungsmitteln (z. B. Aceton, Äther etc.) gelöst werden können. Anthocyane und/oder Carotinoide sind vor allem in den auffallend bunt ausgefärbten Blüten und Früchten enthalten; Chlorophylle und Carotinoide finden sich in allen Blättern. Häufig kommen Anthocyane, Carotinoide und Chlorophylle auch gemeinsam in einem Pflanzenorgan vor – die Blätter von Blutbuche oder Bluthasel sind bekannte Beispiele dafür.

Für unseren Versuch besorgen wir uns einen gewöhnlichen Rotkohl. Von einem äußeren Blatt nehmen wir eine Fläche von der Größe eines Fünfmarkstücks, schneiden sie in kleine Stückchen und zerquetschen sie in einem Reagenz- oder Tablettenglas mit dem stumpfen Ende einer Stricknadel unter Zugabe von etwas Aceton (in der Drogerie erhältlich; zur Not geht es auch mit Nagellackentferner). Der so gewonnene Farbstoffextrakt wird in ein flaches Schälchen abgegossen. Wir nehmen nun ein Stück trockener, weißer Tafelkreide (Schulkreide), tauchen sie in den Farbextrakt ein, bis die Farblösung etwa 5 Millimeter hoch gestiegen ist, und lassen sie antrocknen. Dies sollte solange wiederholt werden, bis sich am unteren Ende des Kreidestücks eine dunkle Farbbande angereichert hat. Mit dem beladenen Ende wird das Kreidestück nun aufrecht in ein sauberes Konservenglas mit Schraubdeckel gestellt, in das zuvor etwas Feuerzeugbenzin gegeben wurde – 3–5 Millimeter Füllhöhe genügen. Nach dem Verschließen des Glases können wir den Trennvorgang unmittelbar beobachten.

Das Benzin steigt in dem Kreidestück hoch und transportiert dabei die verschiedenen Farbstoffe unterschiedlich weit. Je besser ein Pigment in Benzin löslich ist, um so höher wird es im Kreidestück aufsteigen. Am besten wandern die gelben Carotinoide, die wir in unserem Rohextrakt nicht sehen konnten, weil sie von den übrigen Farbstoffen überlagert wurden. Ihnen folgt eine Zone mit dem grünen Chlorophyll. Bei genauem Hinsehen können wir das blaugrüne Chlorophyll von dem mehr gelbgrünen Chlorophyll b unterscheiden. Die blauroten Rotkohlanthocyane wandern dagegen nicht, weil sie als wasserlösliche Pigmente in Benzin unlöslich sind.

Dieses Experiment kann vielfach abgewandelt und mit anderem Pflanzenmaterial durchgeführt werden.

Groot Tornooi van Brugge

Von Richard Höhn

Anno Domini 1392. Der Wettergott fühlt mit der großen Zahl der Schaulustigen und Neugierigen, und die Sommersonne schickt wohlwollend ihre gleißenden Strahlen auch auf den Turnierplatz der belgischen Stadt Brügge. Es ist die Glanzzeit des Rittertums, Turniere und Lanzenstechen sind in Mode wie nie zuvor. Zwei zerstrittene Herrenhäuser, das Haus Wolfaert van Ghistele und Jan van Gruuthuse, werden ihre Meinungsverschiedenheiten im Turnier schlichten. Beide sind mit großem Gefolge zum ritterlichen Wettkampf erschienen. Ruhm und Ehre der beteiligten Parteien stehen auf dem Spiel. Sogar der Herzog und die Herzogin von Burgund geben dem Ereignis die Ehre. Sowohl für die hochgeborenen Damen und Herren wie auch für das einfache Fußvolk stehen ein Volksfest und eine Art Olympische Spiele des Mittelalters auf dem Programm.

Alle paar Jahre wird diese glanzvolle und zugleich grausame vergangene Zeit im belgischen Brügge wieder lebendig. Die auf den Besucher ohnehin mittelalterlich wirkende Stadt verwandelt sich für einige Tage in den Schauplatz des historischen

Rechts: Im Galopp rasen die Ritter aufeinander zu, die Lanze im Anschlag, gilt es den Gegner aus dem Sattel zu »stechen«.

»großen Turniers von Brügge«. Die ganze Stadt steht auf dem Kopf, und viele der braven Bürger vertauschen ihr Alltagsgewand und schlüpfen in eines der farbenprächtigen Kostüme, verwandeln sich in Herolde, Vertreter der Gilden und Zünfte, Hofdamen, Gaukler und Possenreißer. Mehr als vierhundert Personen und etwa hundert Pferde treten bei diesem Schauspiel auf. Die Bürger dieser Stadt haben das 14. Jahrhundert noch nicht ganz vergessen, die Vergangenheit erwacht zu neuem Leben.

Vielleicht ein bißchen Geschichte vorab. Sie erhellt ein wenig den Hintergrund der oft so rauhen Spiele der Zeitgenossen von damals. Rittertum bedeutete unter anderem Beherrschung der Pferde und Waffen, Wahlspruch und Fehderecht und Turniere als Vorübung für kriegerische Auseinandersetzungen. In Friedenszeiten, sagt man, wurde damit die Kampfkraft der Ritterheere aufrechterhalten. Fachleute glauben, »weil die Franzosen unter allen Nationen die kriegerischsten waren, müssen sie im 11. Jahrhundert das Turnier erfunden haben«. Natürlich stimmt das nicht ganz, denn das Kampfspiel ist uralt, keine Einführung oder Erfindung des europäischen Mittelalters. Das nach bestimmten Regeln, meist zu Pferd, aber auch zu Fuß, ausgetragene Turnier folgte anfangs jeweils nach dem Ritterschlag beziehungsweise der feierlichen »Schwertleite«. Vorzüglich wurde es mit der Lanze, aber auch mit dem Schwert (Kolben) als Waffe ausgetragen und war nur den »Ritterbürtigen« (Rittern und manchen Knechten) vorbehalten. Grundsätzlich diente es der Reit- und

Rechts: Zu Fuß geht das wilde Gerangel der Ritter weiter. Als Waffe dient nun das Schwert, das je nach Größe mit einer oder beiden Händen geführt wird.

Kampftüchtigkeit der »Tumben« (Jungen), die sich vor den »Wisen« (Alten) zu bewähren hatten. Die Franzosen glauben einen bestimmten Ritter als den Erfinder des Turniers nennen zu können, Gaufridus de Pruliaco (Preuilly), der im Jahre 1066 fiel. Die Deutschen wiederum geben einem ihrer frühen Könige, Heinrich I., diese Ehre. Wie es auch gewesen sein mag, das Turnier fand in ganz Europa seine begeisterten Anhänger.

Das ritterliche Kampfspiel bedeutete im Mittelalter für alle Beteiligten die »große Schau« schlechthin, entfernt vergleichbar mit den modernen olympischen Spielen. Es war ein bedeutendes, weithin sichtbares Ereignis mit viel Aufwand und Pomp. Man zeigte, was man hatte, und wollte auch gesehen werden, einer der »Hochgeziten« (Höhepunkte) der adeligen Gesellschaft. Teilnehmer an diesem Riesenspektakel, aktiv oder passiv, hatten die Gelegenheit, sich bei den öffentlichen Kampfspielen, die zugleich Schauspiel und höfisches Fest waren, zu bewähren und zu zeigen. Das letztere traf vor allem auf die mittelalterliche Damenwelt zu, die ja einen beträchtlichen Teil der Zuschauer stellte. Ihre Anwesenheit beflügelte Mut, Geschick, Phantasie und Ausdauer der Turnierteilnehmer. Ihre anspornende Gegenwart wurde zum festen Bestandteil dieser Veranstaltungen.

Doch nun wieder zurück zum Spiel von Brügge. Waffenherolde zu Pferde erscheinen auf dem Turnierplatz. Sie kündigen den Wettkampf der beiden Parteien an. Drei Festzüge halten auf dem mit Fahnen und Wappen geschmückten Marktplatz feierlich ihren Einzug. Die bunte Vielfalt der historisch nachempfundenen Kostüme beherrscht das Bild, bei dem sich der Eindruck, das Rad der Zeit sei um fünf- oder sechshundert Jahre zurückgedreht worden, immer mehr verstärkt.

Den ersten Zug bildet der Aufmarsch des Brüggner Magistrats. Die ehrwürdigen Stadtherren scheinen sich der Würde ihres Amtes voll bewußt zu sein. In ihrem Zug befinden sich auch die Abgeordneten der verschiedenen Gilden und Zünfte. Sie, die Vertreter der Kaufleute und des Handwerks, repräsentieren die Geschäftswelt dieser Tage. Noch mehr Pomp und Prunk weist der zweite Festzug auf, der den Herzog und die Herzogin von Burgund mit Gefolge darstellt. Ihre Anwesenheit verleiht dem Turnier einen ganz besonderen Charakter. Kostbare Gewänder und Roben lenken unser Auge auf die hohe Herrschaft, die sich langsam der Tribüne nähert. Den dritten Festzug bilden die Turnierkönigin und ihr Anhang. Sie, die Königin und ihre Ehrendamen, ziehen besonders die bewundernden Blicke der männlichen Anwesenden auf sich. Schon jetzt ist alles darauf gespannt, wem sie ihre Huld und Gunst gewähren werden.

Gaukler, Zauberer und Possenreißer tun das Ihre, um in der Zwischenzeit das »Volk« zu erheitern. Auf mittelalterlichen Instrumenten erschallt zeitgenössische Musik. Dazu werden höfische Tänze vorgeführt. Beides, sowohl die Musik als auch die Tänze, muten den Betrachter aus dem 20. Jahrhundert recht fremd und ungewohnt an. Der Geist hat die Reise zurück ins Zeitalter der Recken und Helden scheinbar nicht ganz mitgemacht. Während die fremden Klänge und die Bewegungen der Tänzer, eben zu neuem Leben erweckt, langsam wieder abklingen, beginnt ein spannender Kampf zwischen Kreuzbogen- und Handbogenschützen. Die einen benut-

Rechts: Ein Blick aus der Vogelperspektive auf den zum Turnierplatz umfunktionierten Marktplatz von Brügge.

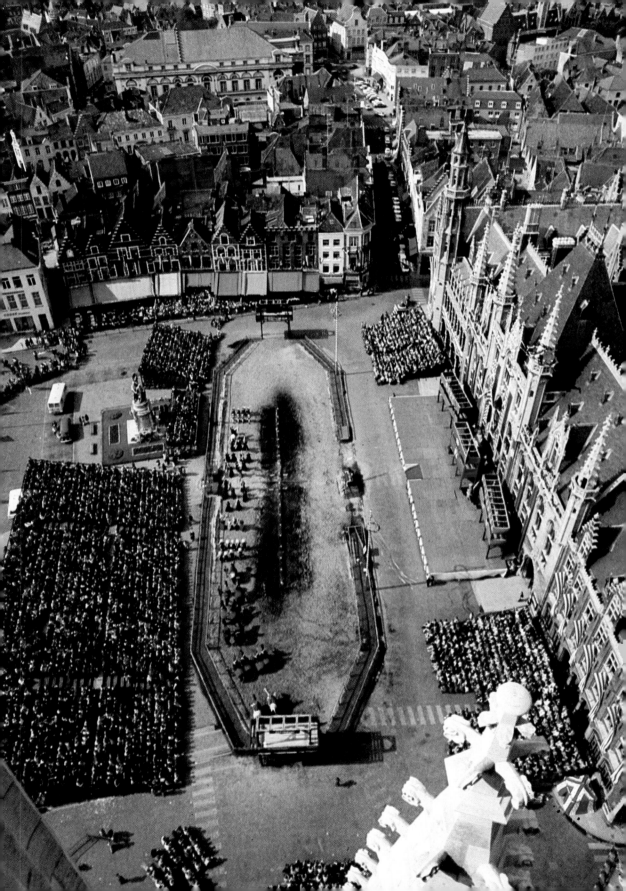

zen Pfeil und Bogen, wie wir Bogenschützen nun mal kennen, die anderen bedienen sich des »moderneren« Geräts, einem Bogen ähnlich einer Armbrust. Verbissen wird mit jeder Salve, die die Schützen abfeuern, um Punkte, Sieg und Ehre gekämpft. Ein fairer Kampf zweier Waffensysteme, der dem Besucher aus unserem Jahrhundert den Wechsel der Waffen, das Ablösen althergebrachter Techniken, andeutet.

Narren, Jongleure, Akrobaten, Feuerspeier und Zwerge bringen zur Abwechslung wieder Unterhaltung. Fauchend schießen die Flammen des Feuerschluckers steil in die Luft, während gleichzeitig die Akrobaten allerlei Kunststücke zur Belustigung des Volkes vorführen. Besonderen Lacherfolg haben die Akrobaten, wenn ihre kunstvoll gebauten Pyramiden und Denkmäler aus menschlichen Körpern in sich zusammenstürzen und die »Künstler« wild übereinanderkugeln. Ein weiteres Artistenpaar betritt den Schauplatz. Beide tragen einen merkwürdigen Schal, eine ganz besondere Stola um den Hals geschlungen: Zwei riesige Schlangen winden sich langsam um den athletischen Oberkörper des Schlangenbändigers und zieren den Nacken seiner zarten, hübschen Partnerin. Verschiedene Kunststückchen mit den exotischen Tieren lassen den Zuschauer das Blut in den Adern gefrieren. Das gruselige Schauspiel läßt viele auf einen baldigen Szenenwechsel hoffen. Da ist er schon.

Ein Falkner und seine Gehilfen betreten mit ihren Raubvögeln die Arena. Sie geben eine beeindruckende Vorstellung mit ihren für die Jagd trainierten gefiederten Freunden. Immer wieder fliegen die herrlichen Tiere genau nach Wunsch ihres Herrn und Meisters auf die bereitgestellten Köder zu und zeigen, welch hohes Maß die Jagdkunst mit diesem »Werkzeug« erreicht hat.

Da, der Höhepunkt des Tages naht. Drei Possaunenquartette kündigen die Reiterscharen an. Angeführt werden die zwei Gruppen jeweils von den Streithähnen Jan van Gruuthuse und Wolfaert van Ghistele. Das eigentliche Turnier hat begonnen.

Blättern wir wieder ein wenig in den Annalen der Ritterzeit. »Das Turnier«, so können wir lesen, »wendet den Krieg noch mehr ins Spielerische, gefährlich auch im Frieden, ein Spiel mit dem Leben.« So war es denn auch. In der Frühzeit der Turniere war der Turniertod verhältnismäßig häufig. Später wurden dann die tödlichen Unfälle eine Ausnahmeerscheinung.

Das Turnier im engen Sinne ist eine gespielte Reiterschlacht, die höchste Geschicklichkeit des Ritters erfordert, aber ernsten Waffengebrauch ausschließt. Man benutzte sogenannte »stumpfe Waffen«. Zwei von Hauptleuten kommandierte Geschwader ritten, aus dem Trab in Galopp und schließlich »carriere« übergehend, Attacken, prallten aufeinander, wendeten, kehrten zurück. Der durch keinerlei taktische Regeln gelenkte Kampf löste sich meist in Einzelkämpfe auf. Die Geschwader splitterten zu Gruppen, aus den Gruppen bildeten sich die einzelnen Duellanten. Ihr Ziel war es, den Gegner aus dem Sattel zu stechen und ihn gefangen abzuführen. Unrühmlich und auch nicht gelobter Brauch war es: Der Besiegte mußte sich durch Hingabe eines bestimmten Wertes, meist Roß und Rüstung, aus der Gewalt des Siegers freikaufen. Diese Bereicherung war auch das Hauptmotiv für viele der Fahrenden Ritter, die von Hof zu Hof, von Turnier zu Turnier zogen.

Rechts: Viel bewaffnetes Fußvolk sorgte unter anderem dafür, daß der Turnierplatz von der Menge nicht gestürmt wurde.

Im »Buhurt« hingegen, einer anderen Form des Ritterspiels, war nichts zu gewinnen. Häufig verwendete man nur Stäbe als »Waffen«. Wenn schon Waffen von den Teilnehmern getragen wurden, dann wurde ohne deren Einsatz gekämpft. Es war einfach die Darbietung reiterlicher Kunst.

Anders beim »Tjost«. Das war wieder ganz das Abbild des ernsten Kampfes, des Zweikampfes. Er wurde in der vollen, schweren Ritterrüstung ausgeführt. Als Kampfwaffe diente der Speer, der auf die »vier Nägel« (des Schildes) oder auf die Helmschnur, das Kinn des Gegners, gerichtet wurde. Das Schwert trat nur dann in Aktion, wenn die Gegner keine Speere mehr hatten und absitzen mußten. Im Reiterkampf war das Schwert verpönt, es war dem Fußkampf vorbehalten, der jedoch keine bedeutende Rolle spielte.

Interessant ist auch die Bekleidung der Turnierteilnehmer. Sie entsprach, wie auch die Waffen, der Kriegsmontur. In der Blütezeit des Rittertums waren das der schwere, den Kopf völlig verbergende Topfhelm, der Ringpanzer (ein aus Ketten von Eisenringen geflochtenes Kettenhemd), die »Sarwat« mit Brünne und Beinlingn, der Schuppenpanzer (ein dichtes Gefüge kleiner Eisenschuppen auf Stoff- oder Lederunterlage) und der im 13. Jahrhundert immer noch den halben Mann deckenden Schild. Er war gleichzeitig auch Wappenträger. Die Erscheinung des kampfbereiten Ritters war in hohem Maße durch sein Wappen mit seinen stets starken, ungebrochenen Farben bestimmt. Die »Blasonierung« (Wappenbemalung) erstreckte sich auch auf den über der Rüstung getragenen, vom Hals bis unter die Knie reichenden, ärmellosen, in der Mitte gegürteten Waffenrock (Kürsit), auf die Satteldecke des Pferdes und die Ausrüstung des Trosses.

Nachdem nun die beiden Ritterscharen in ihrem jeweiligen Lager, links und rechts der Turnierbahn, die Plätze eingenommen haben, beginnt das eigentliche Turnier. Stundenlang kämpfen die Ritter der feindlichen Parteien vor der Loge der Turnierkönigin. Vor allem um ihre Gunst und die der Hofdamen tobt das Gerangel. Es gelten strenge Turniergesetze. Wer sie nicht einhält, muß mit Bestrafung rechnen oder wird vom Turnier ausgeschlossen.

Die ersten beiden Ritter galoppieren aufeinander zu. Sie überstehen diesen Ansturm und bleiben im Sattel. Erneut lenken sie ihre Pferde aufeinander zu. Diesmal klappt es, beide Lanzen halten und finden ihr Ziel. Im hohen Bogen fallen die Ritter von ihren Pferden und landen im sandigen Boden der Turnierbahn. Das Duell geht auf dem Boden weiter. Wild dreschen die beiden Recken mit den Schwertern aufeinander ein. Das Hin und Her wird von den scharfen Augen der Jury wohl beobachtet. Da, eine Regelwidrigkeit eines Mitstreiters des Jan van Gruuthuse. Er wird verwarnt, trotzdem treibt er in der Hitze des Gefechts sein böses, unfaires Spiel weiter. Die erste Strafaktion ist fällig. Der Mann wird mit einem Seil an ein Pferd gebunden und mehrere Male über die Turnierbahn geschleift. Das soll zur Läuterung dienen. Rauhe Sitten, aber so war'n s'halt die alten Rittersleut'. Weiter geht das Ringen um Ruhm, Ehre und die Gunst der Damen. Den Abschluß des grandiosen Ritterspiels bildet der Zweikampf der Hauptkontrahenten Wolfaert van Ghistele und Jan van Gruuthuse. Die beiden Anführer der Ritterhorden stehen ihren Gefolgsleuten in nichts nach.

Ungefährlich ist ein solches Ritterspiel für die Teilnehmer freilich nicht, wenn es sich auch nur um ein Schauspiel handelt. Die Brügger Veranstalter haben daher als Hauptakteure die berühmte englische

Oben: Als Hofdamen und Edelfräulein verkleidete Brügger Mädchen sind eine hübsche Umrahmung der Ritterspiele.
(Fotos: B. Wagner)

Jousting Association, eine Stuntman-Truppe, die sich auf Ritterspiele spezialisiert hat, verpflichtet. Trotz professioneller Perfektion geht es auch bei diesen Recken nicht ohne Blessuren und blaue Flecken ab. Jedenfalls ein gelungenes Schauspiel in einer phantastischen echten Umgebung, das zu sehen sich lohnt. Brügge ist ein lebendiges Beispiel für ein in die moderne Welt einbezogenes Mittelalter. Vor allem die Altstadt ist sehenswert; bereits im 9. Jahrhundert wurden hier die ersten Seiten der bewegten und interessanten Stadtgeschichte geschrieben. Hier findet man auf engstem Raum nebeneinander historische Bauwerke, herrliche Kirchen, Museen, verträumte, romantische Kanäle und malerische Gäßchen. Eine Welt, in der man die Wirklichkeit für Minuten, Stunden oder Tage vergessen kann.

*Im ruhigen Fahrwasser der Außenweser in
der Nähe der Robben Plate läuft der Seenotrettungskreuzer »Hermann Ritter« hohe
Fahrt. Aber auch in schwerer See ist das
Schiff schneller als jedes andere Wasser-
fahrzeug.*

S-O-S – S-O-S – holt uns raus um Gotteswillen!

Seenotkreuzer »Hermann Ritter«

Von Ernst Leverkus

Wenn der Nordweststurm die Wassermassen vor sich her in die Deutsche Bucht jagt, wenn Sturmflutwarnungen an der Nordseeküste die Menschen aufstören, ist höchste Alarmstufe bei den Seenotwachen Borkum, Sylt, Cuxhaven und bei der Seenotleitung Bremen der Deutschen Gesellschaft zur Rettung Schiffbrüchiger (DGzRS). Und es vergeht kaum ein schweres Wetter, daß nicht Rettungsaktionen der heute ständig einsatzbereiten 14 Rettungskreuzer, Seenot-Rettungsboote oder Strand-Rettungsboote auslaufen. Bis Ende 1976 wurden von der 1865 gegründeten DGzSR 32 034 Menschen aus Seenot gerettet! Aber es muß nicht immer schlimmes Wetter über der Nord- oder Ostsee herrschen, damit die Rettungsschiffe auslaufen. Zu allen Jahreszeiten, an jedem Tag, in jeder Nacht, zu jeder Stunde gibt es Notfälle auf See, und die Rettungsmänner sind zur Stelle, wenn ein Notruf sie erreicht. 1976 war es die Rettungsstation Schilksee an der

Kieler Förde, die mit den Strand-Rettungsbooten »Grietje« und »Martje« die meisten Hilfeleistungen fuhr: 178 Einsatzfahrten, 267 gerettete Personen, 1 Krankentransport und 202 Hilfestellungen für Schiffe. Mit 102 Einsatzfahrten, 137 geretteten Personen, 22 Krankentransporten und 46 Hilfestellungen an Schiffen war die Rettungsstation von Cuxhaven mit dem Seenotkreuzer »Arwed Emminghaus« und seinem Tochterboot »Alte Liebe« in der Nordsee am meisten aktiv. 951 Menschen wurden 1976 von der DGzRS aus Seenot gerettet, 1144 Personen aus gefährlichen Situationen befreit – vergeblich und ohne Erfolg jedoch blieben 381 Einsatzfahrten. Vergeblich – das ist für die freiwilligen Helfer auf den Rettungsschiffen ein furchtbares Wort. Glücklicherweise sind die Mannschaften nur in wenigen Fällen erfolglos: wenn die See, der Sturm, der Tod stärker oder schneller waren. Oftmals halfen auch in der Nähe des Havaristen befindliche andere Schiffe schon vor dem Eintreffen der Rettungsboote, oder – es klingt unglaublich und unfaßbar – blinde Alarme durch Abschießen von Signalmitteln aus feucht-fröhlicher Runde auf Campingplätzen an der Küste lösten Such- und Einsatzfahrten aus, die dann als »erfolglos« zu Buche schlugen.

Ohne Rücksicht auf Wetter, Seegang, auf die eigene Person und – wenn es nötig ist – auch auf das eigene Schiff suchen die Rettungsmannschaften ihren Weg zu dem in

Links: Oberer Fahrstand mit Steuerungs- und Kontrollmöglichkeit backbord und steuerbord.

Unten: Der untere wettergeschützte Fahrstand hat alle Steuerung- und Kontrollmöglichkeiten wie der obere.

Not befindlichen Schiff, um zu helfen, um zu retten. Denn der S-O-S-Ruf, der Notruf »Mayday-Mayday« auf den Notfunk-Frequenzen wird keinen von ihnen untätig lassen. Sie wagen immer wieder das Äußerste! Wie am 23./24. Februar 1967, als ein schwerer Nordweststurm über der Nordsee sich zu vollem Orkan entwickelt hatte. Der Wind erreichte mehr als 148 km/h Geschwindigkeit, die Seen gingen bis über 7 m hoch, als der Seenotkreuzer »Adolph Bermpohl« über Norddeich Radio erfuhr, daß der holländische Fischkutter »Burgemeester van Kampen« 8 Seemeilen nördlich von Helgoland mit Wassereinbruch im Schiff Notrufe funke, die nur noch schwach zu empfangen seien. »Adolph Bermpohl« war schon nachmittags am 23. Februar ausgelaufen, um einem deutschen Fischkutter zu helfen, der dann aber glück-

licherweise selbst wieder flott geworden war. Nun nahm der Seenotkreuzer Kurs auf den havarierten Holländer.

Um 17.13 Uhr war »Adolph Bermpohl« mit vier Mann Besatzung (Stammbesatzung üblicherweise 6 Mann; Länge ca. 27 m; Breite 5,6 m; Maschinenleistung 2400 PS [≈ 1766 kW]) bei dem Kutter, der inzwischen nicht mehr manövrierfähig war und wegen der hohen See auch nicht in Schlepp genommen werden konnte. »Man entschloß sich«, so lautet der nüchterne offizielle Bericht der DGzRS, »die dreiköpfige Kutterbesatzung abzubergen.« Was das in dieser Lage bedeutete, steht nicht im Bericht, das wird auch wohl nur ein seebefahrener Mensch erfassen können. Jedenfalls zeigte es sich, daß dies schon wegen des geschwächten Zustandes der drei Fischer nicht mehr möglich war, denn eine Leine zum Herüberholen der Besatzung konnte nicht mehr am Fischkutter angebracht werden. Da entschloß sich der Vormann der »Adolph Bermpohl«, trotz der wahnsinnigen See das Tochterboot auszusetzen und zu versuchen, damit so an den von eiskalten Brechern dauernd überschütteten Kutter heranzugehen, daß die Holländer auf diese Weise von Bord geholt werden konnten. Das Tochterboot »Vegesack« ist nur 8,5 m lang; hat 100 PS (≈ 73 kW) und läuft äußerst 13 Knoten (= ca. 23 km/h). Um 18.19 Uhr fing Helgoland Radio eine Funkmeldung des Seenotkreuzers auf, daß das Wagnis geglückt und die drei Schiffbrüchigen geborgen seien. Da aber das Tochterboot wegen der groben Seen nicht wieder vom Kreuzer aufgenommen werden könne, würde man hintereinander langsam nach Helgoland laufen.

Das war der letzte Funkspruch, den man von den beiden Rettungsfahrzeugen gehört hat!

Am 24. Februar aber wurde nach einer – in diesem Wetter natürlich sehr schweren – Suchaktion der Seenotkreuzer schwimmfähig, unbeschädigt und mit laufender Maschine (!) treibend in der Nordsee gefunden. Etwas später auch das Tochterboot »Vegesack«. Beide Schiffe wurden generalüberholt und später wieder voll in Einsatz genommen.

Erst viele Monate danach hat die See drei der Besatzungsmitglieder wieder zurückgegeben, einer blieb bis heute verschollen. Es waren Paul Denker, Hans-Jürgen Kratschke, Günter Kuchenbecker und Otto Schülke. Neue Rettungsboote sind nach ihnen benannt worden.

Spätere Ermittlungen des Seeamtes sowie des Deutschen Hydrographischen Institutes ergaben eine ungefähre Rekonstruktion, wonach der Seenotkreuzer auf der Rückfahrt näher als beabsichtigt an die berüchtigten Sellebrunn-Gründe herankam, weil die sonst dort befindliche Tonne vom Sturm losgerissen und abgetrieben worden war. Ohne Ahnung der gefährlichen Nähe dieser Untiefe hat der Vormann wohl den Entschluß gefaßt, das Tochterboot längsseits kommen zu lassen, um die Schiffbrüchigen zu übernehmen und aufzuwärmen. Offensichtlich mußten diese dringend versorgt werden, denn länger als zwei Stunden überlebt in so eiskaltem Wasser kaum ein Mensch. Als das schwierige Manöver ausgeführt wurde, scheint eine riesige Grundsee über beide Schiffe hereingebrochen zu sein, und die Wassermassen warfen den Kreuzer um 90° auf die Seite, über das Tochterboot. Dadurch wurden Retter und Gerettete wohl über Bord gerissen und unter Wasser gedrückt, so daß selbst die angelegten Schwimmwesten nicht mehr halfen.

Die Strandung des Auswandererschiffes »Johanne« 1854 (Dreimastbark aus Bremen) vor Spiekeroog mit 84 Toten, der Un-

Oben: Löschkanone im Mast, sie kann in einer Stunde 580 m³ Wasser ausschleudern.

tergang der Brigg »Alliance« 1860 vor Borkum waren neben vielen, vielen anderen Schiffsunglücken der Anlaß, daß 1865 die DGzRS gegründet wurde.

Sofort befaßte man sich auch mit der Entwicklung der am besten geeigneten Rettungsfahrzeuge. Das ist bis heute so geblieben, und die neue »Essberger«-Klasse der DGzRS-Schiffe beweist dies.

»Hermann Ritter« ist das zweite Schiff dieser Klasse (das erste ist »John T. Essberger«, im Mai 1975 in Dienst gestellt) und für eine weit vorgeschobene Sicherungsposition in der Nordsee bestimmt. »John T. Essberger« liegt ständig vor Fehmarn in der Ostsee, und das dritte Schiff der Klasse wird sich später vor der Emsmündung aufhalten.

An einem sonnigen Morgen im August 1977 flogen wir mit unserer Cessna 172 Rocket nach Norden, Kurs Deutsche Bucht bzw. Außenweser und Wesermündung. Der Grund unseres Fluges: Wir wollten dort draußen den neuen Seenotrettungskreuzer »Hermann Ritter« treffen, seine Fahrt beobachten und einige Fotos von ihm machen. Kurz nach dem Start in Bremen riefen wir per Funk auf der verabredeten Frequenz das Kennzeichen des Schiffes und erhielten sofort Antwort mit genauer Positionsangabe.

Wir beobachteten aus ca. 3000 ft den Schiffsverkehr auf der Weser. Die Sicht war wie im Bilderbuch, der Horizont ein wenig von Dunst eingehüllt. Dann waren wir draußen, Bremerhaven war rechts an Steuerbord zurückgeblieben, vor uns lag das Fahrwasser und die Gegend der Robbenplate. Und da unten entdeckten wir – deutlich mit seinem Kennzeichen sichtbar

93

– den Kreuzer in hoher Fahrt. Unser Ruf kam sofort an und wir umkreisten das schnell laufende Schiff in geringer Höhe mehrere Male. Dabei fiel uns auf, daß sich trotz der Schnelligkeit keine breite Schaumbugwelle und keine sehr starken seitlichen Wellen und Schaumbahnen hinter dem Schiffsrumpf bildeten.

Mir geht durch den Kopf, was ich bei einer Besichtigung über das Schiff erfahren habe: Der Kreuzer hat drei Hochleistungs-Dieselmaschinen. Der Mittelmotor bringt 4500 PS (= 3312 kW), die beiden seitlichen Maschinen je 1350 PS ($\approx$ 994 kW), insgesamt also 7200 PS ($\approx$ 5300 kW). Jeder Antrieb besitzt einen Dreiblatt-Verstellpropeller mit Steuerruder, und es kann eine Geschwindigkeit von über 30 kn (= über 55 km/h) erzielt werden. Und diese Schnelligkeit ist wichtig, gerade bei schwerer See.

Das Schiff ist absolut kentersicher, unsinkbar und im hohen Maße wendig und manövrierfähig.

Schnelligkeit und Wendigkeit des Schiffes wurden durch ein möglichst geringes Gewicht, das durch Verwendung von seewasserfestem Leichtmetall für den Rumpf und die Aufbauten gehalten werden konnte, günstig beeinflußt. Die notwendige Festigkeit erreichte man mit der Zellenbauweise des Netz-Spant-Systems der Strandrettungsboote und anderer Schiffe der DGzRS. Dabei kann man die einzelnen Zellen als Brennstoff- und Wassertanks verwenden und sie für eine stabile Schwimmlage im Bedarfsfalle entsprechend trimmen. Die Unsinkbarkeit erreichte man mit Hilfe der Doppelwand-Außenhaut und sieben durch Schotten getrennte Abteilungen. Insgesamt ist die »Hermann

Oben: Schlepphaken und Kran auf dem Mitteldeck.
Links: Hubschrauber-Arbeitsdeck über dem Heck.
(Fotos: E. Leverkus)

Ritter« 44,2 m lang, 8,05 m breit und hat einen Tiefgang von nur 2,58 m.

Auf Seeposition fährt der Kreuzer natürlich sehr langsam, eigentlich nur, um sich gegen Strömungen, Wellengang und Wind zu halten, wenn er nicht an einer Boje festmacht. Zu diesem Zweck wird keiner der drei Motoren benutzt, sondern einfach zwei Aggregatmotoren zur Stromerzeugung auf die beiden kleineren Seitenpropeller gekuppelt.

Die Maschinenanlage des Schiffes wird von einer schallgedämpften Kabine aus kontrolliert und gesteuert. Hierbei hilft modernste Elektronik.

Elektronik spielt auch sonst eine Hauptrol-

le. Durch die weit in die Nordsee geschobene Seeposition (um den küstenferneren Tiefwasserwegen nahe zu sein, wo sich heute der Schiffsverkehr mehr und mehr verdichtet hat) und als eine zentral gelegene Such- und Rettungsstation braucht man weitreichende, starke und lückenlose Ortungs- und Kommunikationsmöglichkeiten. An Bord befinden sich daher die modernsten nautischen und Nachrichten-Ausrüstungen, dazu ein Situations-Radargerät, UKW- und UHF-Peiler sowie Sende- und Empfangsanlagen für den Flugverkehr. Am Heck über den Ablaufrollen für das kleine an Bord befindliche Tochterboot befindet sich nämlich auch noch ein Hubschrauber-Arbeitsdeck, auf dem Gerettete, Verletzte, Kranke, Ärzte, Versorgungsgüter usw. vom Hubschrauber abgegeben (abgeseilt) und auch aufgenommen werden können.

Im Inneren des Rettungskreuzers gibt es komplette Hospitaleinrichtungen mit einstellbaren Operationskojen, Notarzt-Ausrüstungen. Außen auf Deck ist ein Kran mit hydraulischem Antrieb zum Bergen von Treibgut und Menschen sowie zum Aussetzen und Anbordnehmen des Schlauchbootes mit Außenbordmotor vorhanden. Natürlich finden wir Wohnräume, Kombüse, Dusche, Toiletten und Aufenthaltsraum mit Messe für die sechs ständigen Besatzungsmitglieder – das alles nicht ohne einen soliden Komfort.

Zur Ausrüstung gehören Rettungsinseln und – fast ebenso genial wie der Kreuzer konstruiert und gebaut – das kleinere Tochterschiff, das vom Heck aus abgesetzt werden kann. Es ist 8,65 m lang; hat einen Tiefgang von nur 0,72 m und erreicht mit dem 150 PS-Motor (≈ 110 kW) eine Geschwindigkeit von 15 kn (= ca. 27 km/h). Mit diesem – sich selbst immer wieder aufrichtenden – Boot lassen sich Rettungsmanöver besonders bei sehr flachem Wasser ausführen. Auch hier sind möglichst weitumfassende Navigations- und Ortungshilfen eingebaut.

Um gegen Feuer, das bei der Havarie moderner Tanker nie auszuschließen ist und auch vorkommt, etwas unternehmen zu können, entspricht die Löschanlage von »Hermann Ritter« der eines modernen Feuerlöschbootes. Mit einem Druck von ca. 14 atü können in einer Stunde 580 m³ Wasser mit einer Löschkanone im Mast ausgeschleudert werden, chemische Löschmittel und Schaumgeneratoren stehen für Flüssigkeitsbrände zur Verfügung, und gegen Strahlungshitze kann sich der Kreuzer durch einen Wasservorhang schützen. Außerdem ist noch eine Pumpenanlage an Bord, die es gestattet, fremde Schiffe im Notfall leerzupumpen.

Es gibt – so meine ich – kaum einen Notfall in der modernen Schiffahrt, dem dieser Kreuzer nicht gewachsen sein wird.

Noch immer umkreisen wir mit unserem kleinen Flugzeug den schnellen Seenotrettungskreuzer, wir sind schon im Fahrwasser querab der Robbenplatte und an Backbord voraus ist der Leuchtturm »Hoheweg« zu sehen. Am oberen Fahrstand im Freien stehen der Vormann und der Leiter des Rettungsdienstes der DGzRS, Kapitän Uwe Klein, und winken uns zu. Nun geht einer von ihnen unter Deck, offensichtlich an den inneren Fahrstand und in den Funk- und Navigationsraum. Das Schiff ist nämlich aus mehreren Fahrständen zu manövrieren.

Wir drehen noch eine Runde, wackeln mit der Tragfläche und rufen im Funk »Gute Fahrt, Hermann Ritter, alle Zeit!« – »Hals- und Beinbruch, Zulu-November!« verabschiedet sich Kapitän Klein, und wir schwenken ab nach Süden. Backbord von uns erkennen wir langgezogen und flach, grün im hellen Sonnenlicht und weit hingezogen, das Land Wursten mit dem Seedeich. Davor einen kleinen Krabbenfischer querab von Groden. Steuerbord von uns liegt das Watt Hoher Weg und in der Kurslinie zurück können wir jetzt neben dem Seitenruder des Flugzeuges noch einmal die »Hermann Ritter« erkennen. Sie läuft so hohe Fahrt mit Kurs zum Leuchtturm Mellum Plate, daß sie im Nu zu einem weißen Punkt auf der See wird, während wir wieder steigen. Dort draußen – weit draußen – ist nun ihre Position für die nächsten 14 Tage. Dann kommt sie wieder nach Bremerhaven oder Wilhelmshaven um kurz aufzubunkern, Proviant zu erneuern und vieles anderes mehr.

Seeposition heißt aber nicht »Urlaub auf Kreuzfahrt«! Rund um die Uhr sind auf dem bestimmten Kanal zwei Frequenzen laufend auf Empfang, und jeweils vier Stunden ist ein Mann auf Funkwacht und Seebeobachtung. Außerdem gibt es immer etwas am Schiff zu tun, und es herrscht ein genauer Zeitplan. Die Leute an Bord sind erfahrene Seeleute, und sie kennen das Seegebiet wie ihre Westentasche. Die Aufgaben für einen Einsatz bei einem Notfall sind genau eingeteilt und eingespielt. Wenn die Alarmglocke losklingelt, ist jeder Mann Sekunden später auf seiner Position. Die beiden Motorenmänner sind an den Maschinen, der Decksmann schon am Tochterboot, der Vormann (= Kapitän) und sein Stellvertreter bestätigen die Notmeldung und zeichnen die Schiffspositionen, die unter Umständen eingepeilt werden müssen, in die Karten. Der Kurs zur Notfall-Position wird abgesteckt, die sogenannte ETA-Meldung an die Küstenfunkstelle und an den Havaristen nennt die voraussichtliche Ankunftszeit am Unglücksort. Mit höchstmöglicher Fahrt geht es auf den Absender des S-O-S-Rufes zu. Und auf den Notruf geht dann der Spruch hinaus »Wir kommen«!

Die schönste Antwort auf den Mayday-Mayday-Ruf, auf den Notschrei im Funk »Holt uns hier raus, um Gotteswillen« ist diese Antwort »Wir kommen«!

Und daß das möglich ist, daß dies der Deutschen Gesellschaft zur Rettung Schiffbrüchiger ermöglicht wird, dafür sorgen Jahr für Jahr viele Mitbürger, viele freiwillige Helfer, viele Institutionen. Es ist ein einzigartiges Rettungswerk, das in ähnlicher Form von allen seefahrenden Nationen an den Küsten aller Meere unterhalten wird.

»Hermann Ritter« liegt draußen auf Position, und wir sind längst wieder mit der Cessna weit im Landesinneren gelandet. In der Nacht erhebt sich in diesen Tagen ein gewaltiger Sturm hier im Binnenland, und Rundfunk und Fernsehen bringen schlimme Nachrichten von der Küste. Orkan, Überschwemmungen, Schiffshavarien. Und während der Wind um das Dach unseres Hauses heult, sehe ich die »Hermann Ritter« noch einmal im Sonnenschein im Fahrwasser der Außenweser mit hoher Fahrt dahinschießen. Wo mag der Kreuzer jetzt zu dieser Stunde sein, welchem Unglücklichen kann er den erlösenden Funkspruch »Wir kommen« geben?

Allzeit gute Fahrt und erfolgreiche Einsätze, und gute Heimkehr, Seenotrettungskreuzer »Hermann Ritter«!

Die Geschichte der Technik miterlebt

Automaten gab es schon im Altertum

Von Erich H. Heimann

Klaus und Tommy waren kürzlich im Strandbad. Wegen einer Lehrerkonferenz hatte es schulfrei gegeben, und die Sonne strahlte vom wolkenlosen Himmel. Glück muß der Mensch haben, und er muß etwas damit anzufangen wissen. Unsere beiden Spezis brauchten gar nicht lange zu überlegen, um sich einfallen zu lassen, was man mit einem solchen Tag wohl anfangen könne. Nun aalten sie sich abwechselnd im Wasser oder auf der Liegewiese in der Sonne. Wie herrlich war es doch, den lieben Gott einmal einen guten Mann und die Schule Schule sein zu lassen! Irgendwann bekamen die beiden Durst und machten sich auf die Suche nach etwas Trinkbarem.
Die Trinkbude am Eingang war geschlossen, denn mitten in der Woche und außerhalb der Ferien gab es hier nicht genug Betrieb. Die beiden waren ganz schön sauer, als sie vor dem verschlossenen Getränkekiosk standen. Doch dann entdeckte Tommy unter dem Schild mit den Verkaufszeiten, einen Satz, der seine Miene schlagartig heller werden ließ. Dort stand: »Außerhalb der Öffnungszeiten – Getränke am Automaten«. Darunter war ein dicker abgewinkelter Pfeil aufgemalt, und als die beiden der Richtung folgten, entdeckten sie auch den stummen Verkäufer vom Dienst. Ein Schild verhieß eisgekühlte Getränke. Klaus entschied sich für Orangen-Limo, Tommy für Zitrone. »Ganz schön happig, einsfuffzig für 'ne Dose Limo«, maulte Tommy. »Da hast du schon recht, aber ohne diesen Automaten ständen wir jetzt auch ganz schön dumm da. Da können wir schon froh sein, daß vor ein paar Jahrzehnten irgendeinem Eierkopf so ein Verkaufsroboter eingefallen ist, der mittlerweile so verbessert wurde, daß er sogar Eisgekühltes gegen bare Münze serviert.«
Klaus hätte sicherlich sein ganzes Taschengeld verwettet und vielleicht sogar sein Sparbuch dazu, wenn einer den beiden hätte erzählen wollen, daß Automaten nicht erst ein paar zig Jahre, sondern tatsächlich über 2000 Jahre alt sind. Wer es nicht glaubt, kann es bei altgriechischen Mathematikern und Physikern wie Philon von Byzanz oder Heron nachlesen. Und wer bezweifelt, daß diese frühen Automaten in ihrer genialen Einfachheit tatsächlich funktionierten, kann die antiken Erfindungen ja auch einmal nachbauen, wie wir es machten.
Wir benutzten hierzu einen modernen Technik-Baukasten, das fischertechnik-System, mit dem man alles von der einfachsten Mechanik bis zu hochmodernen, elek

Rechts: Schon im Altertum konnte man sich selbst oder Lasten durch ein Mietfuhrwerk befördern lassen. Damit es beim Bezahlen keinen Streit gab, hatten sich findige Köpfe eine mechanische Weganzeige erdacht, die auch sicher funktionierte. Das mit fischertechnik-Teilen nachgebaute Modell beweist es.

tronisch gesteuerten Geräten und Anlagen nachbauen kann.

Doch kehren wir zurück in die Antike, zu Philon von Byzanz, einem hervorragenden Techniker, der uns neben eigenen Konstruktionen auch ein achtbändiges Werk hinterließ, in dem er über die Technik der Antike berichtete. Philon lebte im 3. Jahrhundert vor Christus und stellte in seinem berühmten Technik-Report bereits einen funktionsfähigen Warenautomaten vor. Das Ganze besticht durch seine verblüffende Einfachheit: Man warf eine Münze ein und öffnete damit auf rein mechanischem Wege ein Ventil, das Wasser in einen wie einen Waagbalken aufgehängten Schöpflöffel rinnen ließ. Sobald die ausgelaufene Wassermenge mit ihrem Gewicht ein Gegengewicht am zweiten Hebelarm überwand, sank der gefüllte Löffel nach unten und schloß über einen Seilzug das Auslaufventil. Gleichzeitig öffnete sich ebenfalls durch einen Seilzug betätigt eine Klappe,

Oben: Heron von Byzanz beschrieb einen Weihwasser-Automaten, der bei Einwurf einer Münze eine bestimmte Menge Weihwasser abgab. Daß der antike Verkaufsautomat wirklich funktionierte, kann man durch einen Nachbau selbst feststellen.
Rechts: Ein Meisterwerk in Konstruktion und handwerklicher Ausführung müssen die automatischen Tempeltüren gewesen sein, die Heron erdachte. Hier das Modell aus fischertechnik-Bausteinen.

aus der eine künstliche Hand herauslangte und dem Kunden ein Stückchen Bimsstein zum Händewaschen entgegenstreckte. Wenn dieses abgenommen wurde, gewann ein Gegengewicht an diesem Arm wieder die Überhand, der Arm fuhr zurück und die ganze Apparatur kehrte in die Ausgangsstellung zurück, um für den nächsten Kunden bereit zu sein. Solche Automaten haben wahrscheinlich in der Antike in

100

Tempelanlagen Wasser und Bimsstein zum Händewaschen feilgeboten.

Heron von Byzanz, Philons jüngerer Kollege, der um 120 vor Christus lebte, beschrieb einen ähnlichen Automaten, einen Weihwasserspender, der in römischen Tempeln Verwendung fand. Die Mechanik dieses antiken Warenautomaten war in einem Tonkrug verborgen, in dessen Hals der Kunde eine Münze einwarf. Diese fiel dann auf eine Wippe und öffnete ein Auslaufventil, das etwas Weihwasser ausfließen ließ. Der als Automatik dienende Wippbalken nahm beim Öffnen des Ventils durch das Gewicht der Münze eine Schräglage ein und ließ die Münze in den Krug gleiten. Sobald sie von der Wippe glitt, schloß sich das Ventil wieder, so daß stets nur eine kleine Menge Weihwasser abgegeben wurde.

Wir bauten die einfache Wippenmechanik mit fischertechnik nach, und siehe da, der Weihwasserautomat funktionierte einwandfrei. Als Wasserbehälter diente ein Joghurtbecher, in dessen Boden wir ein 4-mm-Loch bohrten. Als Ventil verwendeten wir eine Achse, über die wir ein Stück Silikonschlauch gezogen hatten. Durch die Abstufung der fischertechnik-Achse, an die sich der elastische Schlauch gut anschmiegt, ergibt sich ein sehr zuverlässig abdichtender Verschluß, der sich beim Einwurf eines Groschens durch den Schlitz über der Wippe kurzzeitig öffnet. Eine kleine Überraschung hatte unser nachgebauter antiker Automat allerdings auch für uns bereit. Wenn man anstelle eines Zehnpfennigstückes nur einen Fünfer einwarf, floß mehr Wasser aus dem Becher als bei der größeren Münze. Des Rätsels Lösung fanden wir nach ein paar Vergleichsversuchen schnell heraus. Die leichtere Fünfpfennig-Münze lenkte die Wippe nicht so weit aus wie der Zehner, und rutschte durch die geringere Schräglage der Wippe auch langsamer herunter. Folglich blieb das Ventil länger offen. So fand die soziale Ader unseres Automaten schnell eine physikalische Erklärung, und wir fühlten uns auf den Spuren antiker Erfinder wandelnd beinahe selbst als Erfinder.

Die antike Technik erschöpfte sich allerdings keinesfalls in simpler Mechanik. Man kannte vor über 2000 Jahren sogar schon pneumatisch funktionierende, also von Druckluft betätigte, Apparate. Kaum zu glauben – aber trotzdem wahr! Und daß die antike Pneumatik kein Hirngespinst war, sondern tatsächlich funktionierte, haben wir natürlich anhand eines Funktionsmodells nachgeprüft. Und siehe da, es funktionierte!

Konstrukteur der frühen Pneumatik-Maschine ist ebenfalls Heron von Byzanz, der sich die Entdeckung eines Kollegen namens Straton von Lampsakos zunutze machte. Straton, der in Athen Philosophie lehrte und wegen seiner Vorliebe für naturwissenschaftliche Beobachtungen den Beinamen »der Physiker« trug, hatte entdeckt, daß sich Luft bei Erwärmung ausdehnt und beim Abkühlen zusammenzieht.

Heron setzte diese Entdeckung in die Praxis um und konstruierte eine »Altarmaschine«. Diese bestand aus einem kesselförmigen Opferaltar, auf dem ein Opferfeuer entzündet wurde. Das Feuer erwärmte die unter dem Altar eingeschlossene Luft, die sich auszudehnen begann und durch ein Rohr in ein zweites Gefäß geleitet wurde, das teilweise mit Wasser gefüllt war. Durch ein Steigrohr verdrängte die Luft nun einen Teil des Wassers, das durch das Steigrohr in einen an einem Seil hängenden Bottich lief. Dieser wurde durch das einfließende Wasser schwerer und überwand ein Gegengewicht, das am anderen Ende des Seils befestigt war. Heron führte dieses Seil außerdem um die in eine Art Kellerraum unter dem Altar verlängerten Angeln der vor dem Altar liegenden Türen. So öffneten sich diese Türen automatisch nach Entzünden des Opferfeuers und schlossen sich wieder, wenn das Feuer ausgebrannt war. Dann nämlich zog sich die Luft unter dem Altar wieder zusammen. Es entstand ein Unterdruck, der dafür sorgte, daß das zuvor in den Bottich gedrückte Wasser zurückgesaugt wurde. Der Bottich wurde wieder leichter, das Gegengewicht gewann die Überhand, und das Seil bewegte sich wieder in umgekehrter Richtung, wobei es die Türangeln in Gegenrichtung drehte und die Türen schloß.

Wenn man bedenkt, welch große Kräfte zur Bewegung großer Tempeltüren notwendig waren, kann man sich vorstellen, wie raffiniert Herons Pneumatik konstruiert und wie exakt sie von den antiken Handwerkern verwirklicht wurde.

Wer sich einmal wie wir an einem Nachbau versucht, wird rasch merken, daß es hier sehr auf Genauigkeit ankommt und daß alles sich sehr leicht bewegen muß. Selbstverständlich müssen die Behälter und Rohre absolut dicht sein, was heute dank moderner Zwei-Komponenten-Kleber kaum Schwierigkeiten bereitet, früher aber sicher ein großes Problem gewesen sein dürfte.

Wichtig für die Funktion ist, daß das Rohr, aus dem das Wasser in den Bottich rinnt, so weit in das Wasser im Bottich hineinragt, daß auch das Zurücksaugen funktioniert.

Noch viel älter als die Pneumatik sind übrigens mechanisch funktionierende Wegmesser. Die Taxiuhr gab es beispielsweise schon vor rund 5000 Jahren im alten Ägypten. Die Chinesen sollen sogar schon vor 7000 Jahren geeichte Wegmesser für Rikschas und Mietfuhrwerke gehabt haben, über deren Funktion allerdings nichts bekannt ist. Wie die ägyptische Taxiuhr ar-

Oben: Aus dem alten Ägypten stammt die Konstruktion dieser Wasseruhr. Sie hatte allerdings, wie hier das Modell, nur einen Stundenzeiger.

beitete, ist hingegen recht gut bekannt. Sie läßt sich sogar funktionsfähig nachbauen. Die Mechanik entspricht weitgehend dem heute noch gebräuchlichen System. Der ägyptische Wegmesser war wie der moderne über ein Zahnradgetriebe mit einem der Wagenräder verbunden. Die Drehung des Rades wurde über eine Untersetzung auf ein großes, waagerecht angeordnetes Zahnrad übertragen, in dessen Nabe farbige Kugeln in einzelnen Fächern untergebracht waren. Dieses Fächerrad drehte sich über einem hölzernen Kasten, dessen Deckel ein Loch hatte. Wenn sich nun ein Fach über das Loch hinwegbewegte, fiel die darin befindliche Kugel in den Kasten. Am Ziel angekommen, brauchte man folglich nur die Kugeln im Kasten zu zählen, um den zurückgelegten Weg und die entsprechende Entlohnung festzustellen.

Zu Herons Zeiten, also um 120 vor Christus, gab es übrigens schon einen Wegmesser mit Zeigeranzeige, bei dem man allerdings den zurückgelegten Weg errechnen mußte, da sich das Zählwerk nicht auf Null stellen ließ. Man zog also den Zählerstand bei Fahrtantritt von der Anzeige am Ziel ab. Aber auch dies sollte sich bald ändern, denn ein römischer Soldat erfand wenig später einen Wegmesser, der sich auf Null stellen ließ und bei dem das Zählwerk automatisch von Einern auf Zehner und Hunderter weitersprang. Dieses System auf rein mechanischer Basis hat sich immerhin fast 2000 Jahre gehalten, denn erst jetzt tauchen die ersten Taxameter auf, die vollelektronisch arbeiten.

Genau gehende Uhren halten viele ebenfalls für eine Errungenschaft unserer Tage. Dies stimmt aber nur, wenn man an moderne Chronometer denkt, die Zeitmessungen auf Tausendstel-Sekunden erlauben. Für den normalen Bedarf gab es nämlich schon im Altertum recht zuverlässige Zeitmesser. Eine überaus raffinierte Konstruktion stellt die altägyptische Wasseruhr dar, die mittels Zeiger recht genau die Zeit angab. Wasseruhren waren in der Antike an sich nichts Neues. Man ließ aus einem Gefäß durch eine kleine Öffnung Wasser auslaufen und markierte nach dem jeweiligen Sonnenstand in gleichmäßigen Zeitabständen den jeweiligen Wasserstand. Es gab auch Wasseruhren mit Schwimmer und Peilstab, bei dem die Zeitskala auf dem Peilstab angebracht war und man über den Gefäßrand schauend die Zeit ablesen konnte. All diese Uhren hatten jedoch den Nachteil, daß ihre Skala nicht gleichmäßig geteilt war, da mit fallendem Wasserspiegel der Wasserdruck nachließ und somit in gleichen Zeitabschnitten immer weniger Wasser auslief.

Die Ägypter gaben sich damit nicht zufrieden und dachten sich etwas aus, das einen stets gleichbleibenden Wasserdruck im Auslaufgefäß garantierte. Sie ließen nämlich das Wasser nicht direkt in ein Meßgefäß rinnen, sondern leiteten es zunächst in einen Trichter, in den ein Kegel so eingepaßt war, daß zwischen Trichter und Kegel nur ein winziger Spalt freiblieb. Außerdem war der Kegel etwas niedriger als der Trichter, so daß über dem Kegel ein flacher Wasserspiegel stand. Um auch hier Druckschwankungen auszuschalten, versahen die Ägypter den Trichter an dieser Stelle mit einem Überlaufrohr.

Nun ließen sie aus einem großen Auslaufgefäß Wasser in den Trichter rinnen, in dem sich ein konstanter Wasserspiegel und damit ein stets gleichbleibender Druck einstellte. Zwischen Trichterwand und Kegel rann nun wenig Wasser zur Trichterspitze und von dort über ein dünnes Rohr in ein Sammelgefäß, in dem ein Schwimmer angeordnet war. An diesem Schwimmer war eine gezahnte Schubstange befestigt, deren Zähne bei steigendem Wasserspiegel über ein Zahnrad einen Zeiger in Drehung ver-

Unten: Zum Nachbau einer Räderuhr mit Gangregulierung durch ein Pendel braucht man Geduld und einiges Geschick, damit alle Achsen und Räder ohne zu klemmen laufen.
Rechts: Präzision ist keine Zauberei, sondern das Ergebnis sorgfältiger Konstruktion und einer ausgefeilten Produktionstechnik, die eine Maßgenauigkeit von $^2/_{100}$ Millimetern ermöglichen. So ist es dann doch kein Wunder, daß die Bausteine den Nachbau einer exakt gehenden Uhr ermöglichen.

setzten und so die Zeit angaben. Die interessante ägyptische Wasseruhr besaß sogar eine Gangregulierung, denn der Kegel ließ sich im Trichter anheben und absenken, wodurch sich der wasserführende Spalt vergrößern oder verkleinern ließ. So floß mehr oder weniger Wasser in das Sammelgefäß, und die Uhr lief schneller oder langsamer. Wir haben es an einem Modell aus fischertechnik-Teilen selbst ausprobiert: Die Uhr ging bei einer Laufzeit von einer Stunde auf die Minute genau. Allerdings bedurfte es einiger Zeit, bis wir die genaue Justierung für den Kegel im Auslauftrichter gefunden hatten.

Die mechanische Räder- oder Gewichtsuhr ist heute erst 1000 Jahre alt. Als ihr Erfinder gilt der Mönch Gerbert, der spätere Papst Sylvester II. Das Räderwerk wurde durch ein Gewicht angetrieben, das unter dem Einfluß der Schwerkraft über ein Seil eine Trommel in Drehung versetzte. Damit sich das Seil nicht in einem Rutsch von der Trommel abspulen konnte, wurde die Drehbewegung der Trommel über Zahnräder auf ein sogenanntes Steigrad übertragen, dessen Zähne durch zwei Metallflügel abwechselnd angehalten und freigegeben wurden, so daß sich das Steigrad immer nur einen Zahn weiterdrehen konnte. Die abwechselnde Hemmung und Freigabe wurde durch einen waagerecht schwingenden Waagbalken erreicht, der federnd in einer Drahtschlaufe aufgehängt war. Auf dem Waagbalken saßen zwei Gewichte, die sich näher an die Achse heran oder weiter nach außen schieben ließen, worauf der Schwingbalken sich entweder schneller oder langsamer bewegte und die Zähne des Steigrades in kürzeren oder längeren Zeitabständen freigab. So ließ sich die Ganggeschwindigkeit dieser Uhr regulieren.

Der niederländische Physiker Huygens kam schließlich im 17. Jahrhundert auf die Idee, den Gang einer Uhr durch ein schwingendes Pendel zu regulieren. Die erste Uhr dieses Typs baute er im Jahre 1656. Das Steigrad seiner Uhr wurde durch zwei auf der Pendelachse sitzende Stahlzungen im Takt des schwingenden Pendels jeweils arretiert und freigegeben, so daß es immer nur um einen Zahn weiterspringen konnte. Huygens machte sich dabei das Pendelgesetz zunutze, nachdem jedes Pendel eine von der Pendellänge, aber nicht von der Schwingungsweite abhängige gleichbleibende Schwingungsdauer besitzt. Diese Beobachtung hatte man zwar schon vor Huygens zur Zeitmessung benutzt, indem man einfach die Zahl der Schwingungen eines Pendels auszählte. Huygens war aber der erste, der dieses Phänomen zur Gangregulierung einer Gewichtsuhr verwendete. Eine solche Uhr im Modell nachzubauen, erschien uns zunächst als unmöglich, denn nicht umsonst spricht man von der be-

rühmten Uhrmacher-Präzision. Aber das unmöglich Erscheinende kann auch zum Ansporn werden, und so versuchten wir es doch, eine Pendeluhr mit fischertechnik-Baukastenteilen zu bauen, und siehe da, unsere Uhr lief tatsächlich, und sie geht sogar recht genau. Allerdings brauchten wir einige Zeit, bis sich alle Achsen reibungs-

Unten: Von der einfachsten Wippenmechanik bis zum elektronisch gesteuerten Funktionsmodell läßt sich die Technik von gestern und heute im Spiel ergründen.
Rechts: Auch für die Jüngsten gibt es einen Technik-Baukasten. Die fertigen Modelle lassen sich auseinandernehmen und nach Geschick und Phantasie zu eigenen Konstruktionen wieder zusammenbauen.
(Fotos: fischertechnik)

arm bewegten und bis alles genau justiert war, damit nichts klemmen oder haken konnte. Bei einer Turmhöhe von knapp einem Meter lief unsere Pendeluhr genau eine halbe Stunde, bis das 500 Gramm schwere Zuggewicht am Boden angelangt war und die Uhr wieder aufgezogen werden mußte. Eine meßbare Abweichung von einer zum Vergleich verwendeten Weckeruhr war nicht festzustellen. Dies verdankten wir sicherlich zu einem guten Teil der erstaunlichen Präzision, mit der die grauen und roten Kunststoff-Steinchen, Platten und Räder hergestellt sind. Mit einer Fertigungsgenauigkeit von $^2/_{100}$ Millimetern erreichen sie tatsächlich schon Uhrmacher-Qualität. Für uns war es ein großes Erlebnis, auf den Spuren berühmter Erfinder zu wandeln, und ihre erstaunlichen Erfindungen noch einmal nachzuvollziehen. Dabei enträtselte sich nicht nur auf eindrucksvolle Weise, warum und wie so etwas funktioniert. Als Zugabe konnten wir auch den großen Augenblick nacherleben, als sich die Konstruktion zum erstenmal sinn- und konstruktionsgemäß bewegte und einen kleinen Abglanz des Stolzes genießen, der Heron oder Huygens oder die vielen Erfinder von gestern, die Technikgeschichte machten, im Augenblick ihres Erfolges beseelt haben mag. Und so war unser Ausflug in die Geschichte der Technik nicht nur eine historische Spielerei, sondern ein Erlebnis, das uns zugleich auch zeigte, das ein moderner Konstruktionsbaukasten in seiner Präzision und Vielseitigkeit mehr als ein Spielzeug ist. Er kann durchaus dazu beitragen, die Technik von gestern und heute transparent zu machen.

Die vorgestellten historischen Modelle stammen aus dem Buch »Das Ei des Kolumbus, Auf den Spuren von Erfindern und Erfindungen – mit großem Rezeptteil zum Selbermachen« von Wolfgang Back und Erich H. Heimann. Es erschien im Engelbert-Verlag in Balve.

Wenn Nomaden fischen

Existenzprobleme des Turkana-Stammes in Kenia

Von Werner Gartung

Ein Mann löst sich aus der Gruppe und stakt auf mich zu. Sein sackähnliches braunes Gewand wird vom Wind aufgebläht und gibt spindeldürre Beine frei. In der Hand trägt er eine Art Holzschemel, Sitzgelegenheit und Kopfstütze zugleich: beim Schlafen ruhen die Turkana-Männer darauf um ihren Kopfputz aus Lehm und Federn zu schonen.

Der Nomade ist alt, zumindest sieht er so aus. Denn Alter und Tod kommen hier schneller als in unseren Breiten. Hier im vergessenen Winkel des Touristenparadieses Kenia kämpft jeder ums Überleben. Hier ähneln 30jährige Frauen meist verhutzelten Weiblein.

Schon umarmt er mich, ich spüre seine knochigen Finger im Rücken, sehe seine weißgraue Lehmkappe, eine Feder am Hinterkopf; blicke in seine flackernden Augen, versuche etwas von seinen Worten zu verstehen. Aber es ist zwecklos.

»Geld«, durchfährt es mich. »Er will bestimmt Geld.« Ich komme aus Kenias Hauptstadt Nairobi, wo man mit Geld fast alles kaufen und sogar die Menschen tanzen lassen kann: Angemalte Massai-Krieger vollführen zweimal am Tag vor gaffenden Bleichgesichtern ihre Kriegstänze; Preis: ein Dollar, Fotoerlaubnis einbegriffen. Ein jämmerliches Schauspiel.

Oben: Die meisten Turkana führen noch ein nomadisches Leben. Es ist ein Dasein voller Entbehrungen.

Aber die Wogen des Tourismus branden bestenfalls bis Kitale. Dort hört die Asphaltstraße gen Norden auf, ist der so-

108

genannte Fortschritt zu Ende. Hier aber beginnt die Turkana: Halbwüste, gelbbraunes Gras bis zum Horizont, ein paar dornige Büsche hin und wieder, Glutluft, die jede Bewegung im Sommer zur Qual werden läßt, manchmal riesige Termitenhügel, dünn und gerade wie warnende Zeigefinger. Und es gibt den Turkanastamm: eine Viertelmillion Menschen vielleicht, die seit Jahrhunderten hier leben; man fragt sich nur wie.

Der alte Turkana redet wieder, unverständliche Laute kommen aus seinem zahnlosen Mund, er lacht. Und geht. Neben mir steht Kristian Fremstad, Projektleiter am Turkana-See, zu dem wir jetzt unterwegs sind.

»Was wollte der Mann?« frage ich ihn. »Sie nur begrüßen«, meint Fremstadt, »viel verstehe ich noch nicht von ihrer Sprache, aber er meinte so ungefähr ›Willkommen in der Turkana.‹ Ich fahre einmal im Monat hier vorbei und lege meist eine Rast ein. Die Leute kennen mich.«

Willkommen also in der Turkana. Ich umkrampfe noch drei Schilling für den alten Mann, der doch nur guten Tag sagen wollte. Ich komme mir lächerlich vor. Die Münzen in der Hand werden zum Symbol meiner Hilflosigkeit – Geld zur Beruhigung des schlechten Gewissens.

Die Unterentwicklung dieses unfruchtbaren Landstriches (der größer ist als die Bundesrepublik) wurde früh begründet. Auf der Suche nach Weidegrund mußten die Turkana schon zu englischen Kolonialzeiten die Wanderungen mit ihren Kamelen, Eseln und Ziegen ausdehnen und drängten Marille- und Samburu-Stämme in Richtung des weißen Farmlandes ab.

Die Weißen sahen ihren Lebensraum gefährdet und brachten die Gegend »unter Kontrolle«; wie es soldatisch knapp formuliert wurde. Das Ergebnis: Nach 1930 herrschte wieder Ruhe im Nordwesten, Hunderte von Nomaden ließen ihr Leben. Überdies erklärte man den Turkana-Bezirk zum Sperrgebiet – bis 1968 noch durfte man nur mit einer Sondererlaubnis in die öde Nomadenheimat einreisen.

In einem amtlichen Bericht wurde klar formuliert, was man mit den Turkana-Menschen und ihrer Gegend zu tun gedachte: »Diese Nomaden sind reine Eigenerzeuger (indem sie ihr Vieh besitzen) und haben am Geldsystem keinen Anteil ... Sie tragen nicht zur Verstärkung der Volkswirtschaft bei ... Die Ausdehnung ihrer Wanderungen ist zu unterbinden, spätere Seßhaftigkeit ins Auge zu fassen.« Noch bis vor wenigen Jahren gab es im Turkana-Land

außer ein paar verlorenen Missionsstationen keinerlei medizinische Versorgung, von Schulausbildung ganz zu schweigen (über 99 % aller Turkana sind bis heute Analphabeten).

Am schlimmsten aber war die Absperrung ihres Weidegebietes. Denn immer mehr Menschen und Tiere zerstörten die ohnehin einseitige Balance des gleichbleibend großen Lebensraumes. Eine Katastrophe war vorprogrammiert. Und sie kam 1960. Der Regen blieb ganz aus, das ökologische Gleichgewicht brach zusammen, die kümmerlichen Weidegründe wurden Wüste. Tausende von Turkana verhungerten, viele der Überlebenden verloren ihr gesamtes Vieh. Und wenn ein Nomade kein Vieh mehr besitzt, so ist sein Lebensinhalt, der Sinn seiner Existenz für ihn dahin. Ohne die Tiere, ihren einzigen Besitz und ganzen Stolz, weiterleben zu müssen, ist für die meisten Nomaden schlimmer als der Tod.

Nach üblicher Soforthilfe in Form von Hirse wurde den Turkana dann Anfang der 60er Jahre endlich geholfen – natürlich zu spät. Die Engländer realisierten eine neue Möglichkeit: Man könnte doch die viehlosen Turkana am Rudolf-See (heute heißt er Turkana-See) ansiedeln – als Fischer. So ungewöhnlich sich diese Idee anhört, so erfolgreich war sie doch, obwohl viele der neuen Fischer vorher weder »das große Wasser« noch jemals einen Fisch zu Gesicht bekommen hatten. Schon nach ein paar Monaten Schwimmübungen und praktischem Unterricht fischten die ersten 30 Turkana mit Handnetzen oder von kleinen Flößen aus – mit Erfolg. Das erste Mal in ihrem Leben hatten sie ständig einen vollen Magen.

Rechts: Eine Turkana-Frau mit kiloschweren Perlenketten

Aus den ersten bescheidenen Anfängen ist mittlerweile eine Fischerei-Genossenschaft am See geworden. Und rund 2000 Turkana kämpfen nun nicht mehr als Nomaden gegen Sandstürme und Dürren an, sondern holen ihre Netze ein: eine für uns kaum vorstellbare Existenzänderung.

Nun profitiert fast ein Zehntel des Stammes davon, das Kamel mit dem Ruderboot oder Floß vertauscht zu haben.

Vor meiner Abreise aus Nairobi sagte mir ein Mitarbeiter der norwegischen Botschaft: »Nur der See kann langfristig die Lebensgrundlage dieses Stammes sichern. Er hat ein überdurchschnittliches Wachstum von 5 % im Jahr. Das Land ist längst überweidet – mehr Wüste als Steppe. Ein großer Teil der Turkana wird in absehbarer Zeit entweder keine Zukunft mehr haben oder nur eine Zukunft als Fischer.«

Es war die norwegische Entwicklungshilfe-Organisation NORAD, die sich 1970 entschloß, das Fischerei-Projekt im hintersten

Oben: Beim Schlafen legen viele Turkana ihren Kopf auf kleine Holzschemel, um ihre Frisur aus Lehm und Federn nicht zu beschädigen.
Rechts: Ein Turkana-Fischer stakt mit seinem Floß in die Bucht hinaus.

Winkel Kenias zu unterstützen. Die Vorarbeit war hart: Zunächst galt es diese »leere Ecke« des Landes durch Pisten zu erschließen. Vorher erreichten selbst Geländefahrzeuge nur unter Schwierigkeiten das Westufer des Sees; die Gegend war wege- und straßenlos. Der Grund wurde schon genannt: Die Turkana hatten nichts zu bieten. Es gab keine Rohstoffe. Es gab ja nur die Turkana.

Nun bin ich zum See unterwegs, um die fischenden Nomaden kennenzulernen. Geht das so schnell mit der Seßhaftigkeit? Und wie kommen die Turkana mit ihrem neuen Leben zurecht? Außerdem interessierte

mich schon lange der »Jadesee« inmitten ausgeglühter, abweisender Wüstenlandschaft. Das Paradies für Flamingos und Hunderte anderer Wasservögel. Ein Paradies auch für die Turkana?

Das Tor zum »Paradies« ist die Provinzstadt Lodwar. Das hört sich recht bedeutend an, aber Lodwar ist ein armseliges, dreckiges Nest mit vielleicht tausend Einwohnern. Lodwars »Hauptstraße«: festgestampfter Lehm, Abfallhaufen, in denen abgemagerte Hunde und. Ziegen wühlen, flache Steinhäuser mit vorgezogenen Veranden aus Wellblech: Hier könnte Afrikas »wilder Westen« sein. In einer der drei Kneipen trinken wir lauwarme Limonade. Uns beobachten Turkana-Frauen, stumm. Sie haben rasierte Köpfe und tragen bunte Perlenketten, die mit vielen Schlingen den ganzen Hals bedecken. Als Kleidung dienen zugeschnittene Tierhäute, auch die Sandalen sind aus Lederstücken. »Folkloristisch« wird so etwas in Reiseprospekten genannt. Armut als Erlebnis für übersättigte Europäer.

Durch die Tür quillt Hitze. Hunde wühlen weiter im Abfall. Und die Frauen stehen noch im Eingang, blicken auf unsere Limonade, schweigend. Nur zweierlei gibt es hier im Überfluß: Hitze und Zeit.

Die letzten 130 Kilometer lassen nicht darauf schließen, daß sich zwei Fahrtstunden später der See auftun wird. Zeigten sich bisher noch einige armselige Bäume in der öden Landschaft, so wird die Gegend nun zur Wüste – aber keine weichgeschwungenen Sanddünen sind gegen den Horizint gestellt, sondern schwarze, ausgeglühte Basaltbrocken. In der Ferne eine Gruppe von Turkana mit ihren Kamelen und Ziegen. »Die Turkana«, so kommt mir ein aktueller Bericht in den Sinn, »haben möglicherweise den niedrigsten Lebensstandard der ganzen Welt. Es ist für sie durchaus ge-

Oben: Ein Turkana in der Bucht von Kalokol. Im Hintergrund die Landzunge mit den Basthütten der neuen Fischer.

wöhnlich, mehrere Tage hintereinander nichts zu essen . . . als Nahrung dienen gesammelte Beeren und etwas eingetauschte Hirse.«

Kristian Fremstad wohnt in einem der wenigen Häuser am See. Der Ort heißt Kalokol. Auch hier »Wildwest-Atmosphäre« wie in Lodwar. Die meisten Verkaufsbuden sind ganz aus Wellblech zusammengezimmert.

Fremstad: »Das Fischerei-Geschäft hat ein bißchen Zivilisation bis an den See gebracht.«

Der See ist aber selbst in Kalokol noch nicht zu sehen. Nach zwei Kilometern läuft

die Piste endlich am sandigen Ufer aus: Die Stimmung ist großartiger als ich sie mir jemals vorgestellt habe. Fächerförmige Dumpalmen stehen dicht am Wasser, in der Ferne sind blauzackige Berge zu erkennen. Auf unserer Seite ragt ein mehrere Kilometer langer Landarm in den See hinein und bildet so die Bucht von Kalokol. Und dort auf dem Landstreifen entstand binnen weniger Monate ein ganz neuer Ort: Namukuse mit Namen, was soviel wie »der stinkende Ort« bedeutet. Mehrere tausend Menschen leben dort zwischen der Bucht und dem offenen See in eilig erbauten Basthütten.

Es zeigt sich, daß die Bezeichnung »Namukuse« durchaus zutreffend ist. Die Siedlung präsentiert sich als Durcheinander von Menschen, Hütten, Flößen und Booten. Wo nicht gerade Fisch zum Trocknen ausgelegt ist, stolpert man über herumliegende Netze und Abfälle. Mit Menschen und Fischballen beladene Wagen mahlen sich durch den feinen Sand zurück nach Kalokol, dem Umschlagplatz. Am Ufer sitzen Turkana-Frauen beim Ausnehmen des Fanges, Männer paddeln mit Flößen aus Palmstämmen in die Bucht hinaus, Scharen von Pelikanen und Flamingos warten auf Reste oder fischen in Ufernähe. Der Ort erscheint dem gerade Angekommenen als hektisch-bunter Alptraum.

Am Abend, von Fremstads Haus aus betrachtet, gaukeln Hunderte von Petroleumlampen den Anblick einer Kleinstadt vor. Namukuse, »der stinkende Platz«, zeigt sich von seiner besten Seite.

Der blonde Norweger öffnet zwei Flaschen kaltes Bier, made in Dänemark. Die Einrichtung des Wohnzimmers ist einfach: Al-

les mußte aus Nairobi herangeschafft werden. »Wir haben zwei schwierige Jahre hinter uns«, meint Fremstad. »Sie werden es kaum glauben – es gab zu viel Fisch.«
»Das wäre doch eher ein Grund zur Freude«, wende ich ein. Aber dann erzählt er die Fisch-Story vom Turkana-See. Wie sich herausstellen sollte, eine Geschichte voller Logik – einer sehr bitteren Logik.
»Alles war bis Ende 1975 noch in bester Ordnung – die Genossenschaft konnte in jenem Jahr rund 500 Tonnen Trockenfisch im Wert einer halben Million DM umsetzen. Wie Sie schon vorher gesehen haben: Die Fische werden aufgeschnitten und zum Trocknen in die Sonne gelegt. Nach ein, zwei Tagen sind sie steinhart, werden gestapelt, in Sackleinen genäht und so mit Lastwagen exportiert – bis hin nach Zaire oder an die Küste nach Mombasa.
Nun, es ging gut voran – bis die Fische kamen. Experten rätseln noch immer über die Ursache. Die Bucht hier kochte plötzlich vor Fisch. Wenn ich mit meinem Motorboot herüberfuhr, sprangen welche hinein. Natürlich – zuerst freuten wir uns. Aber am plötzlichen Reichtum wollten auch andere teilhaben. Auf einmal gab es hier etwas zu holen, im bislang vergessenen Winkel Kenias. Zuerst kamen Männer vom Stamm der Luos, die als Fischer am Victoria-See beheimatet sind. Erst Hunderte, dann Tausende. Dann folgten Händler, zum großen Teil aus Somalia, die hier in Kalokol eilig ihre Verkaufsbuden zimmerten. Die Turkana standen plötzlich im Bannkreis von Geld, Konsumgütern und gerissenen Händlern, die ihre Unwissenheit ausnutzten.«
»Aber was ist mit dem Fisch«, wende ich ein, »reichte der nicht für alle?«
Als Antwort drückt er mir ein Blatt Papier in die Hand. Es ist schlecht kopiert und kaum zu lesen:

»Luos – go home, geht nach Hause zu Eurem eigenen See. Aber Ihr habt ihn schon fast leergefischt, nun wollt Ihr das gleiche hier tun. Doch der Turkana-See gehört uns allein. Er ist unsere einzige Shamba, einziger Weidegrund der Zukunft. Ihr, die Luos, wollt hier Geld verdienen, wir nur satt werden. Wenn hier nichts mehr zu holen ist, geht Ihr. Aber wir müssen bleiben und wieder hungern, gezeichnet: eli moruse.«
Der eindringlich-naive Aufruf stammt von einem gebildeten Turkana – nur zwei oder drei in ganz Kalokol können überhaupt lesen und schreiben; die Masse ist wahrlich sprach- und schriftlos, erkennt kaum die Bedeutung des Sees. So blieb Moruses Aufruf nur ein Stück Papier. Forderungen nach Berufsverboten für die Fremden verhallten lange Zeit ungehört. Erst Ende 1977 wurden die Luos von höchster Stelle aus von der Bucht vertrieben – aber da war ohnehin der Fisch-Boom zu Ende.
»Wir arbeiten jetzt also wieder normal weiter«, sagt Fremstad. Die Turkana bekommen von der Genossenschaft Netze und Gemeinschaftsboote gestellt. Ihren Fang liefern sie hier ab, ein geringer Teil des Erlöses wird für allgemeine Unkosten einbehalten – so trägt sich das Projekt. Momentan vermarkten wir jeden Monat 200 Tonnen Trockenfisch.«
Auf dem batteriebetriebenen Plattenspieler in der Wohnung des Projektleiters dreht sich eine Platte von Edvard Grieg. »Peer Gynt« am Turkana-See. In die schwermütige Musik mischen sich plötzlich dumpfe

Rechts: Die getrockneten Fische werden kunstvoll aufgeschichtet, um dann – in Sackleinen genäht – ihren Weg bis nach Zaire oder an Kenias Küste nach Mombasa anzutreten.

Trommelgeräusche, dazwischen hohe Trillertöne der Frauen. Wir beenden die akustische Illusion aus Norwegen und lauschen nach draußen. Da ist die Wirklichkeit, hinten vor den Feuern, in bienenkorbförmigen Basthütten der Nomaden, die nun Fischer sind.

Und das abendliche Tamtam hat seinen Hintergrund. Die von rhythmischen Trommelschlägen begleiteten monotonen Lieder besingen das alte Leben. Die nomadischen Hungerleider sind nun satt, aber unglücklich. Sie sehnen sich zurück in die unermeßliche Weite ihres kargen Landes, denken an die Freiheit als Viehzüchter – selbst wenn es nur ein paar klapprige Kamele oder Esel waren. Sie würden Hunger und Entbehrungen in Kauf nehmen, um wieder frei zu sein: für uns eine fragwürdige Freiheit, für sie aber tiefverwurzeltes Lebensgefühl. Und hier liegt das eigentliche Problem der Seßhaftmachung von Nomaden. Ob in Somalia Tausende von Nomaden aus Hilfsla-

Oben: Esel weiden in der Nähe des Turkana-Sees – viele der neuen Fischer können sich von ihren Tieren noch immer nicht trennen. (Fotos: W. Gartung)

gern davonliefen – zurück in die Steppe, die meisten in ihr sicheres Verderben – ob in Algerien ein Ansiedlungsprojekt für Tuareg fehlschlug, oder ob hier am Turkana-See die hageren Fischer am liebsten das Floß wieder mit Kamelen vertauschen würden – überall in Afrikas Steppengebieten sieht es ähnlich aus.

Doch die Zeiten des alten schweifenden Lebens scheinen sich für die Mehrzahl der Wandernden ihrem Ende zu nähern. Die Stämme erleiden seit Jahren unaufhörlich Einbußen in ihrer inneren Festigkeit, wie auch ihrer äußeren Macht. Die einzelnen Regierungen stehen ihnen ablehnend, bestenfalls gleichgültig gegenüber. Den größten Schlag erlitten die Nomaden aus Afri-

118

kas Steppengürtel, dem Sahel, durch die letzte große Dürre von 1968 bis 1973.

An der Notwendigkeit einer Änderung des Lebensstils vieler Nomaden zur Seßhaftigkeit können kaum Zweifel bestehen – das ohnehin überweidete Land bietet nicht mehr Lebensraum für weitere Menschen und ihre oft riesigen Herden.

Der Projektleiter Fremstad: »So hat sich trotz des neuen Berufes am tiefverwurzelten Wertdenken der meisten Turkana bislang kaum etwas geändert. Fischerei ist für sie kaum der Beginn eines neuen Lebens, sondern Vorbereitung zur Rückkehr zum Nomadenleben. Aber das wird nicht möglich sein.«

Am nächsten Tag sehe ich große Herden von Ziegen, Schafen und Eseln in Ufernähe des Jadesees weiden. Sie legen Zeugnis dieses »Doppellebens« ab. Angehörige der Fischer sind mit ihrer Aufsicht betreut, während die im neuen »Wirtschaftszweig« arbeitenden Turkana alles daransetzen, mit verdientem Geld neue Tiere anzukaufen, um ihrem Lebensideal näherzukommen.

Schlagworte gehen mir durch den Kopf, irgendwo aufgeschnappt vor meiner Reise, gelesen in Berichten und Untersuchungen:

»Bei den noch nomadischen Turkana gilt es, die Rotationsbeweidung einzuführen ... der neue Sektor muß mit besseren Investitionsanreizen versehen werden, um altem Wertdenken neue Ausdrucksmöglichkeiten zu verschaffen ... Die Zahl der fischenden Turkana muß man erhöhen ...«

Die Expertenmeinungen stehen irgendwo in Archiven und wurden an klimatisierten Schreibtischen ausgebrütet. Aber hier – ich sagte es schon – ist die Turkana: Halbwüste, verbranntes Gras bis zum Horizont, ein paar dornige Büsche. Und ein fischreicher Wüstensee, an dem ein Zehntel von ihnen ein neues Leben gefunden hat.

Viele von ihnen werden wieder zurückgehen in die staubige Steppe. Ein Teil aber wird bleiben, Nachwuchs bekommen, dem die Fischerei dann ein ganzer Lebensinhalt sein kann. Seßhafte Fischer in der nächsten Generation.

Die Norweger bauten Straßen und gründeten eine Genossenschaft. Sie machten einen Anfang, von Missionaren tatkräftig unterstützt. Aber im Hau-Ruck-Verfahren ist nichts zu ändern, in keinem Entwicklungsprojekt der Dritten Welt. Die Zeit hat hier eine andere Dimension.

Produktion auf Probe

Pilotwerk garantiert Qualität ab Wagen Nummer 1

Von W. Wendel

Mit großer Spannung erwarten Autofahrer und Auto-Interessenten jedesmal die Vorstellung der neuen Modelle. Besonders groß ist die Neugier, wenn nicht nur die Weiterentwicklung einer schon seit längerem produzierten Modellreihe, sondern ein von Grund auf neues Modell zu erwarten ist. Journalisten jagen mit List und Tücke die sogenannten Erlkönige, Prototypen, die mehr oder weniger geschickt getarnt getestet werden. So lüften sie den Schleier des Geheimnisses ein wenig, mit dem Erfolg, daß Interesse und Diskussionen rund um das neue Modell noch größer werden. Wenn auch die Automobilhersteller von diesem Rummel nicht allzu begeistert sind und lieber selbst bei der Vorstellung ihres neuesten Modells Regie führen würden, so

Links: Sportlich elegant präsentiert sich der neue Monza. Durch die Probefertigung im Pilotwerk ist sichergestellt, daß das neue Modell bei Beginn der Serienfertigung ausgereift ist.

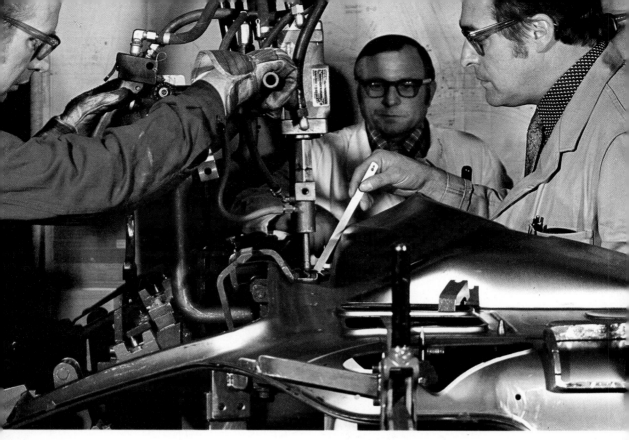

gehört all dies doch einfach dazu wie der Vorbericht zu einem großen Sportereignis oder einer Filmpremiere.

Viele auf ihre Marke eingeschworenen Autofahrer geben ihre Bestellung schon auf, wenn sich ein Modellwechsel abzeichnet, andere warten die offizielle Vorstellung des neuen Modells ab, um sich dann schleunigst ihren Wagen zu sichern.

Der Run auf die ersten Wagen der neuen Produktion wirft nicht nur ein interessantes Streiflicht auf die Attraktivität alles Neuen, sondern ist nicht zuletzt auch ein Vertrauensbeweis der Autokäufer. Durch den Kauf von Wagen aus einer anlaufenden Produktion dokumentieren sie, daß sie davon überzeugt sind, ein ausgereiftes Modell zu kaufen. Dies war nicht immer selbstverständlich. Als unser Vater sein erstes Auto kaufte, gab es noch viele Zeitgenossen, die erst einmal ein Jahr abwarteten, ehe sie sich für ein neues Modell entschieden, um so vor möglichen Kinder-

Oben: Jeder Griff muß sitzen, damit es später bei der Bandmontage keine Probleme gibt. Im Pilotwerk werden die technischen Einrichtungen wie Schweißzangen und Halterungen getestet und, wenn notwendig, abgeändert, um sicherzustellen, daß die Produktion später reibungslos läuft.

Rechts: Bei der Fertigung auf Probe machen sich die Mitarbeiter aus den Produktionsbetrieben mit der Montage der neuen Modelle vertraut.

krankheiten ihres neuen fahrbaren Untersatzes gefeit zu sein.

Daß sich dieses Bild entscheidend geändert hat, liegt nicht nur am technischen Fortschritt, sondern auch an neuen Methoden zur Qualitätssicherung. Eine wichtige Rolle spielt in diesem Rahmen vor allem die Einrichtung eines Pilot-Werkes, wie zum Beispiel bei der Adam Opel AG in Rüsselsheim, wo die komplette Fertigung eines

neuen Modells, lange vor der Umstellung der Bandmontage im eigentlichen Fertigungsbetrieb, bis ins kleinste Detail geprobt wird. Gleichzeitig ermöglichen die im Pilotwerk gefertigten Autos auch die Probe aufs Exempel, denn die Fahrerprobung wie auch die komplette Demontage der in diesem Werk gefertigten Wagen, legen unvermeidlich jeden Fehler und jede Unstimmigkeit offen. So kann man durchaus sagen, daß der Opel-Kunde eigentlich auch dann, wenn sein Auto zu den ersten zehn gehört, die vom Produktionsband laufen, nicht ein Fahrzeug der ersten, sondern bereits der zweiten Bauserie erwirbt. Und so sind die oft zitierten und befürchteten Kinderkrankheiten für ihn kein wirkliches Risiko mehr.

Noch während die Abteilung Produktentwicklung und Konstruktion, kurz PEK genannt, an der Entwicklung des neuen Wagens arbeitet, beginnen die Vorbereitungen für die Testphase im Pilotwerk. Außerhalb der etwa 8 Monate vor der Produktionsaufnahme anlaufenden Pilotarbeit sind nur zwei ständige Mitarbeiter mit der Vorbereitung beschäftigt. Während der etwa 6 Monate langen Pilotzeit sind dann allerdings außer Ingenieuren und Meistern aus allen Bereichen jeweils 40 bis 50 Facharbeiter tätig, die zu Schulung, Einweisung und Aufbau der Pilotwagen aus der Produktion herausgezogen werden. Von diesen Facharbeitern werden dann in 14tägigem Wechsel, unter Aufsicht der Meister, während des Pilotprogramms bis zu 2000 Mitarbeiter aus den verschiedensten Montagebereichen der Produktion angelernt, um später ihrerseits die große Zahl von Mitarbeitern in der Serienproduktion anzuleiten.

Besonders komplexe Montageabläufe werden außerdem mit Fernsehkameras gefilmt und auf Magnetband aufgezeichnet, so daß die betroffenen Montage-Gruppen später auch in einer Art »Trocken-Kurs« den Montageablauf kennenlernen.

Obwohl die Planungsabteilungen bereits während der Entwicklung eines neuen Modells eng mit den Entwicklungsabteilungen zusammenarbeiten, um von vornherein günstige Montage- und günstige Arbeitsbedingungen zu schaffen sowie eine rationelle Fertigung in der Serienproduktion zu ermöglichen, wird im Pilotwerk eine Überprüfung aller dieser Aspekte vorgenommen.

Das Pilotwerk hat neben dem Montagetraining die Aufgabe, gemeinsam mit allen beteiligten Bereichen die bis ins kleinste Detail vorgeplanten Montageschritte (Operationen), Werkzeuge, Zusammenbau-Vorrichtungen, Lehren, Hilfsmittel und die angelieferten Teile auf Eignung zu überprüfen sowie gegebenenfalls Änderungen zu veranlassen und deren Wirksamkeit zu testen. Deshalb verwendet man für die Fertigung der Pilotwagen Teile, die möglichst in Original-Produktionseinrichtungen oder Fertigungsstraßen bzw. mit Original-Pro-

Links: Eine Montagestraße im kleinen ist das Pilotwerk. Auf einer sich langsam voranbewegenden Plattform wird die Karosserie aus den verschiedenen Einzelteilen zusammengeschweißt.

Oben: Die im Pilotwerk hergestellte Rohkarosserie wird in der Lackieranlage der normalen Fertigung gespritzt, da sich eine eigene Anlage im Pilotwerk nicht lohnt.

Rechts: Im Pilotwerk geht es nicht darum, möglichst viele Autos in möglichst kurzer Zeit fertigzustellen, sondern die Produktionsbedingungen eines neuen Modells im praktischen Versuch zu erarbeiten. Arbeitsablauf und etwaige Probleme werden in Fachgruppen diskutiert.

duktionswerkzeugen auf Einarbeitungspressen gefertigt wurden. Erforderliche Änderungen werden dann auch direkt am Original-Werkzeug ausgeführt.

Der Fertigungsablauf im Pilotwerk ist in Phasen unterteilt, um Werkstätten, Teilelieferanten sowie Planungs- und Entwicklungsabteilungen genügend Zeit für Änderungen und dem Pilotwerk Zeit zur Überprüfung zu geben. Oberstes Ziel ist es, optimale Bedingungen für die Serienfertigung zu erreichen, die nicht zuletzt der Qualität, Funktionstüchtigkeit und der Service-Freundlichkeit des Produkts zugute kommen.

Weil eine einfach zu verrichtende Arbeit größere Konzentration auf die Sache zuläßt, werden oft spezielle Werkzeuge oder Vorrichtungen notwendig. Auch hier bewährt sich das Pilotband, denn es zeigt etwaige Problemstellen auf und erlaubt eine praxisnahe Anpassung und Erprobung von Spezialwerkzeugen oder Vorrichtungen. Zuweilen kann es sich auch zeigen, daß man bei einem neuen Modell von der bisher üblichen Montagefolge abweichen muß, um zu verhindern, daß sich der Monteur bei der Ausführung einer Arbeit unzumutbar anstrengen muß. So stellte sich zum Beispiel bei der Vorbereitung des Opel-Kadett im Pilotwerk heraus, daß der Fahrersitz erst in der Wagen-Endmontage eingebaut werden kann, nachdem die Lenkung montiert ist, während man bei den bisherigen Modellen den Sitz vor der Montage der Lenkung einbauen konnte.

Das Pilotwerk erfüllt aber auch andere wichtige Aufgaben. So prüft es zum Beispiel, ob und wie die vielen tausend Teile, die zu einem fertigen Auto zusammengefügt werden sollen, zusammenpassen. Viele Einzelteile und vor allem Zubehör werden von Fremdfirmen zugeliefert oder kommen aus anderen Werken der Adam Opel AG. Wer schon einmal ein bißchen Technik-Luft geschnuppert hat, weiß vielleicht, daß Einzelteile in großer Stückzahl zwar nach ein und derselben Zeichnung hergestellt werden, aber dennoch nicht alle absolut gleich ausfallen. Dies ist oft rein technisch gar nicht möglich. So lassen sich zum Beispiel Windschutzscheiben aus Sicherheitsglas nicht einheitlich millimetergenau produzieren. Aus diesem Grunde sind in jede technische Zeichnung zulässige Maßabweichungen nach oben und unten eingetragen. Werden mehrere Teile zusammengefügt, so können sich diese Toleranzen addieren oder auch aufheben. Aber selbst im ungünstigsten Falle müssen die Teile noch einwandfrei und vor allem funktionsgerecht und dauerhaft zusammenpassen. Auch hier ist das Pilotwerk eine wichtige Kontrollstation, denn es ermöglicht, daß jeder kritische Fall bewußt herbeigeführt werden kann. So wird zum Beispiel in eine Karosserie mit größtzulässiger Windschutzscheibenöffnung eine Scheibe mit dem kleinsten Außenmaß, welches die Toleranzvorgabe zuläßt, eingebaut und dabei geprüft, ob un-

ter diesen Bedingungen die Frontscheibe beim Regentest in der Sprühkammer auch noch dicht ist. Umgekehrt wird erkennbar, ob sich auch eine Windschutzscheibe, deren Maß an der oberen Toleranzgrenze liegt, noch ohne besondere Schwierigkeiten in eine Karosserie mit der kleinstzulässigen Fensteröffnung, die sich beim Zusammen-

Unten: Hochzeit auf Probe. An Hängeförderern sinkt die fertige Karosserie auf die auf Böcken ruhenden Achseinheiten. Mit kritischem Blick verfolgt ein Techniker die Vereinigung von Karosserie und Fahrwerk.
Rechts: Bei der Montage im Pilotwerk zeigt sich, ob die Toleranzen stimmen und alles zusammenpaßt. Bei wiederholter Montage und Demontage lernt das Team jeden Handgriff kennen.

bau der Karosserie ergeben kann, einbauen läßt. Solche Abstimmungs- und Toleranzfragen gibt es bei vielen Teilen, z. B. auch bei Türschlössern und Scharnieren. Hier ist ja nicht nur eine sichere Funktion beim Öffnen und Schließen zum Ein- und Aussteigen gefordert. Es muß auch garantiert sein, daß sich die Türen bei einem Unfall nicht selbsttätig öffnen oder verklemmen, so daß sich die Insassen eventuell nicht selbst befreien könnten. Um die während der Entwicklung bereits an Prototypen getesteten Kriterien zu überprüfen, wandert eine ganze Reihe der im Pilotwerk gebauten Wagen auf das Prüffeld Dudenhofen, wo sich die lack- und chromblitzenden Gefährte z. B. bei Crash-Versuchen in Sekundenbruchteilen in Schrotthaufen verwandeln. Hier zeigt sich nicht nur, ob die Sitzverankerung der Wucht eines Frontalaufpralles standhält, ob die Türen sich bei einem Unfall möglichst mühelos öffnen lassen, sondern auch, ob die Motorhaube

sich bei einem Aufprall nicht in die Fahrgastzelle schiebt.

Daneben gibt es aber auch zahllose weniger dramatische Abstimmungen, wie etwa die farbliche Anpassung von Zubehörteilen, Stoffen, Bezügen, Himmelauskleidungen und Kunststoffteilen wie Bedienungsknöpfen, Abdeckungen, Lüftungsgitter – und vieles andere mehr.

Da es von jedem Modell eine Vielzahl von Ausstattungs-Varianten, aber auch Sonderausführungen (zum Beispiel für den Export) gibt und meist auch verschiedene Karosserie-Versionen wie Limousine, Coupé und Kombi angeboten werden, die auch unterschiedlich motorisiert sein können, muß man diese Abstimmungen bei jeder einzelnen Variante im Pilotwerk durchspielen. Dies ist nicht zuletzt der Grund dafür, daß im Pilotwerk in Rüsselsheim eine recht stattliche Anzahl von Wagen und Testkarosserien vor der Serienproduktion gebaut werden. Meist sind es zwischen 100 und

150 Stück, in Ausnahmefällen können es aber auch mehr sein. Vom neuesten Opel Rekord wurden zum Beispiel 122 Wagen im Pilotwerk gebaut.

Was geschieht nun mit ihnen? Sie gehen einmal an die für Konstruktion und Entwicklung verantwortliche Abteilung Produktentwicklung und Konstruktion (PEK) und von dort an das Prüffeld Dudenhofen, zum zweiten an die Inspektion. Diese Abteilungen führen unabhängig voneinander mit den Pilotwagen Dauerversuche durch, so daß eine Schwachstelle so gut wie keine Chance hat, unentdeckt zu bleiben. Zur Kontrolle demontierte Wagen zeigen dann, ob vorzeitiger Verschleiß auftritt oder möglicherweise Montage- oder Konstruktionsmängel zu beseitigen sind. Aufgrund der Ergebnisse der durchgeführten Erprobung und Kontrolle werden die erforderlichen

Unten: Jeder einzelne Handgriff wird geprobt: Die Armaturentafel wird montiert. Die hier geschulten Mitarbeiter werden später mit Fernsehaufzeichnungen und an speziellen Trainingsbändern ihre Kollegen einweisen.

Rechts: Vom Pilotband geht es nun in die Fahrerprobung, die etwaige Schwachstellen offenlegen soll. Damit wird sichergestellt, daß das neue Modell technisch ausgereift in Serie geht und keine Kinderkrankheiten auftreten.

Rechts außen: Zu den umfangreichen Tests, die die im Pilotwerk montierten Wagen über sich ergehen lassen müssen, gehört auch eine kalte Dusche. Aus Sprühköpfen prasseln Wasserkaskaden auf die Karosserie. Undichtigkeiten bleiben hier nicht lange verborgen und lassen sich vor Aufnahme der Serienproduktion ausmerzen.

Korrekturen vorgenommen. Man begnügt sich selbstverständlich nicht damit, einen Mangel oder eine Schwachstelle erkannt zu haben, sondern prüft die Wirksamkeit der Korrekturmaßnahmen an einer Reihe von Wagen aus der nächsten Phase der Pilotfertigung auf Herz und Nieren. Die in der letzten Pilotphase gefertigten, nunmehr so weit wie möglich mit der Serie übereinstimmenden Wagen werden zum Beispiel von der Werbeabteilung fotografiert, die so das neue Modell in Prospekten und anderen Werbemitteln vorstellt.

Auch die Presseabteilung erhält Wagen aus dieser Fertigungsphase und gibt der Fachpresse unmittelbar vor Anlaufen der Serienfertigung Gelegenheit, das neue Modell bei Fahrtests zu erproben und kennenzulernen. Jetzt kommt der Zeitpunkt, wo die ersten Wagen in der sogenannten Vorproduktion im regulären Produktionsbetrieb gebaut werden. Die im Pilotwerk geschulte Produktionsmannschaft kennt die Besonderheiten des neuen Modells, das in Abständen in die auslaufende Produktion des alten Modells eingeschleust wird. Allmählich nimmt die Zahl der »Neuen« zu, die das alte Modell mehr und mehr verdrängen, bis man schließlich nur noch den neuen Typ baut. Zu diesem Zeitpunkt ruht die Produktion im Pilotwerk wieder und nur die kleine Stamm-Mannschaft hält die Stellung, das heißt sie sorgt für Überholung und Verbesserung der Einrichtungen und plant zu gegebener Zeit den nächsten Pilotlauf eines neuen Modells voraus – die nächste Aufgabe des »Werkes im Werk«.

In Rüsselsheim ist das Pilotwerk auf halbem Wege zwischen Entwicklungs- und Planungsabteilungen in einem langgezogenen Gebäudetrakt untergebracht. Die Fertigungsstraße ist von allen Seiten zugänglich und gut überschaubar in der Mitte angeordnet. Sie wird von Werkzeuggehängen und Lehren eingerahmt. An einer Längsseite hängen Zeichnungen über Arbeitspulten, an denen Ingenieure, Meister, Monteure und Inspektoren die einzelnen Arbeitsfolgen anhand der Operationspläne besprechen. Wie später am Produktionsband kommen Karosserie, Lenkung und Antrieb als komplette Einheiten zur Montagestelle, um schließlich bei der sogenannten »Hochzeit« endgültig zum fertigen Fahrzeug vereinigt zu werden. An allen Montagestationen wird immer wieder sorgfältig gemessen und geprüft. Protokolle halten alle Einzelheiten fest. Die am Pilotband tätigen Mitarbeiter der Inspektion sind später für die Qualitätskontrolle in der Serienfertigung verantwortlich. Sie überprüfen die vorgeplanten Prüfvorschriften, nach denen sie später vorgehen werden, und korrigieren bzw. ergänzen sie nach Bedarf. Solche Prüfpläne werden für jedes Teil, jeden Montageschritt und schließlich zur Überprüfung des fertigen Fahrzeuges aufgestellt. In ihnen ist festgelegt, was, wann, wo, wie, wie oft und mit welchen Mitteln zu prüfen ist. Die Verantwortlichen der am Pilot-Programm beteiligten Bereiche treffen täglich zusammen, um die anstehenden Fragen zu diskutieren, Mängel zu analysieren und mögliche Verbesserungen festzulegen. Die in der Pilotfertigung erkannten Probleme werden auf sogenannten Problemblättern festgehalten. Anhand der Blätter erörtert man in wöchentlichen Besprechungen den Stand der eingeleiteten Maßnahmen mit den zuständigen Bereichen. Sieht man die Technikergruppen immer wieder messend und diskutierend an den Montagestellen stehen, glaubt man beinahe, daß unter diesen Umständen nie ein fertiges Auto entstehen kann. Daß dennoch pro Tag ein kompletter Wagen vom Pilotband rollt und durchschnittlich zusätzlich eine Testkarosserie abgeliefert wird, erscheint beinahe als ein kleines Wunder. Tatsächlich benötigt jeder Wagen

zirka 4 bis 6 Wochen vom Beginn des Karosserie-Zusammenbaus bis zu seiner Fertigstellung und Ablieferung auf Rädern. Aber hier geht es ja nicht um Schnelligkeit, sondern um Genauigkeit, Fehlererkennung und intensive Schulung der Mitarbeiter, so daß die hier praktizierte »Eile mit Weile« ihre Früchte trägt und die Voraussetzungen für die spätere Serienfertigung geschaffen werden. Die sorgfältige Vorbereitung stellt sicher, daß die Serienwagen, von denen durchschnittlich jede Minute ein Exemplar vom Band rollen wird, vom ersten Fahrzeug an zuverlässig und frei von Mängeln sind.

Übrigens ist das Pilotwerk in Rüsselsheim strenggenommen kein komplettes Automobilwerk im Kleinen, denn einige Stationen, die zu einer Automobilfabrikation gehören, fehlen hier. Es sind dies das Preßwerk, in dem die Karosseriebleche auf großen Pressen geformt werden, die Fertigung von Motor, Achsen sowie weitere Chassis-Aggregate und die Lackiererei. Hier benützt man die Einrichtungen des normalen Produktionsbetriebes oder spezielle Einarbeitungs-Einrichtungen. So werden die Preßteile auf Einarbeitungspressen der Werkstätten oder Einarbeitungs-Straßen des Preßwerks gefertigt, wobei man gleichzeitig den Einarbeitungsstand der Werkzeuge anhand der Qualität und Passung der Blechteile überprüft und erforderliche Änderungen durchführt. Die Rohkarosserien durchlaufen die Lackiererei der Produktion, wo die Pilot-Karosserien zusammen mit den Karosserien der noch laufenden Produktion des Vorläufermodells lackiert werden, um schließlich lackglänzend zur Montage der Innenausstattung und anschließenden »Hochzeit« mit dem Fahrwerk wieder ins Pilotwerk zurückzukehren. Hier stehen dann schon in anderen Betriebsbereichen unter ähnlichen Bedingungen gefertigte

130

Oben: Der neue Senator ist das Flaggschiff des Opel-Programms. Der elegante 3-Liter-Wagen erfüllt alle Wünsche hinsichtlich Sicherheit und Fahrkomfort. Für eine ausgereifte Technik und Zuverlässigkeit sorgte die Produktion auf Probe im Pilotwerk. (Fotos: Opel)

Lenkungen, Achsen, Motoren etc. zum Einbau bereit.

Obwohl die hier montierten Wagen nie einen Käufer finden werden und kaum ein Opel-Kunde etwas von der Existenz des Pilotwerkes weiß, sind die dort gebauten Wagen, deren Stückpreis unter den speziellen Bedingungen ein mehrfaches des späteren Ladenpreises der Serienwagen beträgt, mit Sicherheit ihr Geld wert. Sie bürgen dafür, daß Opel mit der Vorstellung eines neuen Modells ein fertiges, ausgereiftes und zuverlässiges Fahrzeug garantierbarer Qualität ohne Kinderkrankheiten anbieten kann.

Gebt acht auf den 1. Vorsitzenden!

Die Geschichte eines Zweifels

Von Herb Chapman

Er sah gut aus: 182 Zentimeter groß, dunkelblondes Haar, braune Augen. Nicht zu dick, athletisch, sportlich mit markanten Gesichtszügen. Absolut sympathisch. Seine Augen waren von dichten dunklen Augenbrauen überschattet, die an den Seiten einige graue Strähnen aufwiesen. Seine Haare, etwas an die jugendliche Mode angelehnt, waren nicht zu kurz, aber auch nicht zu lang. Er wirkte auf die Jugend wie ein väterlicher Freund, auf die mittleren Jahrgänge wie ein Jugendfreund oder Fast-Ehemann und auf die ältere Generation wie ein Sohn, der es zu etwas gebracht hat, einem aber dadurch nicht fremd geworden ist: unser 1. Vorsitzender.
Er war morgens der erste im Institut zur Förderung des Staates und ging als letzter. Als einer seiner Assistenten konnte ich ihn gut beobachten. Da ich unabhängig war, keine Familie hatte, teilte man mich öfter als die anderen ein, unseren 1. Vorsitzenden zu begleiten. Dadurch lernte ich ihn von Mal zu Mal besser kennen. Es wuchs in mir aber auch ein fürchterlicher Verdacht. »Unser 1. Vorsitzender ist kein Mensch!« sagte ich in einem Gespräch zu der Chefsekretärin Mildrit Kapfenberg. »Natürlich nicht«, lächelte mich Fräulein Kapfenberg an, die man auch ruhig Frau Kapfenberg nennen konnte, obwohl sie nicht verheiratet war. »Wußten Sie das nicht? Er ist ein Übermensch. Wer sonst würde diese Weltreisen mit den knappen Terminen einhalten können und doch jedes Mal so frisch aus dem Flugzeug steigen, so gelassen in die nächste Verhandlung gehen? Ich bewundere ihn.«
Nein, mit Fräulein Kapfenberg war mein Verdacht nicht zu besprechen. Dazu verehrte sie ihn zu sehr. Leider schien er aber überhaupt keine Schwächen zu haben, auch nicht für das andere Geschlecht, so daß ihre Zuneigung zu ihm ohne Folgen und Verwicklungen blieb.
»Wenn er schon so ein Übermensch ist«, sagte ich leicht verärgert, »kann er doch gleich die geplante Reise nach Liberia, Ceylon und Tasmanien mit der fälligen Besprechung in Honolulu verbinden.« Mein Vorschlag war infam. Durch die Zusammenballung von Terminen müßte sich doch einmal die Grenze seiner Leistungsfähigkeit zeigen. Hätte ich das nur nicht getan! Nach dieser Weltreise, auf der ich ihn mit drei weiteren Assistenten und dem Chefsekretariat begleitete, waren sowohl ich als auch alle anderen urlaubsreif. Nur er nicht – unser 1. Vorsitzender. Das durfte es eigentlich nicht geben. Ich war 25 Jahre jünger und hielt das Tagespensum kaum durch. Mein Verdacht festigte sich. Er konnte kein Mensch sein.
Ich hatte Zugang zu den Personalakten. Als ich mir aber die Akte von unserem 1. Vorsitzenden geben lassen wollte, sagte man mir, daß das Wissenswerte über ihn bei unserem Archivar schon vorliege: sollte ich ergänzende Fragen haben, so sei man gerne bereit, mir, nachdem ich die Erlaubnis vom Ersten hätte, Näheres mitzuteilen. Das Archiv barst an der Stelle, wo die Berichte über ihn angelegt waren. Kurz: Er hatte einen tadellosen Lebenslauf, war auf

Illustrationen: A. Schröter

die natürliche Weise allmählich aufgestiegen, gewissermaßen von seiner Geburt an programmiert für den Posten. Das war das Ergebnis meiner abendlichen Studien.

Eigentlich konnte es mir ja gleichgültig sein, ob er ein Mensch oder ein Übermensch war. Aber – waren seine Lösungsansätze, die die Entwicklung und die Zukunft von Millionen von Menschen beeinflußten, überhaupt richtig? Vielleicht war ich einem großen Schwindel auf der Spur? Während der langen Abende begann ich in meinem Apartment, hoch über der zentralen Einkaufsstraße, Lebensläufe zu lesen, Lebensläufe von 1. Vorsitzenden, Präsidenten, Sprechern des Vorstandes von Weltunternehmen, Fraktionsvorsitzenden,. Parteivorsitzenden. Irgendwo würde es vielleicht eine Parallele oder irgendeinen Anhaltspunkt zu unserem 1. Vorsitzenden geben. Es war faszinierend, und doch zum Verzweifeln. Denn alles, was ich über die bedeutenden Männer unserer Welt erfahren konnte, war: Sie schienen perfekt zu sein, perfekt was ihre Herkunft, die Ausbildung, den Berufsweg, die Steilheit und Entschlossenheit ihrer Karriere betraf.

Als ich Herrn Dr. Driester, dem Chef unserer zentralen Datenverarbeitung, gegenüber die Bemerkung fallen ließ, wie perfekt eigentlich die Lebensläufe unserer »Großen« seien, sagte er: »Mein lieber Dr. Grünberg, das ist doch ganz natürlich. Es ist eben eine Frage des Programms. Die sind so programmiert.«

Ich kann mir aber nicht vorstellen, wie in der Erbinformation das Programm für einen 1. Vorsitzenden festgehalten sein sollte. Ist es etwa das gleiche, das in den Jahrhunderten zuvor die Menschen Häuptling, Heerführer, Fürst und Kaiser werden ließ? Hatte ich, Dr. Bernhard Grünberg, etwa das gleiche Programm in mir?

Es war Zufall, daß meine Neugier neue Nahrung bekam. Auf einem Flug nach Rio de Janeiro stolperte der Chefsteward, und das Tranchiermesser, spitz und sehr scharf, traf wie von einem Artisten geworfen den Handrücken unseres 1. Vorsitzenden. Bei jedem normalen Menschen hätte das Messer einen tiefen Schnitt im Handrücken hinterlassen. Aber bei ihm hüpfte es wie ein Ball von der Hand und fiel im Bogen auf den Mittelgang-Teppich. Mich packte Entsetzen: Seine Hand war unverletzt. »Macht nichts. Es ist ja nichts passiert!« meinte der 1. Vorsitzende zu dem sich unterwürfig entschuldigenden Steward. Hatte er meine Empfindung richtig gedeutet? Oder spiegelte mein Gesicht für ihn nur Angst wider, daß er hätte verletzt werden können?

Einmal im Jahr machte unser 1. Vorsitzender Urlaub. Aber während sonst die »ganz Großen« der Welt auch diese Zeit benutzten, um weiter Politik zu betreiben oder noch intensiver an einer Planung zu arbeiten, hörten wir nie etwas von ihm.

Der Vorfall mit dem Messer hatte meinen Verdacht bestärkt. Ich wollte mehr wissen.

»Wohin ist er denn diesmal in Urlaub gefahren?«

»In die Pyrenäen, glaube ich«, entgegnete Fräulein Kapfenberg. »Aber ich habe keine Arrangements für ihn getroffen. Sie wissen, daß er in dieser Zeit immer gern unerkannt reist. Auf jeden Fall ist er nicht telefonisch zu erreichen. Dort in dem Bergnest, wohin er sich zurückgezogen hat, gibt es keines. So sagt er jedenfalls.«

»Wie heißt denn dieser Ort?« fragte ich lauernd. »Pueblomonta«, verriet mir Fräulein Kapfenberg, wobei sie plötzlich errötete. »Aber bitte, das ist sehr vertraulich.«

Ich konnte in keinem Atlas diesen Ort finden. Pueblomonta gab es weder in dem spanischen Teil der Pyrenäen noch auf der französischen Seite. Nein, in ganz Europa gab es keinen Ort mit diesem Namen!

Nun, Tatsache war, für rund vier Wochen im Jahr blieb er verschwunden, niemand wußte seine genaue Adresse.

»Was hat er denn angehabt?«

»Ach, wissen Sie«, entgegnete mir verlegen Marthe Gemling, seine Haushälterin, »so 'n Sportskram. Ich verstehe, daß man sich im Urlaub leger anzieht, wenn man sonst immer auf dem Präsentierteller sitzt. Seinen Wagen hat er auch nicht genommen. Der ist ihm dabei viel zu repräsentativ meinte er zu mir.«

»Nahm er einen Leihwagen?«

»Weiß ich nicht genau. Auf jeden Fall sah das Auto recht verkommen und verbeult aus.«

»Welche Marke?«

»Ja, nun, da bin ich überfragt. Interessiert mich auch nicht. Sie wollen ihm wohl nachreisen?« Mißtrauisch schaute mich Marthe Gemling an.

»Ja, wir benötigen ihn dringend für eine wichtige Entscheidung«, schob ich vor.

Diese Spur führte ins Nichts. Natürlich gab es keine so dringende Entscheidung, aber ich hoffte, daß die Haushälterin das Gespräch mit mir bald vergessen würde. Das war nicht der Fall. Kaum war er wieder im Büro, rief der 1. Vorsitzende mich zu sich.

»Ich möchte Ihnen ab sofort die Abteilung ›Internationale Beziehungen‹ anvertrauen.« Er sah mich dabei durchdringend an. »Ich habe in letzter Zeit den Eindruck gewonnen, daß Sie diese Position ausfüllen könnten. Außerdem glaube ich, daß das Ihrem Können wesentlich besser entspricht als diese Assistentenstelle bei mit.«

Ich bedankte mich. Er wollte mich aus seiner Nähe haben! Bei meiner neuen Tätigkeit würden häufige Reisen mich immer mehr von ihm entfernen. Er hatte mich durchschaut. Ich mußte vorsichtiger sein!

Hank Redlich war ein früherer Klassenkamerad von mir. Er hatte das Abitur nicht geschafft und war ein tüchtiger Elektrohandwerker geworden. Oft, wenn ich nicht weiter wußte bei Reparaturen in meiner komplizierten Elektroküche oder bei der elektro-akustischen Anlage, rief ich ihn an. Er half bereitwillig.

»Natürlich kann ich dir so einen Sender und Empfänger besorgen, Bernhard«, sagte Hank, dem ich gestanden hatte, daß ich einen Angestellten verfolgen wollte.

Es klappte. Der Sender, den Hank unter den Treibstofftank des Leihwagens des 1. Vorsitzenden geklebt hatte, lockte mich zunächst nach Freiburg, dann nach Bordeaux, dann nach San Sebastian. Bei der weiteren Verfolgung nach Südosten in die Pyrenäen hörten die Zeichen plötzlich auf. Meine Nachforschungen bei der Bevölkerung ergaben, daß sich im Umkreis von 30 Kilometer kein Ort befände. Es gäbe zwar eine Paßstraße, sie sei aber von einem

Bergstoß verschüttet. Ich fuhr die Paßstraße. Nach rund 20 Kilometer wurde das Tal sehr eng und nach einer Biegung war die Straße tatsächlich zu Ende. Hier sollte so ein ungewöhnlicher Mensch wie unser 1. Vorsitzender Urlaub machen?

Sollte ich nicht von meiner fixen Idee lassen und an der Atlantikküste baden gehen? Ich stellte den Wagen ab und ging bis zu dem Geröll. Da geschah etwas Merkwürdiges. So wie ich mich den Gesteinsbrocken auf rund einen Meter näherte, zerflossen sie in nichts. Sie waren Spiegelungen, dreidimensionale Spiegelungen!

Den Motor anlassen und ohne Rücksicht auf die Felsbrocken weiterfahren war für mich eins. Ich war einem großen Geheimnis auf der Spur! In meinem Übereifer bemerkte ich zu spät, daß ich auf einen echten Felsklotz fuhr. Hatten sich sonst die Felsbrocken immer durchsichtiger werdend aufgelöst, so war dieser fast drei Meter hohe Felsen liegengeblieben. Aus! Der Wagen war hin. Ich stieg, noch benommen

von dem Zusammenprall, aus und erkundete die Lage. Die Luft war würzig und frisch. Immerhin stand ich hier knapp zweitausend Meter hoch über dem Meeresspiegel. Der Felsen sperrte fast die Hälfte der Straße. Bei etwas vorsichtiger Fahrweise hätte ich trotzdem ausweichen können. Das Straßenstück dahinter schien ebenfalls voller Geröll, echtem und gespiegeltem. Und da sah ich noch einen zweiten Wagen rund fünfzig Meter weiter mit zusammengeschobener Fronthaube vor einem anderen Felsen stehen. Eine raffinierte Sperre aus echten und scheinbaren Felsen. Welch ein Aufwand! Was mag sich wohl hier verbergen?

Der Schäfer hatte mich längst gesehen. Er kam gemächlich mit seiner Herde auf mich zu. Ich zuckte zusammen. Einmal, weil er in tadellosem Deutsch »Guten Morgen, mein Herr« zu mir sagte und weil er aussah wie unser 1. Vorsitzender. Aber wenn er es war, warum sprach er mich nicht mit meinem Namen an! Sollte er hier als Schäfer die Erholung von den internationalen Geschäften finden?

»Guten Tag«, erwiderte ich. »Leider hatte ich einen Autounfall bei den Felsen in der Schlucht. Gibt es hier in der Nähe vielleicht ein Dorf mit einer Werkstatt oder Schmiede?«

»Rund zwei Kilometer weiter ist ein Ort, wo man Ihnen helfen wird!« Damit verbeugte er sich, lächelte und zog weiter.

Ich machte mich auf den Weg. Nach einem Kilometer sah ich sie. Eine futuristische Stadt mit metallen glänzenden Kuppeln, wie eine Fata Morgana, so unwirklich, so durchsichtig. Magisch angezogen lief ich darauf zu, ohne auf meine Müdigkeit und

die Atemnot zu achten. Als sie zum Greifen nahe war, brach plötzlich die Straße vor mir ab. Ein nicht auszulotender Abgrund tat sich auf und machte die Stadt unerreichbar.

Im Vertrauen auf die Spiegelungen der Felsen tastete ich mich vorwärts. Tatsächlich, nach einer dunklen Zone von rund drei Meter war der Abgrund überschritten. Als ich zurückschaute waren die Berge verschwunden. Eine unwirkliche Sonne erhellte den Rasen, in den die Straße übergegangen war.

Eine Mauer aus silbrig glänzendem Stoff umschloß die Stadt. So weit ich sehen konnte, waren im Abstand von wenigen Metern Tore. Über diesen hingen Schilder. Als ich näher kam, leuchtete das mir am nächsten stehende Schild auf.

»Nationality?« stand darauf.

»Deutsch«, sagte ich ohne zu überlegen.

Da erschien ein Pfeil, der nach rechts zeigte. Auf den anderen Tafeln erschienen auch Pfeile, nacheinander, wie Blitzimpulse auf einem Flugfeld. Sie zogen meinen Blick auf ein rund einhundertfünfzig Meter entfernt liegendes Tor. Die Tafeln dahinter bleiben weiß. Ich ging nach rechts zu dem bezeichneten Tor. »Nur für Deutschsprechende der Serie 10 000 DX 50 bis 91 000 DX 00« war in Großbuchstaben angeschrieben. Das Tor stand offen. Dahinter aber war es merkwürdig schwarz. Als ich durchschreiten wollte, hörte ich eine Stimme:

»Kleider ablegen, rechts bitte.«

Nun, es ist schon ungewöhnlich, Stimmen aus dem Nichts zu hören, aber diese Stimme hatte noch etwas Besonderes. Ja, jetzt wußte ich es. Es war die Stimme unseres 1. Vorsitzenden. Sie war so warm, so sympathisch, so beruhigend.

139

Mechanisch hatte ich mich ausgezogen und alle Kleider rechts auf den Boden gelegt. Sobald sie den Boden berührten, verschwanden sie. Jetzt erst wurde mir bewußt, daß ich völlig unbekleidet und die Luft in dem großen Würfel hinter dem Tor klimatisiert war. Es war angenehm warm.

»Bitte nach links treten.«

Da war sie wieder, die Stimme des 1. Vorsitzenden – in meinem Kopf oder irgendwo im Raum. Neugierig ging ich auf die linke Wand zu. Es gab keine Tür. Als ich aber meine Hand dagegen streckte, fühlte ich nichts. Also ging ich ohne die Wand zu beachten, die hier wohl auch nur Spiegelung war, nach links. Mein Vertrauen wurde schlecht belohnt. Nach drei Schritten stand ich in einer gleißend hellen Kabine. Die Wände strahlten ultraviolettes Licht aus. Ich spürte, wie meine Haut zu verbrennen begann. Die Augen, schütze deine Augen! Mit der linken Hand bedeckte ich die Augen. Weg hier, nur weg hier, war mein einziger Gedanke. Aber wohin? In dem strahlenden Raum hatte ich die Orientierung verloren.

»Das Gewand liegt vor Ihnen«, sagte wieder die Raumstimme.

Tatsächlich war die Helligkeit herabgemildert. Vor mir lag fein säuberlich gefaltet ein hemdähnliches Gewand. Während ich es anzog, sah ich, daß ich alle meine Körperhaare verloren hatte. Ich fühlte auf meinen Kopf – eine spiegelglatte Fläche.

Da wurde die Wand vor mir durchsichtig, und ich erblickte zum erstenmal die Straßen der Stadt. Als ich spontan hinausgehen wollte, sagte die Raumstimme:

»Wir konnten ihre Nummer nicht erkennen.«

»Sondereinsatz«, log ich.

»Stadt?«

Ich nannte den Namen der Stadt und die Adresse des Instituts.

»Angenehmen Aufenthalt«, tönte die Stimme.

Auf der Straße wimmelte es von Menschen mit kahlen Köpfen, ohne Augenbrauen und Wimpern. Alle hatten eine gewisse Ähnlichkeit mit unserem 1. Vorsitzenden.

Ich trat auf einen zu. »Gibt es hier eine mechanische Werkstatt?«

»Wohl zum erstenmal nach dem Einsatz hier?« fragte mich eine sympathische Stimme.

»Ja«, entgegnete ich kurz, um nur keinen Fehler zu machen und aufzufallen.

»Sehen Sie die Farbmarkierung auf der Straße? Sie führt direkt dorthin, wohin Sie wollen. Sprechen Sie nur mit der inneren Stimme, sonst kommen Sie wieder in das Grundseminar, wenn Sie jemanden ansprechen.« Damit sah er mich mitleidig und ängstlich an.

Vor mir leuchtete tatsächlich ein gelber Pfeil auf. Sobald ich ihn beinahe überschritten hatte, entstand in drei Meter Abstand auf dem silbergrauen Asphalt ein neuer. Ich blieb stehen. Der Pfeil auch. Ich ging nach links. Der Pfeilfuß änderte seine Richtung, so daß die Hauptrichtung blieb und sein Fußpunkt auf mich zeigte.

Die Menge der gleichgekleideten Haarlosen ging ungerührt ihren Weg. Wohin, das konnte ich nicht erkennen. Auf jeden Fall geschah alles völlig lautlos. Vielleicht folgten sie auch solchen farbigen Pfeilen, die – von ihren inneren Bedürfnissen angeregt und nur ihnen selbst sichtbar – den Weg wiesen.

Neugierig folgte ich meinem gelben Pfeil. Er führte zu einem Gebäude, über dessen Eingang stand: »Mechanik«. Eine große Menge stand geduldig davor. Rund alle fünf Sekunden wurde die Tür durchscheinend, und ein Kahlköpfiger trat hinein. Ich ging aus der Schlange und wollte nach links in die Straßenschlucht, die in der Fer-

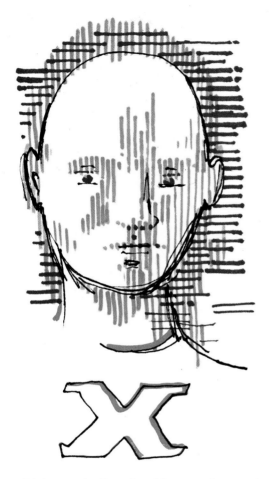

ne Lichter wie Leuchtreklame zeigte. Die ersten Schritte waren möglich. Der Pfeil erschien aber wieder. Diesmal an meiner rechten Seite. Er zeigte auf die Lücke der Menschenschlange, die sich nicht schloß. Ich beachtete den Pfeil nicht weiter und ging um die Litfaßsäule, auf der ich aber merkwürdigerweise nichts lesen konnte. Ich sah Zeichen auf ihr, aber sie blieben unverständlich. Hinter der Säule änderte plötzlich der Pfeil, der mir hartnäckig gefolgt war und immer noch auf die Lücke in der Schlange wies, seine Farbe. Er blinkte

in einem satten Rot. Was soll's, dachte ich. Da lief ich gegen eine durchsichtige Wand. Es war nichts zu sehen. Ich tastete mich vor. An einer bestimmten Stelle spürte ich einen Widerstand, und die Fingerspitzen begannen sich platt zu drücken. Das Aufleuchten des Pfeils war bedrohlich. Ich tastete nach rechts: die gleiche Barriere, nach links: das gleiche. Nur in Pfeilrichtung gab es keinen Widerstand. Es war zwecklos. Diese Stadt ist eine Mausefalle. Als ich zu der Schlange zurückkam, war die Lücke schon kurz vor dem Gebäude. Neugierig und ängstlich trat ich ins Ungewisse.
Der Pfeil, an den ich mich mittlerweile gewöhnt hatte, zeigte in der dunklen Halle des Mechanikgebäudes auf einen Paternoster. Als ich ihn betrat, umschlangen meine Füße, meine Beine, meinen Leib, meinen Hals, meine Arme, meine Hände Bänder die mich sanft an die Rückwand drückten. Ein Kasten senkte sich über meinen Kopf, und ein ohrenbetäubendes Geräusch raubte mir das Bewußtsein.
Ein milder Sonnenstrahl schien mich geweckt zu haben. Vorsichtig öffnete ich die Augen. Über mir war eine weiße Decke. Rechts von mir erschien ein helles Band, blauweiß und dann dunkelgrün. Ich lag, das spürte ich deutlich. Ja, rechts das mußte der Ausblick sein auf die Landschaft. Pyrenäen? Mit Wucht fielen mit die Ereignisse der letzten Tage wieder ein. Ich spürte meinen Körper. Da, wunderbar! Jedes einzelne Glied der Füße, der Beine, des Leibes, der Hände, der Arme, jeden Teil des Kopfes spürte ich. Ich fühlte mich unendlich wohl. Was immer auch geschehen war, ich glaubte einen neuen Körper bekommen zu haben. Vorsichtig legte ich meinen Kopf nach links und erschrak. Der 1. Vorsitzende sah mich an. War er es wirklich? Neben mir lag, in weiße Laken gehüllt, nur das Gesicht unbedeckt, auf

einem Operationswagen eine Gestalt, die mich freundlich ansah. Die Gesichtszüge erinnerten an den 1. Vorsitzenden. Als ich den Kopf hob, sah ich an die hundert Gestalten, alle mit ähnlichen Gesichtern.

»Fühlen Sie sich auch wieder so wohl?« flüsterte mein Nebenmann. »Ja«, fügte er hinzu, »diese Mechanik hat es in sich. Jedes Mal freue ich mich auf die biotechnisch-mechanische Aufarbeitung.«

»Dürfen wir denn hier sprechen?«

»Eigentlich nicht, aber hier in dem Ruheraum ist es nicht so kritisch. Welches war Ihr letzter Einsatzort?«

Ich nannte mein Institut und die Abteilung für internationale Beziehungen.

»Interessant. Dann werden wir uns ja bald wieder begegnen.« Danach schloß er die Augen und schien eingeschlafen.

Mehr im Unterbewußtsein registrierte ich: Von der Biotechnik, der Mechanik, ging es zur Neuraltechnik, dann zur PSI-Technik, dann zur Transzendenztechnik. Immer angeschnallt auf dem rollenden Tisch. Zwischen den einzelnen Behandlungen gab es Erholungszeiten.

Ohne ein Chance war ich diesem mächtigen Apparat ausgesetzt. Eigentlich von dem Augenblick an, als ich die Paßstraße befuhr. Nein, eigentlich seitdem ich mich für den 1. Vorsitzenden interessierte, nein, eigentlich als ich Technik und Geowissenschaften studierte, nein – eigentlich – nein – eigentlich – nein . . . Am Ende bin ich gar kein Außenseiter dieser Lichtstadt in den Pyrenäen? Ich gehöre dazu! Jubel erfüllte mich und Zweifel, ob das alles nicht durch diese vielen exotischen Behandlungen hervorgerufen worden war. Auf jeden Fall hatte ich ungeheuer viel gelernt. Da, ich konnte mich in meinen Nachbarn versetzen. Was fühlte und spürte ich? Die gleichen Zweifel und Glücksgefühle über die neuen Eigenschaften.

In dem Zentralgebäude für Individuation traf ich ihn tatsächlich wieder. Er mußte es sein. Die Abteilung Kosmetik hatte uns hergerichtet. Wir besaßen wieder Haare, die man uns aus hygienischen Gründen für die Körperbehandlungen vorher entfernt hatte.

»Was halten Sie von Futurologor, dieser herrlichen ›Urlaubsstadt‹, Herr Dr. Grünberg?«

»Ich hatte nicht gewußt, daß ich auch dazu gehöre«, entgegnete ich bescheiden.

»Niemand weiß das genau«, sagte der 1. Vorsitzende. »Sehen Sie, ich habe das Gefühl, daß mein nächster ›Urlaub‹ nicht mehr hier sein wird.« Damit lächelte er geheimnisvoll. Ich versuchte mit meinen Gedanken in ihn zu dringen, aber ich prallte ab.

»Dies ist nur eine Durchgangsstation.«

»Wovon werden Sie denn gesteuert? Bin ich jetzt auch eine Art Roboter oder biodynamischer Übermensch der Serie 10 000 DX 50 bis 91 000 DX 00? Wozu gehören Sie?«

»Warten Sie es doch ab, was die Entwicklung aus mir und aus Ihnen noch herausläßt. Was in Ihnen programmiert ist, weiß ich nicht. Welches Programm mich leitet, weiß ich auch nicht.« Er starrte auf den Boden und wandte sich abrupt nach rechts. Vielleicht erschien ihm der Leitpfeil, der ihn zu einer neuen Station, zu einem neuen Training führte, damit er sein Pensum in der Welt besser schaffen konnte.

Das Individuationsviertel war ähnlich wie die City einer normalen Stadt in der übrigen Welt. Man hatte Modellaufgaben zu erledigen, die auf besondere Situationen im Berufsleben ausgerichtet waren. Nur konnte man hier gefahrlos Fehler begehen. Ja, man wurde in die Fehler und Ausnahmesituationen geradezu getrieben.

Wer aber steckte dahinter? Wer betrieb diese supertechnische Stadt? Gewiß bin ich

ohnmächtig gegenüber einer so allmächtigen Organisation. Aber mal sehen, was passiert, wenn ich gar zu sehr aus der Reihe tanze. Neugier und Abenteuerlust hatten mich wieder gepackt. Mein Pfeil folgte mir geduldig und zeigte beharrlich auf das Zentrum der Individuationscity, von dem ich mich immer mehr entfernte. Ich sprang

einem Haarlosen, der mich besonders ängstlich angesehen hatte, auf den Rücken. »Meine Karriere, meine Karriere, o Herr. Sie zerstören meine Karriere«, hörte ich ihn wimmern.

Aber jetzt hatte ich den Pfeil überlistet. Er blinkte zwar rot, aber verschwand nach einer Weile in Richtung Individuationscity.

In der Führungszentrale mußte jetzt ein schönes Durcheinander herrschen. Ich konnte mir denken, wie die Computer heißlaufen würden. Ein fast fertiger DX 00 war verschwunden. Das konnte potentielle Gefahr für das System bedeuten, ja, vielleicht sogar für das gesamte Weltregierungssystem. Mit meinen neuen antrainierten Eigenschaften spürte ich die Erregung, die irgendwo im Zentrum dieser Stadt ausgebrochen war.

Es lief das Notprogramm I.

Alle Haarlosen wurden in einen unsichtbaren Schild eingekastelt, der sich wie eine Käseglocke über sie stülpte. Ich wurde von dem Kraftfeld, das sich unter mir um den Haarlosen, auf dessen Rücken ich saß, aufgebaut hatte, in die Höhe geschnellt. Ich war frei! Als ich wieder den silbergrauen Asphalt betrat, leuchtete kein Pfeil mehr auf. Endgültig hatte mich die Leitzentrale verloren. Ich lief an den verdutzt Dreinschauenden vorbei, die sich vergeblich bemühten, sich aus ihren gläsernen, durchsichtigen Gefängnissen zu befreien, bis zu

einem Platz mit einem Springbrunnen. Das Wasser blinkte silbern wie die Fassaden der umstehenden Hochhäuser.

Da begann das Notprogramm II.

Erschöpft vom schnellen Laufen blieb ich stehen und tauchte meine Hand in das klare Wasser; es wich zurück. Ich konnte es nicht berühren. War der Brunnen nur eine Spiegelung oder hatte man mich jetzt doch entdeckt? Da öffnete sich der Boden unter meinen Füßen, und ich fiel in einen Schacht voll gleißendem Licht.

»Sie hätten die Paßstraße nicht fahren sollen«, dolmetschte eine dunkelhaarige Frau an meinem Bett. Neben mit stand ein Mann mit einem sympathischen Lächeln und war bemüht, mir mit Wasser verdünnten Wein einzuflößen. Die Kerze auf dem Nachttisch blendete mich. »Wir haben«, übersetzte die Frau die Rede des Schäfers, »den Gendarmen verständigen müssen. Er wird veranlassen, daß diese Straße endgültig gesperrt bleibt, bis das Gestein des letzten Bergrutsches weggesprengt worden ist.«

»Sie sind wie verwandelt, Herr Dr. Grünberg«, sagte Fräulein Gerlau, meine Sekretärin. »Der Urlaub hat Ihnen doch sehr gut getan.«

Natürlich hatte ich von meinem Unfall und von meinem Zwangsaufenthalt in der Kate des Schäfers erzählen müssen. Die Verletzungen waren nicht zu übersehen, doch die Schnittwunden an der Stirn heilten schnell. Mit ihrer eigenartigen Form, die an der rechten Seite einem DX verteufelt ähnlich sahen, erinnerten sie mich immer wieder an die seltsamen Vorgänge hinter der Paßstraße. Waren sie Traum? Waren sie Wirklichkeit?

Ich mißtraute mir selbst, als der Aufsichtsrat unseres Instituts mich als Nachfolger für den scheidenden 1. Vorsitzenden vorschlug.

Feinmechanik die man mit den Füßen tritt

Von Claus Peter Becker

Laut Wetterbericht war es ein typischer Januarmorgen: Temperaturen knapp über dem Gefrierpunkt, Nieselregen und in den Höhenlagen Graupelschauer. Und was die Meteorologen als eine Tiefdruckrinne nördlich der Alpen bezeichneten, das nannten die Leute auf der Straße Sauwetter.

Auch Otto Adam, Jürgen Spitzner und Bernd Jänicke waren dieser Ansicht und hatten sich vorsorglich schon etwas wärmer angezogen als ihre Kollegen. Am Arbeitsplatz holten sie dann noch die wasserdichten Sachen aus dem Spind, um ihr tägliches Arbeitspensum anzutreten.

Das tun die drei während der üblichen 200 Arbeitstage im Jahr im wahrsten Sinne des Wortes, denn sie verdienen ihr Geld durch Tretarbeit. Ihr Beruf: Radfahrer.

»Der Didi Thurau verdient etwas mehr dabei«, meint Jürgen Spitzner, der Radrennen als Amateur bestreitet, »aber wir bleiben länger im Geschäft.« Das beweist Otto Adam, der 25 Berufsjahre im Sattel hinter sich hat – als Fahrrad-Testfahrer. Rund 400 000 Kilometer – zehnmal um die Welt

– ist er dabei geradelt. »Da bleibt man fit«, meint der heute Sechsundvierzigjährige. Etwa 100 Kilometer beträgt das Tagewerk der drei, und dabei bewegen sie Velos jeglicher Sorte: Klappräder, High Riser, Tourenmodelle und Sporträder. Am liebsten aber ist den Tretprofis eine schöne leichte Rennmaschine mit tiefem Bügellenker,

Links: Das gibt es wirklich: Rad-Testfahrer. Eine Tätigkeit fürs Beruferaten.
Rechts oben: Auch Tandems werden zu Naben-Tests eingesetzt. Unterwegs werden wichtige Funktionen geprüft.
Rechts unten: Was sich so unscheinbar in der Mitte des Hinterrades dreht, birgt eine Menge Geheimnisse. Die Torpedo-Nabe vereinigt Antrieb, Freilauf und Bremse auf engstem Raum.

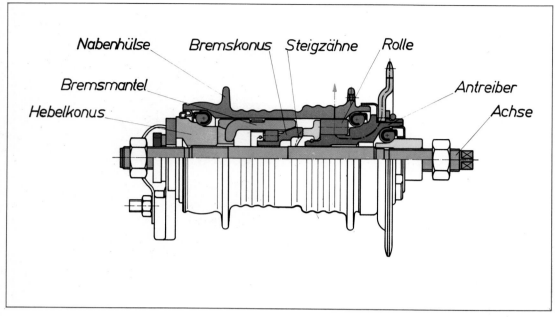

Labels in figure: Nabenhülse, Bremskonus, Steigzähne, Rolle, Bremsmantel, Hebelkonus, Antreiber, Achse

schmalem Sattel und harten Schlauchreifen. Zur Abwechslung freilich steigen sie dann auch ganz gern mal auf eins der beiden Tandems im Versuchsfuhrpark.

Ihr Betriebsklima am Arbeitsplatz entspricht immer der allgemeinen Wetterlage. Dennoch ist keiner der drei an einem Wechsel in den Innendienst interessiert. Sie sind weniger häufig krank als die Kollegen unterm Dach, obwohl sie auch den ganzen Winter über auf Achse sind. Nur wenn es schneit, läuft nichts.

Sorge um ihren Arbeitsplatz brauchen die drei Radfahrer nicht zu haben. Denn Hans-Joachim Schwerdhöfer, Chef des Bereichs Fahrradnaben bei Fichtel & Sachs in Schweinfurt ist der festen Überzeugung: »Wir werden auf diese Versuche in der Praxis nie verzichten können.« So wird es denn auch in Zukunft bei F & S immer drei Planstellen für Fahrrad-Testfahrer geben, obschon dem Werk ein sehr aufwendiges Prüflabor zur Verfügung steht und inzwi-

Oben: Der Querschnitt durch die Torpedo-Nabe zeigt deutlich die Vielzahl feinmechanischer Bauelemente, die hier auf kleinstem Raum vereinigt sind.
Rechts: Der formschlüssige Freilauf

schen schon über 250 Millionen Naben die Schweinfurter Fließbänder verlassen haben.

Die erste dieser Naben entstand 1894 auf dem Papier. Der Mechaniker und Radrennfahrer Ernst Sachs erfand den Urtyp der Fahrradnabe mit Kugellagern und erleichterte damit die Tretarbeit der Radler gründlich. Und das schon 1895, denn in diesem Jahr gründete er mit Karl Fichtel zusammen seine Firma. 1896 revolutionierte Sachs die Fahrradtechnik erneut. Er führte den Freilauf ein. Bis dahin hatte es nur sogenannte starre Naben gegeben, wie sie heute noch im Bahnrennsport üblich sind, und diese trugen den ersten Radfah-

148

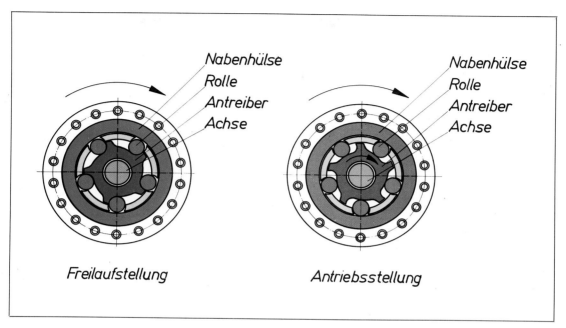

Nabenhülse
Rolle
Antreiber
Achse

Nabenhülse
Rolle
Antreiber
Achse

Freilaufstellung

Antriebsstellung

rern einiges Ungemach ein. Sie mußten bergab mittreten oder die Füße auf besondere Stützen setzen, derweil die Pedale wild rotierten.

Die Fachwelt freilich hielt von der Freilaufidee zunächst sehr viel weniger als jene zahllosen Millionen Menschen, die das 20. Jahrhundert aufs Fahrrad brachte. Im Fachorgan jener Tage, in der »Radchronik«, schrieb ein Ingenieur, der sich Vulcanus nannte:

»Ein Kurbelgetriebe, bei welchem das Kettenrad nur beim Vorwärtstreten mitgenommen wird, beim Rückwärtstreten sich hingegen auslöst und leer läuft oder gar bremst, ist die unter dem Namen Freilaufnabe aufgetauchte jüngste Neuerung auf dem Fahrradmarkte. Fast die gesamte Fachpresse ist naiv genug, die von dem Fabrikanten dieser Konstruktion geschickt in Szene gesetzte Reklame nachzubeten, ohne zuvor diese Getriebart auf ihren praktischen Wert zu prüfen oder überhaupt zu kennen. Der Freilauf ist nichts anderes als eine Modetorheit, die absolut keinen praktischen Nutzen bietet, als daß man möglichst leicht bei Talfahrt die Herrschaft über seine Maschine verliert ... Was haben wir also von dieser berühmten Neuheit zu halten! Gar nichts.«

Die Modetorheit Freilauf setzte sich trotzdem durch. Und es dauerte nur wenige Jahre, bis jedes auf der Straße benutzte Rad mit einem solchen ausgerüstet war. Zwei Freilauf-Konstruktionen aber konkurrieren seither um die Gunst der Radfahrer.

Es gibt da erstens den sogenannten kraftschlüssigen Freilauf. Diese Lösung zeigt vielfach eine gewisse Übereinstimmung mit dem Aufbau eines Kugellagers oder Rollenlagers, nur laufen die Wälzkörper beim Freilauf nicht zwischen zwei völlig runden Ringen. Wie die Abbildung zeigt, ist hier nur der äußere Ring rund, während der innere ein Profil mit Spiralsteigungen aufweist. In Freilaufstellung befinden sich die

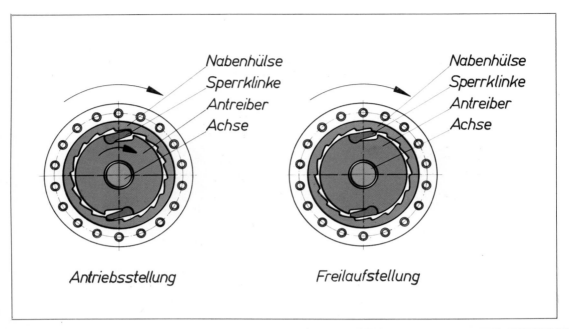

Nabenhülse
Sperrklinke
Antreiber
Achse

Nabenhülse
Sperrklinke
Antreiber
Achse

Antriebsstellung

Freilaufstellung

Rollen in der unteren Stellung. Sobald der Antreiber (Innenring) – Drehrichtung rechts – bewegt wird, gleiten die Rollen auf den Spiralsteigungen aufwärts und verklemmen das innere Formteil mit dem äußeren Ring; die Nabenhülse wird mitgenommen.

Eine weitere Variante ist der formschlüssige Freilauf, dessen Funktion die Abbildung sehr einleuchtend wiedergibt. Hier ist der innere Ring mit beweglichen Sperrklinken ausgestattet, die durch Federdruck in eine Verzahnung im Außenring einrasten. Die Anordnung der Klinken und die Form der Zähne gestatten auch bei dieser Bauart die Kraftübertragung nur in einer Richtung.

Beide Freilauf-Systeme lassen sich übrigens von außen und mit dem bloßen Ohr unterscheiden: Der kraftschlüssige Freilauf arbeitet lautlos, der formschlüssige zeichnet sich durch ein typisches Klicken aus.

Der nächste Schritt bei der Entwicklung

des Fahrrads war die Rücktrittbremse. Die ersten Konstruktionen dieser Art kamen in den späten neunziger Jahren des vorigen Jahrhunderts in England auf. Ernst Sachs beschäftigte sich von 1898 an mit der Konstruktion einer solchen Nabe, die 1903 dann ihre endgültige Form fand, in der sie, abgesehen von Detailänderungen, bis heute noch gebaut wird. Es ist die weltberühmte »Torpedo«-Nabe. Bremselement der Torpedonaben ist seither der sogenannte

Links: Der kraftschlüssige Freilauf
Unten von links nach rechts: Die Naben-Herstellung geschieht heute auf langen Transfer-Bändern.
Vollautomatisch rücken die Werkstücke weiter zur nächsten Station ...
... wo wieder ein Bearbeitungsgang erfolgt.

Bremsmantel, eine geteilte Buchse, deren Innenseite konische Enden aufweist. Rechts und links befinden sich die Konen (Brems- und Hebelkonus). Werden die Pedale entgegen der Fahrtrichtung bewegt, drückt sich der mit gewindeartigen Steigzähnen versehene Bremskonus in den Bremsmantel, der dadurch gespreizt wird und an der Innenwand der Nabenhülse zum Anliegen kommt. Es bremst.

Eine solche Torpedo-Rücktrittnabe muß auf dem Prüfstand 15 000 Vollbremsungen in unmittelbarer Folge durchhalten, ohne dabei an Wirkung zu verlieren. In der Praxis bedeutet das: sie hält meist länger als das Fahrrad selbst. Diese Rücktrittbremse ist eine der wenigen Brems-Konstruktionen, die zum einwandfreien Betrieb ein Schmiermittel braucht. Ohne das vom Werk aus vorgeschriebene Spezialfett ar-

beitet die Rücktrittbremse scharf, das Hinterrad kann blockieren. Die Nabe muß dann vom Fahrradhändler nachgefettet werden.

Verglichen mit Felgenbremsen ist der Wartungsanspruch des Rücktritts allerdings minimal. Auch hat er gegenüber den als sportlicher geltenden Felgenbremsen einen weiteren Vorteil: seine Bremswirkung läßt bei Nässe nur um so viel nach, wie die Bodenhaftung der Reifen schlechter wird. Bei Regen brauchen darum Fahrräder mit Felgenbremsen einen bedeutend längeren Bremsweg als solche mit Rücktritt.

Ebenfalls um die Jahrhundertwende begann sich die damals aufkeimende Fahrrad-Industrie mit der Frage eines Schaltgetriebes für die Stahlrösser zu beschäftigen. Bei unveränderlicher Übersetzung – das hatten schon die ersten Radfahrer erkannt – wurde die neue Fortbewegungsart recht beschwerlich, sobald es eine Steigung zu bezwingen galt. Naben- und Kettenschal-

Oben: Ein ausgedehntes Prüflabor ermöglicht es, die Naben allen möglichen Torturen auszusetzen.
Rechts: Moderne Elektronik und Prüfschreiber halten jeden Meßvorgang fest.

tung helfen seither, das Radfahren bergauf oder gegen den Wind zu erleichtern.

Die Arbeitsweise der Kettenschaltung ist, wie ihre Bauart, ohne weiteres verständlich. Auf der Nabe des Hinterrads befinden sich drei bis sechs verschieden große Zahnkränze. Ein Schaltmechanismus mit Spannvorrichtung erlaubt es, die Kette seitlich zu verschieben, um sie dann auf einem der Zahnkränze zum Eingriff zu bringen. Wird das gleiche Prinzip zusätzlich am Tretlager zum Einsatz gebracht, so erhöht sich die Zahl der Gänge. Ein doppeltes Kettenblatt am Tretlager, in Sonderfällen auch ein dreifaches, und ein entsprechender Kettenwerfer machen das möglich.

152

Gebräuchlich sind heute Kettenschaltungen mit fünf, zehn oder zwölf Gängen. Sie werden von Jugendlichen und Hobbyfahrern bevorzugt, weil sie sportlich aussehen. Und die Rennfahrer, die dieses Vorbild geben, schätzen sie wegen der möglichen kleinen Gangabstufungen. Sie gestatten eine präzise Abstimmung zwischen Körperkraft und Fahrwiderstand, nicht nur, wenn ein Berg kommt, sondern auch wenn die Kondition nachläßt.

Kettenschaltungen allerdings erfordern Geschicklichkeit, und zwar nicht nur beim Schalten, sondern auch beim allfälligen Nachstellen. Ohne regelmäßige Korrektur funktioniert diese Schaltmechanik nicht einwandfrei. Außerdem fördert sie den Kettenverschleiß.

Die Nabenschaltung bemüht sich, solche Probleme zu vermeiden. Hier sind Getriebe und Schaltmechanismus hübsch verpackt und für problemlosen Dauerbetrieb ausgelegt. Das Wechseln der Gänge beansprucht

nicht die Geschicklichkeit des Fahrers, und mit Einstellarbeiten haben weder er noch der Fahrradhändler große Mühe. Die Funktion dieses ebenso zuverlässigen wie geheimnisvollen Schaltapparates bleibt jedoch den meisten Radfahrern verborgen.

Die erstaunliche Vorrichtung, die im Inneren einer kompakten Fahrradnabe für mehrere Gänge sorgt, heißt Planetengetriebe. Sie besteht aus einem Sonnenrad in der Mitte, einer Reihe von Planetenrädern (üblicherweise drei) im Zwischenraum und einem Hohlrad, in dessen Innenverzahnung die Planetenräder greifen. Ähnliche Radsätze findet man übrigens in fast jedem automatischen Getriebe bei Automobilen.

Für das Fahrrad eignet sich das Planetengetriebe deshalb sehr gut, weil es sich zentral in der Nabe unterbringen läßt, und weil es mit einer sehr einfachen Schaltmechanik auskommt. Überdies aber lassen sich mit solch einem Planetensatz drei Gänge mit unterschiedlicher Übersetzung auf kleinstem Raum verwirklichen. Es kommt nur darauf an, welches der Elemente angetrieben wird. Bei einer Dreigangnabe sieht das folgendermaßen aus:

1. Schnellgang: Durch den aufgesteckten Zahnkranz wird der sogenannte Antreiber angetrieben. Über die Kupplungszähne in der Bohrung des Antreibers wird das verschiebbare Kupplungsrad etc. mitgenommen (Stellung des Kupplungsrades: ganz links in Endstellung). Auf der kleinen Verzahnung des Kupplungsrades ist eine sternförmige Mitnehmerscheibe befestigt, die in die Aussparungen auf der Stirnseite des Planetenradträgers eingreift und diesen mitnimmt. Die 3 Planetenrädchen rollen auf dem Sonnenrad der feststehenden Achse ab und treiben dabei das Hohlrad mit erhöhter Geschwindigkeit ($\approx 36\%$) an. Die Sperrklinken auf dem Hohlrad greifen in die Verzahnung der Nabenhülse ein und übertragen so die Antriebskraft auf das Hinterrad.

Ein zweites Klinkengesperre für den Berggang befindet sich auf dem Bremskonus. Dieser ist über ein Flachgewinde mit dem Planetenradträger verbunden und wird durch die schneller umlaufende Nabenhülse überholt.

2. Normalgang: Über Schalter, Seilzug und Zugstängchen wird das Kupplungsrad durch den Schubklotz nach rechts gezogen. Jetzt greift die kleine Verzahnung des Kupplungsrades in die entsprechende

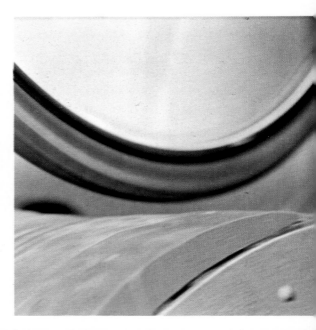

Rechts: Große Trommeln simulieren die Straßenfläche.
Unten: Auch Langlauf-Tests unter Schlechtwetter-Bedingungen können dargestellt werden. (Fotos: Fichtel & Sachs)

Kupplungsverzahnung des Hohlrades ein. Der Antrieb erfolgt nun direkt (also im Verhältnis 1 : 1) über die Sperrklinken auf die Nabenhülse. Über die Planetenradverzahnung des Hohlrades wird das Getriebe leer mitgenommen und kommt somit nicht zur Wirkung.

3. *Berggang:* Über das Zugstängchen wird der Schubklotz und damit das Kupplungsrad ganz nach rechts gezogen. Die Mitnehmerscheibe schiebt dabei das Hohlrad bis an die Planseite des Antreibers. Die Sperrklinken werden dadurch über den Konus in die kleinere Bohrung der Nabenhülse gezogen und somit am Eingreifen in die Klinkenverzahnung gehindert. Der Kraftschluß des Planetengetriebes wird jedoch nicht unterbrochen. Dieser erfolgt jetzt über Hohlrad, Planetenradträger, Bremskonus, Sperrklinken auf die Verzahnung der Nabenhülse. Die Übersetzung des Planetengetriebes bewirkt jetzt eine Geschwindigkeitsverminderung um ca. 27 %.

Bei der Torpedo-Dreigangnabe Typ H 3111 hat außer dem Übersetzungsgetriebe natürlich auch noch die traditionelle Rücktrittbremse Platz. Die Nabe ist in jeder Schaltstellung antriebs- und bremsbereit.

Ebenfalls mit Rücktrittbremse ausgestattet sind auch die beiden anderen Schaltnaben aus Schweinfurt, die sich mit zwei Gängen begnügen und auf einen Schalthebel verzichten. Bei der Torpedo-Duomatic-Nabe hat der Rücktritt praktisch eine doppelte Funktion. Leichtes Zurücktreten bewirkt einen Wechsel des Ganges. Starkes Zurücktreten bringt dazu auch die Bremse in Aktion. Genutzt werden bei dieser Konstruktion nur der Normalgang und der Schnellgang des Planetensatzes.

Das ist übrigens auch bei der Zweigangnabe Torpedo-Automatic-Nabe A 2110 der Fall, die ohne weiteres Zutun die Gänge wechselt. Den Schaltvorgang besorgen hier zwei Fliehgewichte, die bei einer Fahrtgeschwindigkeit von ca. 17 km/h das Getriebe vom Normalgang in den Schnellgang umschalten. Sobald das Fahrrad wieder langsamer wird, fallen die Fliehgewichte nach kurzem Stillhalten der Pedale zurück und lassen den Normalgang einrasten.

Das Trampeltempo von 60 Umdrehungen pro Minute kann unter Radfahrern als allgemeine Richtschnur gelten. Der durchschnittliche Pedaltreter, so ergab eine Untersuchung, erreichte bei dieser Drehzahl das günstigste Verhältnis von Geschwindigkeit und Kräfteverbrauch. Rennprofis allerdings »drehen« um einiges höher, nämlich 80mal in der Minute. Auch hat man in Schweinfurt festgestellt, wie kräftig sie zutreten können. Wenn sie beim Spurt zusätzlich mit aller Gewalt am Lenker ziehen, kommen bis zu 150 kg (korrekterweise 1470 Newton) Druck aufs Pedal.

Solche Kraftakte gehören auch zum Arbeitspensum der drei Schweinfurter Fahrrad-Tester. Denn wenn die Schaltung auf lange Jahre halten soll, so meinen sie, »müssen wir das schon bringen«.

Motorrad-Gespanne: Fahrspaß auf drei Rädern

Von Reiner H. Nitschke

Italienische Rasse bietet das schnelle Ducati-Gespann. Sein Zweizylinder-V-Motor leistet 65 PS (= 48 kW).

Immer wenn John D. Witherspoon seine
Einzylinder-Humber aus der Garage
schob, sammelten sich sogleich Schaulusti-
ge aus der gesamten Grafschaft Coventry.
Mit spöttischem Interesse verfolgte man,
wie Lady Witherspoon und Tochter Caroli-
ne mit graziösen Bewegungen das außergewöhnliche Gefährt bestiegen. Man schrieb
das Jahr 1903. Und Motorräder gehörten
damals zum Sonntagsvergnügen wohl-
habender Kaufleute, wie heute der Geländewagen im Safari-Look zum Zeitvertreib
der Manager. Also gar nichts Aufregendes?
– Oh doch! Denn Mr. Witherspoon steuer-
te mit viel Stolz und kaum weniger Kraft
ein Motorrad-Gespann durch die mor-
gendlichen Straßen Coventrys. Er war allerdings nicht der einzige in dem Erfinder-
paradies England. In diesen ersten Jahren
nach der Jahrhundertwende entstanden
nämlich auf der Insel einige dieser kurio-
sen Fahrzeuge. Wobei der erste Seitenwagen sogar aus Korb geflochten war. Welche
Bereicherung des Motorrads, das ja erst 18
Jahre zuvor von Gottlieb Daimler in die
Welt gesetzt worden war!
In den folgenden Jahren – mit der zuneh-
menden Motorisierung – gewann das Gespann immer größere Bedeutung. Sehr bald
fungierte es – mit vollverkleidetem Seitenwagen – als »Autoersatz«. Ein Ruf, der
ihm bis in die heutigen Tage nacheilt.
Wie so viele technische Entwicklungen
wurde leider auch das »Dreirad« für den
Kriegseinsatz mißbraucht. So erlebte die
deutsche Motorradindustrie in den letzten
blutigen Jahren des Hitler-Regimes ihre

*Links: Der Seitenwagen der Ducati kommt
in Rechtskurven sehr leicht hoch. Experten
machen sich daraus einen Spaß. Für Anfänger kann diese Eigenschaft jedoch gefährlich
werden.*

159

Oben: Sportlich und elegant ist dieses Schweizer Meisterwerk. Das Hegi-Gespann wird von einem kräftigen BMW-Motor angetrieben. Es kostet den stolzen Preis von 17 500 Franken.
Links: Erst in der freien Natur macht das Gespannfahren richtig Spaß. Vor allem Anfänger können sich hier mit den Eigenschaften des »Dreirads« vertraut machen.

Hochkonjunktur. Immer neuere und immer bessere »Kräder« wurden von den Militärs verlangt. In den Zündapp-Werken wurden anfangs die 600-ccm-Zweizylinder und 800-ccm-Vierzylinder für diesen Zweck weiterentwickelt. Sehr bald erkannten die Techniker in Nürnberg aber, daß ein Gespann mehr als ein verstärktes Solo-Motorrad sein muß. So heißt es denn auch in einem Versuchsbericht: »Während der Vorentwicklung des neuen Krad-Gespanns reifte immer mehr die Erkenntnis, daß

durch die Übernahme von bisherigen Konstruktionsdetails, lediglich in verstärkter Ausführung, das Problem nicht gelöst werden kann. Auch werden nun eine Reihe neuer Forderungen gestellt, die es angebracht erscheinen lassen, die Maschine samt Beiwagen von anderen Gesichtspunkten ausgehend zu entwickeln.« Das Ergebnis dieser Erkenntnis war das KS 750-Gespann mit völlig neuentwickeltem Fahrgestell und angetriebenem Seitenwagen. Mit Genehmigung von Zündapp kopierten übrigens die Bayrischen Motoren Werke (BMW) dieses Konzept mit ihrer R 75.
Noch heute haben die Ausführungen der Zündapp-Techniker Gültigkeit. Zwar findet man den speziell für den Geländeeinsatz gedachten Seitenwagenantrieb nicht mehr, doch gute Gespanne weisen auch heute noch eigenständige Konstruktionsmerkmale auf.
Vor allem Radaufhängung und Rahmenstabilität einer Solo-Maschine sind näm-

lich den Anforderungen des Gespannbetriebs nicht gewachsen. Während der Solofahrer die bei der Kurvenfahrt auftretenden Fliehkräfte durch entsprechende Schräglage ausgleicht, vertraut der Gespannfahrer – genau wie am Steuer eines Autos – ausschließlich auf die Bodenhaftung seines Gefährts. Schwere Gespanne sind daher in der Regel auch mit breiten Autoreifen ausgerüstet. Da diese Pneus sehr gut am Boden »kleben«, kann das Fahrzeug also nicht der Fliehkraft folgen. Es muß sich vielmehr mit aller Kraft dagegenstemmen. Oft haarsträubende Fahrwerksverwindungen sind die Folge. Besonders betroffen sind davon die Vorder- und Hinterradaufhängungen, denn an diesen beiden Punkten wird den Seitenkräften der größte Widerstand entgegengesetzt.

Die im Solo-Bau üblichen ölgedämpften Teleskopgabeln sind mit ihren geringen Seitenführungskräften also relativ ungeeignet für den Gespannbetrieb. Auch sind meist die Hinterradschwingen unterdimensioniert. Warum sieht man trotzdem noch immer Seitenwagen an ganz normalen Solo-Motorrädern? Die Antwort ist einfach: Die großen Motorradfirmen – allen voran die japanischen – haben die Entwicklung kleinen und kleinsten Firmen überlassen, die oft nicht in der Lage sind, kostspielige Spezialfahrwerke zu konstruieren. Zu gering sind die verkauften Stückzahlen.

Sieht man heutzutage trotzdem ein modernes Spezialgespann, so kann man sicher sein, daß der Besitzer nicht gerade zu den ärmsten gehört. Denn unter 14 000 Mark verläßt kein handgefertigtes Gespann die fast schon exklusiven Produktionsstätten. Komplett ausgestattet – mit gebremstem Seitenwagen, Rückwärtsgang und Verkleidung – können sogar runde 20 000 Mark auf der Rechnung stehen. Dafür klettern weniger »Naturbesessene« schon in das Cockpit eines Sport-Coupés!

Am Fahrspaß mit dem Motorrad-Gespann ist anscheinend sehr viel mehr dran als nur »Kradmelder-Nostalgie« (die Kradmelder leisteten im Krieg mit ihren schweren Gespannen Kurierdienste). Denn immer mehr junge Motorradfreunde entdecken den Spaß am »dritten Rad«. Wer die Raserei auf den 100-PS-Zweirädern (soweit wurde die Leistung einiger Serien-Motorräder im Jahre 1978 hochgeschraubt!) satt hat, findet im Gespann eine Alternative, die auch

Links: Mit dem Dnpr-Gespann machen Ausflüge ins Gelände keine Schwierigkeit. Zur Not hilft der Rückwärtsgang . . .
Unten: Dieses Hercules-Gespann wird von einem Wankelmotor angetrieben. Mit wenigen Handgriffen läßt sich der Seitenwagen von der Solomaschine abbauen.

bei geringeren Geschwindigkeiten hohe fahrerische Ansprüche stellt. Tempo 100 auf Landstraßen erfordert jedenfalls vom »Elefantentreiber« (Gespann-Fahrer-Ausdruck) mehr Geschick als vom »gewöhnlichen« Motorradfahrer. Vor allem auch mehr Krafteinsatz. Denn ein Dreirad muß wie ein Auto richtig gelenkt werden. Eine Tatsache, mit der sich erfahrenere Solo-Fahrer nur sehr schwer anfreunden können. Denn auf dem Zweirad fährt man praktisch ohne Lenken – mit Schräglage um die Kurve. Und berührt man doch – fast unbewußt – den Lenker, so geschieht das (man höre und staune!) entgegengesetzt der Kurvenrichtung. Auf dem Zweirad lenkt man also zunächst ganz leicht nach links, um dann rechts herum zu fahren. Erst dann kippt die Maschine in die gewünschte Richtung ab. Diesen Mecha-

nismus hat jeder Motorradfahrer unbewußt gespeichert. Um so größer seine Verwunderung, wenn er zum ersten Mal Gespann fährt. So manch ein »Könner« beendete auf diese Art und Weise seinen ersten Gespann-Ausflug im Grünen ...

Wir wissen jetzt also einiges über die Geschichte, Technik und Eigenarten des Gespanns. Schauen wir jetzt einmal, welche neuen Gefährte uns heutzutage begegnen können. In der Regel wird das bullige Erscheinungsbild durch einen satten Viertaktklang unterstrichen. Denn die zumeist »schmalbrüstigen« Zweitaktmotoren sind für den anstrengenden Gespannbetrieb nicht geeignet. Der Viertaktmotor zeichnet sich hingegen durch Kraftentwicklung bei geringen Drehzahlen aus. Natürlich gehört dazu auch ein ausreichend starker Hubraum. 750, ja sogar 1000 ccm sind daher keine Seltenheit. Vor allem die bewährten BMW-Boxer-Motoren erfreuen sich bei Gespannfreunden größter Beliebtheit. Mit gutem »Durchzug« aus unteren Drehzahlen dienen aber auch die Zweizylinder-V-Motoren von Harley Davidson, Moto Guzzi und Ducati. »Ah – das ist ja eine BMW«, diesen Ausspruch hören immer wieder die Fahrer sowjetischer Gespanne. In der Tat läßt sich eine gewisse Ähnlichkeit nicht leugnen. Das alte Ural-Gespann und die neue – auch in Deutschland verkaufte – Dnpr weisen ähnliche Konstruktionsmerkmale auf wie die BMW.

*Links: Im Seitenwagen eines Motorrad-Gespanns wird Romantik noch groß geschrieben. Nicht Raserei, sondern das genußvolle Naturerlebnis steht im Vordergrund.
(Fotos: R. H. Nitschke)*

Bild 1. Kühles Morgenlicht und dicker Reif auf den Gräsern und Bäumen verdichten sich zu einer beinahe unwirklichen Stimmung. Das extreme Weitwinkelobjektiv (20 mm Brennweite) unterstreicht durch seine ungewohnte Perspektive diese Bildwirkung noch.

Malen
mit der Kamera

Von Jörg Reichle

Wir leben in einer Zeit ständig wachsender Industrialisierung und Technisierung, deren Errungenschaften und Entwicklungen unser Leben auf vielfältige Art leichter und angenehmer gemacht haben. Doch im selben Atemzug, in dem wir diese Annehmlichkeiten modernen Lebens preisen, erinnern wir heute immer häufiger an die negativen Auswirkungen dieser Entwicklung für den Menschen. Wir denken an Lärm, Gestank und Schmutz, an unseren immer hektischer werdenden Alltag, die zunehmende Anonymität unserer Städte und an die schnell fortschreitende Zerstörung der Natur zugunsten des Fortschritts. So nimmt es nicht wunder, daß immer mehr vor allem auch junge Menschen versuchen, die noch vorhandene Schönheit unserer Umgebung wiederzuentdecken: der Natur. Mit der Suche nach ihrer Unberührtheit hofft man wieder zu sich selbst zu finden, versucht man der Unpersönlichkeit eines hochtechnisierten Alltags zu entfliehen.

Eines der schönsten und beliebtesten Mittel, die uns helfen können, unsere Umwelt neu zu erschließen und zu entdecken, ist die Fotografie. Durch die Kamera lernt der Fotograf die oft verborgenen Schönheiten der Natur aufzuspüren und seine Umgebung mit neuen Augen zu sehen. Daß er dabei die festgehaltenen Eindrücke an seine Mitmenschen weitervermitteln kann, ist einer der Vorzüge der Fotografie als Medium. So schenkt die Kamera doppelte Freude und Befriedigung.

Für denjenigen, für den eine Kamera mehr sein soll als ein Mittel, um bonbonfarbige Erinnerungsbildchen zu knipsen, sind die folgenden Anregungen gedacht. Natürlich hat man dabei einige Grundvoraussetzungen zu beachten. Zunächst einmal muß der Fotograf Zeit haben oder sie sich zumindest nehmen. Besonders bei Motiven in der Natur gilt es nämlich oft, das für die Auf-

Bild 2 (oben). Die Früchte wurden für die Aufnahme auf eine polierte Metallplatte gelegt und mit zwei 500-Watt-Fotoleuchten so ausgeleuchtet, daß nahezu keine Schatten mehr entstanden. Fotografiert wurde dieses Stilleben mit dem Normalobjektiv von 50 mm Brennweite.
Bild 3 (rechts). Das durch ein Dachfenster einfallende Tageslicht löst den Strauß völlig aus seiner Umgebung, alle anderen (unwichtigen) Details versinken im Schatten.

nahme optimale Licht abzuwarten. Dabei muß er entscheiden, ob das warme Licht am frühen Morgen mit seinen langen, blauen Schatten oder das grelle Mittagslicht, das den höchsten Kontrast zwischen den Farben bewirkt, für seine Aufnahme am besten geeignet ist. Der späte Nachmittag ist nicht ohne Grund die ideale Tageszeit für Farbaufnahmen. Das Licht wird wie am Morgen wieder warm und die Farben erscheinen um so dramatischer, je näher der Sonnenuntergang rückt. Das Licht nach Sonnenuntergang kann mit immer längeren Belichtungszeiten bis fast zur völligen Dunkelheit genützt werden und ergibt sehr reizvolle rötliche oder auch grünlich-violette Farbwirkungen. Die beiden Auf-

168

nahmen 1 und 4 sind Beispiele für die unterschiedliche Wirkung des Tageslichts auf die Stimmung des Bildes. Der kleine See wurde an einem frühen Januarmorgen aufgenommen, die Aufnahme der Gräser am See entstand kurz vor Sonnenuntergang.
Oft muß der engagierte Fotograf seinem Hobby sogar den Schlaf opfern, denn das reifüberzogene Seeufer (Bild 1) oder die Tautropfen auf den Wiesenblumen (Bild 10) findet er nur kurz nach Sonnenaufgang.

Neben dem Warten auf den besten Zeitpunkt erfordert die Suche nach interessanten und ungewöhnlichen Motiven oft die größte Geduld. Der Fotograf sollte sich nämlich in jedem Fall davor hüten, wahllos abzulichten, was ihm vors Objektiv kommt. Das Ergebnis wird mit Sicherheit nicht seinen Erwartungen entsprechen. Nur ganz selten fallen uns die schönsten Motive sofort ins Auge, denn oft liegt die Besonderheit erst im – zunächst unsichtbaren – Detail. So war in Bild 5 der Fotograf

Bild 4 (links). Durch die Verwendung eines Teleobjektivs (200 mm Brennweite) war es möglich, aus der abendlichen Szenerie ein Motiv herauszulösen, das die Schönheit dieser Abendstimmung am besten zum Ausdruck brachte.

Bild 5 (oben). Die Aufnahme entstand mit einem „Makro-Objektiv", mit dem es möglich ist, Gegenstände bis zum Verhältnis 1:1 wiederzugeben. Da mit offener Blende fotografiert wurde, ist der Schärfenbereich sehr gering und die wichtigen Teile des Bildes können so aus ihrer Umgebung gelöst werden.

von den schmelzenden Schneekristallen auf einer alten, roten Bank fasziniert. Hätte er die ganze Bank auf den Film gebannt, so hätte er dem Betrachter allenfalls ein Gähnen entlockt. Auch in Bild 4 verdichtet die Beschränkung auf die im Wasser stehenden Gräser und die sich dazwischen spiegelnde

Sonne die Bildaussage. Das Bild wirkt dramatischer, als es eine Aufnahme des ganzen Sees sein könnte, und die silbernen Tautropfen an der Wiesenblume in Bild 10 fesseln den Betrachter mehr, als ein Bild der ganzen Wiese. Auch in einer Umgebung, die uns zunächst häßlich und unfotogen erscheint, lassen sich also ungewöhnliche und schöne Details entdecken.

So sehr diese kleinen Ausschnitte der Wirklichkeit uns bezaubern können, so schön kann andererseits zum Beispiel auch der Eindruck einer Bergkette sein (Bild 7), auf der Dunst wie ein weißer Schleier liegt und ihr eine geheimnisvolle Schönheit verleiht. Auch der morgendliche See in Bild 1 vermittelt eine Stimmung, die ein Detail nicht annähernd ausdrücken könnte. Der Fotograf muß also entscheiden, ob ein Detail oder eine Übersichtsaufnahme die Schönheit der Natur und seine eigene Absicht am besten wiedergeben. Der weltberühmte Fotograf Ernst Haas sagte einmal: »Für mich

Bild 6 (links oben). Während der Belichtung (⅟₃₀ sec) wurde die Brennweite des „Zoom-Objektivs" von 80 mm auf 200 mm verändert. Es ist jedoch darauf zu achten, daß der wichtigste Teil des Objekts genau im Bildmittelpunkt bleibt, da er nur dann scharf abgebildet wird. Die Verwendung eines Stativs ist deshalb unbedingt erforderlich.

Bild 7 (links unten). Das Teleobjektiv (200 mm) verringert aen Eindruck räumlicher Tiefe und verstärkt gleichzeitig den atmosphärischen Dunst.

Bild 8 (oben). Durch den bewußten Einsatz der geringen Tiefenschärfe des Makro-Objektivs gelang es, die Zartheit und Schönheit der Rosenblüte zu betonen.

ist die Übersetzung eines Objekts von dem, was es ist, in das, was man darin sehen will, die höchste Stufe der Fotografie.«
Auch altbekannten, oft gesehenen Motiven kann der Fotograf durch neue Gestaltung

zu ungewohntem Reiz verhelfen. Die Aufnahme der Burg Hohenzollern, sonst ein beliebtes Postkartenmotiv, wurde mit Hilfe einer sogenannten Doppelbelichtung (zwei Aufnahmen auf demselben Stück Film) mit einem auf der Straße liegenden Blatt kombiniert. Dem Fotografen war die Ähnlichkeit zwischen der drei Türmen der Burg und den drei Blattspitzen aufgefallen. Durch die Kombination beider Aufnahmen konnte er so diese überraschende formale Verbindung herstellen. Übrigens mußte die Belichtungszeit für jede der beiden Aufnahmen halbiert werden, da sich die Zeiten natürlich addieren und das Bild sonst zu hell geworden wäre.

Auch die »verwischte« Aufnahme der Mohnblumen (Bild 6) eröffnet dem Betrachter eine ganz neue Perspektive. Das Bild entstand unter Verwendung eines sogenannten Zoom-Objektivs, bei dem es möglich ist, die Brennweite, hier sind es 80–200 mm, stufenlos zu verändern. Er-

Bild 9 (links). Für diese »Sandwich«-Aufnahme wurden zwei Bilder auf denselben Filmabschnitt belichtet. Die erste Aufnahme zeigt ein Herbstblatt auf einer Asphaltstraße und wurde mit dem Makro-Objektiv aufgenommen, das zweite Bild, die Burg Hohenzollern, entstand unter Verwendung des Teleobjektivs.

Bild 10 (oben). Kurz nach Sonnenaufgang entstand dieses Bild: die Tautropfen funkelten im Gegenlicht. Das Makro-Objektiv und ein solides Stativ waren die technischen Hilfsmittel.

folgt dies während der Aufnahme bei einer langen Belichtungszeit (hier $\frac{1}{30}$ sec), so bleibt der Bildmittelpunkt scharf und die Randpartien werden nach außen hin verwischt. Da das Auge des Betrachters auf den Bildmittelpunkt gelenkt wird, muß der Fotograf darauf achten, daß der wichtigste Teil des Bildes genau in der Mitte bleibt

und somit scharf abgebildet wird. Dies ist jedoch nur gewährleistet, wenn die Aufnahme von einem Stativ aus gemacht wird, da durch die lange Belichtungszeit die Verwacklungsgefahr groß ist. Doch auch bei diesen Verfremdungen gilt, daß weniger meist mehr ist: Wer die Verfremdung nur um ihrer selbst willen betreibt und verschiedene Gegenstände und Perspektiven wahllos kombiniert, darf über unbefriedigende Fotos nicht überrascht sein.

Doch zurück zur Motivsuche, die oft gar kein Problem ist.

Wenn wir uns in unserer unmittelbaren Umgebung, in unseren eigenen vier Wänden umschauen, entdecken wir plötzlich manches Stückchen Natur, das sich fotografisch festzuhalten lohnt. Ein Topf mit Wiesenkräutern (Bild 3) oder die Blüte eines Rosenstraußes (Bild 8), an denen wir sonst vielleicht achtlos vorübergehen, zeigen uns erst ihre volle Schönheit, wenn wir uns näher mit ihnen befassen, sie mit der Kamera entdecken.

Mehr als unter freiem Himmel machen dem Fotografen bei Aufnahmen in geschlossenen Räumen die Lichtverhältnisse zu schaffen. In Bild 3 wurde der Kräuterstrauß unter ein Dachfenster gerückt, durch das die Sonne schien. Diese Beleuchtung erwies sich als sehr wirkungsvoll, da der bildwichtige Teil hell beleuchtet ist und der unwichtige und störende Hintergrund im Dunkel versinkt. Oft steht bei Innenaufnahmen jedoch nur wenig Licht zur Verfügung, so daß längere Belichtungszeiten notwendig werden und ein Stativ unentbehrliches Hilfsmittel ist. Bei der Aufnahme der Rosenblüte erwies sich das Fehlen des grellen Sonnenlichts jedoch sogar als Vorteil, denn das sogenannte diffuse Licht läßt die Übergänge vom Licht zum Schatten sehr weich werden und unterstreicht so die Zartheit der Blüte.

Auch das Stilleben ist eine Möglichkeit, sich zum Beispiel an regnerischen Tagen oder an langen Winterabenden an neuen Motiven zu versuchen. Die Äpfel in Bild 2 wurden auf eine polierte Metallplatte gelegt und mit zwei Fotolampen so beleuchtet, daß es nicht durch zu »hartes« Licht zu häßlichen Schatten und Lichtüberschneidungen kam. Die Ausleuchtung solcher Stilleben erfordert besonders viel Sorgfalt und Geduld, um ein optimales Ergebnis zu erzielen. Der Phantasie sind bei der Bildgestaltung jedoch keine Grenzen gesetzt.

Zum Schluß noch ein Wort zur Ausrüstung, die ja in der Fotografie eine nicht unwesentliche Rolle spielt: Voraussetzung für befriedigende Bilder, die sowohl in der Komposition als auch in der Qualität gehobenen Ansprüchen genügen sollen, ist eine Kleinbild-Spiegelreflexkamera, die je nach Bedarf mit verschiedenen Wechselobjektiven ausgerüstet werden kann. Diese Objektive ermöglichen dem interessierten und engagierten Fotoamateur, sich den verschiedenen Anforderungen des Motivs und seiner eigenen Vorstellungen anzupassen. So empfiehlt sich neben dem Normalobjektiv (45–55 mm Brennweite) ein Weitwinkelobjektiv (20–35 mm) und ein mittleres Teleobjektiv (ca. 105–200 mm). Für Detailaufnahmen werden wegen der meist sehr geringen Aufnahmeentfernung entweder Zwischenringe (diese werden zwischen Objektiv und Kameragehäuse eingesetzt)

oder aber sogenannte Makroobjektive notwendig, die übrigens meist gleichzeitig als Normalobjektive verwendet werden können. Die Aufnahmen 2, 3, 5, 8 und 10 wurden mit einem solchen Objektiv gemacht. Bei den Aufnahmen 4, 6 und 9 wurde ein Zoom- oder Vario-Objektiv von 80–200 mm Brennweite verwendet, das gleich mehrere Objektive ersetzt und deshalb sehr vielseitig zu gebrauchen ist. Beispiel für eine Aufnahme mit Weitwinkelobjektiv ist Bild 1. Die Weite des Sees wurde mit einer Brennweite von 20 mm eingefangen. Unerläßlich für gute Naturaufnahmen ist darüber hinaus ein solides Stativ, das scharfe Aufnahmen auch bei langen Belichtungszeiten erlaubt.

Insgesamt bietet der Fotomarkt dem Amateur eine solche Fülle an Zubehör jeder Art an, daß nur durch den eigenen Geldbeutel dem Spiel- bzw. Fotografiertrieb Grenzen gesetzt sind. Jeder sollte jedoch daran denken, daß die teure Ausrüstung noch keinen guten Fotografen ausmacht und daß Phantasie, ein gutes Auge und die Gabe zur Improvisation manch teures Zubehör ersetzen kann.

Wer sich durch die eine oder andere der hier gegebenen Anregungen ermuntert fühlt, doch einmal zur Kamera zu greifen und einen kleinen Streifzug durch die Natur zu unternehmen, wird sicher bald viel Schönes entdecken, an dem er seither achtlos vorübergegangen ist.

Moschusochsen: Überlebende der Eiszeit

Von Vitalis Pantenburg

Ein Frachtflugzeug schwebte auf die Landepiste der Wetterwarte Sachs Harbour, einzige Siedlung auf dem weiten Banks-Inselland in der kanadischen Westarktis, ein. Der Pilot mußte noch einmal durchstarten, um nahe einer Reihe von Holzboxen, vierzehn an der Zahl, zu stoppen. Bei diesem Manöver wurden durch die starke Druckluft vier der oben offenen Boxen umgerissen. Die vierbeinigen Gefangenen, dickbe-

pelzte, struppige Moschusochsen, erfaßten blitzschnell die einmalige Situation und rasten in gestrecktem Galopp davon – zurück zu ihren Rudeln irgendwo in der Tundra. Die Tierfänger und Biologen des Canadian Wildlife Service fanden diesen unvorhersehbaren Zwischenfall höchst ergötzlich. Um so verblüffter zeigte sich der sowjetische Wildbiologe Dr. Dimitri Jashkin. Er sollte nämlich die der Sowjetunion von Kanada großzügig überlassenen Exemplare vollzählig abliefern. Sie waren als Zuchtstamm für die Wiedereinbürgerung vorgesehen, denn in Nordsibiriens Tundren war das Eiszeitwild vor etwa 2000 Jahren ausgestorben.

Die kanadischen Wildlife-Experten konnten ihr Versprechen den sowjetischen Biologen gegenüber leicht erfüllen. Die Bestände an Moschusochsen auf der Banks-Insel werden auf rund viertausend (naturgeschützte) Exemplare geschätzt. Die vierzehn zugesagten Jährlinge wurden sorgfältig ausgesucht, vom Hubschrauber aus durch Einschläferungsgeschosse betäubt und im angehängten Netz vom Heilikopter zum Sammelplatz geflogen. Nach dem Einspritzen eines Antibiotikums als Schutz gegen Infektionen wurden sie in den vorbereiteten Leichtboxen verwahrt.

Mit dem Flugzeug gelangten die Zuchttiere nach Montreal, dann, hier umgeladen in die bereitstehende sowjetische Maschine, nach Moskau. Während dieser Zwölf-Stunden-Flugreise wurde der Frachtraum ständig auf für Moschusochsen zuträglicher Temperatur (unter null Grad Celsius) gehalten. Vorletzte Etappe war Norilsk am unteren Jenissei, wo sowjetische Biologen und Wildhüter sich der ungewöhnlichen Fracht annahmen: Sechs weibliche und vier männliche Prachtexemplare der Gattung »Ovibos moschatus«. Die Nachkommen der vermutlich vor 90 000 Jahren aus Nordasien über die damals noch bestehende Landbrücke zwischen den beiden Kontinenten ins nördliche Amerika eingewanderten Moschusochsen kehrten also jetzt – auf dem Luftwege – in ihre sibirische Tundrenheimat zurück.

Inzwischen setzte man das Rudel in einem eigens eingezäunten, weiträumigen Weidegebiet auf der Taimyr-Halbinsel aus. Hier finden sie annähernd gleiche Bedingungen wie auf Kanadas Tundren vor. Das Risiko, durch streunende Wolfsrotten angegriffen zu werden, ist gering. Einmal, weil Moschusochsen sich seit Urzeiten durch ihre Wehrstellungen, darunter eine Art hörnerstarrender »Igel«, wirkungsvoll zu verteidigen verstehen, zum anderen, weil es hier Herden von Wildrentieren gibt, die wesentlich leichtere Beute für Polarwölfe sind.

Von diesem, auch Polarrind genannten Urzeittier, das zur Eiszeit in Europa heimisch war und mit den zurückweichenden Gletschern nach Norden zog, versprechen sich die Wildbiologen ein neues halbwildes Haustier, ähnlich dem gezähmten Ren.

Die nach Sibirien überführten Tiere waren schon nahe ihrer biologischen Reife. Da alle gesund und die Voraussetzungen für das Gedeihen gegeben sind, erwarten die Experten schon bald den ersten sibirischen Moschusochsennachwuchs. Selbstverständlich stehen die Tiere auch hier unter Naturschutz.

Die meisten Vorschläge des berühmten kanadischen Arktisforschers Vilhjamur Stefansson zur Erschließung des Nordpolar-

Rechts: Wildbiologen wollen aus dem Moschusrind ein halbwildes Haustier machen.
Seite 177: Moschuskuh mit ihrem erst wenige Tage alten Kalb.
(Fotos: G. Ziesler)

gebietes wurden bis in die jüngste Vergangenheit als utopisch angesehen. Vieles ist inzwischen verwirklicht, schneller, weitreichender, als es der zu seinen Lebzeiten umstrittene Polarforscher voraussagte. Nun soll seine Anregung, die Tundren als Naturweiden für ein neues Haustier zu nutzen, in die Tat umgesetzt werden. Dafür eignet sich der Moschusochse am besten.

Der arktische Ovibos, mit einer Schulterhöhe bis 130 Zentimeter größer als ein Schaf, aber kleiner als ein Rind, hat Eigenschaften von beiden Tieren und lebt unter Bedingungen, die kein anderes Säugetier in freier Wildbahn überstände.

Ebenso wirkungsvoll wie mutig erwehren sich Moschusochsen ihrer einzigen Feinde im Tierreich, der stets rottenweise jagenden Polarwölfe, die aber gegen die festgeschlossenen Wehrformationen nichts auszurichten vermögen. Gegenüber den Feuerwaffen des Menschen, seines schlimmsten Feindes, sind Igel-, Mauer- oder Fächerstellung natürlich reiner Selbstmord. Jagdeifer und Erwerbssinn (z. B. Kälberverkauf an Zoos) verantwortungsloser Fänger hätten fast zum Aussterben auch dieser Tierart geführt. Doch ein Abkommen aller Zoos der Welt, keine Jungtiere mehr anzukaufen und strenge Naturschutzgesetze ermöglichten die erfreuliche Vermehrung der Bestände.

Wildbret vom Moschusochsen ist delikat. Ein ausgewachsenes Exemplar, bis 400 Kilogramm schwer, liefert etwa 150 Kilogramm Fleisch. Ein von Prof. Dr. John Teal, einem unermüdlichen Vorkämpfer für Haltung und Zucht des Ovibos, gezüchteter »Bulle« erreichte sogar 700 Kilogramm! Die sahnige Milch der »Kühe« hat hohen Fettgehalt (bis 11 %). Milch- und Fleischleistungen lassen sich, so Biologe Teal, durch Züchtung wesentlich steigern. Die Haut ergibt ein samtweiches Leder,

und die herrlich wärmende Unterwolle schützt vortrefflich gegen klirrende Winterkälte. Moschusochsen produzieren jährlich bis zu 3500 Gramm davon – siebenmal mehr seidenweiche Naturwolle als die gerühmte Kaschmirziege. Ein Tier kann etwa zwanzig Jahre lang diese ungemein feinfädige Wolle liefern. Die Wolle bildet sich zum Winter hin unter dem herunterhängenden Fransenmantel aus starkem, tiefbraunem Haar. Im Sommer löst sich das Wollvlies in Fladen von der Haut ab.

Moschusochsen sind recht intelligent, ausgesprochen gutartig und leicht in Rudeln oder Herden zusammenzuhalten. Sie brauchen trockenes, kaltes Klima. Ziel des Verhaltensforschers Teal: Aus diesem Arktisbewohner ein Haustier zu machen. Ihm schwebt als Vorbild der von Tibetern einst gezähmte, ebenfalls ungemein genügsame wilde Yak vor, der diesen als Lastenträger und außerdem mit Fleisch, Milch, Wolle und Leder dient.

Im Sommer durchstreifen die Moschusochsen in Rudeln bis zu zwölf Stück die Tundra. Im Winter stehen sie gerne auf Hügeln, weil der Wind hier den meisten Schnee wegweht und die Nahrung leichter mit den Hufen hervorgescharrt werden kann. Bei Blizzards hat man Herden mit hundert Tieren beobachtet, die, ganz eng zusammengerückt, die Hinterteile der Sturmfront zugekehrt, dem Jungwild guten Schutz gegen die beißende Kälte bieten.

Diese Urzeittiere äsen sich langsam voran; sie brauchen weder Ställe noch Stallfütterung. Als Aufsicht genügen gelegentliche Streifen »Fliegender Cowboys« mit Hubschraubern. Im nördlichen Kanada und Alaska sowie in der arktischen Sowjetunion fänden auf Millionen Quadratkilometern große Bestände Moschusochsen ausreichend Nahrung.

Die Versuche John Teals, in seinem »Institute of Northern Agricultural Research« in Vermont/USA, rund zwanzig Jahre durchgeführt, waren ein voller Erfolg. Die ersten Jungtiere dazu durfte er aus Beständen des kanadischen »musk-ox«-Naturparks Thelon Preserve (Arktisches Festland) einfangen. Teal gelang es, seinen Versuchsstamm dadurch zu verdoppeln, daß die Kühe jedes Jahr gedeckt wurden. In freier Wildbahn kalben sie nur alle zwei Jahre. Das Experimentierstadium in Zucht, Haltung und Steigerung der gewünschten Produkte ist inzwischen abgeschlossen. Die Stamm-

herde – nun in der Zoologischen Fakultät der Universität Fairbanks (Alaska) – wurde eine Art »Bank«. Alle Länder mit Regionen, die sich für die Haltung von Polarrindern eignen, haben Zuchtpaare bestellt. Ist der Bestand ihrer Herde nach etwa sieben Jahren gesichert, wird die gleiche Anzahl Jungtiere an das Stammhaus zurückgegeben. Nach Professor Teal könnten in überschaubarer Zukunft Moschusochsenherden für arktische »Rancher«, vornehmlich Polarbewohner, wirtschaftlich interessant werden.

Notrufsysteme für Autofahrer

Von Tilo Diepholz

Bei schönem Wetter und leeren Straßen kann Autofahren Vergnügen bereiten. Doch welche Straßen kann man heute noch verkehrsarm nennen?!
Bekanntlich dient das Auto nämlich nicht nur der Freude am Fahren, sondern vor allem dem Transport von Menschen, Gütern und Informationen. Eine so hochentwickelte Industriegesellschaft wie wir sie haben, kann nur existieren, wenn die Transportinfrastruktur (wie die Fachleute sagen) »stimmt«. Das bedeutet aber, daß die Straßen von Tausenden und aber Tausenden genutzt werden, die mit Sicherheit nicht alle Vergnügen am Autofahren haben, sondern vielmehr oft mißmutig, gereizt, übermüdet und von Terminen gehetzt am Steuer sitzen.
Das alles sind wesentliche Gründe für Fehlverhalten im Verkehr. Doch nicht immer trägt der Mensch eindeutig die Schuld an einem daraus entstehenden Unfall, manchmal ist es auch die »höhere Gewalt«: vereiste Straßen, ein geplatzter Reifen und ähnliches. Täglich geschehen circa 3000 Unfälle mit 1000 Leicht-, 500 Schwerverletzten und – kaum vorstellbar – 40 Toten!
Um dieses Elend auf unseren Straßen zu mildern, hat man eine Rettungskette installiert; dazu gehören Sofortmaßnahmen zur Absicherung des Notfallortes, Erste Hilfe, Notfallmeldung, Rettungstransport und Klinikbehandlung. Trotz dieser Rettungskette lesen wir immer wieder in den Zeitungen, daß jemand verbluten mußte, weil der Rettungsdienst zu spät am Unfallort eintraf. Tatsache ist, daß täglich sieben Schwerverletzte länger als 15 Minuten warten müssen, bis die Notfallmeldung abgesetzt wird. Wir sehen also, daß das schwächste Glied der Kette die Absetzung der Notfallmeldung ist. Besonders kritisch ist dies auf verkehrsarmen Landstraßen in weniger stark besiedelten Gegenden, wo Verletzte unter Umständen mehrere Stunden darauf warten müssen, bis ein zufällig vorbeifahrender Autofahrer die Rettungskette in Gang setzt, das heißt den Notfall meldet.
Wie erstrebenswert wäre es deshalb, wenn man sich – in einen Notfall geraten – sofort verständlich machen könnte – und sei es nur, weil man nachts in einer einsamen Gegend eine Panne hat.

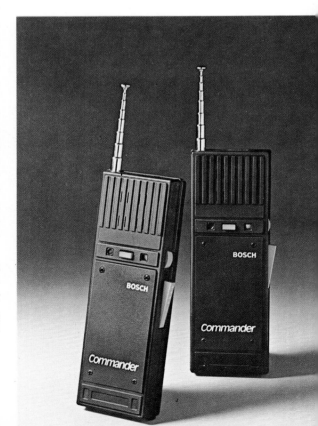

Um dieses Verständlichmachen, beziehungsweise um das schwache Glied in der Rettungskette, die Notfallmeldung, soll es im folgenden gehen.

Das Help-System

Handsprechgeräte, wie in Bild 1 gezeigt, sind heute weit verbreitet. Mit diesen elektronischen Geräten kann man sich mit einem Sprechpartner auf eine Distanz bis zu 10 km verständigen. Was früher nur Amateurfunkern mit einer speziellen Funk-

Bild 1 (links). Solche Handsprechgeräte sind heute weit verbreitet.
Bild 2 (unten). Wenn in Reichweite eines Hilfesuchenden CBler mit Mobil- und Feststationen ihr Gerät auf Kanal 9 empfangsbereit stehen haben, können sie den Notruf aufnehmen und weiterleiten.

erlaubnis vorbehalten war, ist seit dem 1. Juli 1975 jedem auf dem sogenannten »Jedermann-Frequenzband« erlaubt, auf CB, wie es häufiger genannt wird. CB ist ein Kürzel, das aus dem Amerikanischen stammt und Citizen-Band (Bürger-Band) bedeutet. Auf diesem Frequenzband sind 12 verschiedene Frequenzen bzw. Kanäle für den allgemeinen Sprechfunk freigegeben worden.

Diese Kanäle werden zunächst von Leuten benutzt, die nur Freude am Funken haben. Hierzu sei noch gesagt, daß das FTZ (Fernmeldetechnisches Zentralamt der Deutschen Bundespost), das die Aufsicht über sämtliche genutzten Frequenzen in der Bundesrepublik Deutschland hat, drei verschiedene Gerätetypen für CB erlaubt: 1. Handsprechgeräte, 2. mobile Geräte und 3. Feststationen.

Diese Geräte müssen ganz bestimmten Forderungen seitens des FTZ genügen, wo-

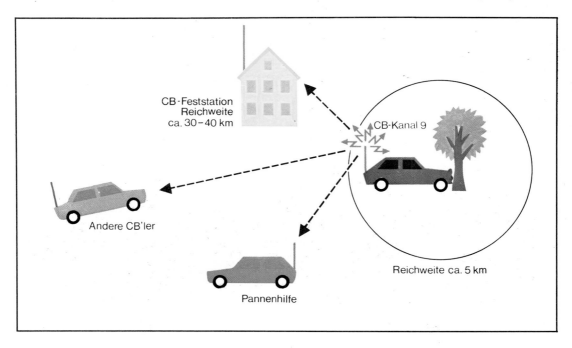

CB-Feststation Reichweite ca. 30–40 km

CB-Kanal 9

Andere CB'ler

Pannenhilfe

Reichweite ca. 5 km

Bild 3. CB-Mobilstation

bei die hervorstechendste die Sendeleistung ist: diese darf nur 0,5 W betragen. Während die ersten beiden Typen gebührenfrei sind, muß man für eine Feststation zur Zeit 15,– DM pro Monat entrichten, da hiermit der Bundespost Einnahmen aus Ortsgesprächen verlorengehen.

Nach diesem kleinen Ausflug in den CB-Bereich nun wieder zu dem Autofahrer, der in einen Notfall geraten ist. Hätte er nur solch ein Sprechfunkgerät mobiler Art in sein Auto eingebaut! Er könnte versuchen, über CB mit anderen CB-Funkern in Verbindung zu treten, die ihm bei leichteren Fällen selbst helfen oder in schweren Fällen schnell die Rettungskette in Gang setzen und die Notfallmeldung absetzen könnten, indem sie per Telefon den Ret-

tungsdienst herbeirufen. Befinden sich Leute mit Feststationen in der Nähe, so könnte auch von ihnen die Notfallmeldung abgesetzt werden. Am schnellsten ginge es allerdings, wenn der Rettungsdienst auch eine CB-Station hätte und die Meldung direkt vom Hilfesuchenden empfinge.

Die eben geschilderte Sache hat nur einen Haken: Um über CB mit irgend jemand in Verbindung zu treten, müssen vier Bedingungen erfüllt sein: 1. In der Nähe (Umkreis von 5 bis 10 km) muß sich jemand mit einem CB-Gerät befinden, 2. er muß sein Gerät eingeschaltet haben, 3. er muß sein Gerät zufällig auf dem Kanal stehen haben, auf dem der Hilfesuchende seine Notfallmeldung absetzt, und 4. muß der Kanal frei sein, auf dem der Hilfesuchende seine Meldung senden möchte. Denn bei CB ist es nun mal so, daß jeweils nur einer

Bild 4. CB-Feststation

auf einem Kanal zu einer bestimmten Zeit an einem bestimmten Ort senden kann.

Bedingung 1 erfüllt sich von selbst, denn schon heute gibt es ca. ½ Million mobile Stationen – und es werden immer mehr. Damit ist die Wahrscheinlichkeit recht groß, daß sich ein CBler – so nennt man die Leute mit CB-Geräten im Fachjargon – in der Nähe einer Notfallstelle befindet. Bedingung 2 erübrigt sich beinahe, denn kaum ein CBler wird sein Gerät nicht ständig empfangsbereit halten. Er geht auf

barung weiß der Hilfesuchende, welchen Kanal er wählen muß, um mit seinem Notruf durchzukommen. Wenn in seiner Reichweite nun CBler mit Mobil- oder Feststationen ihr Gerät auf Kanal 9 empfangsbereit stehen haben, können sie den Notruf aufnehmen und den Notdienst benachrichtigen. In Bild 2 ist das Schema für diese Art von Notfallmeldung skizziert. Geräte, die dafür eingerichtet sind, gibt es schon, und zwar als Mobil- (Bild 3) und als Feststation (Bild 4). Hinzu kommt, daß

Bild 5. CB-Mobilstation mit Help-System

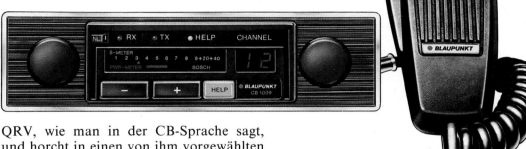

QRV, wie man in der CB-Sprache sagt, und horcht in einen von ihm vorgewählten Kanal hinein, um zu prüfen, ob es etwas Interessantes zu hören gibt. Oft »blättert« er auch alle Kanäle durch, um sich bei einem interessanten Gespräch selbst einschalten zu können. Viele gehen aber einfach auf »stand by«: sie lassen ihr Gerät auf irgendeinem Kanal empfangsbereit stehen und warten auf einen Anruf.

Die Bedingungen 3 und 4 lassen sich dagegen nicht so leicht erfüllen. Um ihnen einigermaßen gerecht zu werden, strebt man in der Bundesrepublik Deutschland (genau wie in den USA) an, den Kanal 9 (27,065 MHz) als allgemeinen Warn- und Notrufkanal zu wählen.

Der Kanal sollte also nicht für allgemeine CB-Gespräche, sondern nur für Warn- und Notrufe benutzt werden. Mit dieser Verein-

man diese Teile außerdem mit Radioteil erhält, der, um das Maß vollzumachen, noch einen Verkehrsrundfunkdecoder passend zum System ARI hat (ARI = Autofahrer-Rundfunkinformation: siehe auch den Aufsatz von Peter Brägas »ARI und ALI, zwei dienstbare Geister« in »Durch die weite Welt« Band 50).

Doch die bloße Vereinbarung, den Kanal 9 für Warn- und Notrufe freizuhalten, vermag das System noch nicht abzusichern. Denn wohlgemerkt, der Notruf kann nur dann aufgenommen werden, wenn im Umkreis jemand sein CB-Gerät auf Kanal 9 »stand by« hat. Mit Sicherheit sind das nicht sehr viele CBler, höchstens die Fest-

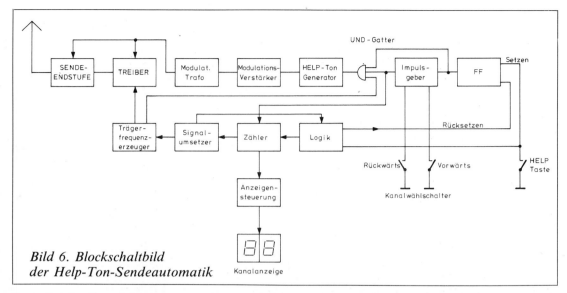

**Bild 6. Blockschaltbild
der Help-Ton-Sendeautomatik**

Für den Techniker hier noch eine genauere Beschreibung: Durch das Drücken der Help-Taste wird über die Logik der Zähler auf Kanal 9 gesetzt, der diesen Kanal über die Anzeigesteuerung zur Anzeige bringt. Außerdem wird der Impulsgeber gestartet. Da der Impulsgeber den Zähler mit der Vorderflanke steuert, kann der erste Impuls den Zähler noch nicht weiterzählen lassen. Deshalb wird über den Signalumsetzer (Decodierer) die Trägerfrequenz im Trägerfrequenzerzeuger eingestellt. Die Trägerfrequenz ist die den Kanälen zugeordnete Frequenz. Hier werden die Frequenzen der Sprache oder die des Help-Ton-Generators aufgeprägt, die Frequenzen werden von der Trägerfrequenz »getragen«. Das Aufprägen der Modulationsfrequenzen, wie man die Frequenzen der Sprache und des Help-Ton-Generators auch nennt, wird im Treiber (Vorverstärker) und in der Sende-Endstufe vorgenommen (Kollektormodulation). Wenn nun am UND-Gatter die drei Bedingungen

1. Flip-Flop gesetzt,
2. Tastimpuls vom Impulsgeber und
3. eingestellte Trägerfrequenz stehen,

erfüllt sind, wird der Help-Ton-Generator eingeschaltet, und dessen

Frequenzen werden über den Modulationsverstärker und -trafo der Trägerfrequenz aufmoduliert. Jetzt wird auf Kanal 9 der Help-Ton gesendet. Das passiert alles in Bruchteilen von Sekunden. In dem Moment, in dem der Impuls vom Impulsgeber beendet ist, wird der Help-Ton-Generator ausgeschaltet. Wird nun der zweite Impuls im Impulsgeber erzeugt, wird der Zähler um 1 hoch, d. h. auf Kanal 10 gesetzt und der oben beschriebene Vorgang läuft von neuem ab. Erreicht der Zähler den Kanal 15, sorgt die Logik dafür, daß jetzt nicht auf Kanal 16, sondern auf Kanal 4 gezählt werden muß (die Kanäle laufen von 4 bis 15).

Erreicht der Zähler wieder den Kanal 9, wird über den Signalumsetzer der Logik gesagt, daß das Flip-Flop zurückzusetzen sei. Jetzt wird nur das Gerät auf Kanal 9 empfangsbereit geschaltet. Damit ist der Kreislauf der Help-Ton-Sendung abgeschlossen.

Aus dem Bild kann man noch erkennen, daß der Impulsgeber auch Einzelimpulse über die Kanalwahlschalter in Richtung vorwärts (z. B. von Kanal 6 auf 7) und rückwärts (von 7 auf 6) abgeben kann.

Die Erläuterung des Gesamtblockschaltbildes soll in diesem Rahmen aber nicht gegeben werden.

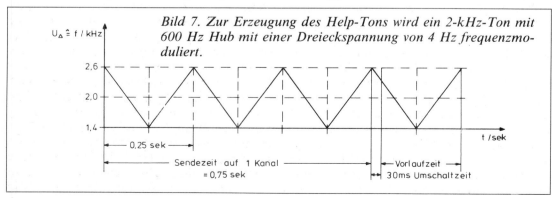

**Bild 7. Zur Erzeugung des Help-Tons wird ein 2-kHz-Ton mit
600 Hz Hub mit einer Dreieckspannung von 4 Hz frequenzmoduliert.**

186

stationen der Rettungsdienste! Und die sind oft so weit entfernt, daß man sie nicht mehr mit CB, sondern nur über das Telefon erreicht. Aus diesem Grund hat sich Blaupunkt einen technischen Trick einfallen lassen, der das oben beschriebene System um einiges wirkungsvoller werden läßt. Diese Systemerweiterung wird »Help-System« genannt und funktioniert wie folgt:

Die CB-Geräte werden äußerlich nur durch eine zusätzliche gelbe Taste verändert, auf der HELP steht (Bild 5). Im Notfall kann man diese spezielle Taste drücken (Bild 6). Dann wird ein Notrufton, auch Help-Ton genannt, ausgesandt, und zwar beginnend auf Kanal 9, der über eine Zwangsschaltung (im Blockschaltbild mit »Logik« bezeichnet) eingestellt wird. Danach wird automatisch auf den nächsthöheren Kanal geschaltet und wieder der Help-Ton gesendet, so daß nach und nach auf jedem Kanal der Help-Ton abgesetzt wird. Ein interner Zähler zählt dabei bis 11, wird die 11 erreicht, »weiß« das Gerät, daß auf allen Kanälen der Ton gesendet wurde und schaltet automatisch weiter auf den Notrufkanal 9. Nun ist das Gerät auf Kanal 9 empfangsbereit. Der ganze Vorgang dauert etwa 12 Sekunden. Diese recht einfach erscheinende Maßnahme ist durch die moderne Technik der integrierten Schaltungen (IS oder IC genannt) kostengünstig zu lösen. Nun wird jeder, der sein CB-Gerät eingeschaltet hat – ob er sich gerade mit jemandem über CB unterhält oder sein Gerät auf »stand by« stehen hat – durch den Help-Ton von einem Notfall in Kenntnis gesetzt. Dieser Help-Ton entspricht in etwa der amerikanischen Polizeisirene und wird spaßeshalber »Kojak-Sirene« genannt – nach der Krimiserie »Einsatz in Manhattan«. Für die Techniker bedeutet das schlicht: Ein 2kHz-Ton mit 600 Hz Hub

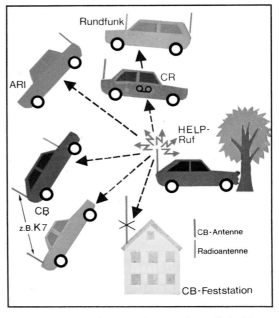

Bild 8. Eine Systemskizze der Help-Ton-Sendung

wird mit einer Dreiecksspannung von 4 Hz frequenzmoduliert (Bild 7).

Es wird auch bald Geräte geben, die sogar dann die »Kojak-Sirene« hörbar machen, wenn gerade flotte Musik im Radio ertönt. Aber das ist noch nicht alles: Selbst dann, wenn man Musik im »highway-sound« vom angeschlossenen Cassetten-Recorder (CR) genießt, wird man auf den Help-Ton aufmerksam gemacht. Damit erfährt nun wirklich eine große Anzahl von Autofahrern, daß in der Nähe ein Notfall ist. Bild 8 zeigt eine Systemskizze der Help-Ton-Sendung.

Wie verfährt nun derjenige, der einen Notruf empfängt? Er schaltet auf Kanal 9 und gibt folgenden Funkspruch ab: »Help, bitte kommen!« Der Hilfesuchende greift nun zum Mikrofon und gibt seinen Help-Ruf

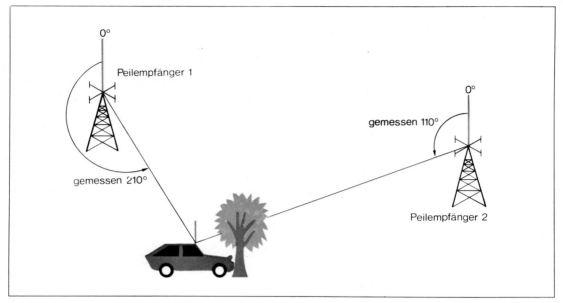

Peilempfänger 1
0°
gemessen 210°

0°
gemessen 110°
Peilempfänger 2

genau in der Weise durch, wie er auch sonst den Sendevorgang mit seinem CB-Gerät abwickelt.

Da der Kanal 9 dazu (und nur dazu) benutzt werden sollte, Help-Rufe abzusetzen, ist das mehr ins Detail gehende Gespräch so bald wie möglich auf einem anderen Kanal abzuwickeln. Ein Help-Ton darf gesendet werden, wenn: 1. Lebensgefahr besteht oder zu erwarten ist, 2. der sofortige Schutz von Besitz notwendig wird und 3. der Autofahrer in eine Situation gerät, in der er sofortiger Hilfe bedarf.

Dazu zwei Beispiele: Fall 1. Help-Taste drücken. Nach einigen Sekunden kommt die Quittung von einem anderen CBler: »Help, bitte kommen!«. Der Help-Rufer sendet jetzt: »Brennender Tankwagen, Autobahn Hannover-Frankfurt, nach Ausfahrt Hildesheim bei Kilometerstein 180. Meldung an Polizei weitergeben!"

Einer der Empfänger wird nun sicher das nächste Autobahntelefon ansteuern und über die Autobahnmeisterei die Polizei in-

Bild 9 (oben). Wird die Richtung, aus der ein Sendestrahl kommt, von mindestens zwei Peilempfängern bestimmt, kann ein angeschlossener Computer den Schnittpunkt der Richtungsstrahlen ermitteln.

Bild 10 (rechts). Für den AutoNotfunk soll über die gesamte Bundesrepublik Deutschland ein Netz von 3000 Peilempfängern gespannt werden.

formieren. Weitere CB-Teilnehmer werden in ausreichendem Abstand vor der Unfallstelle zum Halten kommen und durch Einschalten des Warnlichtes rechtzeitig vorher Warnungen an die übrigen Autofahrer geben können.

In diesem Help-Fall wird sicher längere Zeit ein Funkverkehr auf dem Help-Kanal 9 abgewickelt werden, um sich dem Unfallort nähernde CBler vor der Stauung zu warnen. Auf den anderen CB-Kanälen wird darüber gesprochen werden, daß es zweckmäßig ist, die Autobahn zu verlassen

188

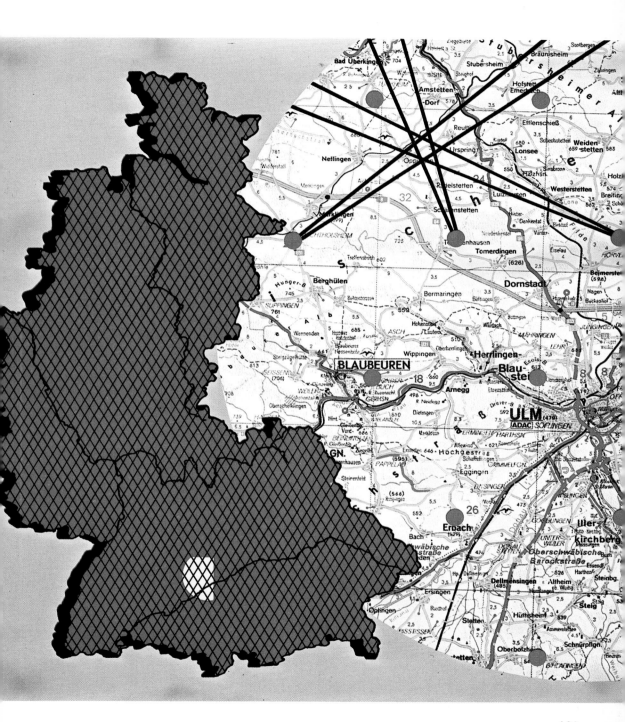

und die Unfallstelle über gekennzeichnete Umleitungen zu umfahren.

Der Kanal 9 bleibt also für wirklich wichtige Warnungen frei.

Fall 2: Help-Taste drücken. Nach einigen Sekunden kommt die Quittung von einem anderen CBler: »Help, bitte kommen!«. Der Help-Rufer sendet jetzt: »Stehe vor Diekholzen bei Hildesheim. Habe Reifenpanne. Ersatzreifen ebenfalls defekt.« Der Help-Empfänger sollte in diesem Fall antworten: »Verstanden. Können Sie auf Kanal 6 kommen?« Antwort: »Ja.«

Das weitere Gespräch wird nun auf Kanal 6 abgewickelt. Kanal 9 ist für andere, vielleicht wichtigere Help-Rufe wieder frei. Natürlich stellt das Help-System noch nicht die Perfektion eines Notruf-Systems für Autofahrer dar, da es zwei stark vom Menschen abhängige Faktoren hat: 1. Der Help-Ruf geht meistens über andere CBler zur Rettungszentrale und 2. die Auffindung des Unfallortes ist abhängig von dem Geschick des Help-Rufenden, eine genaue Ortsbeschreibung durchzugeben.

Das Help-System ist der Anfang eines Auto-Notruf-Verfahrens. Es ist einfach, kostengünstig und dennoch sehr wirkungsvoll. Außerdem wird die Hilfsbereitschaft in unserer motorisierten Welt gefördert.

Bild 11. Ein Autogerät für das AutoNotfunk-Verfahren

Das AutoNotfunk-Verfahren (ANF-System)

Das Glied »Notfallmeldung« unserer Rettungskette kann noch weiter automatisiert werden: Dieses System heißt »AutoNotfunk«. Der Peilempfänger ist sicherlich jedem aus Kriminalfilmen bekannt. Mit einem solchen Empfänger kann man herausfinden, aus welcher Richtung (Empfangswinkel) ein »Sendestrahl« kommt. Das ist eine bestimmte Frequenz. Wird die Richtung von mindestens zwei Peilempfängern bestimmt, so kann ein angeschlossener Computer ermitteln, wo der Schnittpunkt der Richtungsstrahlen ist (Bild 9). Genau dieses Prinzip ist die Basis des ANF-Systems.

Über die gesamte Bundesrepublik Deutschland soll ein Netz von 3000 Peilempfängern gespannt werden (Bild 10). Jede Netzmasche ist rautenförmig angeordnet. Eine Rautenseite beträgt 8 bis 10 km. Eine Gruppe von mehreren Peilempfängern ist einer Rettungszentrale zugeordnet. Wenn in diesem dichten Netz von Peilempfängern ein Autofahrer in einen Notfall gerät, braucht er nur einen kleinen Sender mit etwa 1 W Sendeleistung, der eine Frequenz aussendet, die die Peilstationen erkennen und orten. Die Sendung dieser Frequenz, f 1 genannt, kann dabei sowohl über eine Taste als auch – bei schweren Unfällen – automatisch ausgelöst werden. Da dieser Sender nur im Notfall und damit – hof-

Bild 12. Blick in eine Rettungszentrale

fentlich – sehr selten benutzt wird, soll in ihm noch ein Autoradio untergebracht werden. Auf Bild 11 ist ein solches Autogerät abgebildet.

Haben die Peilstationen nun das Signal f 1 empfangen, wird automatisch über eine ganz normale Telefonleitung an den Computer in der Rettungsleitzentrale übertragen, welche Peilstationen das Signal empfangen haben und aus welcher Richtung das Signal gekommen ist. Denn erst aus diesen beiden Informationen kann der Computer ermitteln, wo das Unglück passiert ist. Handelt es sich um ein Signal, das nicht zu dem Leitstellenbereich gehört, wird es automatisch an die richtige Leitstelle weitergegeben. Auf Bild 10 ist oben rechts die Ortung dargestellt: Die roten Punkte entsprechen jeweils einer Relaisstation (Peilstation). Drei von ihnen haben das Notrufsignal f 1 empfangen. Da sie nicht ganz exakt die Richtung bestimmen können, sondern nur in einem gewissen Näherungsbereich, gehen in diesem Bild

von jedem Empfänger zwei Strahlen aus. Deshalb ergibt sich nicht, wie vorhin gesagt, ein Schnittpunkt, sondern eine Schnittfläche, in der der Notfall entstanden sein muß. (Die Zeichnung ist nicht maßstabgerecht, so groß ist die Schnittfläche in Wirklichkeit nicht.)

Damit dieses hochwertige Rettungssystem nicht mißbraucht werden kann, sendet das Autogerät automatisch die Kennung des Fahrzeuges (Nummer des Kfz-Briefes) mit. Beim Kauf eines ANF-Gerätes, wie das Autogerät auch heißt, wird dem internen Speicher datensicher die Kennung eingegeben.

Da die Rettungszentrale Angaben über die Schwere der Notsituation haben muß, sind am Autogerät zwei Tasten (Bild 11) »Panne« und »Notfall« vorgesehen. Drückt man eine dieser Tasten, wird der Frequenz f 1 neben der Fahrzeugkennung auch noch die Art der Notsituation aufmoduliert.

Somit erfährt die Rettungszentrale (Bild 12) folgende drei wichtige Informationen, die automatisch angezeigt werden: 1. Wo ist etwas passiert (Peilung), 2. was ist pas-

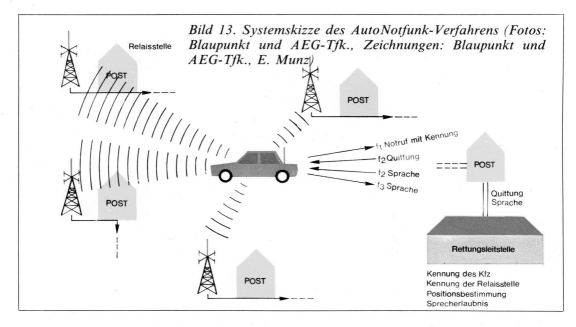

Bild 13. Systemskizze des AutoNotfunk-Verfahrens (Fotos: Blaupunkt und AEG-Tfk., Zeichnungen: Blaupunkt und AEG-Tfk., E. Munz)

siert (Notfall oder Panne) und 3. wem ist etwas passiert (Kennung des Kfz).

Nachdem diese Informationen in der Rettungszentrale eingelaufen sind, erfährt der Notrufende über die Relaisstation, die f 1 am besten empfing, eine Quittung »Meldung angekommen« (Bild 11). Außerdem wird ein akustisches Signal gesetzt. Er erfährt dadurch, daß man sich um ihn kümmert. Diese Quittung wird auf einer Frequenz f 2 aufmoduliert und besteht im wesentlichen aus der Kennung des Kfz, die der Computer der Zentrale ja bereits »weiß«. Die Quittung empfängt nur derjenige, der den Notruf abgegeben hat, alle anderen nicht. Die anderen erhalten aber auch das Signal f 2. Damit deren Geräte keine Quittung anzeigen, läßt erst der Empfang der eigenen Kfz-Kennung auf dem Autogerät den Schriftzug »Meldung angekommen« aufleuchten.

Wenn der Einsatzleiter der Rettungszentrale noch zusätzliche Informationen über die Umstände oder den Ort des Notfalls haben möchte, kann er mit der ersten oder einer erneuten Quittung den Befehl »Sprecherlaubnis« geben. Dann leuchtet auf dem Autogerät noch zusätzlich das Feld »Bitte sprechen« (Bild 11) auf. Mit diesem Befehl wird das Autogerät automatisch auf Sender geschaltet. Nun kann der Hilfesuchende über eine Frequenz f 3 mit der Leitzentrale sprechen. Das bedeutet, daß das Autogerät ein Empfänger für die Frequenz f 2 und ein Sender für die Frequenzen f 1 und f 3 ist (Bild 13).

Da das Autogerät nur eine Antenne hat, kann es nicht gleichzeitig senden und empfangen. Also stellt sich hier die Frage, wie die Leitzentrale wieder mit dem Auto in Verbindung tritt. Das hat man durch folgenden technischen Trick gelöst: Das Autogerät schaltet alle 5 Sekunden auf Empfang und prüft in Bruchteilen von Sekunden, ob es noch senden darf. Das darf es so lange, bis es bei dieser Prüfung den

Befehl »Bitte sprechen« nicht mehr erkennt. Da die Prüfung so schnell geht, merkt der Sprecher am Autogerät überhaupt nicht, daß sein Gerät ständig von Senden auf Empfangen umschaltet.

Will der Einsatzleiter wieder mit dem Hilfesuchenden in Verbindung treten, löst er die Taste, die der Frequenz f 2 den Befehl »Bitte sprechen« aufmoduliert. Damit schaltet das Autogerät auf Empfang und der Einsatzleiter kann mit dem Fahrer in Verbindung treten, was im übrigen ebenfalls auf der Frequenz f 2 passiert, die sowohl für das Quittungssignal als auch für Sprache zuständig ist (Bild 13).

Für den Techniker sei hier noch gesagt, daß die Frequenzen f 1, f 2, f 3 im 470-MHz-Bereich liegen und daß diese durch die Signale, die Sprache, Quittung und Autokennung frequenzmoduliert werden.

Hier nun ein kurzes Beispiel:

Ein Autofahrer ist mit seinem Wagen ins Schleudern geraten und in einen Graben gefahren. Nachdem er den ersten Schock einigermaßen überwunden hat, drückt er die Taste »Notfall«. Nach kurzer Zeit erhält er die Quittung »Meldung angekommen«, und ein akustisches Signal ertönt. Da der Einsatzleiter noch einige Informationen braucht, drückt er in der Zentrale die Taste, die das Autogerät auf die Frequenz f 3 umschaltet. Nun leuchtet auch das Feld »Bitte sprechen«. Der Verunglückte meldet nun: »Ich brauche dringend Hilfe. Habe mir offenbar mein linkes Bein gebrochen. Bin im Graben gelandet. Der Wagen ist hin! Ich habe irrsinnige Schmerzen! Ich brauche . . .«

Hier bricht der Einsatzleiter das Gespräch ab, da er vom Verunglückten – offenbar wegen der Schockwirkung – keine weiteren Informationen mehr erhält. Er spricht zurück: »Bitte bleiben Sie ruhig. Wir werden uns um Sie kümmern. Können Sie jetzt noch nähere Angaben zu dem Ort ihres Notfalls machen?« Jetzt gibt der Einsatzleiter das Autogerät erneut frei zum Sprechen. Das Feld »Bitte sprechen« leuchtet auf. Nun meldet sich wieder der Verunglückte: »Bin ortsunkundig! Kann nur sagen, daß ich mich auf einer Landstraße nördlich von Hildesheim befinde!«

Da die Peilung den Unglücksort längst ermittelt hat, gibt der Einsatzleiter nun seinerseits an: »Ihre Angaben reichen völlig aus. Sie bestätigen unsere Peilung. Bitte bleiben Sie ruhig. Wir werden alles für ihre Bergung veranlassen.«

Damit ist die Notfallmeldung nahezu ohne Zeitverlust abgeschlossen. Das schwächste Glied in unserer Rettungskette ist recht stark geworden. Die anderen Glieder werden ohne Schwierigkeit hinzugefügt: Ein Rettungsdienst wird den Verletzten ins Krankenhaus bringen, die Klinikbehandlung kann einsetzen. Außerdem wird sofort für die Räumung der Unfallstelle gesorgt.

Die ersten Help-Geräte wird es bereits bei Erscheinen dieses Beitrags geben. Das ANF-System wird hingegen noch eine gewisse Zeit brauchen, bis es in der gesamten Bundesrepublik Deutschland installiert ist. Zur Zeit läuft aber schon ein Großversuch im Raum Darmstadt, der noch einige technische Details klären soll. Er wird unter der Leitung der AEG-Tfk durchgeführt und vom Bundesministerium für Forschung und Technologie gefördert. Ein solches Projekt kann man nicht vom »grünen Tisch« planen: Es muß mehrere Versuchsphasen durchlaufen, damit man sicher sein kann, daß es hinterher auch optimal arbeitet.

Eines Tages wird es dann soweit sein, daß in jedem Wagen ein Help- oder ANF-Gerät so selbstverständlich angebracht ist, wie heute die Sicherheitsgurte.

Flöz Mausegatt

Von Dieter Schliwka

»'n bißken wat Grünet braucht der Mensch«, hatte Opa Koschorek immer gesagt. »Aber dat bißken watte has, machen dich die verflixten Blagens mit die Bälle kaputt!« Nun, so ungefähr hatte er sich ausgedrückt; und wir – die Kinder von Flöz Mausegatt – wir mochten Opa Ko-

schorek nicht sonderlich. Denn Opa Koschorek, der alte Invalide, der im Stall noch Hühner und Karnickel, ja, sogar noch eine Bergmannskuh – die Ziege – hielt, Opa Koschorek rückte keinen Ball heraus, den er in seinem Garten fand. Er muß eine stattliche Sammlung davon zusammengebracht haben in seinem Leben. Wir aber rächten uns an seinen Birnen; denn Opa Koschorek hatte die dicksten Birnen der ganzen Zechensiedlung. Und die Erdbeeren und Pflaumen waren auch nicht von schlechten Eltern! So nahm und gab denn jeder, so gut er konnte; und kein Streich war gewagt genug, um ihn nicht Opa Koschorek zu spielen.

Eben las ich die Anzeige in der Zeitung: Opa Koschorek ist tot.

Das packt dich irgendwie – auch wenn er sehr alt geworden ist. Und du fragst dich, warum er inzwischen ein Fremder geworden ist, was er wohl getrieben hat in all der Zeit, in der man selbst aus den Kinderschuhen herausgewachsen ist, und wieso dir denn niemand gesagt hat, daß Opa Koschorek krank geworden war.

Du trittst ans Fenster und schaust hinab. Drüben – wo jetzt der Kinderspielplatz mit den farbigen Kletterstangen, Rutschbahnen und Sandkästen ist – dort drüben hat sein Garten geblüht – ein Garten, der – denkst du an ihn – noch heute in deiner Nase zwackt. Du riechst den Duft, der den Mief der nahen Kokerei und Zeche vergessen läßt, sogar den Moderhauch der Emscher, die unweit der Siedlung als schwarze Abwasserkloake des Kohlenpotts vorübergluckst.

Und du blickst nachdenklich auf die gepflegten, grünseidenen Rasenflächen zwischen den hellen, marmorglatten Wohnfassaden aus Beton und Glas. Ohne Zweifel, Flöz Sonnenschein, der moderne Wohnkomplex im Schatten der Zechenschlote und Fördertürme, kann sich sehen lassen! Indes – in das Staunen mischt sich ein wenig Schmerz; denn du stellst fest, daß er auf den Acker deiner Kindheit gesetzt wurde, nicht herausgewachsen ist aus diesem Boden wie die zwei großen Linden in der Nähe des Walles, über den du die Zechen-

bahn fahren siehst, beladen mit Kohle. Und plötzlich wird sie wieder lebendig, die alte Kolonie Flöz Mausegatt, die einst hier stand – mit den geduckten, regenbleichen Häusern, den winzigen Fenstern und den grauen Stallungen auf den Hinterhöfen, diese steingewordene, liebenswerte Häßlichkeit auf beiden Seiten entlang der grobgepflasterten Straße . . .

2

. . . auf der an einem sonnigen Frühsommertag eine wilde Horde Indianer daherflitzt, brüllend und kreischend. Eine Wolke zeternder Spatzen wird aufgestöbert aus dem Staub des Rinnsteins; und über weißbekleckten Dächern mit weit geöffneten Luken kreisen Taubenschwärme.

Alltag in Mausegatt.

Opa Koschorek steht hinter der Rosenhecke seines Vorgartens, droht mit der Harke und schimpft:

»Datte dat wißt! Krich ich einen zu packen, dann is wat am knacken!« Und aus einem Fenster dröhnt es: »Sven, Sven, wat soll dat Spektakel – eh? Weiße nich, dat der Pappa Nachtschicht hat und pennen tut, wa? Sven! Sven!«

»Sven, Sven«, brummt Opa Koschorek kopfschüttelnd und machte sich wieder an die Arbeit, da der Lärm allmählich verklang. »Wat sind dat heutzutage allet für komische Namens. Nee, nee, wattat für'ne Zeit is. Ba!«

Kaum aber hatte er der Straße angewidert den Rücken zugekehrt, da kamen Knut Kniffka und Bernie die Straße heruntergehastet, gefolgt von Hinker, dem Hund.

»Tach«, grüßte Opa Koschorek gut gelaunt; denn er mochte die beiden Freunde. Knut Kniffka, der in der Siedlung wohnte, und Bernie, der aus der Innenstadt herüberkam, hatten – das stand fest für Opa Koschorek – nichts gemein mit den Indianern von eben, die seinen Garten zuweilen mit einer Büffelherde verwechselten und ernteten, wo sie nicht gesät hatten. »Nee, nee, dat sind man gute Jungs, die zwei. Da gißße freiwillig schon ma'ne dicke Birne raus, wennze die siehß. Jau.«

So pflegte Opa Koschorek zu sagen.

Dabei paßten sie nicht besonders gut zusammen, jedenfalls nach Meinung der Leute, die die Köpfe zusammensteckten und über sie munkelten. Viele spotteten sogar: ›Dat is schon'n komisches Gespann‹, meinten sie. Oder: ›Dat so'n großer Kerl sich noch mit so'n Jüngelchen abgibt – nee!‹ Und in der Tat, sie war schon etwas ungewöhnlich, diese Freundschaft.

Drei Jahre älter war Knut Kniffka als Bernie, der Freund, dabei kräftig und groß, dunkelhaarig und mit einem Blick, der stets zu forschen und zu fragen schien; der andere war klein, fast zierlich zu nennen, mit feuerrotem Haar und einer lustigen Sommersprossennase, die überhaupt nicht recht mit den ernsten, großen Augen in Einklang zu bringen war, die sicher nur deshalb größer wirkten, weil die Haut in dem schmalen Gesicht meist weiß und milchig schimmerte.

3

Am Ende der Straße breitete sich bis hinüber zur Böschung der Zechenbahn eine arge Wildnis aus, ein Wirrwarr aus Unkraut, Gestrüpp und überwiegend mannshohen Bäumchen. Da und dort sahen die Reste von zerfallenen Gartenhäuschen und Ställen hervor, Überbleibsel aus jener Zeit, als an dieser Stelle noch blumenreiche Schrebergärten waren und lärmverschreck-te Innenstädter – so auch Bernies Eltern – hier Erholung fanden.

Diese ehemalige Gartenanlage hatten Knut Kniffka, Bernie und Hinker, der Hund, inzwischen erreicht und strebten über einen ausgetretenen Pfad zwei alten Linden zu, die nahe dem Bahndamm in den Himmel ragten.

Schmetterlinge blitzten in der Sonne; und die Luft war angefüllt vom Gesang der Vögel.

»Wie'n Pfeil is die durch die Luft«, sagte Bernie. »Dat is 'n gutet Tier, Knutsch.«

»Aber sie müßte noch etwas zulegen«, meinte Knut Kniffka. »Und sie muß sofort in den Schlag, wenn sie kommt, Bernie. Mein Alter sagt das immer.«

»Jau«, nickte Bernie und lächelte, »weile sons Zeit verliers. Oder?« Lächelnd blickte er hinüber zu den Linden, unter denen – im Gesprenkel aus Licht und Schatten – eine windschiefe Laube stand, gut erhalten und mit Teerpappe abgedichtet. Eine Taube trippelte auf der Oberkante der Dachschräge aufgeregt hin und her. »Aber dat die sich wohlfühlt und dat die immer wiederkommt, Knutsch, dat is auch wat.«

»Auch – ja. Aber das ist eine Brieftaube, Bernie. Und da muß sie schon ihre Zeit bringen. Tauben, die flügellahm sind, werden bei meinem Vater gleich ...« Knut Kniffka schnippte mit den Fingern. »Na, sonst hätte er bald den Schlag voller Krükken, die nicht das Futter wert sind.«

Bernie schluckte.

Für den Rest des Weges schwiegen sie; und man hörte deutlich, wie Hinker, der Hund, hechelte. Er schob die Nase tief über den Boden; sein Fell war farblos und ohne Glanz. Und wenn er zurückblickte zu Bernie – was häufig geschah, dann sah man, daß seine Augen trübe waren und Nässe herauslief. Mitunter, wenn Hinker herumsprang um Bernie, dann sah das schlimm aus wegen des steifen Hinterbeines und auch sonst . . . Knut Kniffka tat gut daran, einfach wegzuschauen.

Schließlich standen sie vor dem Verschlag. »Dat is schon wat Schönet, so'n Tier. Wa, Knutsch?« sagte Bernie. »Und datti immer wiederkommt, Knutsch, einfach so, dat is'n Wunder. Wa? Aber wie kommt dat?«

»Genau weiß das niemand«, erklärte Knut Kniffka, während er dem Kleinen durch die Tür in den halbdunklen Raum folgte. Knut Kniffka wußte vieles; ungezählte Bücher hatte er bereits verschlungen – über dies und das. Und da er gut war in der Schule – ja, sogar die Oberschule besuchte, bezweifelte Bernie nicht, daß sein Freund einmal ein großer Wissenschaftler werden würde. »Manche behaupten, es hätte irgend etwas mit dem Erdmagnetismus zu tun; andere meinen, die Sonne und die anderen Gestirne hätten ihre Hand dabei im Spiel. Aber . . .«

Bernie hatte eine kleine Leiter erstiegen.

»Koooooom, koooom!« lockte er; und sogleich erschien die Taube im Licht der Lukenöffnung. Ohne Scheu tapste sie auf ihn zu, worauf er sie behutsam in die Hand nahm. »Wie dat Herz kloppt, Knutsch«, staunte er. »Du, Knutsch, dat Herz kloppt wie verrückt, kloppt dat. Ob dat vielleicht zu weit war, wat?«

»Unsinn«, winkte Knut Kniffka ab.

Sie hatten das Tier eben erst drüben bei der Kanalbrücke – keine vierhundert Meter von der Emscher entfernt – aufgelassen und waren ihr nachgelaufen.

»Aber dat Tier is noch jung, Knutsch.«

»Na und? Andere fliegen in dem Alter schon durchs halbe Land. Und wenn sie keine Puste haben, dann werden sie . . .« Er schnippte wieder mit den Fingern. »Na, du weißt schon.«

»Et kloppt gar nich mehr, Knutsch«, murmelte Bernie. »Du, dat kloppt überhaupt

nich mehr. – Kannz ja mal fühl'n – hier, Knutsch!«

Knut Kniffka aber verließ den Stall.

Draußen sank er auf die wackelige Bank neben der Tür, unter der sich Hinker zusammengerollt hatte. Eine böse Stimmung hatte ihn plötzlich ergriffen; und Knut Kniffka wehrte sich eine Zeitlang dagegen, aber es hatte keinen Zweck. Er stützte das Kinn in die Hände und starrte – die Ellbogen auf den Knien – vor sich hin.

Wie kam es, daß die Tiere an Bernie hingen? Sogar ein halbes Dutzend Katzen strich täglich um den Garten herum – dauernd auf der Lauer nach Bernies Milchtöpfen, aber auch nach seinen Händen, die sie kraulten. Ihn, den drei Jahre älteren, der alles über Katzen wußte, weil es entsprechende Bücher gab, beachteten sie nicht. Gestern hatte er sich wie ein Dieb klammheimlich in die Laube geschlichen, nachdem Bernie gegangen war. Und er hatte mit der Taube gesprochen – wie er. Doch sie war nicht gekommen; sie hatte nur blöde ihren Kopf gedreht und hatte sich zurückgezogen – bis in den äußersten Winkel des Schlages. Und er war wütend geworden; und er hatte sie mit Gewalt ergreifen wollen – umsonst. Sie sprang und hüpfte, flog und zappelte wie verrückt. Kleine Federchen waren ihm um die Ohren gewirbelt, und eine Wolke beißenden Staubes hatte ihm den Atem geraubt; und Hinker, der Hund, der in der Laube wohnte, hatte ihn böse angeknurrt. So war Knut Kniffka bestürzt hinausgetaumelt und ohnmächtig in seinem Zorn davongeschlichen.

Die Wangen und Schläfen taten ihm weh; und er merkte erst jetzt, daß es an den Zähnen lag, die er fest zusammenbiß – die ganze Zeit. Er öffnete den Mund; und der Schmerz verschwand.

Was hatten sie eigentlich gegen ihn, die Tiere, aber auch die Menschen? Denn

außer Bernie besaß er keine Freunde; und Bernie war ein kleiner Junge, der nicht zählte, wie er sich sagte. Er wußte, was die Leute redeten in Flöz Mausegatt; er kannte jedes böse Wort, das quälte, jede spöttische Bemerkung, die – von Mund zu Mund – auch seine Ohren traf.

4

»Wat is los, Knutsch?« Unbemerkt und lautlos war Bernie neben ihm auf die Bank gesunken; und sofort hatte sich Hinker aufgerichtet, das steife Hinterbein – wie üblich – in häßlicher Weise abgespreizt. »Wennet wegen die Rechenaufgaben is, Knutsch . . . Weiße, ich kann auch ohne, weiße . . . Dat macht nix.«

Knut Kniffka starrte noch immer auf Hinkers steifes Bein; er fand es widerlich, irgendwie. Schließlich sagte er:

»Red' keinen Stuß, Bernie!« Unwillig blickte er auf. Er, der Oberschüler, machte ihm, dem Volksschüler, der drei Jahre jünger war, oft die Hausaufgaben – ein Klacks, genaugenommen, und deshalb nicht der Rede wert. »Geh rauf«, fuhr er fort, »und guck nach, ob wieder Mäuse im Wald sind!« Er sagte es, weil die Nähe des Kleinen ihm manchmal Unbehagen bereitete, neuerdings sehr häufig, eigentlich immer häufiger mit jedem neuen Tag. Vielleicht war er ihn leid, diesen kleinen, dummen Kerl, der ihm Spott einbrachte. Mitunter war der Widerwille so stark, daß er sich zusammenreißen mußte, um es ihm nicht zu zeigen. »Ja nu!« fuhr er ihn gereizt an.

Und Bernie sprang auf.

Eigentlich stieg Bernie gern in den Himmel.

Die Linden – vom Alter zerfurcht und gebeugt – waren wie geschaffen dazu.

Manchmal hockte er einen ganzen Morgen oder Nachmittag dort oben im Geäst, wenn sein großer Freund unten arbeitete oder vor der Laube in Büchern las, die er sich bergeweise von der Stadtbücherei besorgte. Und Bernie verhielt sich ganz still, wenn er oben war, um Knut Kniffka nicht zu stören – gewiß, aber auch, um hinabzulauschen in die Wildnis, die Knut Kniffka Wald nannte und die voller Leben war und tausend Stimmen hatte. Meist aber sah er der Taube nach, die Knut Kniffka ihm geschenkt hatte, als das Tier noch sehr jung war; er schaute ihr zu, wie sie – dem Tanze gleich und vom Winde getragen – schier federleicht mit regungslosen Schwingen ins Blau emporwehte oder mit kräftigem Flügelschlag weite Kreise in die Wolken malte. Dann war ihm nicht selten, als flöge er selbst.

Und Knut Kniffka, der nicht schwindelfrei war und mit den Beinen auf der Erde blieb, Knut Kniffka sah hin und wieder lächelnd hinauf, manchmal forschend und neugierig – heute böse, ohne Frage.

»Knutsch, Knutsch!« rief Bernie herab.

»Knutsch, da kommt'n Zirkus – zwei Wagen, Knutsch!«

»Ein Zirkus – hier im Mausegatt? Du träumst wieder, Bernie!«

»Nee, Knutsch, die komm' grad' die Straße rauf, und die ganzen Mäuse sind hinterher – der Ralf Koslowski und die ganzen Mäuse, Knutsch. Dat kannze glau'm!«

»Die Mäuse!« murmelte Knut Kniffka. Und lauter sagte er: »Na, dann komm mal runter! Aber rasch!«

5

Knut Kniffka nannte sie Mäuse, die anderen Burschen von Flöz Mausegatt; und Bernie – der Freund, der zu ihm aufschaute – nannte sie folglich ebenso. Knut Kniffka nannte sie Mäuse, weil sie sich offensichtlich wohlfühlten in Flöz Mausegatt; und Mausegatt heißt Mauseloch. Darin lag die Logik: Nur Mäuse, sagte er, wohnten gern in Mauselöchern. Und wenn er das sagte, sagte er es stets spöttisch oder böse – je nachdem; aber er sagte es nie im Scherz.

Warum Knut Kniffka, der – wie sie – in Flöz Mausegatt groß geworden war, nicht mit ihnen spielte, eigentlich nie mit ihnen gespielt hatte, war eine Frage mit vielen Antworten, die es sicher gab. Sicher hatte die Tatsache, daß er die Ober-, sie aber nur die Volksschule besuchten, ihren Anteil daran; allein – das war nur ein Krümel vom Kohlenbrocken.

Sie waren ihren, er war seinen Weg gegangen. Und sie fürchteten ihn, weil er rasch zuschlug in seinem Jähzorn, der bekannt war. Und Knut Kniffka war groß und stark. Einmal waren sie dann doch aneinandergeraten – vor über einem Jahr, als der Schrebergarten frei wurde, weil die Leute ihn verlassen mußten. Die Mäuse hatten ihre Spiele darin spielen wollen – Indianer meist, aber auch Seeräuber oder Astronaut; Knut Kniffka aber – der Ruhe suchte für sich und Bernie, den er damals kennenlernte – hatte sie vertrieben.

Bei dieser Auseinandersetzung war es geblieben – bis heute; die Mäuse schlüpften hinein – heimlich oft, Knut Kniffka jagte sie hinaus, wenn er sie dabei erwischte. Irgendwie hatte er sogar Spaß dabei – und die Mäuse auch, Bernie nicht; denn es gab da Ralf Koslowski, den Anführer der Mäuse.

Ralf Koslowski pflegte Bernie zu treten, wenn er Knut Kniffka, seinen Gegner, meinte. Knut Kniffka hatte ihn einmal im Schrebergarten verdroschen; seitdem ging das so. Traf Ralf Koslowski Bernie in der Schule, so sagte er: »Speichellecker!« Oder er zischte: »Wie'n winselnder Köter kriechst du ihm nach, dem Kniffka. Pfui, Teufel!« Und: »Was suchst du überhaupt bei uns im Mausegatt, Rotfuchs, he?« Aber er sicherte sich ab: »Ein Wort davon zu Knut Kniffka, Bursche, und ich schreib' zum Bürgermeister, daß du'n räudigen Kläffer im alten Schrebergarten hältst. Dann kommen sie und machen Seife aus Hinker.« Das war schäbig; und er sagte es auch nur, wenn er ohne Zeugen war, der Ralf Koslowski. Und Bernie schwieg.

6

Heute waren die Mäuse Indianer; und Bernie, der sie in ihren bunten Federn um die heranrollenden Wagen springen und hüpfen sah und hörte, wie sie schrille Töne von sich gaben, mußte lächeln. Ernst wurde er, als er Ralf Koslowski gewahrte, der langsam hinterhertrottete und keine Federn trug. Er war ein Jahr älter als die übrigen, und das zeigte er.
»Dat is sicher nur'n ganz kleiner Zirkus, Knutsch«, sagte Bernie, den Blick von Ralf Koslowski lösend. »Dat is so'n Flohzirkus, weiße.«
Knut Kniffka sagte nichts.
Er hatte die Hände in den Hosentaschen und spähte in die Sonne am Ende der Straße, die Augen zu Schlitzen verzogen. Die Wagen – von treckerähnlichen Maschinen gezogen – näherten sich der Unkrautwiese vor dem verwilderten Schrebergarten, auf der sie standen.
Erst nach einer Weile murmelte Knut Kniffka:
»Das ist kein Zirkus, Bernie.«
»Wat denn, Knutsch?«
Aber dieser schwieg abermals eine geraume Zeit; und ein kaum merkliches Lächeln hob seine Mundwinkel in die Höhe.

Schließlich wiederholte er:
»Nein, Bernie, das ist kein Zirkus.«
Schon wurden sie umspült von kleineren Kindern, die noch lauter lärmten als die großen Burschen von Mausegatt, bis Pulle, eigentlich Sven Schaper, ein besonders prächtiger Indianer, alle übertönte:
»He, Knut Kniffka, wat sachße jetz? Dat geht los, Mann, dat geht los. Hat gestern inner Zeitung gestanden, dat dat los geht!«
Und Werner Neuberger prahlte:
»Die bau'n da glatt'n paar Wolkenkratzer hin – fast wie in New York, riesige Dinger mit Aufzügen drin – und 'ne Masse großer Zimmer!«
Knut Kniffkas Blick streifte Bernie, der neben ihm stand. Er sah kein Erschrecken in den dunklen Augen des Kleinen – etwas Verwirrung, wie es schien, und eine ganze Menge Fragen. Eine davon kam über seine Lippen:
»Wat woll'n die, Knutsch? He, wat woll'n die?«
»Das sind Bauwagen«, sagte Knut Kniffka langsam und spürte, wie eine bösartige Freude sich in den Zorn mischte, den er – warum auch immer – gegen seinen jungen Freund hegte. Es war eine Freude, die er kaum zu bezähmen vermochte. Womöglich hätte er sogar aufgelacht, wenn ihn nicht zwei spöttische Augen getroffen und wenn er nicht eine Stimme voller Hohn vernommen hätte:
»Jetzt schmeißen die euch raus, Knut Kniffka«, grinste Ralf Koslowski. »Jetzt reißen die euer Nest aus dem Busch – zack! 'ne feine Sache, wie?«
»Ja – das ist fein«, antwortete Knut Kniffka lächelnd, beinahe lachend. »Und bald kommt Mausegatt auch noch dran.« Dann lauschte er begierig hinein in den Lärm, der für Augenblicke schwächer zu werden schien; und ihm war, als sähe er hier und dort Flackern in den Augen der Mäuse. Es

sind eben Mäuse, sagte er sich mit der ihm eigenen Logik, kleine graue Mäuse. Dann erst wurde er ernst, schließlich böse. »Sie werden«, zischte er, »das Rattennest zertreten, Jungs!«

Weiß Gott, er mochte Flöz Mausegatt nicht, ja, er verabscheute es. Er fand es widerlich, aufs Plumpsklosett in den Hof zu gehen, wo es stank und wo sich dann und wann sogar eine Ratte blicken ließ, die nach Abfällen schnappte.

Und er konnte sie nicht ausstehen, Vaters Tauben, oben auf dem Dachfirst, die die Pfannen mit ihrem Kot bekleckerten und gurrten, wenn er seine Ruhe haben wollte und deshalb in Bernies Laube fliehen mußte.

Und ihm lag nichts am Gackern der Hühner und Meckern von Opa Koschoreks Ziege – jeden Morgen, wenn er aus dem Hause trat, um zur Schule zu gehen, wo er sich schämte, seine Wohnung zu nennen.

Und ihm graute davor, Schulkameraden mit nach Hause zu bringen, die über die Sprache in der Siedlung lächelten und die Nase rümpften, wenn Opa Koschoreks Stallmist in sie hineinwehte, sobald der Herbst kam, oder wenn sie ihn in die enge, dumpfe Stube begleiteten, in die Mutter allen möglichen modernen Kram gepackt hatte, damit man nicht sah, wie alt und wie vergammelt alles war.

Aber Vater, der Steiger war auf dem Pütt und unter Tage arbeitete, wo der Himmel so fern ist, Vater hing an diesem Haus und diesem Garten und dieser Siedlung und diesen Tauben, die seinen Blick zum Himmel lockten – jeden Tag.

Die Gedanken waren ihm ein wenig weggerannt; und erst jetzt sah er Bernies bleiches Gesicht mit der Sommersprossennase und den großen, dunklen Augen unter dem feuerroten Haarschopf.

»Knutsch«, stammelte er. »He, Knutsch, wat hasse da gesacht, hasse da, Knutsch? Dat war doch'n Spaß, wa?«

7

Nein, Spaß war das nicht.

Schon vor drei Jahren – damals hatte Knut Kniffka Bernie natürlich noch nicht gekannt – waren Pläne erarbeitet worden, Flöz Mausegatt und Umgebung zu sanieren, wie man das heute nennt, wenn man einen alten Flecken von der Landkarte ausradieren möchte, der nicht so recht hineinpaßt in das Bild einer modernen Stadt. Ein neuer Wohnbezirk sollte dort entstehen – ›Flöz Sonnenschein‹ geheißen, gemäß der Bergbautradition der Stadt, die auf und von der Kohle lebte – lange Zeit jedenfalls. Knut Kniffkas Vater, der Steiger, hatte damals wütend die Lokalzeitung mit der Rede des Bürgermeisters auf den Tisch geknallt. »Wir folgen mit dieser Namensgebung dem alten Brauch im Kohlenpott«, hatte der gesagt, »Siedlungen nach Kohleschichten – den Flözen tief in der Erde – zu benennen. Doch hier ist sie noch mehr: Möge nämlich ›Sonnenschein‹ – wie die neue Siedlung heißen wird – das alte ›Mauseloch‹ – wie das düstere Viertel heißt – überstrahlen und rasch vergessen lassen, aber auch die Hoffnung wecken, daß dieses Licht auch in jenen Köpfen aufgehe, die in falsch verstandener Tradition und Gefühlsduselei am Gestrigen kleben und am liebsten – lassen Sie mich das sagen – auch heute noch mit der Steinaxt . . .«

Damit hatte er selbstverständlich Leute wie Knut Kniffkas Vater gemeint; Mutter hingegen hatte gelächelt und rasch die Hoffnung, die vom Bürgermeister ausging, weitergeleitet an Knut, ihren Sohn, mit dem sie die Abneigung gegen Mausegatt teilte.

Indes – die Rede im Rathaus fand zunächst nur halbe Erfüllung. Erst solle – beschloß der Rat – der Schrebergarten neben Mausegatt zur Bebauung freigegeben werden, weil der Pachtvertrag mit den Inhabern ablaufe und somit die rechtliche Seite – wie man sich ausdrückte – eindeutig sei. Danach hatte man die Gärten also verlassen – nur einer war geblieben: Bernie.

Hinker, sein Hund, lebte dort, den er nur hier halten durfte, weil in dem Hochhaus in der Innenstadt, in dem sie wohnten, kein Platz für ihn war. Und es gab keine Linden drüben im Zentrum des Verkehrs, keine Tauben, kaum Vögel, nur wenig Grün. Und er hatte Knut kennengelernt, seinen großen Freund, der ihm die Mäuse vom Leib hielt, die Hausarbeiten machte und eine Taube geschenkt hatte.

Über ein Jahr verging, bis heute die Wagen kamen.

Das war kein Spaß. Nein.

8

Die Menschen und Maschinen, die die Wagen brachten, fuhren bald wieder fort – auch die kleinen Kinder zogen ab, zurück auf die Höfe, wo sie spielten.

Ralf Koslowski aber und seine Mäuse blieben, ebenso Knut Kniffka und Bernie, der seinen Freund nicht mehr verstand. Die einen standen an diesem, die anderen an jenem Wagen – ein wenig unschlüssig die meisten, weil die wenigsten wußten, was man hier noch sollte. Ralf Koslowski, der älter war als die anderen Mäuse, doch ein Jahr jünger als Knut Kniffka, Ralf Koslowski wußte es vielleicht.

Denn irgendwann unterbrach er das überflüssige Geplapper; und man steckte in geheimnisvoller Weise die Köpfe zusammen. Was hatten sie zu tuscheln?

Bernie, der neben Knut Kniffka an der Bretterwandung lehnte, Hinker, den Hund, bei Fuß, meldete sich bedrückt:

»Kommße, Knutsch?«

»Nein«, erwiderte dieser und setzte sich ins hohe Gestrüpp, den Rücken gegen ein großes Hartgummirad. Bernie folgte kleinlaut seinem Beispiel, nur daß er kein Rad hatte und klein und gekrümmt dasaß, ohne Lehne. Hinker machte sich lang. »Warte noch, Bernie!«

Nun ja, er wartete bereits voll Ungeduld. Er hatte noch viele Fragen, und er wollte die Laube sehen, die Linden, die Taube, alles. Mit Macht war plötzlich das Verlangen danach über ihn gekommen; doch Knut Kniffka blieb.

Sie sahen, wie die Mäuse ihre Versammlung beendeten, wie der dickliche und stämmige, doch nicht allzu große Sven Schaper alias Pulle eine Zigeunerleiter bildete und wie einer nach dem anderen hinaufstieg aufs abgerundete Dach des Wagens. Zum Schluß zogen sie mit vereinten Kräften auch noch die schwergewichtige Zigeunerleiter nach oben – ihren Pulle, der so hieß, weil er im Fußball eine Flasche war.

Da hockten sie nun oben in fragwürdiger Sicherheit und begannen, ihre Lästerzungen zu bewegen und manches saftige Schmähwort hinüberzuschleudern auf Knut Kniffka, den diese Attacke sichtlich vergnügte, auch wenn Bernie das lachende Gesicht seines Freundes nicht gefallen wollte, das anders war als üblich.

Ralf Koslowski hielt sich noch zurück; doch dann mischte auch er fleißig mit; und da er mehr wagte oder gehässiger war, wurde es – je mehr er sagte – stiller um ihn. Er hatte wohl ein Gespür für Dinge, die verletzten und quälten; und er war heute sehr mutig, da oben auf dem Wagendach.

Was denn Bernies Taube noch so treibe,

wollte er wissen, und ob er sie nicht seinem Freund, dem Knut Kniffka, zurückgeben wolle – jetzt, wo der Schrebergarten dem Erdboden gleichgemacht würde.

Knut Kniffka sagte nichts; und Bernie schluckte.

Ob er ihm diese lahme Ente von Taube nicht zum Mittagessen schenken wolle – für den Kochtopf, spottete er. Denn daß sie nichts tauge, wüßten ja wohl alle in der Siedlung außer ihm – Bernie, der aus der Innenstadt käme und keine Ahnung von Tauben hätte. Dann wurde er deutlicher:

»Sie hat keinen Ring, Bernie!« sagte er. »Und ohne Ring kannst du sie nicht schikken. Und sie hat keinen Ring, Bernie, weil sie flügellahm ist und niemand ihr einen aufgesteckt hat, weil sie 'ne alte Krücke ist! Pah!«

»Hör auf!« sagte Heinz Bredebach, ein

Taubenfreund. »Hör auf mit dem Quatsch, Ralf!«

»Wat sacht der da?« fragte Bernie.

»Knutsch, der hat gesacht, datti Taube ... Knutsch!«

Knut Kniffka jedoch schwieg und lächelte, obwohl sogar die Mäuse ernst geworden waren.

Und dann machte Ralf Koslowski einen großen Fehler. Blind in seinem Eifer, ver-

gaß er, daß er nicht allein war mit Bernie, wie sonst – auf der Schultoilette oder in der Ecke des Pausenhofes.

»Sie taugt wahrhaftig nix, die lahme Ente«, kreischte er mit überschnappender Stimme. »Und du kannst sie gleich dazu-packen, wenn sie Hinker holen und Seife daraus machen.« Er merkte nicht, daß es ganz still geworden war auf der Unkraut-wiese. Und man sah es nicht, aber man konnte es spüren und erfühlen, wie die Mäuse von ihrem Anführer fortrückten, bis er ganz allein dort auf dem Dach hockte, wennschon sie um ihn waren. »'n Hund wird vergast, Bernie! So'n lausiger, streunender Köter, den sie im Schrebergarten finden, wird einfach ...«

Bernie stand langsam auf – und mit ihm Hinker, der Hund. Sie stolperten einige Schritte auf den Wagen zu; dann wandte sich Bernie noch einmal um.

»Knutsch, dat is nich wah', wat? Eh, Knutsch, dat sacht der nur so, wat?«

Aber Knut Kniffka, sein Freund, blieb stumm. Er dachte daran, daß eine Taube nicht in seine Hand wollte, ein Hund ihn kaum beachtete; ihm kam in den Sinn, daß er keinen Freund hatte, außer Bernie, einem kleinen Jungen, den er nun nicht mehr mochte, wer weiß, warum. Und er sah Flöz Mausegatt vor sich, die verkleckersten Dachpfannen, die kleinen, beengten Zimmer ... Vielleicht dachte er das auch nicht, sondern er fühlte es nur; doch all das war in ihm – und noch mehr. Und so schwieg er.

9

Einmal, zweimal sprang Bernie an der Wagenwand hoch; auch Hinker, der Hund, versuchte einige kraftlose Sprünge mit seinem steifen Bein. Das sah kläglich aus, wie er da umherhüpfte in seinem glanzlosen, ausgetragenen Fell, in dem das Alter nistete wie Steinstaub in den Lungen mancher Kumpel. Und er wußte wohl auch nicht, warum er das tat.

Ralf Koslowski hatte einfach die Füße hinaufgezogen; und schließlich war er aufgestanden, um sich breitbeinig hinzustellen und lauthals zu lachen.

Da traf ihn der Stoß.

Eine Maus hatte es getan, vielleicht mehrere. Aber man sah nicht, wer es war.

»Nimm ihn!« rief jemand. »Knut Kniffka, hier hast du ihn!«

Doch Knut Kniffka blieb, wo er war.

Er war ins Unkraut gepurzelt, der Ralf Koslowski – ohne Schaden, wie sich zeigte. Er sprang auf und ballte die Fäuste – wohl deshalb, um Knut Kniffkas Schläge abzuwehren; allein, der kleine rothaarige Bursche, den er gequält hatte, um Knut Kniffka zu treffen, sprang auf ihn zu – und Hinker, der lahme Hund, der sogleich einen Tritt bekam, worauf er winselnd unter den Bauwagen floh. Nun nahm Ralf Koslowski sich Bernie vor, der ihm nicht gewachsen war.

Drei, vier Hiebe trafen sein Gesicht, etliche seinen Körper, so daß er rücklings zu Boden fiel, sich aber gleich wieder aufraffte, um sich erneut auf seinen Peiniger zu stürzen – kopflos, unüberlegt, überhastet, ohne Deckung. Und so hatte Ralf Koslowski es leicht, ihm Prügel zu geben. Aber das währte nur kurz: Plötzlich regnete es Körper und Indianerfedern. Wie ein Hagelwetter klatschten sie herab vom Wagen, die Mäuse; und bald prasselten ihre Fäuste über Ralf Koslowski, der ins Unkraut sank, die Arme vorm Gesicht.

Aber es nützte ihm nichts.

Schließlich ließen sie ihn laufen – nein, nicht laufen. Ralf Koslowski schlich davon. Seine Zeit als Anführer der Mäuse war abgelaufen – für immer.

10

Er sah schlimm aus; und auf dem Weg zur Laube liefen ihm die Tränen unablässig die Wange hinab, auch wenn kein Laut aus ihm herausdrang, höchstens das Ziehen in der Nase.

Knut Kniffka, der ihn verstohlen von der Seite betrachtete, erschrak über das Gesicht, das er kaum wiedererkannte. Die Augenränder waren verquollen und schimmerten blau, eine Lippe war geschwollen, an der anderen klebte brauner Schorf über einem häßlichen Riß. Die Nase blutete nicht mehr, aber man sah die Spuren noch deutlich zwischen den weißen Bahnen der Tränen, die den Schmutz durchzogen.

Hinker streifte um Bernies Hosenbeine.

Vor der Laube wollte Knut Kniffka dem kleinen Freund mit einem nassen Tuch die gröbsten Spuren aus dem Gesicht entfernen, doch Bernie wandte sich ab. Dann sprang er plötzlich zum Stall, ließ die Taube frei und stieg hinauf in die Linden, ohne ein Wort zu sagen.

Nur Hinker wimmerte ein wenig, ehe er sich unter der Bank verkroch. Ohne es zu wissen, heulte Knut Kniffka etwas – denn er spürte plötzlich Tränen, die ihm vom Kinn tropften. Dann zwang er sich ein Lächeln ab und schaute empor ins flimmernde Grün.

»He, Bernie!« rief er. »Bernie!«

Doch niemand antwortete.

»Du mußt dich freischwimmen, Bernie«, rief er noch lauter; und seine Stimme war auch wieder klarer geworden, weil er nicht mehr heulte. »Ganz allein mußt du dich freischwimmen. Du kannst dich nicht immer auf mich verlassen. Hörst du? Darum hab' ich dir nicht geholfen. Verstehst du?«

Sicher, da war etwas dran – im allgemeinen, ja. Aber Knut Kniffka wußte, daß er log, denn er hatte sich noch nie selbst belogen; das war nicht seine Art.

»Die Taube«, rief er, »Bernie, die Taube ist in Ordnung! Hör nicht drauf, was er gesagt hat. Und Hinker kann bei uns im Stall bleiben, wenn sie kommen und den Garten wegmachen; bei uns zu Haus im Stall kann er bleiben.«

Nein, er horchte vergeblich hinauf; es kam keine Antwort.

»Und das mit dem Ring – alles Unsinn, Bernie! Du kannst sie trotzdem schicken, schon nächsten Sonntag. Ich werd' sie meinem Alten in den Korb schmuggeln, das geht.«

Das ging nicht.

Erschöpft und müde setzte er sich auf die Bank; er fühlte sich schlapp und zerschlagen. Nein, er wußte, daß es nicht ging. Wenn sie sieben Tage alt sind, die Tauben, steckte sein Vater ihnen den Ring über das Bein, sofern sie etwas taugten, was er zu erkennen glaubte – mit einem Blick. Mit diesem Ring wurden sie Tiere, die man schicken konnte. Die anderen aber, die struppigen, glanzlosen, die mit dem müden Blick, die wurden ... Knut Kniffka pflegte mit den Fingern zu schnippen. Nun ja, das Schicksal dieser Tauben hatte ihn nie sonderlich bekümmert. Aber er hatte damals, als der Kleine Geburtstag hatte, ein passendes Geschenk gesucht. So lebte heute eine Taube mehr auf der Welt, weil Bernie Geburtstag hatte. Nur schicken konnte man eine solche Taube nicht.

Oder doch? Knut Kniffka, der eine Freundschaft suchte, die er verloren hatte, hatte einen Einfall.

11

Bernie hatte seine Sprache verloren, zumindest im Garten und wenn Knut Kniffka bei ihm war. Drüben, im Mausegatt, dort sprach er zuweilen mit den Mäusen, wenn er die Straße hinunter ging. Und sie versprachen, ihn am Sonntag zu besuchen in seiner Laube, wenn die Tauben heimkehrten.

Knut Kniffka hatte es geschafft – irgendwie.

»Wir können sie schicken«, sagte er. »Schon am Samstag hole ich sie ab. Und du wirst sehen, Bernie, sie wird alle Tiere im Mausegatt schlagen – auch die von meinem Alten.«

Bernie nickte stumm.

»Und du brauchst keine Angst zu haben, das schafft deine Taube dicke. Nur eine Uhr kannst du nicht bekommen, das geht nicht. Und du kannst dich nicht an den Wetten beteiligen, das ist klar. Aber sie wird mitfliegen und alle Tauben im Mausegatt schlagen. Paß auf!«

Bernie hatte ihr besonders viel zu fressen gegeben; und sie durfte noch länger fliegen als sonst – zur Übung. Und er hatte hauptsächlich oben in den Linden gesessen und ihr zugeschaut. Samstag holte Knut Kniffka sie ab – in einem Korb; und Bernie hatte von der Linde aus gesehen, wie er sie durch die Straße trug und weiter hinaus.

Später waren die Mäuse gekommen.

»Du bist nicht mit zur Sammelstelle?« fragten sie.

»Nee«, sagte Bernie. »Dat geht nich. Dat könnt' auffall'n, hat der Knut gesacht. Der tut die heimlich in'n Korb vom Vadder, weiße.«

»Ah so . . .« hatten die Mäuse genickt. Und sie sagten, daß sie ihm Däumchen drücken wollten und daß sie – wie versprochen – auch Sonntag dabei sein würden. Dann waren sie gegangen. Und in der Siedlung schauten sie sich groß an. »Wie macht der dat – eh? Mein lieber Scholli, wie macht der Knut Kniffka dat?«

12

Sonntag! – Gegen Mittag wird es still in Flöz Mausegatt; dann hört man die Bienen über den Blumenkästen summen; man erwartet die Rückkehr der Tauben. Und die kleinen Kinder und Hunde müssen die Stube hüten, da ihr Lärm die hereinfliegenden Tauben verschrecken kann.

Gestern haben die Taubenzüchter der Siedlung ihre Musterexemplare zur Sammelstelle gebracht – auch Knut Kniffkas Vater. Dort hat man sie in einen Kabinenbus geladen, der sie fortbrachte zum fernen Zielort. Hier ließ man sie heute morgen – da der Wetterbericht günstig war – kurz nach Sonnenaufgang in die Freiheit.

Jede Taube hat ein numeriertes Gummiband am Bein, das man ihr in der Sammelstelle angebracht hat. Trifft die Taube im Schlag ein, nimmt man das Band und stopft es in eine winzige Metallhülse, die in die Spezialuhr kommt, wobei die Ankunftszeit festgehalten wird. Mancher staunt dann und fragt sich, wie so ein zarter, kleiner Vogel das hinkriegt – fünfhundert Kilometer beispielsweise in weniger als sieben Stunden, dazu genau ins Ziel!

»Ja nu, dat musse schon bring'n«, wird Sven Schapers Vater sagen, »wennze überhaupt noch in'n Konkurs reinwillß, Junge! Nur dat erste Viertel gewinnt, dat is so, wenn'n bißken wat vonne Moneten zurückha'm willß. Na wattdenn?« Nun, auch Knut Kniffkas Vater hatte das Staunen über die Leistungen der Vögel längst aufgegeben. Die Gewohnheit macht unempfindlich. Ihn interessierten in der Hauptsache die Wetten – und später, warum der vertrackte Nachbar wohl diesmal wieder etliche Schnäbel eher im Schlag hat. Verdorrich!

Und dann geht's wieder los mit der Ausprobiererei! Dann wird anders trainiert, müssen die Tauben täglich mehr oder auch weniger Runden drehen um den Schornstein. Und der kleine Hennes sitzt oben an der Luke und scheucht sie mit einem Betttuch wieder hoch, wenn sie sich niederlassen, um zu verschnaufen. »Jau, rumsitzen

und doof gucken gibttat nich bei Vatter Heinrich im Mausegatt!« Oder man gießt wieder einmal Honig statt Mohrrübensaft ins Futter, »damit die Biesters wat inne Knochen krieg'n und Muckis ha'm.«
So war's, damals in der Zechenkolonie.

13

Alle hatten sich eingefunden nach dem Mittagessen, Knut Kniffka, die Mäuse – außer Ralf Koslowski natürlich – und Bernie, der sehr aufgeregt war, doch nicht sprach. Man starrte hinüber zum Kühlturm der Zeche, jenseits des Bahndammes, wo sie für gewöhnlich aufzukreuzen pflegten, die Wolkenflitzer von Flöz Mausegatt.
Noch hatte keine Taube den Himmel angekratzt; und so stand die Sache günstig für Bernies Taube.
Und da!
Ein schwarzer Wirbel flatterte am Bahndamm empor; und Bernie wußte gleich, daß es seine Taube war, noch ehe sie – mit ausgebreiteten Flügeln – in einem Halbkreis herniedersank und sanft aufs Dach trippelte, bis sie stand.
Unbeschreiblicher Jubel brach aus; schließlich hob man den kleinen rothaarigen Kerl auf die Schultern und ließ ihn wie einen Korken auf dem Kamm einer Woge hin- und herwandern. Und er sagte kein Wort; er grinste nur und grinste und grinste. Auf den Boden zurückgestellt, verschwand er sogleich im Schlag, wo er lange blieb.
»Dat is'n Ding!« grölte Sven Schaper, die Fußballflasche. »Bernies Taube schlägtse alle im Mausegatt. Mann, Mann!«
Irgendwo am Rande stand Knut Kniffka.
Er stand da, die Hände wieder in den Hosentaschen. Niemand beachtete ihn, keiner sprach mit ihm. Er wandte sich um und ging.

14

Die Sommerferien waren herangekommen; und es hatte sich weiter nichts getan auf der Unkrautwiese vor dem ehemaligen Schrebergarten. Die Bauwagen standen dort – so, als habe man sie abgestellt, um sie loszuwerden. Aber der Schein trog; die Lokalblätter schrieben nun täglich über das, was dort entstehen sollte, und sie hatten »Flöz Sonnenschein« längst errichtet – mit Druckerschwärze, versteht sich.
Bernie war noch stiller geworden.
Zwar gewann seine Taube jeden Flug; mitunter war sie sogar eine Stunde früher da als die erste vom Mausegatt; jedoch das machte ihn auch nicht froh; Knut Kniffka stimmte es sogar traurig, denn Bernie sprach noch immer nicht mit ihm. Und er spürte, daß der Kleine nicht böse war, sondern – und das war viel schlimmer – enttäuscht und unsäglich verwirrt.
»Dat geht dich annet Herz«, sagte Opa Koschorek, wenn er über die Hecke spähte und Bernie einsam die Straße herunterkommen sah – hin zu seinem Garten; oder wenn Knut Kniffka dahertrottete – allein.
»Wattat im Le'm so allet gibt – nee! Da hasse so zwei prima Jungs – und dann sowat! Ba! Da könnze auffe Erde spuck'n.«
Er tat es. Und er legte die dicksten Birnen bereit – etwas grün noch und unreif, um sie ihnen zuzustecken. »Dattse wat inne Rippen krieg'n – so'n Krach geht anne Kraft. Jawoll. Aber wat ha'm se nur, die zwei?«
Als seine Frau gestorben war – vor ein paar Jahren, da war er allein geblieben, der Opa Koschorek.
Seinen Sohn – Meisterhauer auf Schacht drei–vier – hatte es fortgezogen, auch wenn er im Mausegatt groß geworden war. Die modernen Wohnungen hatten ihn gelockt – ihn und seine Frau; und Opa Koschorek hatte ihn nicht halten können.

»Der Jung' hat nix mitgekricht von dat, watter hier hat und datter wat Grünet braucht. Nee, nee, dat hatter nich mitgekricht. Und dattet gut is für dat Kind. Jau.« Opa Koschorek hatte einen Enkel, aber er sah ihn nur selten, seit sie im Streit lebten, der Sohn und der Vater.

So hatte also jeder seine Sorgen – in Flöz Mausegatt ebenso wie überall auf der Welt. Nachdenklich kratzte sich Opa Koschorek heute die Mütze, eine Kopfbedeckung, die Knut Kniffka früher immer an eine plattgeklopfte Kapitänsmütze erinnert hatte.

Viele Bergleute in der Siedlung trugen sie – auch sein Vater, im Haus und draußen, bei Sonnenhitze gleichermaßen wie bei Eiseskälte; und Knut Kniffka befürchtete fast, er nahm sie gar mit ins Bett. Das machte die Gewohnheit; denn unter Tage – wo Steinschlag drohte – nahm niemand seine Kappe ab, auch nicht zum Scherz; da gehörte sie gleichsam mit zum Kopf, wenn man so will.

Und Opa Koschorek – wie gesagt – schien er heute sogar zu jucken, der plattgeklopfte Körperteil. So sehr ging sie ihm nahe, die Sache mit Knut Kniffka und Bernie.

»Dat aber auch nix passiert, watti beiden helfen könnt!« sagte er ein aufs andere Mal.

15

Dann geschah sehr viel in kurzer Zeit.

Erst schlich sich Ralf Koslowski an die Laube heran. Und als er sah, daß Bernie allein war, spuckte er wieder Gift, das diesmal eine sonderbare Wirkung haben sollte.

»Wenn du denkst«, höhnte er, »daß deine Taube die erste ist, bist du schön dösig, Bernie. Pah!« Er lachte. »Denn nix ist dran an dem ganzen Schwindel, nix! Alle wissen's inzwischen – nur dich halten sie zum

Narren, du Zwerg! Aber wenn man so blöd ist wie du . . .«

Bernie sah nicht auf. Er hatte eben Hinker gebadet und dies und das erledigt, was notwendig war für den Hund. Nun saß er auf der Bank, eine Hand im Fell Hinkers, der fest schlief, von all der Behandlung müde geworden.

»Bin deinem sauberen Freund Kniffka nachgeschlichen«, fuhr Ralf Koslowski fort zu giften, »bin ihm heimlich nach, als er zur Sammelstelle der Tauben ging. Zur Sammelstelle? Nix da! Zu 'ner Tante von ihm geht er, die wohnt am anderen Ende der Stadt. Und Sonntag, wenn's Zeit wird, läßt die gute Tante die lahme Ente einfach . . .«

Er hatte genug gesagt.

Und so stahl er sich durchs Buschwerk davon, kichernd, voll Schadenfreude und mit der Hoffnung, seine Saat möge aufgehen. Allein – es war eine gute Saat, die reichlich gute Früchte brachte.

Bernie atmete auf.

›Dat wär' sowieso 'ne Masse zu weit gewesen‹, dachte er und lächelte erleichtert; denn ein zentnerschwerer Brocken, der in ihm gewesen war, kullerte heraus. ›Dat is nich gut für so Tiere, wennze die um'ne Wette scheuchßt‹, sagte er sich. ›Aber datze dat geschafft hat – von dat andere Ende vonne Stadt bis hier – dat is schon wat Schönet, is dat.‹ Nun erst begann er, sich über die Siege zu freuen.

Als Knut Kniffka am Samstag wieder mit dem Korb erschien und Bernie ihn fragte »Knutsch, in wat für'ne Gegend brin'se die heute?«, da setzte sich Knut Kniffka erst einmal auf den Korb und sah den Kleinen groß an.

»Wohin?« sagte er dann ein wenig verlegen. »Nach – Skagen, weißt du, ganz oben hinauf nach Dänemark. Eine mörderische Strecke, sag' ich dir, nur was für die besten

210

Renner, die es gibt. Aber deine Taube wird es wieder schaffen, Bernie, da bin ich sicher – und sie wird sie wieder alle schlagen im Mausegatt.«

»Mann, dat wär' wat, Knutsch.«

Und dann schluckte Knut Kniffka; er wurde ganz steif und sagte leise:

»Übrigens – das hat nicht gestimmt, das mit dem Freischwimmen und so. Ich hab' dich belogen, Bernie. Und ich möchte dir sagen, daß ich noch immer nicht weiß, warum ich dir nicht geholfen habe. Ich weiß es wahrhaftig nicht, auch wenn ich darüber nachdenke – immerzu. Ich weiß es nicht.«

»Is doch egal, Knutsch. Dat is doch jetz egal. Wa?«

»Vielleicht«, sagte Knut Kniffka und wollte noch mehr sagen; doch in diesem Augenblick kamen die Maschinen.

Sie kamen die Straße im Mausegatt herauf und rasselten und lärmten so gewaltig, daß selbst hier im Schrebergarten aufgeregte Vögel in großer Zahl emporstoben.

Knut Kniffka und Bernie sowie Hinker, der Hund, sprangen auf und hetzten hinüber zur Unkrautwiese.

Da kamen sie schnaufend, schnaubend und fauchend heran, die mächtigen Geländemaschinen mit großen Schaufeln und stählernen Zähnen! Und hinterher trotteten die Mäuse – Indianer, die verwirrt aussahen und noch verwirrter dreinblickten, als sie Bernie bemerkten, der blasser war als je zuvor.

»Die werd'n wir verjag'n!« zischte Sven Schaper, der einen Scherz versuchte oder dem es ernst war damit, wie auch immer. »Bernie, dat krieg'n wir hin. Wirße seh'n.«

Er hatte einen weitgespannten Bogen in der Hand mit Pfeilen, die Gummiproppen an der Spitze hatten und die an glatten Wänden kleben blieben, schoß man sie dagegen. Und alle Mäuse stimmten – zumindest die jüngeren – ein kriegerisches Geheul an, das leider aber nicht zu hören war, weil die Maschinen, die die Unkrautwiese befuhren, einen Riesenlärm veranstalteten; und nach einer Stunde bereits fraßen sie Schneisen hinein in die Wildnis wie gierige Grubenratten in früheren Zeiten, die sich an die Stullenpakete der Kumpel heranmachten und die Happen herauszerrten.

Einige Mäuse jagten Pfeile hinüber; dann kratzte man sich die Schädel.

»Da kannze nix machen!« meinte Sven Schaper, der Häuptling, und wagte nicht, Bernie dabei anzuschauen, der sich an Knut Kniffka wandte:

»Wat jetz, Knutsch?«

»Hinker kommt zu mir – ich hab' die Eltern schon gefragt, Bernie, und sie haben nichts dagegen. Dort kannst du bei ihm sein wie hier auch. Meinetwegen kann auch die Taube in unseren Schlag, nur ...«

Sven Schaper unterbrach ihn:

»Die kann der Bernie bei uns im Karnikkelstall halt'n, Knut. Da kannze dich'n Schlag einricht'n, Bernie; denn Vatter hat sowieso keine Schnuppernasen mehr, weißte. Und wennet richtich machß, dann gewöhnt se sich dran – und du störß keinen. Na, wat is?«

»Na also«, nickte Knut Kniffka zufrieden. »Da ist sie besser aufgehoben als bei meinem Vater, wo es zu viele gibt und wo du nicht immer rankannst, wenn du möchtest, Bernie. Na, siehst du!«

»Aber wat is mitti Bäume, Knutsch, die Bäume?«

Irgendwo wimmerte eine Kreissäge und im vorderen Bereich der Gartenanlage fielen bereits die ersten kleinen Gehölze. Plötzlich hetzte Bernie los – hinein ins Gebüsch, entlang den Pfad, hinüber zu den Linden. Hinker schoß hinterher mit seinem steifen Bein; dann folgten Knut Kniffka und die Mäuse, die sich die Kehlen wund schrien:

»Bernie! Bernie!«

»Mach' keinen Quatsch, Bernie!« Das war Knut Kniffka.

Die Zweige schlugen wie Peitschen, versetzten schmerzvolle Hiebe, trafen entsetzte Gesichter. Aber niemand jammerte; alle rannten.

»Bernie!«

Vergeblich, Bernie hörte nicht.

Er war bei den Linden angelangt und stieg sofort in das grüne Meer der Blätter; und immer höher stieg er, immer höher. Bald wurden die Äste dünner, schließlich so zart, daß sie sich unter seinem Gewicht zu neigen begannen und zu brechen drohten. Hier hielt er an. Und er verschaffte sich einen festen Halt.

Von unten herauf hörte er Hinker heiser bellen; dann vernahm er Stimmen:

»Bernie – sofort kommst du runter! Klar?« Knut Kniffka rief es – viel Angst in der Stimme.

Am Ende riefen sie alle:

»Bernie! Bernie! Wat soll dat!« – und ähnliche Dinge.

Bernie krallte sich an den Ast, als er einen bunten Flecken beobachtete, der sich – wie er durch Lücken im Blattwerk sah – heraufbewegte.

Häuptling Sven Schaper, die dickliche Maus, Pulle, die Flasche im Fußball, ächz-

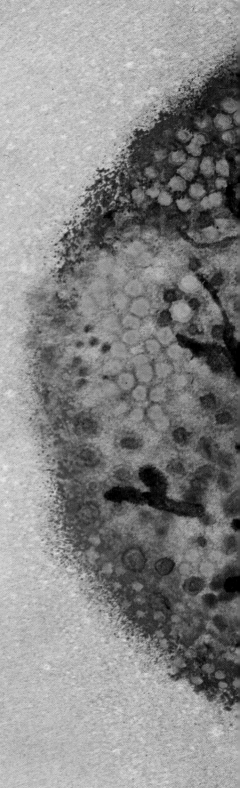

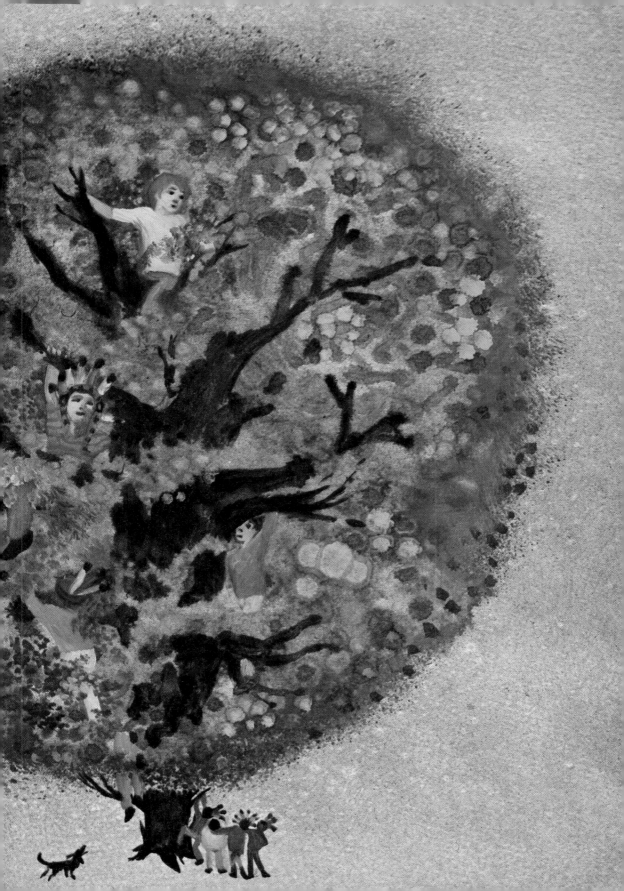

te beim Klettern und schnaufte gewaltig. Sein herrliches Farbengefieder strahlte in fleckigen Tupfen, die die Sonne malte.

»Komm' runter!« befahl Häuptling Sven Schaper, als er nahe genug herangekommen war, sich aber nicht weiter hinaufwagte, weil es bedenklich unter ihm wippte.

»Nu, komm! Sonß is wat am knacken, Bernie! Dattet weiß.«

Aber Bernie blieb.

»Der kommt nich, verdorrich, der kommt nich!« brüllte Sven hinunter. »Wat soll ich machen, Knut, eh?«

»Oben bleiben!« rief Knut Kniffka, dessen Augen plötzlich blitzten. »Bleib oben, Pulle! Wir kommen nach!«

Und schon stieg er, der nicht schwindelfrei war und die Höhe scheute, am Stamm und an den Ästen empor. Er schaute nicht in die Tiefe dabei, die ihn gewöhnlich anzog wie ein Magnet. Er spürte ein Zittern in den Knien, und die Angst schien übermächtig zu werden. Dennoch kam er voran; und hinter ihm wimmelte es munter von Mäusen, die ihm nachsetzten.

16

Scheinwerfer durchpflügten die Nacht; und Menschen über Menschen hatten sich angesammelt, überall standen sie herum, in den Sträuchern und Hecken, auf den früheren Gemüsebeeten, die – jetzt vom Unkraut überwuchert – nicht mehr zu erkennen waren. Ein Lautsprecher dröhnte; Kamerablitze zuckten.

»Das war ganz komisch«, sagte der Mann im blauen Kittel, der nahe bei den Stämmen der Linden stand, wie von Fliegen umschwirrt von Reportern, die sich über ihre Notizblöcke neigten. »Ers hab' ich ja nix bemerkt. Und als ich die Säge ansetzen wollt', weil das ja so im Plan steht und weil das so sein muß, da sag' ich mir: Mensch, mich laust'n Affe! Da steht doch so'n komischer Hund, steht da. Und ich denk': Wem gehört der Köter wohl, denk' ich. Und da hab' ich den Vorarbeiter geholt. Und der hat sie dann geseh'n, die Burschen.«

Alles blickte zu Hinker hinüber, der nicht von der Stelle wich und schrecklich knurrte und die Zähne fletschte, wenn man sich ihm näherte. Er hatte – wie nicht anders möglich – das Hinterbein in häßlicher Weise abgespreizt, das das Rad eines Autos vor Jahren verdorben hatte.

»Der gehört wohl einem von denen da oben, wie?« fragte jemand aus der Runde, und sogleich lösten sich die meisten Blicke von dem Tier und richteten sich wieder nach oben.

»Bestimmt«, sagte der Mann, der plötzlich wichtig geworden war und das auch nutzte. »Das hab' ich dem Vorarbeiter auch gesagt. Und da hat der Vorarbeiter sofort die Polizei geholt. Kannst ja nix machen, wenn die da oben drin stecken. Man müßt sie runterholen – aber das wär' zu gefährlich. Einer sitzt auf 'nem dünnen Ast, der bricht, wenn . . .«

Geraune erklang; und der Mann versank in die Unbedeutsamkeit und steht allein da.

Der Bürgermeister kommt – persönlich.

»He, Jungs«, ruft er hinauf, »ich bin der Bürgermeister. Und jetzt kommt runter, ja?!« Eine Kamera surrt, und Blitzlichter verwandeln ihn für Sekundenbruchteile in eine weiße, konturenlose Figur, ihn, den Boß der Stadt. »Na gut, ihr habt gewonnen, ihr Bengel. Die Linden bleiben – und wenn wir eines der Häuser verrücken müssen, die im Plan stehen. Aber nun kommt schon!«

Irgendwo klatscht jemand; dann erklingen vereinzelte Beifallsrufe.

Opa Koschorek zwängt sich durch das Gedränge nach vorn.

»Dat musse seh'n«, murmelt er, »wenn die Prachtjungs auße Bäume komm'n – der kleene Rote und Knut, der Jupp sein Sohn is. Aber auch die anderen Blagens – die mitti Feders auf'm Kopp – dat is man auch'n gutes Gewächs von Mausegatt. Dat habich immer gesacht, immer habich dat. Und ...«

17

... was er noch alles sagt, gesagt hat und gesagt hätte, der knorrige alte Opa Koschorek, den wir nie richtig mochten – wir, die Kinder von Flöz Mausegatt, wer weiß das schon.

Jetzt ist er tot.

Und du gehst vom Fenster weg noch nachdenklicher als du hingegangen warst und siehst, wie deine eigenen Kinder – inzwischen herangewachsen – vor dem Fernseher sitzen, während draußen die Sonne strahlt. Und über den Bildschirm jagen Indianer; sie heulen wild und springen und hüpfen; und ihr buntes Gefieder leuchtet hell. Und ein ausgelassener Hund kläfft vor einem Zelt; und ein Adler zieht seine Kreise auf tiefem Blau.

Du betrachtest die begierigen Augen der Kinder und fragst dich, ob es gut war, daß man schließlich auch noch Flöz Mausegatt von der Landkarte gestrichen hat, allen Protesten der Bewohner zum Trotz.

Aber vielleicht war es auch gut so; denn ich meine, es ist friedlicher geworden, da unten vor dem Haus. Und manchmal siehst du, wie Kinder sich tummeln – drüben im Sandkasten oder auf den Kletterstangen und Rutschbahnen, wo früher Opa Koschoreks prächtiger Garten lag. Und auf dem Abenteuerspielplatz am Rande von

»Flöz Sonnenschein«, da war anfangs auch eine Menge los. Mittlerweile ist es allerdings stiller geworden dort; und häufig ist überhaupt kein Leben darin, nur Stämme und Balken, kunstvoll geordnet zu Indianerzelten und Trapperhütten.

Möglicherweise hat auch der Bürgermeister recht behalten.

Flöz Sonnenschein überstrahlt alles – zuweilen so hell, daß du die Augen schließen mußt, geblendet vom Glanz und von der Sauberkeit – oder von den vielen blanken Autos auf den Asphaltwegen zwischen den Häusern, die die Leute jeden Samstag waschen und polieren und die den gleißenden Sonnenball hinüberwerfen in deine schmerzenden Augen.

Illustrationen: Aiga Rasch

Der Zug aus Sevilla mit seinen traditionellen Ochsenwagen ist der schönste der Wallfahrt.

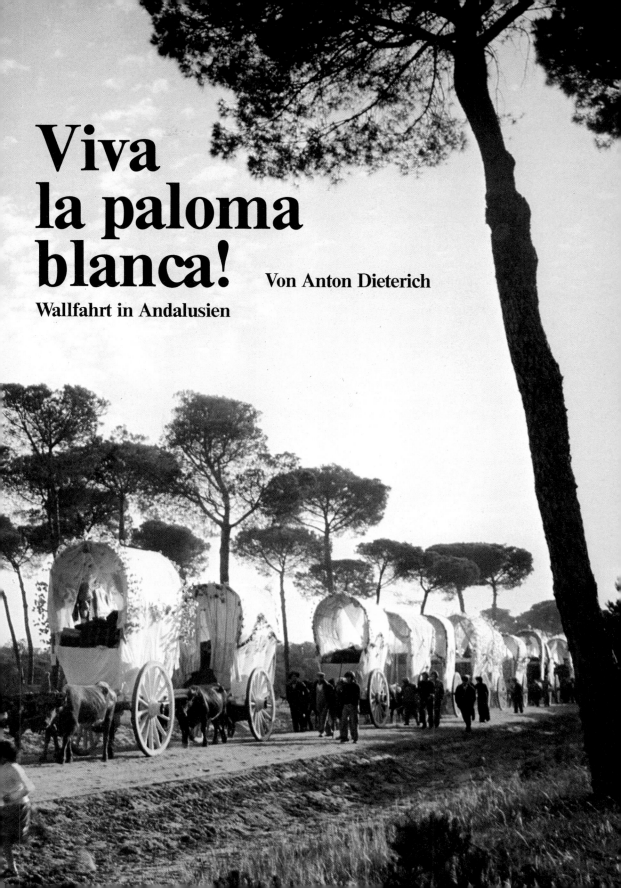

Viva la paloma blanca!

Von Anton Dieterich

Wallfahrt in Andalusien

Als Columbus im Jahr 1498 von Sanlucar aus mit sechs Schiffen seine dritte Entdeckungsfahrt in die Neue Welt unternehmen wollte, mußte er die Abreise verschieben, »denn die Matrosen hatten sich nach El Rocío begeben und kehrten nicht rechtzeitig zurück«. Die Anziehungskraft des Wallfahrtziels »Nuestra Señora del Rocío« im äußersten Südwesten Andalusiens hat sich bis zur Gegenwart bewahrt. Noch heute vereint das Heiligtum jahraus, jahrein in den Pfingsttagen Zehntausende Menschen, die zu Fuß, auf Karren und zu Pferd dorthin strömen.

Die Wallfahrt zu »Nuestra Señora del Rocío« – »Unserer lieben Frau des Morgentaus« – ist die berühmteste aller spanischen Wallfahrten. Sie ist mehr als ein frommes Fest. Sie ist ein Frühlingsfest: ein Fest der Blumen und Farben, ein Fest der Jugend, der Schönheit, des Tanzes. Die Schönheit der Andalusierinnen wetteifert dabei mit dem Stolz – der »bizarría« – der Männer. Der spanische »Garbo«, dieser eigentümlich spanische Charme voll Haltung, Eleganz und Vornehmheit, feiert einen seiner überzeugendsten Triumphe. Keck tragen die Andalusier ihren breitrandigen, steifen Cordobeser-Hut. Knapp sitzt ihre kurze Bolero-Jacke. Fesch sind ihre »zahones«-Überhosen aus Leder.

Und erst die Señoritas! Sieht nicht jede aus wie die glutäugige Carmen der Oper? Wie angegossen umspannt sie ihr farbfrohes Trachtenkleid, dessen Schmuckbesatz in lustiger Kaskade bis zum Boden reicht. Die Blumen im Haar tragen sie wie eine kleine Krone. Bei zwei Anlässen spielen sie ihre Schönheit voll aus: wenn sie allein oder hinter ihrem »Novio« zu Pferde paradieren und wenn sie allein oder in Gruppe »Flamenco« tanzen. Zu Pferd blicken sie so stolz, hochgemut und unnahbar wie Königinnen, denen gehuldigt wird. Beim Tanz geben sie sich bis zur Selbstvergessenheit dem Rhythmus hin.

Aber was wäre die Rocío-Wallfahrt ohne die Pferde! Wir befinden uns im Innersten Andalusiens, wo jedes Fest auch ein Reiterfest ist. Unweit davon feiert Sevilla jährlich um die Osterzeit seine »Feria« mit Kavalkaden und Wagenkorso. Unweit davon liegt Jerez de la Frontera, zu dessen herbstlichem Weinfest die Vorführung der erlesensten Pferderassen gehört. In Andalusien sieht man überall noch Reiter, die hoch zu Roß zur Arbeit gehen, zu Pferd die Kampfstiergehege inspizieren und zu Pferd sich gegenseitig besuchen. Bei der Wallfahrt del Rocío ist den Pferden eine Hauptrolle zugedacht. Ohne sie wäre das Fest seiner Besonderheit beraubt. Pferde, viele, Tausende Pferde gehören dazu. Sie und ihre Reiter, die mit ihnen wie Kentauren verwachsen scheinen; sie und ihre Reiterinnen, die wie Amazonen auf ihnen thronen, heben das Fest über Fußgängerniveau und verbannen – wie lange noch? – die hektische Mechanik der modernen Technik.

Sie begleiten den endlosen Wagenzug der Wallfahrerinnen. Sie bilden zugleich einen höchst reizvollen Gegensatz einerseits zur Buntheit, andererseits zur Schwerfälligkeit der von Kühen, Ochsen oder Maultieren gezogenen Karren. Über allen Karren, die festlich geschmückt sind, wölbt sich ein Planendach. Damit kann das Gefährt für mehrere Tage als Behausung dienen. So werden die auf ihre Hellhäutigkeit bedachten Andalusierinnen gegen die Strahlen und Hitze der Sonne geschützt.

Rechts: Wo immer sich Gruppen aus den verschiedenen Dörfern und Städten bei der Rast begegnen, wird getanzt, gesungen und kräftig dem schweren Wein Andalusiens zugesprochen.

Jede Wagenbesatzung will den schönsten »Carro« haben. Selbst die Zugtiere sind herausgeputzt wie wahre »Festochsen«. Die Wagen sind mit allerlei Flitter behängt, der im langsamen Tritt der Gespanne und auf den reichlich unebenen Wegen lustig hin und her bammelt. Das Erfreulichste ist jedoch ihre Fracht: ein Blumengebinde von Jugend, Schönheit, Frohsinn und Lebensfreude. Das Lachen, Singen und Händeklatschen im Flamenco-Takt nimmt kein Ende.

Die Endlosigkeit ist übrigens ein Hauptcharakteristikum der Rocío-Wallfahrt. Sie läßt sich nicht an einem Tag durchführen. Sie benötigt wenigstens vier bis fünf Tage und Nächte. Der Haupttag fällt auf den Pfingstsonntag. Um aber zur rechten Zeit am Heiligtum der »Santísima Virgen del Rocío« einzutreffen, machen sich die meisten Pilger schon am Donnerstag vor dem Fest auf den Weg. Sammelpunkte sind Palos de Moger, Palma del Condado, San Juan del Puerto, Villamanrique, Coria del Río, Sanlúcar, Lebrija, Chipiona, Puerto de Santa María, Cádiz, Huelva und Sevilla. In diesem Jahr will sogar eine zwanzig Mann starke Gruppe von Madrid aus zum Rocí reiten. Am 21. Mai will sie von der dortigen Plaza Mayor starten und nach fünfzehn Etappen von je 45 Kilometern am 2. Juni in Sevilla eintreffen. Die Wallfahrer von Sanlúcar pflegen am Freitag vor Pfingsten aufzubrechen. Ihr Weg führt durch Kiefernwälder, über einen breiten Streifen mit Sanddünen, muß einige Furten passieren und verläuft in nächster Nachbarschaft des riesigen Naturschutzgebiets »Coto Doñana«, das um Pfingsten herum allerdings fast tot daliegt; nur Adler, Reiher und Störche oder Rehrudel zeugen von dem millionenfachen Leben der Wintermonate, wenn hier die Zugvögel Europas eingezogen sind.

Oben: Die Musikanten sind angesehene Leute und wichtig für das Fest. Jede Bruderschaft oder Dorfgemeinschaft bringt ihre eigenen Instrumente mit.

Rechts: Höhepunkt auf der Anreise des Zuges aus Sevilla ist die Überquerung des Flüßchens Rio Quema. Die Ochsen werden gezwungen, das Wasser zu trinken, die Wallfahrer verwenden es als Weihwasser: Ausgelassen bespritzen sie sich gegenseitig damit oder stoßen sich ins Wasser.

Am Pfingstsamstag abend gibt ein feierlicher Umritt um die Kapelle mit dem Gnadenbild den Auftakt zum Fest. Drei Stunden lang reiten Hunderte und Aberhunderte Reiter im Kreis im ständigen Hin und Her: um zu sehen und um gesehen zu werden, um zu grüßen und gegrüßt zu werden. Damit hat aber erst die Nacht ihren Anfang genommen. Sie hört nicht auf. Wer denkt an Schlaf? Beim Rocío-Fest wird

»durchgemacht«. Nach dem Umritt wird gesungen und getanzt. Die Nacht füllt sich mit Kastagnetten- und Guitarrenklängen. Der feingeistige Jerezwein und der spritzige Manzanilla tragen zur Stimmung bei. Zwar wissen die Andalusier um das Maßhalten. Doch kann es vorkommen, daß ihr eifersüchtiges Temperament mit ihnen durchgeht. Solche Ausbrüche der Leidenschaft sehen nicht ganz ungefährlich aus. Aber selbst schlimme Fälle löst das Zauberwort der Mitanwesenden: »Viva la Blanca!« – »Es lebe die weiße Taube!« Dies ist der poesievolle Beiname des Rocío-Gnadenbildes. Er wirkt wie ein Zauberwort. Es läßt keinen Streit zu. Nicht einmal einen Eifersuchtsausbruch! Am Pfingstsonntag wird auf dem »Real del Rocío«, dem weiten Festplatz bei der Gnadenkapelle, eine Messe zelebriert. Da die Wallfahrt vornehmlich von Reitern unternommen wird, gehört logischerweise dazu, daß die Reiter an der Festmesse zu-

Oben: Alle beteiligen sich am Fest: Ein paar Landarbeiter schlagen mit den Händen den Rhythmus für die Tanzenden.
Rechts: Der Umzug im Ort gleicht mehr einem Jahrmarkt der Eitelkeit als einem religiösen Fest: ein Paar in festlicher Landestracht beim Umritt.
(Fotos: S. Gragnato)

sammen mit ihren Pferden, vom Sattel aus teilnehmen. Während anderswo in Spanien am Pfingstmontag schon wieder der Arbeitsalltag einkehrt, erklimmt die Rocío-Wallfahrt am zweiten Feiertag einen neuen Höhepunkt, etwas weniger fromm und noch heidnischer, sinnenfreudiger und beschwingter. Der Kehraus fordert die letzten Lebenskräfte heraus. Man muß sehr jung und vital sein, um noch den letzten »Fandanguillo« zu tanzen. Die temperamentvollen Andalusier vermögen es.

In der Erinnerung gibt der ausländische Teilnehmer am Rocío-Fest dem Engländer James A. Michener recht, der in seinem Buch »Iberia« schrieb: »Immer, wenn ich mir in England klarzumachen versuche, warum ich eigentlich gar so sehr in Spanien vernarrt bin, fällt mir der nächtliche Umritt in El Rocío ein.«

Oben: Wer am Höhepunkt des Festes, wenn die Madonna aus der Kirche getragen wird, eine würdevolle Prozession erwartet hat, wird sich wundern. Die jungen Burschen der Bruderschaften kämpfen regelrecht um die Ehre, die Statue tragen zu dürfen.
Rechts: Wohlhabende Andalusier erwarten die Madonna »Nuestra Señora del Rocío«.

Reggae

Bob Marley, der schwarze Sänger, Gitarrist und Poet aus Jamaica (Foto: Ariola Eurodisk)

Von Helmut Röhrling

Der Lichtkegel des Scheinwerfers erfaßt die schlanke Gestalt auf der Bühne. Wie ein Strahlenkranz umgibt das zu langen Zöpfen geflochtene Kraushaar das Haupt des drahtigen Mannes. Unbeweglich steht er für einige Augenblicke vor dem Mikrophon, verharrt, um gleich darauf förmlich zu explodieren. Bob Marley, der schwarze Sänger, Gitarrist und Poet aus Jamaica, gibt eines der raren Konzerte außerhalb seiner Heimat, verkündet seine Botschaft: Reggae ...

Der Lichtkegel des Scheinwerfers erfaßt die modisch gekleideten Gestalten in der Nobeldiskothek. Unbeweglich stehen sie für einige Augenblicke vor dem Mikrophon des Disc-Jockeys, während dieser die nächste Platte auflegt. Gleich darauf tanzen sie zum neuen Moderhythmus: Reggae ...

Reggae ... seltsam vielschichtig – monotone Rhythmen, ein dominierender durchgehend-pulsierender Baß, eine Singweise, die völlige Distanz mit leidenschaftlicher Hingabe vermengt – ein neuer Stil, einer der vielen Trends der Musikindustrie oder tiefempfundene musikalische Aussage, Botschaft?

Bob Marleys Titel »I shot the Sheriff« wurde bei uns in der Version Eric Claptons zum Hit. Paul McCartney oder Paul Simon, um nur einige von vielen zu erwähnen, haben sich ebenfalls von den musikalischen Elementen des Reggae inspirieren lassen.

Die Heimat des Reggae ist die karibische Insel Jamaica. Jamaica: tropisches Inselparadies, Palmenrauschen am weißen Strand, das Klirren der Eiswürfel in den Gläsern der Touristen, die in den Straßencafés der Hauptstadt Kingston sitzen ... dort kommt auch der Reggae her. Aus einem anderen Kingston allerdings, nicht dem der Tropenherrlichkeit der Touristen, sondern aus dem Stadtteil West-Kingston, der Barakkensiedlung, dem Getto, dem »dreckigen Geheimnis Jamaicas«. So nennt der amerikanische Autor Michael Thomas diese ». . . paar Hektar Hölle, brodelnd in der Hitze, tief drinnen im Herzen des Paradieses, und niemand, der nicht dort wohnt, wagt sich auch nur in die Nähe, wenn er nicht unbedingt muß. Die Chancen, nicht mehr lebend herauszukommen, sind recht groß. Die Polizei tritt nur gruppenweise auf . . .«

Dort leben sie, die »Rude Boys«, die rauhen Burschen, inmitten des Drecks und der Hitze. Es gibt kaum Arbeit, dafür jede Menge Gewalt. Dort hat sich die Subkultur der harten, stolzen, gewalttätigen, gesetzlosen Desperados gebildet ... »cool« sein, lässig sein, stärker, mutiger als die anderen, noch härter – rasende Autofahrten eine steile kurvenreiche Straße hinunter – wer ist der Schnellste, der größte Draufgänger – man kann dabei ganz leicht draufgehen, sicher – aber was soll man sonst tun . . .?

In diesem Klima ist der Reggae entstanden und gewachsen, rauh, erdig und ursprünglich wie das Leben der Gettobewohner, die ihn spielen. Er ist die Musik der Hungernden und Unterdrückten, die in die Großstadt kamen auf der Suche nach dem Glück. Das haben sie nicht gefunden, dafür aber noch größere Armut, Dreck, Gestank und Hoffnungslosigkeit. Genau wie im Blues der Schwarzen in den USA fanden hier sozialer Protest und ein Leben unter tristen Bedingungen ihren musikalischen Ausdruck. Ein Aufschrei der Benachteiligten, eine aggressive Anklage gegen die Umstände, unter denen man vegetiert – in musikalische Form gegossen. Gleichzeitig ein Mittel, sich in dieser Musik zu verkriechen, für ein paar Stunden zu vergessen, sein Hundeleben leichter ertragen zu können ... »Vergiß deine Sorgen

...und tanze« – Um auch im Blues immer wiederkehrendes Thema. Den Reggae Blues Jamaicas zu nennen, trifft ins Schwarze – im wahrsten Sinn des Wortes.

Jamaica in den fünfziger Jahren: Immer mehr Disc-Jockeys tauchen auf, die mit einer transportablen Verstärkeranlage durch die Dörfer und Städte ziehen und zum Tanz »aufspielen«. Die Anführungszeichen sind hier eigentlich verfehlt, denn sie spielen wirklich auf. Zur amerikanischen Musik, die sie meist auflegen, geben sie ihren eigenen »Senf«, würzen die Platten auf ihren Tellern mit ihrer eigenen Stimme, schmatzen, stöhnen, schreien, singen und gurren ins Mikrophon und verwenden dazu Percussions-Instrumente, geben selbst genausoviel, wie von der Schallplatte kommt.

Bald bricht ein harter Konkurrenzkampf zwischen den einzelnen Disc-Jockeys aus. Wer ist der Größte unter den swingenden Plattenreitern? Wer hat die lauteste Anlage? Wer spielt die neuesten Hits? Firmenetiketts werden von den Platten gekratzt, um der Konkurrenz eine Nasenlänge voraus zu sein, wenn man gerade eine neue Ladung brandheißer Hits aus den USA geholt hatte. Die DJ's sind die Superstars für die »Rude Boys« und ihre Mädchen. Da ist zum Beispiel der berühmte Duke Reid. Er erscheint in wallendem Hermelinpelz, eine goldene Krone auf dem Haupt, einen Colt im Halfter, glitzernde Ringe an allen Fingern – »der Größte«, ein Idol. Er läßt sich zu seiner Anlage tragen, legt eine Platte auf, und irgendein Hinterhof verwandelt sich in einen dröhnenden, swingenden Hexenkessel, den der Zauberer hinter dem Mischpult immer wieder anheizt.

Bald konnte die Nachfrage nach neuen Platten nicht mehr befriedigt werden. Was lag also näher, als selbst welche zu produzieren. Duke Reid war einer der ersten, die sich ein kleines Aufnahmegerät anschafften – die musikalischen Talente, die e brauchte, hingen massenweise vor seinem Schnapsladen herum. Und es war einfach Alles, was er wollte, war der Rhythmus Der Gesang war unwichtig, für den sorgte er selbst bei seinen Auftritten. Die Musiker kopierten zumeist amerikanischen Rock'n Roll und Rhythm and Blues; Hits von Fats Domino etwa, aber es kam anders heraus bei ihnen, sie hatten zuviel eigenen Rhythmus im Blut. Das Kind bekam auch einen Namen, man nannte es »Ska«, »Blue beat«, etwas später »Rocksteady«. Es waren weniger verschiedene Stile als vielmehr Spielarten desselben musikalischen Ausdrucks – eine rhythmische, pulsierende polternde Mischung aus amerikanischer Popmusik und der traditionellen Musik Jamaicas, die voll ist von afrikanischen Elementen.

1962 wurde Jamaica unabhängig, und viele Menschen zog es nach England, dem Mutterland der einstigen Kolonie. Sie brachten den »Ska« mit und spielten ihn in ihren Clubs in England. 1964 hatte dann die kleine »Millie« mit dem Titel »My Boy Lollipop« den ersten Ska-Hit in Europa – es sollte der einzige bleiben. Vom Ursprünglichen war nur die sinnentleerte muskalische Hülle geblieben, ein neuer Gag im schnelllebigen Musikgeschäft, eine modische Eintagsfliege, die genauso schnell wieder verschwand, wie sie gekommen war.

Anders auf Jamaica. Dort hatte es eine ständige Weiterentwicklung gegeben. Die Produktion von Schallplatten verlagerte sich bald von den fahrenden Disc-Jockeys in die zahlreichen Aufnahmestudios, die plötzlich wie Pilze auf dem fruchtbaren Boden der neuen Musik zu sprießen begannen. Heute hat Jamaica eine der florierendsten Plattenindustrien der Welt. Profitträchtig war sie schon damals. Es gab jede

Menge von Musikern, die nur darauf warteten, mit ihren selbstgeschriebenen Songs ins Studio gehen zu können. Man speiste sie mit einem Trinkgeld ab – von Gewinnanteilen und dergleichen hatten sie noch nie etwas gehört, und die Produzenten, die Platten wie am Fließband herstellten, handelten nach dem Grundsatz »Was sie nicht wissen, macht sie nicht heiß ...« Viele Musiker spielten Hit auf Hit ein und konnten kaum das Geld für die Miete aufbringen. Einer von ihnen war der legendäre Jimmy Cliff, der in dem Film »The Harder They Come« sich selbst darstellt – einen ausgebeuteten Reggae-Musiker. Inzwischen soll sich in dieser Hinsicht einiges zum Besseren gewendet haben, hört man ...

Reggae – das war inzwischen aus dem Ska geworden – ein stetiger Beat, kratzende Stakkato-Gitarrenriffs, pumpend und pulsierend brodelte er stetig und monoton dahin wie die Lava im Krater eines Vulkans – kurz vor dem Ausbruch. Und die Texte waren plötzlich ebenfalls wichtig, traten gleichberechtigt neben die gefundene musikalische Form. Amerikanische Popmusik hatte sich endgültig mit der Volksmusik der Schwarzen Jamaicas verbunden, die voll ist von der Melodik und Rhythmik des alten Afrika, von wo man ihre Vorfahren einst als Sklaven nach Jamaica gebracht hatte. Afrika, die Urheimat und die Sehnsucht, wieder dorthin zurückzukehren, stehen im Zentrum des Glaubens der Rastamänner, der Rastafaris, der Anhänger der Rastareligion. Fast alle Reggae-Musiker sind Rastamänner, von ihrer mystischen Religion beziehen sie ihre hypnotische Ausstrahlung wie ihre rhythmische Kraft, die vom harten Leben der »Rude Boys« geprägt ist.

1927 kehrte der schwarze Prediger Marcus Garvey aus Amerika in seine Heimat Jamaica zurück und verbreitete seine politisch-religiöse Botschaft des schwarzen Stolzes und ein »Zurück nach Afrika« »Schaut auf Afrika, dort wird ein schwarzer König gekrönt werden!« – genauer äußerte er sich nicht. 1930 war es dann soweit. In Äthiopien wurde ein gewisser Ras Tafari zum Kaiser Haile Selassie, König der Könige, Löwe von Juda, gekrönt. Die Prophezeiung hatte sich erfüllt. Die Brüderschaft der Rastafarier wuchs von Tag zu Tag, der Kaiser im fernen Afrika wurde von den meisten als »Jah« (Gott) verehrt – zumindest als Gottes Sohn. Es tat und tut seiner Verehrung keinen Abbruch, daß seine Untertanen verhungerten, während er wie ein Feudalherrscher in Prunk und Pomp regierte und ein fettes Bankkonto in der Schweiz hatte. Er bildet die Symbolfigur, verkörpert die Sehnsucht, ins Land der Väter zurückzukehren. Die Rastafarier vergleichen sich mit den Israeliten, den Juden des Alten Testaments, die fernab von ihrer Heimat in der Babylonischen Gefangenschaft schmachteten. Und Babylon nennen sie auch Jamaica, in dem sie ihr Exil sehen, in dem sie gefangen sind bis zum Tag ihrer »Heimkehr«. Rastamänner – ein neuer Stolz auf die schwarze Hautfarbe, den jahrhundertelangen Fluch. Schwarze machen auf Jamaica zwar 80 Prozent der Bevölkerung aus, werden aber von einer kleinen Oberschicht, die aus Weißen, Mulatten, Indern und Chinesen besteht, rassisch diskriminiert und sozial benachteiligt. Rastamänner sehen sich als die Israeliten der Bibel. »The Israelites« hieß auch der Song von Desmond Dekker, der Ende der sechziger Jahre auch bei uns ein Hit wurde. Der eigenartige Rhythmus faszinierte, keiner nannte ihn damals noch bei seinem Namen »Reggae«, und der Text, die Botschaft, mußte uns unverständlich bleiben. Man wußte noch nichts von den Rastamännern im fernen Jamaica und ihrer Musik. Sie sprechen einen für Außen-

...tenhde unverstandnichen Dialckt, von mystischen Worten und Anspielungen. Sie rauchen Ganja, das »heilige Kraut«, und sie beziehen sich dabei auf eine Stelle in der Bibel, in dem vom Rauch und feurigen Atem die Rede ist, der aus dem Munde Gottes dringt – was sie sehr oft mit der Polizei und dem Gesetz in Konflikt bringt, die nicht so »bibelfest« sind. Ihr äußeres Kennzeichen sind die spiralig gedrehten Locken, sie halten sich zumeist an den Rastaschwur, daß »keine Klinge und keine Schere ihr Haupt berühren möge«. Und ihr offizieller Gruß ist seit dreißig Jahren »love and peace« (Liebe und Frieden).

Der dunkle Stern Afrika schwebt als sehnsüchtiger Traum über dem Getto. Daran ändert nichts, daß die wenigen, die es schafften, nach Äthiopien zu gelangen, dort alles andere als das Paradies vorfanden. Daran ändert auch nichts, daß der Mann, dem sie göttliche Verehrung schenken, alles andere als »göttlich« war (aus unserer Sicht zumindest). Sie bauen das Paradies in ihren Köpfen, und Äthiopien und Afrika sind eher geistige Nationalität als reales Ziel. Während des Wartens auf den großen Tag der Heimkehr, der vielleicht niemals kommen wird, sehen sie sich jedenfalls als Gefangene des weißen Babylons. Und sie lehnen alles ab, was mit Babylon zu tun hat, sie gehen nicht zur Wahl, sie schockieren die bürgerliche Oberschicht durch ihr Gehabe und Aussehen, sie verachten die offizielle Gesellschaft Jamaicas, genauso wie diese sie verachtet. Sie sind Ausgestoßene – und sie sind stolz darauf, nichts mehr mit Babylon zu tun zu haben, sie pflegen ihr Außenseitertum und finden so zu einem neuen Selbstverständnis. Und vielleicht werden sie eines Tages Babylon unterwandern, und das Paradies in ihren Köpfen wird auf ihrer eigenen Insel Wirklichkeit.

...sehr verwirrend und unverständlich ist sie für uns, diese geheimnisvolle Religiosität und schwärmerische Heilslehre der Rastamänner, unser »logischer Verstand« verläuft sich in den Winkelgängen der Gegensätze. Michael Thomas schreibt, auf Jamaica muß man hinter die sogenannten Fakten sehen, um das dahinterstehende Ganze zu erkennen. Für die Rastabrüder ergibt es jedenfalls einen Sinn – den Sinn ihres Lebens.

Reggae – Musik, die genauso vielschichtig ist wie diejenigen, die sie spielen. Der Name erschien erstmals 1968 auf einer Platte von »Toots and the Maytals«. Toots ist neben Marley die zweite Kultfigur des reinen, unverfälschten Reggae – auch er ein Rastamann. Er hat das Wort mit seinem Song populär gemacht. Reggae – so eine Version von vielen – ist nur eine schlampige Art »raga« zu sagen. Und das wiederum ist nur eine Abkürzung für »ragamuffin« (Lump, Strolch). Diesen Ausdruck pflegen die Leute aus Babylon den Bewohnern des Gettos verächtlich an den Kopf zu werfen. Die »Israeliten« haben ihn zurückgeworfen, in ihrer eigenen Form und mit dem Reggae als akustischem Vehikel.

Reggae – Afrika und USA, die »Rude Boys« in ihrer Aggressivität und Anklage und die friedvollen, schwärmerischen Rastamänner haben sich gefunden, sind eins geworden. Die Texte: Dreck, Armut, Betondschungel (Bob Marley) ... die schlagen sich den Bauch voll, und wir hungern ... wenn ich mein Lied singe, weich besser aus ... Und dann wieder ist von den positiven Vibrationen der Rastas die Rede, Bob Marley sagt: »Ich lebe in der Gnade Jahs, mir kann nichts passieren«, und gleichzeitig singt er von einem Mord im Getto .. Hölle des weißen Mannes, mach Platz für den neuen, positiven Tag – Love and peace

- »Black Power made in Jamaica« ... Alle Menschen sind Brüder, Jah kennt keine Hautfarbe – wir singen, was Jah uns eingibt ... Der Verstand läuft Amok beim Versuch, all diese Gegensätze unter einen Hut zu bringen ... das Gefühl hat's leichter. Reggae, das Kind Afrikas und der modernen westlichen Welt, vereinigt in seinem Rhythmus Haß und Liebe – Rude Boy und Rastamann schauen gemeinsam unter den schwarzen Locken Bob Marleys hervor, wenn er seine Gitarrenriffs spielt und seine Botschaft singt.

Die rhythmische Botschaft scheint angekommen. Und es sieht so aus, als ob dies alles sei, was vom Reggae hierzulande übrigbleibt. Zu unverständlich sind die Texte, wenn sie von Jah künden, zu weit haben sich die Worte von ihrer Heimat entfernt, wo sie gewachsen sind, sie prallen auf eine ihnen fremde Umgebung, verdorren ohne die Nahrung ihrer Heimat, verlieren viel von ihrem Sinn, werden zu bloßen akustischen Leerformeln, die eigenartige Singweise fasziniert, doch nur für kurze Zeit, bis der Reiz des Neuen vorbei ist. Der Scheinwerfer dürfte noch eine Weile über die Diskotheken kreisen, um dann langsam zu verlöschen ...

Des Weltmeisters roter Kobold

Von Ernst Leverkus

Die Geschichte der deutschen Fliegerei ist an großen Namen gewiß nicht arm. Elly Beinhorn und Hanna Reitsch, Manfred v. Richthofen und Ernst Udet, Fieseler, Falderbaum oder Herbert Greb – die Aufzählung ist bei weitem nicht vollständig. Nicht nur Berufspiloten und Hobbyflieger kennen sie. Die Namen gingen um die Welt, denn mit ihnen verbinden sich außergewöhnliche Leistungen. Fliegen ist zwar keine Kunst, aber mancher hat sie zur Kunst gemacht, buchstäblich; Kunstflug ist schon

lange eine Disziplin, in der Landes-, Europa- und Weltmeisterschaften ausgetragen werden.
Seit August 1976 ist ein neuer Stern am Fliegerhimmel aufgetaucht: Manfred Strößenreuther. In Kiew in der UdSSR wurde er in der Disziplin »Bekannte Pflicht« Weltmeister der Kunstflieger. Damit krönte er seine Laufbahn, in der er bereits den Deutschen und den Europa-Titel errang.
Wer ist das eigentlich, dieser Manfred Strößenreuther? Ganz sicher gehört er

Oben: Das ist die Pitts S-1S des Kunstflug-Weltmeisters 1976, ein klassisches »Sportflugzeug«.

nicht zur Sorte der fliegenden Playboys, die in der Fliegerei ohnehin selten ist. Der heute Dreißigjährige fliegt erst seit 1966 und ist Lehrer an der Flugschule seines Vaters auf dem Landeplatz Rosenthal Field Plössen bei Bayreuth. Kunstflug betreibt er erst seit 1969, aber er brauchte nur wenige

Jahre, um in die Weltspitze der Luftakrobaten vorzustoßen.

Es ist wohl selbstverständlich, daß die Künstler am Steuerknüppel nicht nur sich, sondern auch die Maschine perfekt beherrschen müssen. Das alleine genügt aber noch nicht. Auch das »Material«, mit dem sie fliegen, muß höchsten Ansprüchen an Wendigkeit, Festigkeit und Kraft genügen. Wie bei allen technischen Sportarten hat da nun jeder seine Vorlieben. Manfred Strößenreuther fliegt eine »Pitts S-1S«, einen kleinen roten Doppeldecker, der es in sich hat.

Diese Maschine hat es mir angetan, und um ihre hohe Leistungsfähigkeit beurteilen zu können, will ich sie mit einem Flugzeug vergleichen, das zu den meistverkauften in der Welt gehört und sich bei vielen Piloten auch in der Bundesrepublik großer Beliebtheit erfreut.

Vorweg sei gesagt, daß man nicht mit jedem beliebigen einmotorigen Flugzeug Kunstflug betreiben kann. Immer wieder werden von nichtfliegenden Laien alle Einmotorigen als »Sportflugzeuge« eingestuft. Aber nicht jeder Wagen ist ein Sportwagen, und so ist es auch bei der Fliegerei. Hier gibt es also ebenfalls Sport- und Reiseflugzeuge. Zu den letzteren gehört etwa die beliebte Cessna F 172, die mit amerikanischer Lizenz in Reims/Frankreich gebaut wird – daher der Name »Reims Rokket«. Sie ist mit einem bulligen 210-PS-Sechszylinder-Einspritzmotor ($\approx$ 155 kW) und verstellbarem Propeller ausgerüstet. Der komfortable und verhältnismäßig geräumige Innenraum der Kabine bietet vier Personen – inklusive Pilot – und ausreichend Gepäck Platz. Ihre Reisegeschwindigkeit liegt bei etwa 230 Kilometern in der Stunde. Bei einem Verbrauch von 40 Litern Sprit pro Stunde kann sie bis zu fünf Stunden in der Luft bleiben und dabei eine

Strecke von rund 1000 Kilometern zurück-
legen.

Die durchaus temperamentvolle Maschine
mit dem satten Ton bietet auch äußerlich
ein imponierendes Bild für jeden Privatpi-
loten. Mit ihren elf Metern Spannweite,
einer Gesamtlänge von über acht Metern
und einem zulässigen Gesamtgewicht von
knapp 1,2 Tonnen bringt sie immerhin eine
Steigleistung von 4,5 Metern in der Sekunde. Aber das reicht nicht für Kunstflug,
und dafür ist diese Cessna aufgrund ihrer
Bauweise auch nicht zugelassen.

Bei annähernd gleicher Motorleistung,
nämlich 200 PS ($\approx$ 148 kW), bringt die
Pitts S-1S von Manfred Strößenreuther
ganz andere Dimensionen in die Luft.

Das bullige Kraftpaket ist ganze 472 Zentimeter lang und hat eine Spannweite von
nur 520 Zentimetern. Damit würde sie gerade unter eine der Tragflächen der Cessna
172 passen. Mit allem Drum und Dran,
also mit Sprit und Pilot, bringt sie 510 Ki-

*Oben: Die einmotorige Cessna F 172 Reims-
Rocket ist dagegen ein »Reise-Flugzeug«.
Rechts: Die untere Tragfläche hat eine leich-
te V-Form, die obere zeigt keinen Knick, das
soll Stabilität für die Rückenfluglage erge-
ben. Die Flächen sind durch Streben und
Spanndrähte verbunden.
Rechts unten: Tragflächenstützen und dar-
unter der Kraftstoff-Einfüllstutzen.
(Fotos: E. Leverkus)*

logramm auf die Waage. Diese geringen
Abmessungen und das Fliegengewicht, verbunden mit dem kraftvollen Motor, erlauben der Maschine im Horizontalflug eine
Geschwindigkeit von 285 km/h und die
enorme Steigleistung von 14 Metern pro
Sekunde. Damit kann sie völlig senkrecht
in die Luft gehen, und eine »Rolle« – das
ist die Drehung um die Längsachse – kann
die Pitts in zwei Sekunden fliegen.

Das Wort »Tuning« kennen wir vom

Automobilsport her, und das gibt es auch bei der Fliegerei. Strößenreuthers »Mükke« hat nur vier Zylinder, die komfortable Cessna dagegen sechs. Aus dem kleineren Motor mußte man also mehr Leistung herauskitzeln, und fast immer wird er im Kunstflug an der Grenze seiner Leistungsfähigkeit geflogen, also mit Vollgas. Die Cessna beansprucht man im Reiseflug lediglich mit etwa 65 bis 70 Prozent dessen, was wirklich in ihr steckt.

Das sind schon gewaltige Unterschiede, und auch innen sieht der rote Doppeldekker ganz anders aus als seine größere Verwandte. In der 172er haben, wie gesagt, vier Leute mit Gepäck Platz, in der Pitts gerade eben der Pilot mit seinem Fallschirm (in der Cessna fliegt man dagegen »ohne«). In der einen ist die Kabine beheizt und belüftet, einfache Bauchgurte sichern die Passagiere in ihren bequemen Sitzen, die Rundumverglasung sorgt für einen guten Blick nach allen Seiten. Manfred Strößenreuther dagegen zurrt sich mit breiten und straffen Bauch- und Schultergurten an, paßt mit seinem Fallschirm gerade eben in das enge, offene Cockpit und braucht weder Heizung noch Belüftung. Das eine wäre nackte Verschwendung, und Luft hat er weiß Gott genug. Jedes Gramm Gewicht wird bei der Luftakrobatik gespart. So füllt man zum Beispiel die Tanks, die eigentlich Sprit für zwei Stunden fassen würden, nur gerade eben mit einer Menge, die für die Vorführung ausreicht.

Selbstverständlich muß die Cessna als Reiseflugzeug mit allen nur erdenklichen Instrumenten ausgerüstet sein, mit Funkgerät, Funknavigationsgeräten, Geräten zur Kontrolle der Motorfunktionen und der Fluglage. Oft genug reicht die aufwendige Instrumentierung sogar für komplette Blindflüge. Nichtflieger machen sich kaum eine Vorstellung vom Gewicht dieser Armaturen. Eine solche Belastung kann sich der Kunstflugpilot gar nicht leisten. Außerdem wäre das ja auch Unsinn, denn die kleine Maschine wird kaum jemals für Überlandflüge benutzt, für die man zumindest die einfachsten Navigationshilfen braucht. Das geringere Gewicht liegt natürlich auch am Material, aus dem die beiden so unterschiedlichen Verwandten hergestellt sind. Die Cessna ist ein Ganzmetall-Hochdecker, die Pitts hat stoffbespannte Flächen und einen Rumpf aus Stahlrohrrahmen, der nur im vorderen Teil metallbeplankt und sonst mit Stoff überzogen ist.

Manfred Strößenreuther hat im Laufe der Jahre schon so manche Kunstflugmaschine, meist Tiefdecker, geflogen, aber er sagt, daß er noch nie einen solch quirligen und wendigen Flitzer »unter seiner Sitzfläche« gehabt habe. Doppeldecker waren nahezu ganz aus der Mode gekommen, und in der Tat wurden Meisterschaften fast nur noch auf Eindeckern geflogen. Zwar war und ist die legendäre Bücker-Jungmeister auch heute noch den Piloten in aller Welt ein Begriff, und jahrzehntelang beherrschte sie auch den Himmel der Akrobaten. Aber sie gab es schon seit 1930, und im Laufe der Zeit wurde sie abgelöst durch die tschechischen Zlin-Typen, den bundesdeutschen Akrostar und schließlich durch die sowjetischen Yak-18, die sozusagen mit roher Kraft – mit einem 300-PS-Sternmotor ($\approx$ 220 kW) nämlich – am Himmel alles überrundeten. Gegen diese Bullen hatten die schwächer motorisierten Piloten aus anderen Ländern keine Chance mehr – bis 1976 holten sich die Sowjets mehrere Weltmeisterschaften. Dann aber tauchte Manfred Strößenreuther mit seinem winzigen roten Kobold auf, ein David gegenüber den sowjetischen Goliaths – und schon feierte der Typ des Doppeldeckers ein glänzendes Comeback.

Wohlige Wärme verbreitet dieser kurzflorige, samtartige Teppichboden. 230 000 Polnoppen pro Quadratmeter geben dem Tuftingboden einen schönen, dichten Flor.

Garne, Schaum und 1000 Nadeln

So entsteht ein Teppichboden

Von W. Wendel

Als warmer, weicher und nicht zuletzt dekorativer Bodenbelag stehen Teppiche seit alters her hoch im Kurs. Eine Wohnung mit Teppichen war lange Zeit ein Symbol gehobenen Lebensstandards und besonderer Wohnkultur. Erst der industriell hergestellte Webteppich machte breiten Kreisen den Kauf eines Teppichs für das Wohnzimmer möglich.

Inzwischen hat sich das Bild grundlegend geändert, denn heute gehört ein trittelastischer, wärme- und schalldämmender Bodenbelag beinahe schon zum selbstver-

Oben: *Im Dura-Designstudio werden neue Teppichböden entworfen. Ein Designer zeichnet mit Pastellkreide ein Druckmuster im Maßstab 1 : 1.*
Rechts: *Im Siebdruckverfahren wird der Entwurf dann auf einen ungefärbten Teppichbodenzuschnitt übertragen.*

ständlichen Wohnkomfort, und viele Wohnungen sind in allen Räumen von Wand zu Wand mit einem solchen Belag ausgelegt. Die moderne Technik hat mit dem Teppichboden eine ebenso dekorative wie pflegeleichte und vor allem langlebige Auslegeware ermöglicht, die nicht nur den Ansprüchen im privaten Wohnbereich, sondern auch der harten Beanspruchung in Geschäften, Büros, Hotels, Behörden und anderen Einrichtungen mit starkem Publikumsverkehr gerecht wird.

Angesichts der großen Verbreitung von Teppichböden hierzulande ist es kaum vorstellbar, daß der Grundstein für den Siegeszug des Teppichbodens vor kaum 25 Jahren gelegt wurde. Bis Mitte der fünfziger Jahre gab es nur gewebte Teppichböden, bei denen, wie bei den in festen Formaten erhältlichen, sogenannten abgepaßten Teppichen, Grundgewebe und Flor durch rechtwinklig sich kreuzende Fadensysteme miteinander verbunden sind. Da-

neben gab es auch noch gewirkte Ware. Bei dem nach diesem Verfahren hergestellten Teppich entstehen Grundgewebe und Flor wie beim Webteppich ebenfalls in einem Arbeitsgang. Es gibt aber keine querlaufenden Schußfäden. Die längslaufenden Kettfäden werden vielmehr in einem dem Häkeln ähnlichen Vorgang zusammengewirkt. Ganz anders arbeitet das Tufting-Verfahren, nach dem heute der größte Teil der Teppichböden hergestellt wird. Es wurde bereits zu Beginn der fünfziger Jahre in Amerika angewendet und dort von Christian Wirth, einem Textil-Unternehmer aus

Fulda, entdeckt. Wirth erkannte die Möglichkeiten, die das neue Verfahren zur wirtschaftlichen Herstellung hochwertiger Teppichböden bot, und gründete 1955 mit der Dura Tufting GmbH das erste deutsche Unternehmen zur Herstellung getufteter Teppiche. Erstes Produkt war eine getuftete Bettumrandung, der bald nach demselben Verfahren hergestellte Auslegeware, also Teppichboden, folgen sollte.

Was ist »tuften«?

Während bei gewebten und gewirkten Teppichböden Grundgewebe und Flor (also die flauschige Laufschicht) gleichzeitig entstehen, geht das Tufting-Verfahren von einer vorgefertigten Trägerbahn aus. Sie bestand früher meist aus einem Gewebe. Heute werden überwiegend Kunstfaservlie-

se eingesetzt – dünne Bahnen mit filzartiger Struktur. Daneben wird als Trägermaterial auch ein sogenanntes Bändchengewebe verwendet, das aus gereckten schmalen Kunststoff-Folienstreifen besteht und hohe Festigkeit mit Unempfindlichkeit gegenüber Wasser verbindet, die auch das bereits erwähnte Vlies auszeichnet. Außerdem sind die vollsynthetischen Trägermaterialien maßstabil und laufen bei eventuellem Feuchtwerden nicht ein.

Eine lange Reihe von eng nebeneinanderliegenden Nadeln nadelt beim Tuftvorgang das Florgarn in das Trägermaterial, Vlies oder Bändchengewebe, ein. Jede einzelne Nadel hat an ihrem unteren Ende unmittelbar über der Spitze ein feines Öhr, durch welches das je nach Teppichart feinere oder auch etwas grobere Florgarn geführt wird. Beim Durchstechen des Trägermaterials und Wiederhochziehen der Nadel bildet sich auf der Unterseite des Trägermaterials eine Schlinge in der beabsichtigten Höhe. Der Greifer hält die Schlinge so lange fest, bis der Nadelhub abgeschlossen ist. Die Garnzulieferung erfolgt kontinuierlich, so daß der Nadel für den nächsten Stich bereits die nötige Materialmenge und gleichzeitig die endgültige Schlingenhöhe vorgegeben ist. Will man einen hochtief strukturierten, reliefartigen Teppichboden herstellen, so wird über fotomechanisch gesteuerte Walzen die Garnzufuhr so bestimmt, daß entsprechend der gewünschten Struktur einmal längere und dann wieder kürzere Schlingen entstehen.

Außer dem auch Bouclé genannten Schlingenflor findet man aber auch samtartige sogenannte Velours-Teppichböden. Sie entstehen, indem die Schlingen vom Greifer straff gezogen und gleichzeitig von einem Messer aufgeschnitten werden.

Um interessante Oberflächenstrukturen zu erzielen, gibt es verschiedene Möglichkei-

ten, zum Beispiel das Tip-sheared-Verfahren. Dabei werden von einem Teppichboden mit unterschiedlich hohen Schlingen die höherstehenden Schlingen an- oder abgeschoren.

Betrachtet man eine Tufting-Maschine einmal aus der Nähe, so erinnert ihre vier oder fünf Meter lange Nadelreihe an eine ganze Kolonne eng zusammengerückter Nähmaschinen. Bei sehr feinen Florgarnen beträgt der Nadelabstand nur 1,98 mm, so daß bei vier Metern Laufbreite nicht weniger als 2016 Nadeln eine Reihe bilden. Während die sogenannten Polnoppen in diesem Fall in Querrichtung einen Mittenabstand von weniger als 2 mm haben, ist ihre Folge in Längsrichtung bei Qualitätsware noch enger. Sie liegt zwischen 2,0 Stichen pro Nadelabstand bei grober Teilung und 1,2 Stichen pro Nadelabstand bei feiner Teilung. Der Nadelabstand, der auch als Teilung bezeichnet wird, wird übrigens entsprechend der Herkunft des Verfahrens

Oben: Mit wachsamem Blick verfolgt der Maschinenführer das Tuften. Bis zu 2016 in gleichmäßigem Abstand angeordnete Nadeln versehen das vier Meter breite Trägervlies mit einem dichten Flor.
Rechts: Das Garngatter liefert der Tuftingmaschine das Florgarn. Jede Nadel wird von einer eigenen Spule mit Garn versorgt, das ihr durch dünne Rohrleitungen zugeführt wird.

in Bruchteilen eines Zolls angegeben. Er liegt zwischen 3/8'' (= 9,53 mm Nadelabstand entsprechend 420 Nadeln auf 4 m Laufbreite) und 5/64'' (= 1,98 mm Nadelabstand entsprechend 2016 Nadeln auf 4 m Laufbreite). Inzwischen werden sogar Teppiche mit noch feineren Teilungen hergestellt.

Übrigens ist die feine Teilung allein kein Qualitätsmerkmal. Hinzukommen muß die bereits erwähnte dichte Stichfolge. Außer-

dem kommt es auf das Verhältnis von Teilung und Garnstärke an. Bei einer verhältnismäßig groben Teilung kann wegen der dickeren Nadel und des entsprechend größeren Öhrs auch dickeres Garn eingesetzt werden, bei feiner Teilung muß auch entsprechend feines Garn eingesetzt werden. Je nachdem, wie weit ein Hersteller die technischen Möglichkeiten hinsichtlich Nadeldicke und Garnstärke ausnutzt, ergibt sich eine größere oder geringere Flordichte.

Schließlich spielt auch die Florhöhe des Teppichbodens eine Rolle. Ein hoher Flor legt sich leichter um als ein kurzer. Besonders gebrauchstüchtige Teppichböden, die in stark begangenen Räumen liegen, haben meist einen kurzen Flor, der zudem dicht ist.

Wenn der Flor in das Trägermaterial eingenadelt ist, ist der Teppichboden noch längst nicht fertig. Sofern kein farbiges Garn verwendet wurde, muß der Flor nun

gefärbt oder zur Herstellung gemusterter Ware bedruckt werden. Nach dem anschließenden Trocknen und Spannen durchlaufen die Teppichbahnen eine Beschichtungsanlage, in der zunächst mit einem Latex-Vorstrich der Flor auf der späteren Rückseite des Teppichbodens im Trägermaterial verankert wird. Dies ist für die Gebrauchstüchtigkeit und Lebensdauer des Teppichbodens von entscheidender Bedeutung und sorgt auch dafür, daß sich der Belag später längs und quer problemlos zuschneiden läßt, ohne daß der Flor ausfasert. Gleichzeitig werden die feinen Fasern des Garnes in der Vorstrichschicht miteinander verklebt. Dies verhindert, daß später bei Beanspruchung das Polmaterial ausflust, wodurch sich der Teppichboden langsam auflösen könnte.

Nach Aufbringen des Vorstriches, der bei minderwertigen Teppichböden zuweilen fehlt, wird feinzelliger Latex auf die Rückseite geschäumt, der dem Boden seine Trittelastizität verleiht und zugleich Trägermaterial und Flor durch seine elastischen Eigenschaften schützt. Die wichtigsten Eigenschaften des Latexschaumrückens aber sind die Schalldämpfung und die Wärmedämmung. In mit Teppichboden ausgelegten Räumen können Heizenergie eingespart und Trittschallgeräusche gemindert werden. Das ist zum großen Teil ein Verdienst des Schaumrückens.

Nachdem wir ein bißchen Teppichboden-Theorie geschnuppert haben, wollen wir uns nun einmal ansehen, wie bei Dura in der Praxis Teppichböden hergestellt werden.

Der Einsatzzweck bestimmt den Aufbau

Bevor die großen Tufting-Maschinen anlaufen können, haben in Fulda zunächst einige wichtige Abteilungen das Wort. In

241

der Produktentwicklung wird der Teppichboden nicht nur hinsichtlich Farbe, Struktur und Muster entworfen, sondern auch regelrecht konstruiert, um den Belag den jeweiligen Anforderungen entsprechend maßzuschneidern, denn unterschiedliche Einsatzbedingungen erfordern auch entsprechende konstruktive Maßnahmen. So wird selbstverständlich ein flauschiger, kuscheliger Teppichboden für den Einsatz im Schlafzimmer oder im Bad, also für relativ wenig strapazierte Bereiche, in denen man zudem oft barfuß läuft, anders aufgebaut sein müssen als ein Belag für eine arg strapazierte Hotelhalle mit Hunderten von Besuchern am Tag, die zudem viel Schmutz von draußen hereintragen. In der Produktentwicklung entsteht also zunächst der Bauplan für den Teppichboden. Man legt Garnstärke, Florhöhe und Flordichte fest

und fertigt zunächst ein Muster, das anschließend umfangreichen Tests unterworfen wird, um die Verschleißfestigkeit und die übrigen Eigenschaften zu testen.
Wenn alle Prüfungen zur Zufriedenheit bestanden sind, kann die neue Teppichboden-Qualität in die Produktion gehen.

Unten: Unifarbene Teppichböden färbt man in der Kufe ein. Das rohweiße Material wird durch die Färbelösung gezogen und darin hin und her bewegt. Die noch nasse Bahn wird dann auf einen Palettenwagen abgelegt, der sie zum Trocknen und Spannen weitertransportiert.
Rechts: Die einzelnen Farben werden bei gemusterten Teppichböden naß in naß durch hintereinander angeordnete Siebwalzen aufgedruckt.

Rohstoffqualität ist Trumpf

Auch für Teppichboden gilt der Grundsatz, daß ein Produkt nur so gut sein kann wie die verwendeten Materialien und Rohstoffe. Deshalb wandern bei Dura alle Materialien zunächst einmal zur Qualitätsprüfung ins Labor, obwohl ohnehin nur Produkte renommierter Hersteller zum Einsatz kommen. Hauptpartner von Dura ist die chemische Großindustrie, denn die Fuldaer Teppichböden sind vollsynthetisch aufgebaut. Die Garne, vornehmlich haltbare und schmutzabweisende Polyamide (Nylon, Perlon) und Polyacryle (Dralon, Dolan), aber auch Polypropylen (Meraklon) und Polyester (Diolen, Trevira) kommen aus den Retorten der Kunstfaserhersteller mit einer Zwischenstation bei Spinnereien nach Fulda.

In der Spinnerei werden die haarfeinen Fasern die der Fachmann Filamente nennt, zu Garn versponnen. Die Garne werden entweder rohweiß zum späteren Färben bzw. Bedrucken oder auch schon eingefärbt angeliefert. Der größte Teil der in Fulda verarbeiteten Garne wird allerdings rohweiß bezogen, da dies vielseitigere Einsatzmöglichkeiten bietet und die Lagerhaltung erleichtert.

Die moderne Chemie bietet übrigens auch die Möglichkeit, Garne so zu präparieren, daß sie beim Färben im Färbebad die Farbe unterschiedlich stark annehmen. Da der Teppichboden später nach dem Tuften als Ganzes in einem Farbbad gefärbt wird, ergibt sich eine feine indifferente Musterung, die besonders schmutzunempfindlich ist.

Selbstverständlich werden auch die übrigen Rohstoffe wie Vliese und Bändchengewebe als Trägermaterial wie auch die Latexmassen für den Vorstrich und die Schaumrückenbeschichtung sorgfältig geprüft, denn nur so läßt sich eine gleichbleibende Qualität garantieren. Auch diese Werkstoffe kommen aus den Retorten der chemischen

243

Industrie. Erst wenn alle Einsatzmaterialien die Eingangsprüfung bestanden haben, kommen sie zum Einsatz.

1. Station: Das Tuften

Das Tuften geschieht auf großen Spezialmaschinen. Das Trägermaterial spult sich langsam und gleichmäßig von einer Walze ab und wandert über die Bett- oder Nadelplatte, unter der die vielen kleinen Greifer liegen, die jede einzelne Schlinge fassen und in einer bestimmten Länge straffziehen, wenn die vier oder fünf Meter lange Nadelreihe Stich für Stich das Florgarn eintuftet, das von oben zugeführt wird.

Der Maschinenführer sitzt in einem Abstand von zwei Metern vor der Maschine und wacht mit Argusaugen darüber, daß die breite Teppichbahn fehlerfrei gerät. Über eine Taste kann er die Tuftingmaschine jederzeit anhalten, falls einmal einer der bis zu 2016 Fäden des Florgarnes reißen sollte oder gar einmal eine der aus hochwertigem Stahl bestehenden Nadeln brechen sollte. Kleinere Fehlstellen lassen sich unmittelbar mit einer Tuftingpistole nachbessern. Wenn durch eine technische Störung einmal ein auf diese Weise nicht zu kurierender Fehler entsteht, muß später die nicht einwandfreie Partie aus der Teppichbodenbahn herausgeschnitten werden.

Bei Dura wird das Florgarn durch eine Vielzahl von Rohrbündeln in die Tuftingmaschine eingeführt. Jede Nadel hat ihr eigenes Garnzuführrohr, das durch die Hallendecke zum sogenannten Garngatter führt. Hier sind übermannshohe Stahlrohrgerüste in Reih und Glied aufgebaut, in denen sternförmige Ständer angeordnet sind, die die zahllosen Garnspulen tragen. Wie von Geisterhand spulen sich hier die Florgarne ab und verschwinden in dünnen Röhrchen, die einzeln an jede Spule heran-

Oben: Die gefärbte oder bedruckte Bahn erhält nach dem Vorstrich, der Flor und Trägermaterial miteinander verbindet, eine Rückenbeschichtung mit feinzelligem Latexschaum.

Rechts oben: Ständige Qualitätskontrollen stellen sicher, daß der Teppichboden den an ihn zu stellenden Anforderungen entspricht. Hier wird maschinell geprüft, wie sich der Teppichboden bei längerem Begehen verhält.

Rechts unten: Bei in Büros verlegten Teppichböden ist es wichtig, daß er der starken Beanspruchung durch die Rollen der Bürostühle gewachsen ist. Auf einem Drehteller wird bei Dura diese Belastung simuliert.

reichen und sich wie die Zweige eines Baumes zu Ästen vereinigen, um schließlich in den Stamm überzugehen. Tatsächlich führen baumdicke Röhrenbündel vom Garn-

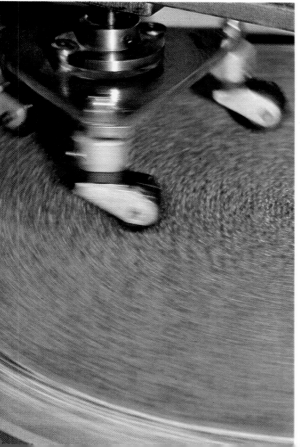

gatter hinab zu den Tuftingmaschinen. Die einzelnen Fäden werden beim Rüsten der Maschine, beim Wechseln einer leeren Garnspule gegen eine volle oder wenn einmal der Faden reißt, mit Druckluft in die Führungsröhrchen eingeschossen und bis zu den Tuftingmaschinen geleitet, wo sie dann in die einzelnen Nadeln eingefädelt und schließlich zum Teppichbodenflor werden.

2. Station: Färben oder Bedrucken

Sofern das Florgarn nicht bereits farbig ist, bekommt der rohweiße Teppichflor nun seine Farbe. Dies kann in der Kufe, einem Färbebad, oder auch durch Bedrucken geschehen. Bei der Kufenfärbung wird die rohweiße Ware, die aufgerollt von den Tuftingautomaten kommt, durch die Färbelösung gezogen und darin bewegt, um sicherzustellen, daß die Bahn die Farbe gleichmäßig annimmt. Auch hier verfolgt der Maschinenführer den Färbevorgang mit kritischem Blick. Wenn die Färbung abgeschlossen ist, läuft die noch triefnasse Teppichbahn über eine Führungswalze auf einen mit einer Folie abgedeckten Transportwagen, auf dem sich die Bahn in flachen Schlingen wie die Balgfalten einer Ziehharmonika zusammenlegt. Sie wandert anschließend zu einer weiteren Maschine, wo sie unter Zug durch ein Heißlufttrockengebläse geführt wird, um die Bahn zu trocknen und zu spannen. Am Ende dieser Prozedur wird die Bahn zu großen Ballen aufgerollt, die dann zur Rückenbeschichtungsanlage transportiert werden. Jetzt, in trockenem Zustand, läßt der Flor zum erstenmal seine schöne Farbe und seine Struktur erkennen, aber noch ist die Bahn weich und lappig. Im übrigen finden in dieser Produktionsphase, wie auch in einigen anderen, laufend Rohwarenkontrollen statt, um die Gewähr für wirkliche Qualitätsware bieten zu können.

Außer durch Färben in der Kufe werden in Fulda Teppichböden auch durch Bedrucken farbig gestaltet. Dies geschieht in einem Druckverfahren, wobei die Farbe durch dem Muster entsprechende perforierte Walzen auf die Florbahn gebracht wird. Die Druckwalzen haben haarfeine Öffnungen, durch die die Farbe austritt. Für jede einzelne Farbe gibt es eine Druckwalze. Diese Walzen sind unmittelbar hintereinander angeordnet, so daß die rohweiß in die Druckstraße einlaufende Florbahn nach Passieren des etwa acht Meter langen Drucktisches das fertige Muster zeigt. Obwohl bei diesem Verfahren naß in naß gedruckt wird, laufen die Farben nicht durcheinander. Moderne synthetische Druckfarben machen dies möglich.

Auch beim Bedrucken wacht das Auge eines Maschinenführers über den einwandfreien Ablauf. Auf einer quer über den Drucktisch verlaufenden Brücke stehend kann er den einwandfreien Druckablauf über die ganze Bahnbreite verfolgen.

Außer gemusterter Ware kann die Druckanlage übrigens auch einfarbige Ware liefern. Die bedruckten Bahnen werden wie die in der Kufe gefärbten nach dem Trocknen und Recken zu dicken Rollen aufgewickelt und in die Beschichtungshalle gebracht.

3. Station: Vorstrich und Schaumauftrag

Die Beschichtungsanlage, die aus dem Vorprodukt (Trägerbahn plus eingetufteter Flor) einen Teppichboden macht, ist nicht weniger als insgesamt 100 Meter lang. Sie arbeitet buchstäblich am laufenden Band, denn Teppichbahn für Teppichbahn wird vor dem Einlaufen in die Maschine aneinandergenäht. Mit der Florseite nach unten

weisend läuft die Bahn in die Beschichtungsanlage, wo zunächst der Vorstrich aufgebracht wird, der mit einer dünnen Schicht aus hochwertigem synthetischem Latex die eingetufteten Polnoppen mit dem Trägermaterial verbindet. Die weißliche Masse wird auf die Rückseite des Trägermaterials aufgegossen und mit einem breiten Rakel gleichmäßig verteilt. Diese Masse ist so eingestellt, daß sie gerade so tief eindringt, daß der Flor fest in den Träger eingebunden wird. Die hohe Qualität des Vorstriches ist von entscheidender Bedeutung für die Lebensdauer des Teppichbodens. Wenn ein Hersteller hier spart, so wird der Käufer später enttäuscht feststellen müssen, daß sein einst so schöner Teppichboden an den beanspruchten Stellen immer mehr Ähnlichkeit mit Kojaks Glatze bekommt, denn ohne sorgfältige Einbindung fasert der Flor unvermeidlich aus.

Durch einen Vortrockner, der mit 150 °C beheizt ist, wird der Vorstrich anvulkanisiert. Die Wärmeeinwirkung sorgt dafür, daß die einzelnen kleinen Moleküle der Latexmasse sich zu Makromolekülen (Großmolekülen) zusammenschließen. Der Fachmann nennt diesen Vorgang auch Vulkanisieren oder, weil die einzelnen Moleküle ein weitmaschiges, dreidimensionales Molekülnetz bilden, auch Vernetzen.

An die Vortrocknung des Vorstriches schließt sich die Rückenbeschichtung mit Latexschaum an. Der cremige, graue oder auch durch Rußzusatz schwarz eingefärbte Latexschaum wird durch einen dicken Schlauch mit vorgesetzter Verteilerdüse aufgetragen. Dabei wandert die Düse ständig vom linken Rand der Teppichbodenbahn zum rechten und wieder zurück, während die Bahn sich in gleichmäßigem Tempo voranbewegt. Sie läuft dann unter einer in einer bestimmten Höhe fixierten Stahlschiene hindurch, die einmal für eine

Oben: Das Tuftingverfahren ermöglicht auch die Herstellung dekorativer Wandbeläge, die sich durch gute Schall- und Wärmedämmung auszeichnen. (Fotos: Dura)

gleichmäßige Verteilung des Schaumes sorgt und zum zweiten die Dicke des Schaumrückens festlegt. Hochwertige Teppichböden haben eine Rückenbeschichtung aus einem verdichteten Kompaktschaum, der dem Teppichboden besonders gute Eigenschaften verleiht. Insgesamt sorgt der Schaumrücken für die sprichwörtliche Trittelastizität des Teppichbodens, seine lange Lebensdauer wie auch seine gute Wärme- und Trittschalldämmung.

Auch die Schaummasse wird durch Wärme vulkanisiert. Hierzu durchläuft die Bahn einen langen Wärmetunnel, der mit Heißluft beheizt ist. Kontrollinstrumente und Datenschreiber sorgen für eine exakte

Überwachung von Durchlaufgeschwindigkeit und Temperatur.

Wenn die Rückenbeschichtung vulkanisiert ist, läuft die nun fertige Teppichbodenbahn noch durch eine Schneideeinrichtung, in der beidseitig mit scharfen, rotierenden Messern ein Randstreifen abgetrennt wird. Hierdurch erhält der Teppichboden nicht nur sein genaues Liefermaß von vier oder fünf Metern, sondern auch exakt gerade Kanten. Gleichzeitig werden die möglicherweise nicht ganz einwandfreien Randzonen abgetrennt.

4. Station: Kontrolle und Verpackung

Der fertige Teppichboden läuft nach dem Randbeschnitt noch durch eine optische Kontrollstation. Hierzu wird die Bahn über Walzen geführt und in voller Breite schattenlos durch Leuchtstoffröhren beleuchtet, deren Licht in seinem Spektrum der Zusammensetzung normalen Tageslichtes entspricht. Etwaige Fehlstellen, die den bisherigen Kontrollen entgangen sind, können jetzt herausgeschnitten werden. Darüber hinaus werden laufend Materialproben des Fertigproduktes im werkseigenen Labor nach allen für das entsprechende Produkt festgesetzten Normen überprüft. Die fehlerfreie Ware wird auf stabile Papprohre aufgerollt und mit starker Kunststoff-Folie verpackt. Schwere Gabelstapler, die anstelle der üblichen Ladegabel einen langen Stahlrohrrüssel haben, fahren damit in die Papprohrkerne der Teppichbodenrollen hinein und hieven sie in die Fächer von Hochregalen, wo die Ware bis zum Versand gelagert wird.

Da das Umrüsten der Tuftingmaschinen auf unterschiedliche Florhöhen und Strukturen sehr zeitraubend und aufwendig ist, wird bei Dura nach einem festliegenden Plan produziert, der die unausweichlichen Rüstzeiten so gering wie möglich hält, denn der riesige Maschinenpark ist nur rentabel, wenn die Maschinen auch arbeiten. Standzeiten bringen keine Produktion, sondern kosten nur Geld.

Lastzüge und Bahn bringen jährlich etliche zig Millionen Quadratmeter getuftete Teppichböden zu den Händlern im gesamten Bundesgebiet wie auch ins benachbarte Ausland, von wo sie dann in Wohnungen, Büros, Geschäfte, Hotels, Krankenhäuser und viele andere Bauten wandern und dort als langlebiger, pflegeleichter, schall- und wärmedämmender und nicht zuletzt optisch attraktiver Bodenbelag geschätzt werden.

248

Aus Eins mach Zwei

Vom Geheimnis der Flechten

Von Hans-Heinrich Vogt

Daß Flechten überhaupt Pflanzen sind, muß zunächst betont werden. Nicht jeder hält jene grauen Krusten an Baumstämmen oder Felsen für Lebewesen. Gar mancher ist geneigt, sie für abgestorbene Borke oder tote Blätter zu halten. Auch über die langen Bärte, die von den Ästen der Bäume an feuchten Gebirgshängen herabwallen, ist der Laie sich oft nicht klar. Erst recht gilt das für die rötlich-gelben Überzüge auf Steinen und alten Mauern. Sie alle sollen lebende Wesen sein? Jahrelang verändern sie sich kaum, sie blühen nicht, wie das Pflanzen üblicherweise tun – eigentlich liegen sie nur vor uns und reizen uns durch ihr bloßes Dasein, ihnen unser Augenmerk zu schenken.

Es ist verständlich, daß wir hier in unserer Heimat den kleinen Gebilden nicht die rechte Bedeutung beimessen. Wären wir im Norden Europas zu Hause, in Lappland etwa, dann wüßten wir über Flechten Bescheid – und was sie für wichtige Pflanzen sind. Der Boden der Tundra ist überzogen

Unten: Für die Isländer sind die unscheinbaren braungrauen Flechten (Bildmitte) wichtige vitaminhaltige »Gemüsepflanzen«.

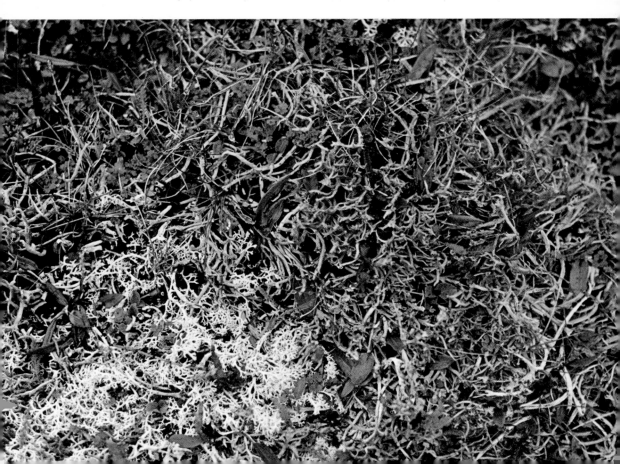

Oben: Auch das sind Flechten: bunte Über-
züge auf Steinen.
Rechts: In Norwegen bedecken Flechten
weite Teile der Landschaft. Man geht dar-
auf wie auf einem Teppich!

mit einem solchen Teppich, und die Rentiere geben sich mit dieser trockenen Nahrung zufrieden. Selbst im Winter scharren
sie sich ihre spärliche Mahlzeit unter dem
Schnee hervor. Der Lappe könnte ohne seine Tiere nicht leben, geben sie ihm doch
Milch, Fleisch, ihr Fell zur Kleidung, und
aus ihren Knochen schnitzt er sich Geräte.
Kurz, ein Leben ohne Rentiere ist für ihn
auch heute noch – trotz vieler Zivilisations-
einflüsse von Süden – nicht denkbar. Das
bedeutet jedoch gleichzeitig nichts anderes
als ein Loblied auf die Flechten, denen er
indirekt sein Dasein verdankt.

Was aber hat es mit unserer merkwürdigen
Überschrift »Aus Eins mach Zwei« auf
sich? Dieser Satz erinnert ein bißchen an
einen Zauberspruch, an ein »Hexenein-
maleins«. Geht man Zaubersprüchen mit
kühler Überlegung zu Leibe, dann verlieren sie im allgemeinen ihr Geheimnis. Bei
Flechten ist's leider umgekehrt. Je einge-
hender man sich mit ihnen beschäftigt, de-

sto absonderlicher erscheinen sie uns. Rükken wir also erst mal mit den Waffen der
modernen Biologie an, den Mikroskopen.
Wie ein Metzger seine Wurst schneidet, so
wollen wir ein Stück einer gewöhnlichen
Flechte in dünne Scheiben zerlegen. Mit
einer Rasierklinge kann man bei einiger
Übung schon ganz brauchbaren »Auf-
schnitt« bekommen. Vornehme Metzger
und vornehme Botaniker benutzen hierzu
bekanntlich eine Maschine. Die beiden Be-
rufe berühren sich in dieser Beziehung.so-
gar so nahe, daß man sagen kann, der
Wurstschneideapparat ist nur eine grobe
Ausgabe des Biologengeräts. Letzteres hat
allerdings die Möglichkeit, einen derarti-

gen »Feinschnitt« zu erzeugen, daß es kaum glaublich klingt. Scheibchen von $\frac{1}{1000}$ Millimeter »Dicke« sind keine Seltenheit. Kein Wunder, daß man der Schneidemaschine der Botaniker auch einen besonderen Namen gegeben hat. Man nennt sie ein Mikrotom, einen »Kleinzerschneider«.

Kehren wir aber wieder zu jenem winzigen Scheibchen Flechte zurück, das da vor uns unter dem Mikroskop liegt, und betrachten wir es genauer. Da zeigt sich zunächst einmal ein ziemlich verfilztes Dickicht von Fäden, die wie Wollfasern wirr durcheinander liegen. Es kann auch sein, daß wir zufällig eine Flechte erwischt haben, bei der diesbezüglich mehr Ordnung herrscht. Doch grundsätzlich ist der Aufbau aus derartigem Faserwerk vorhanden. Eingestreut in dieses Gewirr entdeckt man nun hier und da kleine kugelige Zellen, grün gefärbt, wie es bei Pflanzenzellen üblich ist. Sie liegen ungeordnet verstreut, deutlich sichtbar zwischen den farblosen Fäden. Was soll das bedeuten? Man erwartet doch mit Recht, die Flechte als eine einheitliche Pflanze aufgebaut zu finden. In Wirklichkeit liegen da zwei doch recht verschiedene Bestandteile vor, die Fäden und die Kügelchen. Als das die Botaniker zum erstenmal sahen, waren sie tatsächlich ratlos. Sie gingen daran, jeden Partner für sich zu untersuchen. Man zerlegte die Flechten, betrachtete die Fäden und die Kugeln einzeln, verglich sie mit schon Bekanntem und kam zu dem überraschenden Schluß: Die Flechte ist gar nicht *eine* Pflanze; in dem, was wir Flechte nennen, liegen zwei Pflanzen vor, die sich außerordentlich innig miteinander verbrüdert haben! Der fädige Anteil ist ganz ohne Zweifel ein Pilzgeflecht, wie man es für sich allein in jedem Waldboden finden kann. Und auch die Kugelzellen sind für sich allein nicht neu. Die Botani-

ker kennen sie als einzellige Algen, deren Verwandte als Blau- und Grünalgen im Wasser der Tümpel leben.

Das traf die Wissenschaft zunächst ziemlich hart. Da führt uns doch die Natur an der Nase herum, nimmt zwei verschiedene Pflanzen her und baut eine neue daraus, die so genial einheitlich aussieht, daß man gar nicht auf den Gedanken kommt, ein verkapptes Pärchen vor sich zu haben! Man hat nach diesen Erkenntnissen wirklich ernsthaft den Vorschlag diskutiert, ob man nicht die Gruppe »Flechten« ganz aus den Lehrbüchern streichen und statt dessen ihre beiden Bestandteile unter den Überschriften »Pilze« und «Algen« bringen sollte.

Diese Absicht kam nicht zur Verwirklichung, und zwar aus schwerwiegenden Gründen. Nehmen wir doch zum Vergleich einmal einen ähnlichen Fall aus dem Bereich des Menschen. Ein Zirkusclown hat mit seinem Hund einen wundervollen Trick einstudiert. Die beiden sind unzertrennlich, sie leben und arbeiten miteinander. Sie bilden für den Zirkuskenner eine Einheit, so wie für den Botaniker Alge und Pilz eine Einheit darstellen. Trennt jetzt beispielsweise das Schicksal den Hund von seinem Herrn, so ist zwar ihre gemeinsame Arbeit zerstört, doch sind die Partner in ihrer Lebenskraft ungebrochen. Sie werden normalerweise in der Lage sein, sich auch ohne den Gefährten in der Welt zurechtzufinden. Gewiß kommt es vor, daß das Tier – wie man sagt – aus Sehnsucht nach seinem Herrn zugrunde geht, doch das ist die Ausnahme, nicht die Regel. Übertragen wir den Vergleich nun auf die Flechten. Mit beträchtlichem Geschick und vieler Übung hat man es dazu gebracht, die Formel »Aus Eins mach Zwei« tatsächlich zu verwirklichen. Alge und Pilz ließen sich trennen, und man war gespannt, wie beide sich nun

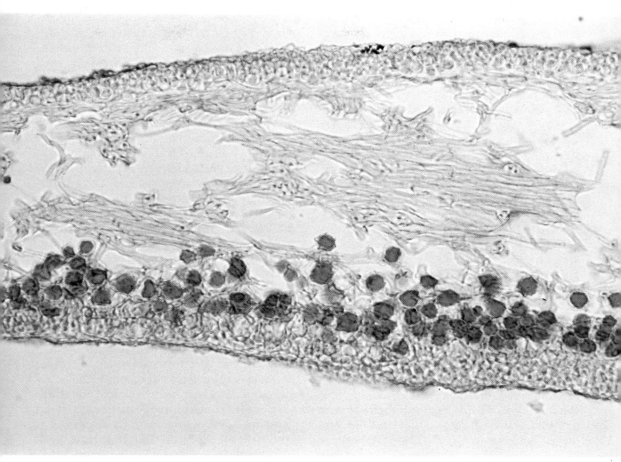

Oben: Schnitt durch das Lager (Thallus) der Flechte Physcia. Deutlich sind die Algenzellen (rot eingefärbt) und das Pilzgeflecht (blau) zu erkennen.
(Fotos: H.-H. Vogt, J. Lieber)

ohne ihren Partner verhalten würden. Nun, sie waren über das ihnen angetane »Unrecht« so betrübt, daß sie sang- und klanglos eingingen. Der Pilz verkümmerte, und auch die Alge war nicht wiederzuerkennen. Wir wollen nicht verschweigen, daß es auch hier Ausnahmen von der Regel gibt.

Die Kunst der Botaniker brachte es in neuerer Zeit verschiedentlich dazu, die »geknickten Seelchen« wieder aufzurichten, ihnen neuen Lebensmut in Gestalt besonders günstiger Umwelteinflüsse zu geben, aber himmelblau wie im Zusammenleben mit dem Partner wurde die Welt eben doch nicht mehr.

Sofort taucht eine neue Frage am Horizont auf: Warum leben Algen und Pilze in der Gemeinschaft »Flechte« besser, als wenn man sie voneinander trennt? Die Antwort könnte dieselbe sein wie auf die Frage, warum Dresseur und Hund so gut miteinander auskommen: sie ergänzen sich, sind auf den Partner eingespielt. Ebenso ergänzen sich Alge und Pilz, und zwar im ganz grob materiellen Bereich. Wir brauchten uns nur einmal vorzustellen, eine Alge sollte allein für sich an einer glatten Felswand, fast ohne Bodengrundlage, leben. Zwar haben einzelne Algenarten auch dieses Kunststück allein, ganz auf sich gestellt, gemeistert, aber auch diese Lebewesen sind schon wieder Außenseiter, nicht die Norm. Die allermeisten Zellen würden die Zeiten, in denen die Sonne auf das Gestein brennt und die Stürme darüber hinfegen, nicht aushalten, müßten verkümmern aus Mangel an Feuchtigkeit und Halt. Liegen diese kleinen Körperchen aber eingebettet in ein Polster von Pilzfäden, schützend von ihnen umschlossen, so kann ihnen Sonnenhitze nichts anhaben. Ein wenig Feuchtigkeit wird sich in diesem »Schwamm« immer noch finden. Die Pilze wissen auch erstaunlich gut, Ritzen und Spalten im Gestein auszufüllen und sich darin so einzukrallen, daß es oft schwierig ist, eine Flechte von ihrer Unterlage zu lösen.

Was der Vorteil der Pilze hierbei ist, wird deutlich, wenn man sich das traurige Los dieser Wesen vor Augen führt. Sie besitzen ja kein Blattgrün, können also nicht wie die große Menge der übrigen Pflanzen ihre Nahrung selbst erzeugen. Ein normales Gewächs ist bekanntlich eine überaus kompliziert arbeitende chemische Fabrik, in der nach bisher noch weitgehend von der Natur geheimgehaltenen Rezepten Zucker, Stärke, Fett, Eiweiß und all die anderen Stoffe hergestellt werden, auf die das Leben angewiesen ist. Die ganze Fabrikation ist aber geknüpft an das Vorhandensein des grünen Blattfarbstoffs. Fehlt er, so muß die betreffende Pflanze sehen, woher sie ihre Nährstoffe bekommt. Die Pilze lösen dieses Problem sehr häufig so, daß sie an-

dere Lebewesen um einen Teil der von ihnen erzeugten »guten Sachen« erleichtern. Sie zapfen sie an und schmarotzen auf ihnen. Dieser Tatbestand »Diebstahl« wird auch dadurch nicht geändert, daß man so etwas vornehm Parasitismus nennt. Die Pilze jedoch, die den Aufbau der Flechten mitbedingen, unterscheiden sich deutlich von ihren »kriminellen« Verwandten. Sie nehmen Nahrung zwar auch aus anderen Lebewesen, eben aus den Algenzellen des Flechtenkörpers, aber sie zeigen sich erkenntlich dafür, indem sie für Wasser um den Partner sorgen. Jeder aufmerksame Betrachter wird zwar feststellen, daß diese Art von Zusammenarbeit nicht ganz echt ist, denn ein Tausch Wasser gegen Nahrung ist scheinbar nicht gleichwertig. Doch vergessen wir nicht: Abgesehen davon, daß ein Durstiger ohne Bedenken mehr als nur ein Butterbrot gegen ein Glas Wasser eintauschen wird, bleibt festzuhalten, daß ein Leben in so außerordentlich unfreundlichen Räumen, wie sie ein nackter Fels oder eine trockene Borke darstellen, ohne diese gegenseitige Ergänzung gar nicht denkbar wäre. Wir können auch bis heute noch nicht mit Sicherheit sagen, ob die genannten Stoffe die einzigen Tauschobjekte sind. Es scheint möglich, daß hier noch mancherlei Substanzen gewissermaßen im Schwarzhandel ohne Kontrolle durch den Menschen hinüber und herüber wechseln. Auf jeden Fall stellt aber die Flechte ein bemerkenswertes Beispiel für jene Art von Zusammenleben zu gegenseitigem Nutzen dar, die der Biologe als Symbiose bezeichnet.

Das gutnachbarliche Zusammenleben der beiden Partner wird manchmal allerdings von kleinen Übergriffen des einen getrübt. Unter dem Mikroskop kann man beobachten, daß die Pilzfäden manchmal die Algen nicht nur umspinnen, um auf diese Weise ihren Freunden möglichst nahe zu sein. Es kommt auch vor, daß ihre Sucht nach Nahrung so groß wird, daß sie Einbruchdiebstahl begehen. Sie durchbrechen dann die Zellwand der Algen und senken ihre Saugfäden ins Innere. Manche derart ausgenützte Alge geht bei dieser Behandlung zugrunde. Symbiose und Parasitismus liegen so nahe beieinander wie Handel und Ausbeutung.

Versucht man, die Formel »Aus Eins mach Zwei« umzukehren, so ist das keinesfalls immer möglich. Nehme ich beispielsweise eine beliebige Alge und versuche sie mit einer wildfremden Pilzart zu einer Flechte »zusammenzusetzen«, so schlägt das fehl. Die beiden Partner müssen gewissermaßen aufeinander eingespielt sein, müssen in einer Weise harmonieren, von der wir noch gar nichts wissen. Fest steht jedenfalls, daß nur bestimmte Algen mit bestimmten Pilzen diese eigenartige Lebensform bilden können.

Es ist also verständlich, warum die Wissenschaft davon Abstand genommen hat, die Gruppe »Flechten« in ihrem Katalog aufzulösen. Es sind zwei Partner, aber doch ein Neues, eine Einheit. Keiner von beiden erreicht seine beste Ausbildung ohne den anderen, und erst gemeinsam bieten sie dem Betrachter das Bild einer Flechte.

Als Überschrift über unsere Geschichte hätte nach dem Gesagten auch stehen können: Vereint geht's leichter. Ein Wahlspruch, den sich diese Pioniere des Lebens auf hartem Fels sicher gewählt haben würden, wenn sie dazu neigten, wie wir nach »Programm« zu leben. Sie aber existieren seit Jahrmillionen, und nur wir Menschen sind fähig, uns über so viele Dinge in der Natur zu wundern. Sollten wir's nicht auch tun?

Whisky, Dudelsack und Haggis

Schottland –
Land
am Rande
Europas

Von Albert Martin Steffe

In einer Zeit, in der Berichte über Kreuzfahrten in der Karibik und über Safaris in Afrika alltäglich sind, scheint es nicht mehr nötig zu sein, ein europäisches Land vorzustellen. Während eines Studienjahres an einer schottischen Universität hatte ich jedoch Gelegenheit festzustellen, daß unsere Kenntnisse über Schottland recht mager sind. Viele Leute sagen »England«, wenn sie z. B. Schottland oder Wales, Teile von Großbritannien, meinen. Jeder hat schon etwas von Schottenröcken, Whisky, Dudelsackmusik und Geiz gehört – nichts Falsches zwar, aber doch lange nicht genug. Verdenken kann man diese Unkenntnis allerdings keinem, denn Schottland ist ein Land am Rande Europas. Es bildet den nördlichen Teil der britischen Hauptinsel mit den ihr vorgelagerten Inseln (Hebriden, Skye). Wer auf einer dieser Inseln oder vom nördlichen Zipfel des Festlandes nach Westen aufs Meer schaut, der hat mehrere tausend Kilometer Wasser bis zur Küste Nordamerikas vor sich. Die Hauptverkehrslinien Europas führen also nicht durch Schottland. Daher blieb es auch politisch am Rande.

Die Entwicklung des Volkes bis heute ver-

Unten: Auch im Zeitalter der Kunststoffe kann man nicht auf Wolle verzichten. Deshalb konnte sich in Schottland die Wollindustrie und damit auch die Schafzucht in ihrer Bedeutung erhalten.
Links: Das urtümlich aussehende Hochlandrind ist hauptsächlich eine Attraktion für Touristen. Es ist weder als Zugtier noch als Fleisch- oder Milchlieferant besonders tauglich.

lief jedoch längst nicht so ungestört wie man deshalb annehmen könnte. Die keltischen Pikten, Ureinwohner des Landes, wurden zunächst von den Römern bedroht. Da diese aber nicht mit ihnen fertig wurden, sicherten sie sich durch zwei große Mauern (Hadrians- und Antoninus-Wall) die etwa entlang der heutigen Grenze zwischen England und Schottland verlaufen, ab. Nach den Römern rückten von Irland her andere gälische Stämme an und gründeten ein Reich in Mittelschottland, das sie Skotia nannten. Obwohl sich dieses Reich 1286 auflöste, gab es dem ganzen Lande den Namen. Der Name Albania der keltischen Pikten geriet ganz in Vergessenheit, während der römische Name »Caledonia« in den Namen des Kanals zwischen West- und Ostküste und der schottischen Fluggesellschaft British Caledonian noch zu finden ist.

Von Norden und Südosten kamen die Wikinger ins Land. Ihnen fielen schnell große Teile des dünnbesiedelten Landes in die Hände. Die Orkney- und Shetlandinseln gehörten ihnen am längsten. Das verraten heute noch Ortsnamen. Ebenso erinnern die norwegische Satzmelodie der Leute dort und ein geringes Zusammengehörigkeitsgefühl der Bewohner mit dem übrigen Schottland an die frühere Wikingerherrschaft. Das wiederum kommt der Regierung in London entgegen; denn wenn die Schotten sich tatsächlich von England trennten, wie sie es ernsthaft vorhaben, würden die Orkneys und Shetlands wahrscheinlich nicht mitziehen. Damit bliebe der größte Teil des begehrten Nordseeöles in den Händen Londons und nur die geringere Menge entfiele auf Schottland. Gerade auf das Öl aber bauen die Schotten ihr neues Unabhängigkeitsstreben.

Außer den Orkneys und Shetlands gehörte den Wikingern die gesamte nordwestliche Halbinsel mit den Provinzen Chaithness, Ross und Sutherland bis zu der Kette der

großen Seen (Lochs) Ness, Lochy und Linnhe, durch die heute der Caledonian Canal führt, einschließlich aller Inseln vor der Westküste. Erst im 13. Jahrhundert fiel dieses Land an die schottische Krone, blieb aber auch danach noch als mächtiges Reich im Reiche bestehen. Sein Herr, der Lord of the Highlands and Islands, konnte durch sein Wollen oder Nichtwollen die Pläne des Königs leicht beeinflussen. Noch heute wird dieses Gebiet kulturell und in der Verwaltung als ein zusammengehöriges Großgebiet behandelt. Von Northumberland, der nördlichsten Provinz Englands, bedrängten die Wikinger Schottland auch von Süden. Als ihnen schließlich die Kräfte erlahmten, sorgten die Engländer unter normannischer Führung dafür, daß es hier keinen Frieden gab. Die Grenzstädte Carlisle und Berwick-upon-Tweed wissen eine leidvolle Geschichte über das Hin und Her zwischen England und Schottland zu erzählen. Berwick scheint mit seiner Zugehö-

Oben: Viele Kirchenruinen im ganzen Land erinnern daran, zu welchen Ausschreitungen die von John Knox geführte Reformation getrieben wurde.
Rechts: »Mutters Stolz«, geschnittenes Weißbrot, das in ganz Schottland zu kaufen ist.

rigkeit zu England auch heute noch nicht zufrieden zu sein.
Schottland kam erst im Mittelalter einigermaßen zur Ruhe, als alle Lords und Clanoberhäupter (Clan = gäl. Familie) sich einigten, einen König anzuerkennen und als ein Reich geschlossen aufzutreten. Nur so konnte es ihnen 1328 gelingen, die Engländer trotz einer dreifachen Übermacht (5000 gegen 15 000) so zu besiegen, daß sie jahrzehntelang nicht mehr angegriffen wurden. Ihr Heerführer, König Robert the Bruce, wird heute neben »Bonnie Prince Charlie« – Charles Edward Stuart – in

stolzem und dankbarem Andenken bewahrt.

Prinz Charles Edward Stuart versuchte Anfang des 18. Jahrhunderts die Herrschaft des schottischen Hauses Stuart in einem unabhängigen Schottland gegen die Häuser Tudor und Hannover durchzusetzen. Könige aus diesen Familien hatten nämlich nie viel Verständnis für die Besonderheiten des schottischen Volkes. Wilhelm von Nassau-Oranien, als William of Orange auf dem britischen Thron, befahl sogar einen Massenmord, um die unruhigen Clans zur Königstreue zu zwingen. Seitdem können die Angehörigen des Stammes McDonald, der in der Nacht überfallen wurde, die Angehörigen des Stammes Campbell, der über sie herfiel, nicht ausstehen. Mit diesen Mißhandlungen und Mißachtungen wollte Prinz Charles Edward Schluß machen, indem er Schottland aus der Union mit England befreite. Frankreich sah dem gerne zu und versprach ihm Unterstützung, denn es konnte so den Erzfeind England von zwei Seiten in die Zange nehmen.

Charles Edward focht zunächst siegreich. Er drang bis Derby vor. Da wurde London wach und sandte dem kleinen schottischen Heer eine Riesenarmee von Engländern und Hannoveranern entgegen, die die Schotten bis nach Inverness zurücktrieben und dort vernichtend schlugen. Der brutale Herzog von Cumberland tat sich dabei durch besonders bestialisches Verhalten hervor.

Mit dieser Schlacht begann das große Elend. Die Schotten wurden aus der Gegend vertrieben, und man siedelte Engländer an. Daher kommt es, daß man in der Umgebung von Inverness eine Sprachinsel von Queen's English inmitten einer Vielfalt von schottisch-englischen Mundarten vorfindet. Den Vertriebenen blieb schließlich nur die Auswanderung nach Amerika.

Man muß eine Vorstellung von der Geschichte Schottlands haben, um zu verstehen, warum es wurde, was es heute ist. Aber es ist schwierig, für diese wechselvolle Geschichte klare Zeiträume und Ausdehnungen der vielfältigen Herrschaften anzugeben. Die Ortsnamen, sonst in Europa ein brauchbares Hilfsmittel dazu, spiegeln zwar die Vielfalt wider, lassen aber keine genauen Abgrenzungen zu. So findet man überall Orte, die ihre Lage an einer Flußmündung entweder germanisch mit -mouth, irisch-gälisch mit Inver- oder südgälisch mit Aber- bezeichnen (z. B.: Grangemouth, Aberdeen, Inverness).

Trotz seiner Lage am Rande Europas hat Schottland also nicht mehr Frieden als die Länder Mitteleuropas gehabt. Innere Uneinigkeit und Eroberungsehrgeiz anderer Länder verhinderten, daß es sich ungestört zu einer Blüte entwickeln konnte, in der es bedeutend oder sogar maßgebend hätte werden können. Wenngleich das Eroberungsinteresse anderer Staaten nicht zu verstehen ist, denn Reichtümer hat Schottland nie besessen.

Bis zu dem dichtest besiedelten Gürtel im Süden zwischen Forth und Clyde, also Edingburgh und Glasgow, setzt sich die sanft gewellte Hügellandschaft fort, wie sie von England her bekannt ist. Hier wird Getreide angebaut – Weizen für das Brot,

Rechts: Gerade die Flüsse waren es, die Schottland früher besonders unwegsam machten. Es hatte also gute Gründe, wenn General Wade im 16. Jahrhundert dadurch ein schnelles Vorankommen ermöglichen wollte, daß er im ganzen Lande in Windeseile Brücken bauen ließ. So klein solche Bäche im Sommer sein mögen – bei Regen verwandeln sie sich schnell in tosende Ströme.

Gerste für den Whisky –, hier weiden Schafe und Kühe. Klima und Bodenqualität erlauben keinen großen Exportüberschuß an Getreide, Wolle, Milch oder Fleisch, aber die Landwirte in diesem Teil des Landes, die »Lowlands«, haben es doch zu einigem Wohlstand bringen können, im Gegensatz zu den ärmeren Leuten, den »Highlands« im kargen Hochland. Die Grenze zwischen Hochland und Tiefland verläuft geographisch gesehen von Stonehaven südlich Aberdeens an der Ostküste in südwestlicher Richtung durch das Loch Lomond – das größte Binnengewässer Großbritanniens – bis an die Westküste. Diese scharfe Grenze entstand, als im Erdaltertum ein Teil des kaledonischen Gebirges, zu dem auch ein Teil Skandinaviens gehört, einbrach. In der so entstandenen Senke liegt das Industriegebiet Glasgow-Edinburgh. Von der Nordgrenze an, also in den Hochlanden, wird die Natur des Landes immer unwirtlicher. Man kann nur noch Gerste,

keinen Weizen mehr anbauen. Daher stehen in der Nordwestecke des Landes zwischen Inverness und Aberdeen und bis an die Küste die meisten Whiskydestillerien des Landes. Whisky ist in der Tat ein bedeutender Ausfuhrartikel Schottlands.

Dort, wo keine Feldfrüchte mehr gedeihen, finden nur die Schafe noch genug zum Leben. Sie dienen hier mehr als Wollieferanten denn als Fleischerzeuger.

Der höchste Berg, Ben Nevis (Ben = gäl. Berg) ist knapp 1400 Meter hoch. Keine aufregende Höhe. Mit dieser Einstellung gehen anscheinend viele Leute in die Berge – und halten die Bergwacht in Atem. Denn man muß bedenken, daß Schottland hoch im Norden liegt und schon deshalb mit schlechteren Wetterbedingungen zu rechnen ist. Es ist aber auch der Landblock, der sich den Stürmen, die von Nordamerika herüberkommen, zuerst entgegenstemmt. Mit ungebremster Wucht rasen diese regenreichen Winde gegen die rundbuckeligen

Oben: Das ganze Jahr über kann man in Schottland Haggis bekommen, Ende Januar aber, wenn man des Dichters Robert Burns gedenkt, wird das Nationalgericht in besonders großen Mengen und auffällig angeboten.

Links: Brauchtum ist in Schottland noch überall lebendig. Kilts werden bereits von Kindern getragen. Die Jungen lernen sogar den Dudelsack spielen, was außerordentlich schwierig ist, denn die Noten müssen anhand gälischer Namen auswendig gelernt werden.

Berge, die sich auf den Inseln oder an der Küste des Hauptlandes unmittelbar aus dem Meer erheben. Da schlägt das Wetter schnell um und macht auch Einheimischen die Vorhersage schwer. Man besteigt bei strahlendem Sonnenschein – den gibt es auch ab und zu – eine dieser hellbraunen Erhebungen, und plötzlich zieht ein kalter Wind pfeifend Nebelbahnen über den Rücken des Berges. Wo man eben noch auf silbrig blinkende Seen schaute und eine leichte Brise als angenehm empfand, können im Nu Wolken die Sicht nehmen, so daß man die Orientierung schnell verliert. Touristen bezahlen ihre Leichtfertigkeit oft mit dem Leben. Selbst Soldaten, die auf Orientierungs- und Marschübungen geschickt werden und auf das Schlimmste vorbereitet sind, müssen häufig mit dem Hubschrauber abgeholt werden, weil sie sich nicht gegen das Wetter durchsetzen können.

Wegen dieser klimatischen Verhältnisse liegt auch die Baumgrenze viel niedriger als in den Alpen. In geschützten Tälern wachsen die Bäume noch natürlich, auf Anhöhen und an Hängen nur unter besonderer Pflege. Die Fürsten von Atholl sind dafür bekannt, daß sie ihre Ländereien im Tale des Tay gut beforsteten und sogar Lärchensamen dort verschossen, wo man ihn nicht hintragen konnte. Dieser Teil des Taytales sieht im Frühjahr daher ungewöhnlich lieblich aus, wenn sich die Lärchen hellgrün vom eintönigen Braungelb des groben Grases und der Heide abheben. Später, im Juli und August, gesellt sich zu ihrem dunkler gewordenen Grün das Violett der Heide.

Abgesehen von den leuchtenden Osterglokken, den Rhododendren und dem Heidekraut ist Schottland auch heute noch ein farbarmes Land. Das ist wahrscheinlich der Grund dafür gewesen, daß die Schotten früher eine Vorliebe für das lebhaft bunte, karierte Muster bekamen. Je nachdem was für Färbemittel die Umgebung bot – Beeren, Wurzeln oder Blätter – unterschieden sich Muster sowie Farbzusammenstellungen und wurden von den Clans bald als Stammeszeichen gewertet. Der Kilt besteht aus einem langen Stück warmen Wollstoffes, das einmal um den Leib gelegt und dann hinten zu Falten gerafft wird. Bei Bedarf werden diese gelöst und als Decke über den ganzen Körper gebreitet.

Früher war es sehr beschwerlich, die Berge zu überwinden. Das begünstigte eine isolierte Entwicklung der Sippen und Clans und brachte damit die Schwierigkeit, in ihnen ein Interesse für das Land über ihr abgeschlossenes Tal hinaus zu wecken. Das änderte sich, als General Wade im 17. Jahrhundert durch den Bau vieler Brücken den schnellen Vormarsch seiner Truppen sichern wollte. Die Brücken, die Wade im ganzen Land innerhalb kurzer Zeit von Soldaten bauen ließ, wurden zunächst mit Mißtrauen betrachtet. Doch bald merkten die Schotten, daß die Brücken ihren Handel wesentlich erleichterten. Viele der Bauten stehen noch heute, ohne Reparaturen nötig gehabt zu haben.

Es war übrigens ein Schotte, McAdam, der eine Straßenbauweise entwickelte, die sogenannte Makadamstraße, die den Belag wetterunempfindlich und dauerhafter machte.

Die Clans waren, wie der gälische Name sagt, Familien. Ihr Oberhaupt, mehr ein Sprecher denn ein Herrscher, begrüßte seine Leute mit Handschlag – eine unbritische Gewohnheit – und konnte durchaus nicht ohne Beschlüsse der Sippe handeln. Die Angehörigen eines Clans nannten sich »Mac«, das heißt »Sohn von«. Die Schotten schreiben es Mc, die Iren Mac. Das Clansystem, wurde nach dem Sieg der Engländer über Charles Edward Stuart aufgelöst und wie Waffen, Dudelsack und Zusammenkünfte von mehr als 5 Personen verboten. Hierdurch erlitt das Clansystem einen Schlag, von dem es sich auch dann nicht mehr erholte, als es wieder zugelassen wurde.

Der Dudelsack war deshalb verboten worden, weil die Schotten ihn als Kriegsinstrument verwendeten. In der Tat wirkte er auf Leute, die ihn zum ersten Male hörten, ein wenig erschreckend. Der Dudelsack besteht aus dem gelochten Spielrohr, einem Blaserohr, drei Rohren für die Bordunbässe und dem Lederbalg, der für gleichmäßigen Lauf der Luft sorgen soll. Die Musik ist eine Fünftonmusik wie die der Kinderlieder und bestimmte auch die Weisen der Volkslieder. Die Dudelsackmusik wurde anhand gälischer Merkwörter zunächst nur mündlich überliefert, erst später in Noten festgehalten.

Rechts: Das Lews Castle in Stornoway, Hauptstadt der Äußeren Hebriden. Der dortige Park ist die einzige größere Baumansammlung der kahlen Insel – damit sie wuchsen, mußte Erde aus England herbeigeschafft werden.
(Fotos: K. Dehm, W. Gartung, M. Steffe)

Die Entwicklung der Industrie, hauptsächlich Schwerindustrie in der Gegend von Glasgow, fing die starke Abwanderung nach Amerika auf. In dem industrialisierten Gürtel vom Clyde zum Forth wohnen 75 Prozent der Bevölkerung Schottlands. Von den jüngsten Krisen wurde das Land besonders hart getroffen. Seitdem in der Nordsee Öl gefunden wird, gewinnt auch die nationalistische Partei an Stimmen; denn man rechnet sich aus, daß das Öl Schottland die Möglichkeit geben wird, getrennt von England innerhalb der EG auf eigenen Füßen zu stehen. Allein diese Gefahr läßt das Unterhaus in London zögern, die geplanten Regionalparlamente in Schottland und Wales nach langem Versprechen endlich einzurichten. Denn das Parlament in Edingburgh würde als erstes versuchen, eine Unabhängigkeitserklärung durchzubringen. Von den Ölfunden leben freilich auch noch Zulieferungsfirmen wie Reedereien, Eisenbahn, Anlagenbauer und Hochbaufirmen. Das fördert die allgemeine Wirtschaft des Landes spürbar, aber die Arbeitslosigkeit durch das Stillegen von Werften und Gruben ist noch sehr groß.

Nun soll der Tourismus gefördert werden. Er beschränkt sich wegen des rauhen Wetters auf eine kurze Hochsaison von Juli bis August. Die Flüsse in Schottland sind noch so sauber und fischreich, daß besonders Angler begeistert sein werden. Doch bietet Schottland jedem etwas – nur muß man sich eine andere Sichtweise angewöhnen. Es gibt nichts Auffallendes, Hinreißendes, Entzückendes in diesem Land. Der italiengewohnte Urlauber wird vielleicht die malerischen Städtehäufchen auf den Hügelspitzen vermissen, die Marmorpaläste, herrlichen Blüten und köstlichen Früchte – all das findet man nicht.

In Schottland muß man es schon als eine architektonische Besonderheit werten, wenn man auf Häusern gebrannte Ziegel sieht. Ziegel wurden nämlich in Schottlands Vergangenheit nie hergestellt, man verwendete zur Bedachung Schiefer, Erde oder Granitplatten. Die Dachziegel, die besonders im Umkreis von Hafenstädten zu sehen sind, stammen aus dem Ballast holländischer Schiffe, die zur Zeit der Renaissance mit Schottland regen Handel trieben. Es gibt auch keine prachtvollen Häuser, die sich gefällig über die Hänge ausbreiten, sondern nur niedrige Quaderchen mit Kaminen an den Stirnseiten, die sich wetterverschreckt in die Täler ducken. Sie sind meistens weiß gekalkt und haben schwarzbemalte Fenster- und Türrahmen. Daneben findet man auch Häuser, deren Steinmauern unverputzt sind. Dann erzählen diese recht zuverlässig, welche Gesteine in der Gegend vorkommen – roter oder gelber Sandstein, roter, grauer oder schwarzer Granit. Die Leute können es sich nur selten leisten, die Häuser vom Grauschwarz der oxydierten Steinschicht befreien zu lassen. Daher wirken viele Städte so düster und verschlossen wie das Land selbst. Auch der Speisezettel ist ärmlich. Außer den wenigen Feldfrüchten, die angebaut werden können – Rüben, Kartoffeln, Weizen –, und Fleisch hat man nie anderes zu besorgen gewußt noch sich zu einfallsreichen Rezepten anregen lassen. Privatleuten wie Gaststätten fällt es schwer, eine abwechslungsreiche Kost anzubieten. Nur an Süßwaren gibt es ein reiches Angebot. Das Nationalgericht ist Haggis, eine Art Hackepeter aus Schafsniere, -herz und -leber mit Weizen. Dieses Gemisch wird in einem Schafsmagen gekocht und mit Rüben und Kartoffeln gereicht.

Die Kirchen, auch gotischen Stils, erheben sich längst nicht zu der schlanken Höhe, die wir gewohnt sind, sondern bleiben wie ihre Schwestern aus normannischer Zeit niedrig und gedrungen. Die Türme sind gerade abgeschlossen oder haben einen flachen kronenartigen Überbau, selten aber spitze Turmhelme. Da die Wohnhäuser aber so niedrig sind und Hochhäuser auf viel Ablehnung stoßen, überragen diese Kirchen trotzdem die höchsten Gebäude in Dorf und Stadt. Damit spiegeln sie die Tatsache wider, daß sich auch die Institution Kirche noch viel größerer Achtung als bei uns erfreut. Wiederum aus traditioneller Veranlagung hat man sich auch ihr gegenüber vor übereilten Reaktionen zurückgehalten.

Auch große prachtvolle Schlösser gibt es wenig, dagegen viele kleine Burgen. Diese bestehen eigentlich nur aus einem mächtigen Bergfried mit allenfalls späteren Anbauten.

Geizig sind die Schotten nicht. Dieser Ruf entstand wahrscheinlich aufgrund ihrer Armut, die dann spöttisch zu Geiz verkehrt wurde, als nach dem Sieg über Charles Edward Stuart Engländer im Norden angesiedelt wurden und im Kontakt mit den Schotten deren Armut so verhöhnten. Die Schotten sind im Gegenteil äußerst gastfreundlich und hilfsbereit.

Das einerseits macht das Land so einladend für uns, andererseits aber auch sein Traditionsbewußtsein. Es ist eine Freude, durch das Land zu reisen und sich die zahlreichen kleinen und großen Museen anzusehen, die mit viel Liebe eingerichtet werden und in denen nicht bloß ein altes Stück neben das andere gereiht wird. Karten, Zeichnungen und Erklärungen ergänzen, was man im Museum selbst nicht vorfindet. Erklärungs- und Gedenktafeln an alten Gebäuden, Straßen und Mahnmälern geben einen so lebendigen Einblick in die schottische Geschichte, daß man gar keine Bücher mehr zu lesen braucht. Abgesehen davon gibt es an gut ausgebauten Straßen außer Hotels viele Park- und Campingplätze. Der Tourismus ist in Schottland bestens organisiert. Das ist sehr angenehm. Wären alle diese Erleichterungen und die versteckten Schönheiten des Landes besser bekannt, wäre es bald wirklich nur noch geographisch ein Land am Rande Europas.

Nur echt
mit roter Nase

Von Wolfgang Bechtle

Seit der Wolfshatz im Bayerischen Wald wissen wir mehr darüber, welche größeren Raubtiere – außer Fuchs, Dachs, Marder oder Wiesel – der mitteleuropäische Forst noch verträgt. Den Wolf können wir abschreiben, der wird Gatterwild bleiben. Und die Luchse an der Böhmerwaldgrenze? Da muß man abwarten, wie das Experiment ausgeht.

Aber noch haben wir ein schönes und großes Raubtier in manchen Wäldern unserer Mittelgebirge: die Wildkatze. Man braucht sie nicht auszusetzen, sie ist da, und ihr Bestand vergrößert sich – wenn auch kaum ein Grünrock, geschweige denn ein Waldwanderer, sie je in freier Wildbahn gesehen hat.

Die Sache mit der roten Nase in der Überschrift muß ich erklären. So leuchtend erdbeerrot wie bei einem ausgepichten Weinzahn braucht sie nicht zu sein. Es genügt ein fleischfarbenes Rosa, oder, wie es in einer Wildkatzenbiographie so hübsch lyrisch heißt: ein »Hellvenezianischrot bis zum Ocker«.

Aber wie auch immer, niemals darf eine europäische Wild- oder Waldkatze einen

Rechts: Die Wildkatze mag Wärme und Sonne. Sie bevorzugt offene Waldflächen und Lichtungen; dort macht sie auch Jagd auf Mäuse und andere Kleintiere.

schwarzen Nasenspiegel haben wie unsere Hausmiezen. Sieht man in einem Zoologischen Garten (wo die Wildkatzen ihre Tage auf einem kahlen Ast verschlafen) ein Tier mit schwarzer Nase, so hat man einen der vielen Blendlinge vor sich, die es aus der Verbindung von Wilden mit Häuslichen gibt. Solche Ehen sind nicht ganz korrekt; unsere Wildkatze ist nämlich durchaus nicht die Ahnfrau ihrer zahmen Vettern – das ist die Nubische Falbkatze *(Felis silvestris libyca)* –, doch kreuzt sie sich ohne weiteres mit einer Stadtdame, die auf abendlichem Waldspaziergang daherkommt. Sicher ist ein Schuß Hauskatzenblut in der ganzen Wildkatzenpopulation, und auch bei manchem Hauskätzchen (Grautiger sind da bevorzugt) schlagen ein paar Tropfen der wilden Verwandtschaft durch.

Aber es gibt noch ein zweites Kennzeichen zur Unterscheidung der wilden von den zahmen Katzen. Mag die gelbgraue Farbe

der Oberseite, die Streifung am Kopf, an den Wangen und im Nacken auch variieren – auf eines legt der Wildkatzen-Adelsführer Wert: Die »echten« dürfen keinen schmalen, am Ende zugespitzten Schwanz haben; es muß eine dicke Lunte fast nach Fuchsart sein, die dunkel geringelt ist und mit einem schwarzen Stück wie abgehackt endet.

Sonst aber folgt die Wildkatze in ihrem Aussehen den altbewährten zoologischen Grundregeln. So sind Exemplare aus kühleren Gebieten, um gegen die Auskühlung ein besseres Verhältnis von Körpermasse

272

zur Oberfläche zu haben, schwerer als Tiere aus warmen Zonen. Auch zeigen sie in kühlen Gebieten längeres und dichteres Haar. Kürzere Schwänze bilden sie in Kaltgebieten aus. Schließlich zeigen Färbung und Musterung noch Unterschiede: Wildkatzen in trockenwarmen Gebieten sind fahler, die in feuchtwarmer Landschaft dagegen farbsatt und dunkelgemustert.

Alle Katzen mögen es warm. Irgendwo in der Sonne zu liegen und scheinbar zu dösen ist ihnen ein Hochgenuß. In den Wäldern lieben sie die Lichtungen; sie haben sich eigentlich erst dann wieder kräftig vermehrt, als nach Ende des Zweiten Weltkrieges viele, zum Teil brutale Holzeinschläge erfolgt sind. Aber nicht nur zum Sonnenbad sind die Lichtungen da – hier leben auch die Beutetiere der Wildkatze: Erdmaus, Rötel- und Waldmaus. Seit man die Hauptnahrung der *Felis silvestris* genauer kennt, fällt es den Jägern leicht, den Gewehrhahnfinger nicht auf die Wildkatze krumm zu machen. Zwar nimmt die Bodenjägerin alles Kleinzeug, das sie kriegen kann (so auch Fischchen, die sie mit der Pfote aus dem Wasser patscht, ohne sich naß zu machen), aber sie ist vor allem eine hochprozentige Mäusefängerin. An größeres Wild geht sie (kranke Jungtiere ausgenommen) im allgemeinen nicht. Sie wiegt selbst nur 4 kg (Katzen) bis 5 kg (Kater) und nicht, wie manchmal angegeben, bis zu zehn Kilogramm. Man kann sich eine gut genährte Wildkatze – im Winter leidet sie Hunger wegen der Schwierigkeit, an Mäuse zu kommen – etwa so groß vorstellen wie einen kastrierten Hauskater. Untersuchungen an 139 Wildkatzen, die der berühmte Wildkatzen-Professor B. Condé (Nancy) durchgeführt hat, ergaben als Hauptbeute die Feldmaus zu 96 Prozent; der Rest waren Bisamratten, Spitzmäuse,

Siebenschläfer und andere Schlafmäuse, dann Kriechtiere und schließlich wenige Fische. Vögel sind Ausnahmenahrung, denn die Wildkatze erreicht sie meist nur zur Brutzeit.

Heute gibt es drei Zentren des Wildkatzenvorkommens: die Eifel, den Harz und Elsaß-Lothringen. Doch sind auch Westerwald, Hunsrück und Taunus inzwischen besiedelt worden, und der Populationsdruck der Katzen ist so groß, daß selbst in der Rheinpfalz, am Vogelsberg, in der Rhön, im Odenwald und Spessart, im Schwarzwald und an einigen Stellen in Bayern wieder einzelne Exemplare gesichtet werden. Es ist immer schwierig, ein Wildkatzenvorkommen ohne genauere Untersuchung der Tiere zu bestätigen, weil einfach zu viele Blendlinge vorkommen; doch zeigen Einlieferungen von Jungtieren in Zoos, daß die Wildkatze weiter verbreitet ist, als man denkt. Nur eines schließt sich aus: Setzt man den Luchs in ein Revier ein, muß die Wildkatze meist weichen. Sonst hat sie jedoch kaum einen Feind; mit dem Fuchs kommt sie aus, indem beide einen Bogen umeinander machen, und der Uhu, der als Gegner in Frage käme, ist ja so selten geworden.

Niemals wird man von einer Wildkatzenfamilie Fotos sehen wie von den Löwengesellschaften in der Serengeti. Da räkelt sich kein fauler Kater in der Familie herum und wartet darauf, daß eine fleißige Dame Fleisch macht. Bei Wildkatzen hält die Mama ausschließlich zu ihren Jungen. Der dicke Papa ist nach der Hochzeit nicht

Rechts: Wildkatzen bringen ihre Jungen in Erdlöchern, mit Vorliebe unter Baumstümpfen, zur Welt. Hier eine Katze mit Jungem (links). Die Augen reflektieren.
(Fotos: W. Bechtle)

mehr gefragt, und es steht zu vermuten, daß es sich ähnlich verhält wie bei den Rotfüchsen: Die Mama mag zwar den Alten gern, doch traut sie ihm nicht über den Weg. Wer weiß, was passiert, wenn der Hunger hat!

Wie bei den Bären gibt es auch in Katzenrevieren die berühmten Kratzbäume. Wer eine Hauskatze pflegt, weiß, wie die lieben Miezen mit den Tapeten im Hausflur umgehen. Nicht anders ist es im Wildkatzenrevier: Bäume und Sträucher mit weicher Rinde dienen zu lustvollem Kratzen, das wir Menschen oft als »Schärfen der Krallen« auslegen. Welch ein Unsinn! Jeder Techniker wird sagen, daß man eine Hornkralle nicht mit weichem Holz schärfen kann. Nehmen doch selbst unsere Damen hierfür Feilen, die mit scharfem Quarzstaub belegt sind. Nein, Bären und Wildkatzen haben ihre Kratzbäume zum Räkeln und (verbunden mit dem Duft der Drüsen zwischen den Zehen) zum Markieren des Reviers.

An der Universität Nancy wirkt der wohl kompetenteste Wildkatzenkenner Europas, Professor B. Condé von der Zoologischen Fakultät. Herr Condé ist einer jener Wissenschaftler, die Wissen nicht nur mit Hilfe eines Archivs, sondern weit mehr mit der lebendigen Anschauung gewinnen. Er legt allerdings gar keinen Wert auf Publicity. Wir mußten unseren ganzen Charme aufwenden, um Einlaß ins Wildkatzenparadies zu bekommen.

Die »Chats forestiers« des Herrn Condé sind beileibe keine Zootiere, darauf dressiert, sich bei Erscheinen des Menschen zu echauffieren. Im Privatgarten des Professors ist ein Riesengehege mit Bäumen, Büschen und Unterholz aufgebaut, und wer dahin kommt, wird staunen, was darin passiert: Nichts. Man stolpert um die eingezäunte Wildnis herum und kann keine Wildkatze entdecken. Erst viel später sahen wir etwas. Im Lichtstrahl unserer Taschenlampe leuchteten aus einem Loch unter einem Baumstubben vier Scheinwerfer auf: das waren zwei Jungkatzen in der Kinderstube. Katzenaugen werfen den Lichtschein zurück. Mit vier Opalen strahlten mich – wider Willen – die beiden Jungwildkatzen an. Sie blieben indes streng unter Aufsicht, die leise fauchende Kätzin erlaubte keinerlei Ausgang. Der Belichtungsmesser zeigte zehn Sekunden bei offener Blende 2,8. Es blieb also nur der Blitz. In einer Entfernung von höchstens fünf Metern mußte die Sache passieren, oder ich war umsonst hierher gefahren. Was tut man? Man benimmt sich albern, man piepst, man miaut, man pfeift wie ein Mäuschen. Die Wildkatzen halten einen – mit Recht – für nicht normal und bleiben fort.

Doch da kommt der Professor, lächelt uns an und entfernt sich; er kommt wieder und hält versonnen eine lebende Ratte am Schwanz. Er tritt ans Gitter des Wildkatzenurwalds und murmelt leise Beschwörungsformeln. Und da passiert es: Aus dem Geäst des Baumes über uns löst sich plötzlich ein Wildkater, springt unhörbar auf den Boden und schnürt durchs hohe Gras heran. Er schlägt mit seinem dunkelgeringelten Schwarz, legt fauchend und angriffslustig die Ohren zurück. Klar, daß der Professor keine Fremden ins Wildkatzengehege lassen kann – die Tiere würden angreifen. Ich weiß das von den Tierpflegern im Zoo: Sie gehen weit lieber zu den zentnerschweren Löwen in den Käfig als zu den lächerlichen zehn Pfund Wildkatze im Kleinraubtierhaus. Kleinkatzen sind von Natur leicht reizbar, dazu noch »Angstbeißer«, weit aggressiver als so ein gelber Bettvorleger aus der Serengeti.

Ich habe die auf diesen Seiten gezeigten Fotos – bis auf eines – mit freundlicher

Hilfe des Wildkatzenprofessors aus Nancy gemacht. Monsieur Condé lockte mit der lebenden Ratte, die Tiere kamen in langen Sätzen herbei und zeigten fauchend das respektable Gebiß. Die Kätzin holte sich die Ratte und verschwand lautlos. Das Geschrei in der Kinderstube bewies, wohin die Beute gebracht worden war.

Immer wieder tauchen in Forsthäusern junge Wildkatzen auf, die von den Försterskindern aufgepäppelt werden. Nun sieht ein Wildkatzenjunges wie ein graugetigertes Hauskatzenbaby aus, und man versteht, daß es zum Mögen und Bemuttern herausfordert. Eine Zeitlang geht das auch gut – das Kätzchen miaut zutraulich und nuckelt brav am Fläschchen. Das ist die Szene, von der dann ein Bild in der Heimatpresse erscheint mit der Feststellung, daß es gelungen sei, eine Wildkatze zum Haustier zu machen. Aber später hört man nie mehr etwas davon. Zwar leben in so manchem Förstersgarten zahme Rehe oder zutrauliche Wildschweine, doch wohl nie wird eine Wildkatze im Wohnzimmer auf einem bestickten Sofakissen schlafen.

Wildkatzen werden nie völlig zahm. Auch bei handaufgezogenen Jungtieren bricht eines Tages die Wildheit durch, und sie lassen sich nicht mehr anfassen, ohne zu kratzen, zu fauchen oder zu beißen. Eine rechte Wildkatze schnurrt nur in Freiheit.

Arlberg-Straßentunnel– Großbaustelle unter Tag

Von Richard Höhn

Langsam verklingt das dumpfe Donnergrollen der Sprengungen. Das gespenstische Dunkel in der neu entstandenen Tunnelröhre und die momentane Stille läßt ein Gefühl der Beklemmung und Ohnmacht hochsteigen.

Das ist jetzt die schlimmste Zeit im Tunnel. Ringsum nur Staub, der das Leben der Tunnelbauer für kurze Zeit zur Hölle macht. Man denkt unwillkürlich an den berüchtigten Londoner Nebel, man sieht hier drin die Hand vor den Augen nicht! Ein Taschentuch als provisorischer Schutz vor Mund und Nase gepreßt, erleichtert das Atmen in der dicken, stickigen Luft. Eine gute Viertelstunde verstreicht, ehe sich der »Bojan« (Branchenjargon für das Staub-Luftgemisch) so weit verzogen hat, daß die Mineure vorne an der „Brust" (vorderer

Rechts: Blick in die Röhre des Arlbergtunnels. Grelle Halogenscheinwerfer erleuchten die Zone an der »Brust« taghell. Die Helmlampen der Arbeiter zeichnen bizarre Lichtbahnen. Die dünne Linie rechts im Bild ist ein Laser-Strahl. Insgesamt drei Laser-Strahlen werden zur Vermessung des Tunnels benutzt.

Teil des Tunnels) die Arbeit wieder aufnehmen können. So lange heißt es warten.

Eine knapp 14 Kilometer lange Röhre haben die Tunnelspezialisten unter Einsatz modernster Methoden durch den Arlberg, zwischen Langen und St. Jakob, getrieben. Ab 1979 wird das Bauwerk dem Autoverkehr offenstehen. Bislang führte nur die Paßstraße über das »Verkehrshindernis« Arlberg. Diese Straße bildet die kürzeste Verbindung zwischen dem Inntal und dem Vorarlberger Rheintal.

Wegen der verkehrsfeindlichen Erscheinungen des Hochgebirges haben bereits die Römer für die Anlage einer Straße von Veldidena (Wilten) und Brigantium (Bregenz) die kurze Arlbergroute gemieden und den Weg über den Fernpaß und durch das Allgäu ausgebaut. Bis ins Hochmittelalter führte über den meist schneebedeckten Arlberg ein bescheidener, wenig benützter Saumpfad. Erst zur Zeit der Kreuzzüge kam es zu einem lebhafteren Verkehr über den Arlberg. Wallfahrer, Kaufleute, Krieger und Abenteurer zogen damals über den Paß ins Inntal, dann weiter über den Brenner nach Venedig und anschließend in den Orient. Zum wirklichen Ost-West-Handelsweg wurde der Paß erst durch die Entdeckung neuer Salzlagerstätten in Hall. Während der Hochblüte der Salzsäumerei zogen Karawanen mit bis zu 700 Tragepferden über den Arlberg an den Rhein und in das Bodenseegebiet.

Um die Jahrhundertwende tauchten auf der Paßstraße die ersten Autos auf; bereits 1903 fand die erste Wettfahrt Paris–Wien statt. Scharfe Kurven, Fahrbahnbreiten von meist nur 3,5 Meter, Staubentwicklung und große Steigungen erschwerten das Fahren. Die Linienführung blieb bis 1938 unverändert. Nach dem zweiten Weltkrieg wurde die Straße ausgebaut und mehrere Brücken erneuert.

Das Hauptproblem des Arlberg-Straßenverkehrs ist die Verkehrssicherung im Winter. Bis zur Mitte dieses Jahrhunderts waren Paßüberquerungen nur bei günstigen Wetter- und Schneeverhältnissen ratsam. Auch heute noch bleibt die Strecke bei Lawinengefahr eine Zeitlang gesperrt. Die Kraftfahrer haben dann keine Möglichkeit, auf eine andere inländische Straßenverbindung auszuweichen. Sie können entweder den Autoverladedienst der Bahn in Anspruch nehmen oder den Arlberg über süddeutsche Straßen umfahren. Der Tunnel wird hier Abhilfe schaffen.

In der Zwischenzeit herrscht im Tunnel wieder lebhaftes Treiben. An die 40 Grad Celsius zeigt das Thermometer hier mitten im Berg. Die laufenden Motoren der Baumaschinen vor Ort sind für das saunaähnliche Klima, das die Arbeitsbedingungen zusätzlich erschwert, verantwortlich. Die wasserdichte Gummi-Schutzkleidung, in der die Leute stecken, tut das ihre.

Männer mit einer Art Mundschutz beginnen das »Gebirge abzuklopfen«. Der Mundschutz soll verhindern, daß allzuviel Dreck geschluckt wird. Diese ersten Sicherungsarbeiten dienen dazu, eventuell loses Gestein aus dem Berg zu brechen, ehe mit den weiteren Arbeiten fortgefahren wird. Viel Erfahrung und hohes Verantwortungsbewußtsein kennzeichnen diese Spezialisten, die im spärlichen Licht ihrer Helmlampen den Weg in den Berg bahnen und sichern.

Abhängig von der »Qualität des Berges« (d. h. von den geologischen Verhältnissen),

Rechts: Für die Tunnelbauer ist jeder Augenblick des Verschnaufens über Tage gleichbedeutend mit ein paar Atemzügen reiner, frischer Luft. Im Tunnel selbst herrscht eine stickige Atmosphäre.

beträgt die Vortriebstiefe pro Sprengung zwischen achtzig Zentimeter und vier Meter. Die Vorgänge sind dabei immer die gleichen: Bohren der Sprenglöcher, laden, sprengen, erste Sicherungsmaßnahmen, Abtransport des ausgebrochenen Gesteins nach hinten, Aufziehen des Baustahlgitters, Aufbringen der Spritzbetonschicht und Einbau des Stahltunnelbogens, Setzen der Anker nach der »Neuen österreichischen Tunnelbaumethode«.

Bei jedem Tunnel zeigt sich das Bestreben des Gebirges, in den geschaffenen Hohlraum (Tunnelröhre) hineinzudrücken. Dies ist abhängig von Schichtung und Gebirgsfestigkeit sowie der Höhe der Überlagerungen. Um dem Druck entgegenzuwirken, verwendet man bei der »Neuen österreichischen Tunnelbaumethode« einfach das umliegende Gebirge dazu, den Hohlraum freizuhalten. Man bohrt, je nach Stärke des Gebirgsdrucks, 1 bis 16 Meter tiefe Löcher (Durchmesser etwa vier Zentimeter) in das

Oben: Gespenstisch wirkt die Tunnelröhre auf den Betrachter, »wandert« er den langen Weg von der Brust zurück zum Tunnelportal. Ab und zu begegnet ihm eines der beleuchteten Transportfahrzeuge, das die Umgebung in grelles Licht taucht.
Rechts: Fast zweitausend Meter hoch liegt eine andere »Tunnelbaustelle«. Über den hier entstehenden Lüftungsschacht Albona (736 Meter tief) wird Frischluft in den Tunnel gedrückt.
(Fotos: J. Suttner)

Gestein. Anschließend werden diese Bohrungen mit schnell bindendem Zementmörtel gefüllt, und in diesen Mörtel wird eine Art Stahl-Nagel eingebracht. Das hintere Drittel dieses Ankers ist nun jeweils mit jenem Teil des Gebirges verbunden, der auf den geschaffenen Hohlraum (die Tunnelröhre) keinen Einfluß mehr hat. Auf den verbleibenden Teil des Ankers wirkt

282

der Gebirgsdruck. Eine sogenannte Ankerplatte (Stahlplatte) sorgt dafür, daß sich das nachdrängende Gestein »abstützen« kann. Der Tunnel ist gewissermaßen in das Gebirge gedübelt und genagelt. Durch Setzen einer entsprechenden Anzahl solcher Ankerungen wird ein Gebirgstragering hergestellt, der den Hohlraum des Tunnels absichert. Auf diese Weise können Tunnel rationeller und kostengünstiger gebaut werden als bisher.

Mannschaften und Geräte werden ohne Unterbrechung in Tag- und Nachtschichten eingesetzt, um den Tunnel so schnell wie möglich fertigzustellen. Die Röhre wird von zwei Seiten in den Berg getrieben: Von der Westseite her im traditionellen Gleisbetrieb (Haupttransportgerät für Material, Gerät und Mensch ist die Eisenbahn), und von der Ostseite her im modernen, fortschrittlichen gleislosen Betrieb. Wie bei einer Baustelle über Tag übernehmen dieselmotorgetriebene Fahrzeuge die

Transportaufgaben. Zu diesem Zweck mußten spezielle, abgasarme Motoren konstruiert und gebaut werden, damit die Atemluft nicht total verseucht wird. Die »Bewetterung« (Belüftung) eines Tunnels stellt beim Bau sowieso ein wesentliches Problem dar. Soweit dies möglich ist, wird daher auch elektrischer Strom als Energiequelle eingesetzt. So benutzt man beim Bau des Arlbergtunnels zum Beispiel elektrisch angetriebene Bagger.

Die Belüftung spielt jedoch nicht nur beim Bau, sondern auch beim fertigen Tunnel eine äußerst wichtige Rolle. Über zwei senkrechte Belüftungsschächte sowie von den beiden Portalen aus wird der Arlbergtunnel mit Frischluft versorgt. Riesige Ventilatoren drücken die Zuluft über einen Kanal, der durch eine Zwischendecke von der eigentlichen Fahrröhre getrennt ist, in den Tunnel. Der Luftaustritt erfolgt seitlich an der Röhrendecke. Gleichzeitig wird die verbrauchte Luft abgesaugt und über eine parallel zum Frischluftkanal verlaufende Leitung abtransportiert. Die Abgase von 1800 Fahrzeugen pro Stunde verkraftet die Belüftungsanlage auf diese Weise.

In fast 2000 Metern Höhe über dem Meeresspiegel befindet sich die Baustelle für den 736 Meter tiefen Lüftungsschacht Albona. Im fertigen Zustand beträgt sein Durchmesser 7,37 Meter. In einem Transportkübel stehend fahren wir in den Schacht ein. Mit etwa fünf bis sechs Meter pro Sekunde (18 bis 21,6 km/h), – das entspricht der Sinkgeschwindigkeit eines Fallschirmspringers – geht unsere Fahrt bis auf 400 Meter Tiefe. Bei etwa 200 Meter Tiefe fängt es trotz herrlichen Sonnenscheins im Arlberggebiet plötzlich zu regnen an. Im Schacht kommt es zur Wetterbildung wie in der Atmosphäre. Wasserdichtes Ölzeug, wie es die Seeleute zeitweilig tragen, ist daher Standardbekleidung für die Bergleute, die in der »Luftröhre« arbeiten.

Genau 13,98 Kilometer Gesamtlänge beträgt die Strecke des Arlbergtunnels, der erstmals eine wintersichere Verbindung der österreichischen Bundesländer Tirol und Vorarlberg in Ost-West-Richtung garantiert. Bei einer Fahrbahnbreite von 7,5 Meter und zwei Bahnketten ergibt sich eine Gesamtbreite des Tunnels von 9,4 Meter, die Höhe beträgt 4,7 Meter. Darüber liegen die Kanäle für Zu- und Abluft.

Begonnen wurden die Tunnelbauarbeiten am 28. Mai 1974. Der Tunnelanschlag (Beginn der Ausbrucharbeiten) erfolgte am 5. Juli desselben Jahres. Der Durchstich (die beiden Tunnelröhren treffen sich) war am 11. November 1977 zu vermelden. An dieser Stelle drängt sich ein Vergleich mit dem Bau des Eisenbahntunnels durch den Arlberg im Jahre 1883 auf. Während man damals für den etwa 10,2 Kilometer langen Tunnel 46 Monate bis zur Fertigstellung und Inbetriebnahme bei einem personellen Einsatz von ungefähr 4500 Mann und rund 2000 PS (1472 kW) Maschinenleistung an Gerät benötigte, rechnet man beim Arlberg-Straßentunnel bis zur Fertigstellung mit einer Zeit von annähernd 40 Monaten, mit nur 900 Mann Personal, aber dem Einsatz von Geräten mit einer Gesamtleistung von nahezu 35 000 PS (25 760 kW). Rund 800 Millionen Mark wird der Bau dann insgesamt verschlungen haben. Einige weitere Vergleichszahlen zeigen die deutliche Wandlung im Tunnelbau: Während beim Eisenbahntunnel zur Stützung und Sicherung der Tunnelröhre noch rund 44 Prozent (35,2 Quadratmeter) des ausgebrochenen Hohlraums wieder zugemauert wurden, müssen beim Straßentunnel dank der »Neuen österreichischen Tunnelbaumethode« nur noch 18 Prozent (18,54 Quadratmeter) des Hohlraums wieder »zugemacht« werden. Ein enormer technischer Fortschritt!

»Das letzte große Verkehrshindernis in der bedeutungsvollen Achse Bukarest–Paris«, so der technische Direktor Dipl.-Ing. Herbert Posch der Arlberg Straßentunnel AG, »wird mit diesem Bauwerk beseitigt.« Nach dem Willen der Bauherrn wird es ab 30. Juni 1979 nicht mehr über den Arlberg, sondern durch den Arlberg heißen.

Auch Kleben will gelernt sein

Was man vom Kleben und von Klebern wissen sollte

Von L. C. Treppel

Das Basteln von detailgetreuen Plastikbausätzen ist eine beliebte Beschäftigung. Neben Geschicklichkeit entscheidet der richtige Kleber darüber, ob das fertige Modell sauber ausfällt und alle Teile gut zusammenhalten.

Wenn es heute beim Modellbau oder Heimwerken oder auch nur bei der Reparatur eines zerbrochenen Gebrauchsgegenstandes darum geht, zwei oder mehr Teile möglichst schnell, sauber und sicher zu verbinden, greift jeder fast automatisch zur Klebstoftube. Auch in der Großtechnik nimmt das Kleben einen immer größeren Raum ein. Die konstante Entwicklung von neuen und leistungsfähigeren Klebertypen führt seit Jahren dazu, daß immer mehr konventionelle und vor allem sehr aufwendige Verbindungstechniken wie Löten, Schweißen, Schrauben, Nieten, Dübeln oder Klammern durch Kleben verdrängt werden. Dies liegt nicht nur daran, daß Kleben einfacher und dank dem geringeren Aufwand in vielen Fällen billiger ist. Auch technisch bieten sich wichtige Vorteile, denn Klebeverbindungen schaffen im Gegensatz zum Verschrauben und Vernieten eine vollflächige Verbindung. Außerdem werden die zu verbindenden Materialien nicht wie beim Schweißen und Löten durch Hitze beansprucht, die zur Schwächung oder zum Verziehen des Werkstoffes führen kann.

Ein interessantes Beispiel für die häufige Anwendung in der Technik bietet der Flugzeugbau, in dem heute bereits rund 40 Prozent aller Fügeverbindungen geklebt werden. Dabei bilden selbst so hochbeanspruchte Teile wie Flügel- und Leitwerksbeplankungen keine Ausnahme. Das setzt natürlich hochwertige Kleber und vor allem eine fachgerechte Ausführung der Klebeverbindung voraus. Es beginnt mit der richtigen Wahl des Klebers, der guten Vorbereitung der Klebeflächen und dem richtigen Auftrag des Klebers. Andere wichtige Punkte sind die Größe und Form der Klebeflächen, die auftretenden Belastungen durch mechanische Kräfte, chemische Einflüsse oder auch Temperatur.

Wer richtig und dauerhaft kleben will, sollte deshalb wissen, was Kleber sind, wie sie die gewünschte Verbindung herbeiführen, welche speziellen Typen mit welchen Eigenschaften es gibt und wie man eine Verklebung fachgerecht durchführt. All dies ist unverzichtbares Rüstzeug für den Techniker, doch auch für den Laien ist es nützlich, hierüber wenigstens in groben Zügen Bescheid zu wissen und so besser und haltbarer kleben zu können.

Kleben ist eine lang bekannte Verbindungstechnik. Schon im Altertum verwendete man Wachs, klebrige Harze und Eiweiß als Klebstoffe. Die Inkas benutzten Gummisaft zum Kleben von Stoffbahnen, die sie mit der gleichen Flüssigkeit sogar wasserdicht machten.

Unter Kleben versteht man die Verbindung von zwei gleich- oder verschiedenartigen Werkstoffen durch eine in der Regel flüssig oder auch pastös aufgebrachte Masse, die durch Trocknung oder chemische Reaktion erstarrt. Es gibt außerdem Kleber, die warm aufgebracht werden und durch Abkühlen erstarren (sogenannte Schmelzkleber) und solche, die dauernd klebrig bleiben. Letztere heißen Haftkleber und werden hauptsächlich zur Herstellung von Selbstklebebändern wie tesafilm oder tesaband verwendet.

Wie kommt nun aber eine Klebeverbindung zustande? Hierzu sind zwei wesentliche Voraussetzungen notwendig. Einmal muß der Kleber eine gute Haftung auf den zu verbindenden Werkstoffen haben, der Fachmann spricht in diesem Falle von Adhäsion. Zum anderen müssen die einzelnen Moleküle, das heißt die kleinsten chemischen Bausteine des Klebstoffes, auch möglichst gut zusammenhalten oder, wie der Fachmann sagt, eine gute Kohäsion aufweisen.

Betrachten wir die Begriffe Adhäsion und

Oben: Kleben ist eine hochmoderne Verbindungstechnik, die sich durch geringen Arbeitsaufwand, Schnelligkeit, Sauberkeit und Sicherheit auszeichnet. Für die vielen Klebeprobleme gibt es eine Vielzahl maßgeschneiderter Klebertypen. Ein großer Teil der im Haushalt oder beim Basteln anfallenden Verklebungen können jedoch auch mit einem Vielzweckkleber wie technicoll V, der hier in Plastikflaschen abgefüllt wird, ausgeführt werden.

Kohäsion einmal etwas genauer. Wenn wir beispielsweise zwei Glasplättchen mit Wasser benetzen und zusammendrücken, stellen wir fest, daß sie aneinander haften. Sie lassen sich nicht senkrecht zu den Kontaktflächen auseinanderziehen. Dies ist eine Wirkung der Adhäsion, die an den Grenzflächen zwischen dem Wasserfilm und den Glasflächen wirksam ist. Die Adhäsion beruht auf Anziehungskräften zwischen den Wasser- und Glasmolekülen im unmittelbaren Kontaktbereich.

Verschieben wir jedoch die Glasplättchen gegeneinander, stellen wir fest, daß dies ganz leicht geht, denn die Kohäsion des Wasserfilms ist sehr gering. Unter Kohäsion versteht der Fachmann den Zusammenhalt der Moleküle eines Stoffes – in unserem Falle des Wassers oder, auf eine Klebeverbindung übertragen, des Klebeharzes. Wenn eine Klebeverbindung sehr fest und dauerhaft sein soll, benötigen wir als Klebemittel einen Stoff, der sowohl

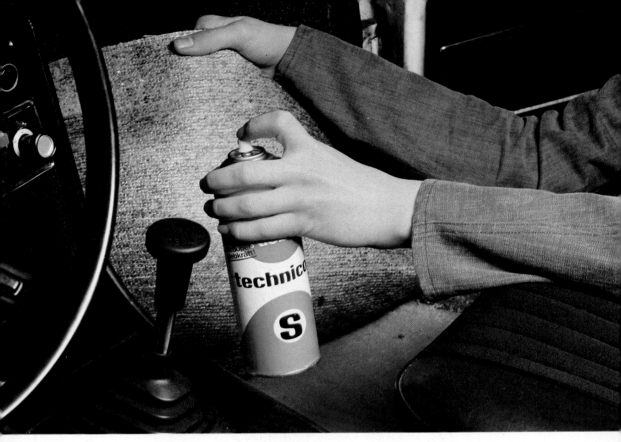

eine gute Adhäsion aufweist als auch über eine hohe Kohäsion verfügt.

Die Adhäsion läßt sich auch durch einen technischen Kniff verbessern. Sie ist um so größer, je enger der Kontakt zwischen den Klebermolekülen und den Molekülen des zu verklebenden Werkstoffes ist. Für die Praxis heißt dies, daß vor Auftrag des Klebers die Werkstoffoberfläche intensiv gereinigt werden muß. Auf diese Weise entfernt man etwaige Fremdstoffe, die auf der Werkstoffoberfläche sitzen (Fett, Staub, Oxide) und einen engen Molekülkontakt zwischen Werkstoff und Kleber verhindern könnten. Werden die zu verbindenden Flächen zusätzlich durch Schleifen leicht angerauht, läßt sich die Adhäsion noch weiter verbessern, denn die ursprünglich glatte Oberfläche erhält hierdurch zahllose feine Riefen, die unter dem Mikroskop wie Berge und Täler aussehen. Dadurch wächst die Kontaktfläche, und die Adhäsion wird verbessert. Wichtig ist, daß man die gereinigte

Oben: Sprühkleber sind ideal zum Verkleben faseriger Stoffe und Gewebe geeignet. Die Sprühdose sorgt für eine feine gleichmäßige Verteilung und garantiert eine saubere Verklebung. Hier wird eine Automatte mit einem Kontakt-Sprühkleber rutschfest am Wagenboden befestigt.

Rechts: Klebestifte sind eine feine, saubere Sache, wenn es zum Beispiel darum geht, Fotos ins Album einzukleben, eine Collage herzustellen oder mit Papier und Pappe zu basteln.

und angerauhte Oberfläche möglichst nicht mehr mit den Fingern berührt, da sonst wieder als Trennmittel wirkendes Hautfett übertragen werden könnte. Außerdem sollte man die Flächen, zumindest beim Verkleben von Metallen, möglichst bald nach der Reinigung und dem Anschleifen mit Kleber einstreichen und zusammenbringen, damit die Oberfläche nicht unter dem

Einfluß der Luft oxydiert. Eine Oxidschicht haftet meist nicht sehr gut am eigentlichen Werkstoff, so daß die Haltbarkeit der Klebeverbindung dadurch beeinträchtigt wird.

Mit Hilfe unserer beiden Glasplättchen werden wir leicht feststellen können, daß diese sich um so leichter verschieben lassen, je dicker der Wasserfilm ist. Das sollte uns auch beim Kleben zu denken geben. Die Kohäsion ist zwar bei den meisten Klebern um ein Vielfaches besser als bei Wasser, aber dennoch begrenzt. Je dicker die Kleberschicht zwischen den beiden verklebten Materialien ist, um so mehr müssen wir uns auf die Kohäsionskräfte verlassen. Ideal wäre eine Verklebung, bei der nur ein Molekül des Klebstoffes jeweils zwischen beiden Werkstoffen läge und man praktisch eine allein auf Adhäsion zu

beiden Seiten gegründete Verbindung erhielte, die aber in der Praxis nicht möglich ist. Man sollte deshalb dafür sorgen, daß die Klebefuge nicht unnötig dick wird, damit man mit möglichst wenig Kohäsions-Brücken auskommt. Das bedeutet für den Klebevorgang einmal, daß beide zusammenzufügenden Teile möglichst genau zusammenpassen sollten, und daß zum anderen der Kleber nicht allzu dick aufgetragen wird. Wer zuviel Kleber aufträgt, klebt also nicht nur teurer, weil er unnötig viel Klebstoff verbraucht, sondern zugleich auch schlechter! Wird der Kleber immer dünn und vor allem gleichmäßig aufgetragen, hält die Verklebung auch gut. Besonders wenn man zuvor die Kontaktflächen gesäubert und vielleicht auch noch angerauht hat.

Woraus bestehen moderne Kleber und wie binden sie ab?

Zur Erzielung eines möglichst innigen Kontaktes zwischen Kleber und zu verklebenden Materialflächen wird der Kleber in der Regel in flüssiger Form aufgebracht, denn so benetzt er die Oberfläche am besten und füllt auch kleine Unebenheiten sicher aus. Große Klebstoff-Hersteller wie Beiersdorf produzieren eine Vielzahl von Klebern, die auf den jeweiligen Verwendungszweck abgestimmt sind. Dabei kommt es einmal auf die zu verklebenden Materialien und zum anderen auf die Anforderungen an, die an die Klebeverbindung gestellt werden.

Vielfach sind Adhäsion und Kohäsion so gut, daß bei Belastungsversuchen bis zum Bruch die Klebung unbeschädigt bleibt, während die verklebten Materialien brechen. Doch neben mechanischer Belastung gibt es auch andere Beanspruchungsarten, denen Kleber widerstehen müssen. So kann zum Beispiel erforderlich sein, daß

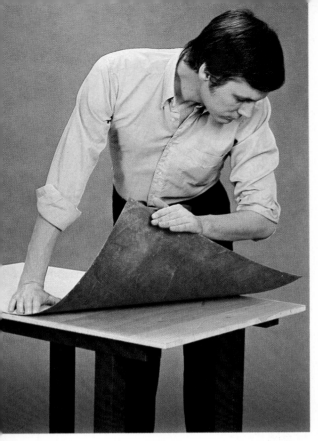

eine Klebeverbindung wasser- oder benzinfest ist. In einem anderen Fall wird vielleicht gefordert, daß die Klebestelle möglichst starr ist, während bei Teilen, die Vibrationen standhalten müssen, eine elastische Verklebung vorzuziehen ist. Manchmal kommt es auf eine gewisse Temperaturbeständigkeit an, wie dies zum Beispiel bei sich erwärmenden Elektrogeräten der Fall ist. Umgekehrt können auch Festigkeitsanforderungen bei tiefen Temperaturen nach einem maßgeschneiderten Kleber verlangen. Aus diesen Gründen erklärt sich die große Typen-Vielfalt im Industrieprogramm von Beiersdorf. Auch zur Lösung der vielfältigen Klebeaufgaben, die sich im Alltag und speziell beim Basteln, Modellbau und Heimwerken stellen, steht im technicoll-Programm ein breitgefächertes Sortiment an Spezialklebern zur Wahl, mit dem sich bei richtiger Kleberwahl fast alle anfallenden Verbindungsprobleme einwandfrei und dauerhaft meistern lassen.

290

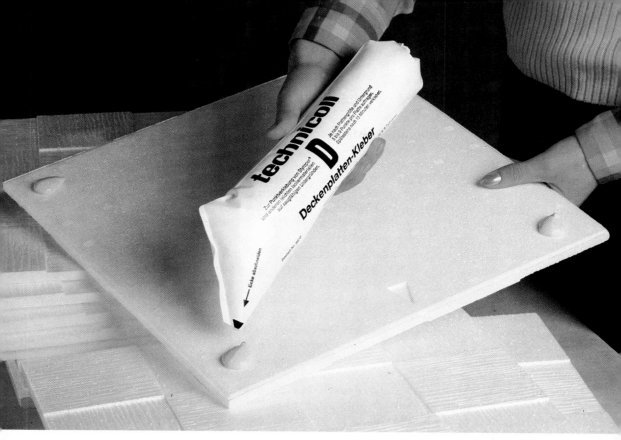

Klebte man früher vorwiegend mit Naturstoffen wie Gummiharz, Eiweißstoffen (Knochen, Kasein), Zucker oder Stärke, so verwendet die moderne Klebstoff-Industrie vorwiegend synthetische Harze. Hinsichtlich ihrer technischen Eigenschaften und dank ihrer verschiedenen Abbinde-Mechanismen bilden sie hochfeste und dauerhafte Klebeverbindungen und stellen viele herkömmliche Verbindungstechniken durch höhere Festigkeit und leichtere Handhabung in den Schatten.

Der Klebefachmann unterscheidet heute verschiedene Klebertypen, die nicht nur in der Technik sondern auch vom Heimwerker und Modellbauer genutzt werden: 1. Lösungsmittelkleber, zu denen auch die Kontaktkleber gehören, 2. Dispersionskleber, 3. Reaktionskleber, 4. Schmelzkleber. Sie unterscheiden sich durch ihr Abbinde- oder Härtungssystem und gleichzeitig auch durch ihre spezielle Eignung für bestimmte Verklebungen.

Bei den Lösungsmittelklebern ist das Klebeharz oder Bindemittel in der Regel in organischen Lösungsmitteln wie zum Beispiel Benzin, Estern oder Ketonen aufgelöst. Die Harzlösung läßt sich leicht in Tuben abfüllen und im flüssigen Zustand problemlos auftragen. Der Kleber bindet ab, indem das Lösungsmittel verdunstet, wobei die zuvor einzeln im Lösungsmittel schwimmenden Harzmoleküle sich eng aneinanderlagern und einen festen Verbund schaffen. Damit der Kleber abbinden kann, muß bei großflächigen Verklebungen mindestens einer der zu verklebenden Werkstoffe für die Lösungsmitteldämpfe durchlässig sein. Somit eignen sich Lösungsmittelkleber nicht für großflächige Verklebungen dichter Werkstoffe wie Metall, Glas, Hartkunststoff und dichtgebrannte Keramik. Anders ist es, wenn die Klebefläche sehr schmal und langgestreckt ist. In diesem Fall kann das Lösungsmittel seitlich durch die Klebefuge entweichen.

Zu der Gruppe der Lösungsmittelkleber zählen die bekannten Vielzweck-Kleber wie technicoll V und die im Modellbau häufig verwendeten Polystyrol-Kleber (technicoll P) sowie Weich-PVC-Kleber (technicoll W). Beim Kleben von löslichen Kunststoffen wie PVC und Polystyrol kann man übrigens auch von „chemischem Schweißen" sprechen, denn das Lösungsmittel im Kleber ist so gewählt, daß es das zu verklebende Kunststoffmaterial leicht anlöst. Beim Zusammenpressen der Teile verknäueln sich die Material- und Klebermoleküle und schaffen so eine feste Bindung.

Die Entwicklung moderner Kunstharze und insbesondere des Synthese-Kautschuks ermöglichte die Produktion einer neuartigen Klebergruppe, die zu den Lösungsmittelklebern gehören, die Kontaktkleber.

Diese Kontaktkleber erlauben die großflächige Verklebung dichter Werkstoffe. So kann man beispielsweise mit technicoll K eine Schichtstoffplatte auf eine beschädigte Kunststoff-Tischplatte aufkleben oder auch Blech und Kunststoff miteinander verbinden. Beim Kontaktkleben wird der flüssige Kleber auf beide Klebeflächen aufgetragen und muß anschließend so lange ablüften, bis der Klebefilm sich beim Betasten mit der Fingerkuppe zwar noch klebrig anfühlt, aber keine Fäden mehr zieht. Zu diesem Zeitpunkt werden beide Flächen zusammengepreßt, wobei die Synthese-Kautschukmoleküle sich miteinander verknäueln und die gewünschte Verbindung schaffen. Da der Lösungsmittelanteil im Augenblick der Vereinigung der beiden Materialien bereits bis auf einen sehr geringen Anteil verdampft ist, bereitet das Verkleben dichter Werkstoffe mit Kontaktklebern keine Schwierigkeiten. Sie eignen sich natürlich auch zum Verkleben von dichten Materialien mit saugenden oder dampf-

durchlässigen Werkstoffen. In diesem Falle empfiehlt es sich, möglichst zuerst den nichtsaugenden Werkstoff mit Kleber zu bestreichen und dann den saugfähigen beziehungsweise dampfdurchlässigen, auf dem das Lösungsmittel zu beiden Seiten – in die Luft wie auch in das Material hinein – verdampfen oder aufgesaugt werden kann. So erreicht man, daß beide Flächen etwa gleichzeitig den zum Verkleben günstigen Zustand erreichen.

Beim Verkleben dünner Materialien wie etwa beim Aufziehen von Fotos auf Spanplatten, beim Bekleben von Holz mit Stoff wie auch beim Kleben faseriger Stoffe wie Filz oder Polsterwatte ist Kontaktkleber in Form eines Sprühklebers (zum Beispiel technicoll S) ideal. Er ermöglicht einen gleichmäßigen Auftrag und verhindert, daß der Kleber beim Auftragen durchschlägt. Außerdem wird vermieden, daß beim Auftrag des Klebers die Oberfläche faseriger Materialien leidet.

Mindestens einen saugfähigen Klebepartner verlangen die Dispersionskleber wie technicoll A, technicoll M und technicoll D Deckenplatten-Kleber. Hier ist das Klebeharz in leicht angequollenem und somit klebefähigem Zustand in feinsten Teilchen in Wasser aufgeschwemmt. Die feine Verteilung gibt dem Kleber sein charakteristisches milchig-weißes Aussehen, das wiederum zu der bei Tischlern üblichen Gattungsbezeichnung »weißer Leim« führte. Dispersionskleber binden ab, indem der Wasseranteil verdunstet oder von einem oder auch beiden zu verklebenden Werkstoffen zunächst aufgesaugt wird, um dann zu verdunsten. Dabei legen sich die winzigen Harztröpfchen aneinander und aufeinander. Durch den engen Kontakt miteinander und mit den Werkstoffoberflächen entwickeln sich die für den Zusammenhalt wichtigen Adhäsions- und Kohäsionskräfte.

Die meisten weißen Leime liefern nur bedingt wasserfeste Verbindungen. Jedoch kann eine Verklebung, zum Beispiel mit technicoll A, eine kurzzeitige Wasserbelastung durchaus verkraften. Die Arbeitstemperatur muß über +5 °C liegen. Diese Temperaturgrenze gilt übrigens sowohl für die Raumluft als auch für die zu verklebenden Materialien und den Kleber.

Neben Holz und Holzwerkstoffen sind vor allem die lösungsmittelempfindlichen Polystyrol-Hartschäume (z. B. Styropor®) Paradebeispiele für den Einsatz von Dispersionsklebern wie zum Beispiel technicoll D.

Als dritte Gruppe sind noch die Reaktionskleber zu nennen. Sie dienen vorwiegend zur Verklebung von Metallen und anderen dichten Werkstoffen wie Glas, Keramik, Hartkunststoffen (Polyester, Phenolharz-Preßteile, glasfaserverstärkte Formteile), Porzellan, Marmor, Stein, Beton miteinander sowie mit Holz, Holzwerkstoffen und den lösungsmittelempfindlichen Hartschaumstoffen. Als Klebeharz wird in der Regel ein Epoxidharz verwendet, das durch Zugabe von Härter durch eine chemische Reaktion fest wird. Es gibt sehr schnelle, das heißt innerhalb von Minuten aushärtende Reaktionskleber wie technicoll Z_1, die für kleinflächige Verbindungen verwendet werden, und langsame, dafür aber auch fester abbindende Systeme wie technicoll Z_2.

Da bei den Zwei-Komponenten-Reaktionsklebern kein Kleberanteil durch Verdunstung verschwindet und sich bei der Polyadditions-Reaktion von Bindeharz und Härter die chemischen Bestandteile wie Stecker und Kupplung vereinigen, härtet ein solcher Kleber praktisch schwundfrei aus, wobei sich eine hochbelastbare Verbindung ergibt.

Zu den Reaktionsklebern zählen übrigens auch die populär als Blitzkleber bezeichneten Cyanacrylat-Kleber (technicoll B), die allerdings mit Vorsicht zu verwenden sind, da sie nicht nur Metalle, Kunststoffe, Glas und viele andere dichte Werkstoffe in Sekundenschnelle verkleben, sondern auch die Finger. Sehr gefährlich können Spritzer ins Auge sein, deshalb ist in den USA diese Klebergruppe laut Gesetz nur dem Fachmann vorbehalten.

Auslöser für die Härtungsreaktion der Cyanacrylat-Kleber sind übrigens minimale Feuchtigkeitsspuren, die sich auf jedem Werkstoff befinden.

Eine weitere Abbindeart zeigen die Schmelzkleber, die heute besonders in der Verpackungsindustrie Anwendung finden. In einer elektrisch beheizten Pistole wird ein Klebestift durch die Hitzeeinwirkung zum Schmelzen gebracht und flüssig aufgetragen. Beim Zusammenfügen der Teile – was unmittelbar nach der Beschichtung erfolgen muß – wird meist schon soviel Wärme entzogen, daß das Harz fast schlagartig wieder seinen festen Zustand annimmt. Dadurch entsteht eine unmittelbar belastbare Verbindung.

Für den Heimwerker und Modellbauer hat diese Klebergruppe heute praktisch noch keine Bedeutung. Viel wichtiger dürfte die einfache Handhabung der zuvor besprochenen Flüssigkleber sein. Schmelzkleber sind übrigens ein »alter Hut«, denn wenn wir uns an Ikarus erinnern, der seine Schwingen mit Wachs klebte, so haben wir ein frühes Anwendungsbeispiel eines Schmelzklebers und zugleich ein klassisches Beispiel für eine falsche Kleberwahl, denn die mangelnde Wärmebeständigkeit des als Kleber verwendeten Wachses ließ Ikarus ins Verderben stürzen. Da haben wir es heute doch besser! Für alle denkbaren Verbindungsfälle gibt es maßgeschneiderte Kleber. Damit die Verklebung auch sicher hält, hier noch ein paar Arbeitstips:

● Klebeflächen mit Lösungsmittel (Azeton, Alkohol etc.) von Fett befreien, das als Trennfilm wirkt.
● Möglichst Kontaktflächen anschleifen, um die Oberfläche zu vergrößern.
● Auf jeden Fall jeglichen Staub und Schmutz entfernen.
● Klebefläche so groß wie möglich anlegen, das heißt bei Stoßverklebungen anschrägen oder mit aufgesetzten Materialstreifen einseitig oder besser noch beidseitig überbrücken.
● Kleber nach Vorschrift anwenden und nicht übermäßig dick auftragen.
● Arbeitstemperatur beachten.
● Teile während der Aushärtung gegen Verrutschen sichern (zum Beispiel mit Tesafilm oder Wäscheklammer).
● Wenn Preßdruck vorgeschrieben ist, auf gleichmäßige Pressung achten, indem man zum Beispiel eine feste Holzplatte auflegt, die dann beschwert wird.
● Abbindezeit beachten. Teile erst belasten, wenn Kleber abgebunden hat und nicht vorher durch Bewegungsversuche die sichere Verbindung stören.

Im Land der Drachen

Auf Expedition in Bhutan

Bericht von Fred C. Siebeck

Indien liegt hinter mir, ich reise in Bhutan ein. Das schmale Königreich im Himalaja, das zwischen China und Indien seine staatliche Selbständigkeit bewahrt hat, nennt sich Drukyul, was »Land der Drachen« bedeutet. Denn seine Bewohner, die Bhutanesen, bezeichnen sich stolz als die »Drachen« des Himalaja. In ihrer Sprache, dem Dzongkha, nennen sie sich gegenseitig Drukpas. Drukpa heißt Drache. Folgerichtig trägt der König von Bhutan den Titel eines Gyalpo: eines Königs der Drachen. Unnennbar schön ist das Land der Drachen. Wilde Bergelefanten und Leoparden beobachte ich im südlichen Dschungelgürtel, den Duars. Riesige Regenwälder zwischen Paro und Kalimpong durchstreife ich in kurzen Etappen. Von Bergnomaden geführt, erklettere ich das Nordwestmassiv; raste im Schatten des Achttausenders Chomo Lhari; schlafe in Zelten aus braunem Yakhaar (ein Yak ist ein asiatisches Hochgebirgsrind) auf Schneefeldern, die niemals tauen. Ich lebe mit Bauern, bete mit Mönchen, plaudere mit dem König, beratschlage mit

Ministern. Bhutan wächst mir wie eine Heimat ans Herz. Klingt das übertrieben? Es ist die Wahrheit.

Über die Pässe der Vorberge erreiche ich in 2423 Meter Höhe die bhutanesische Metropole. Thimpu ist die Hauptstadt der Drachen, für die das einheimische Wort Gyalsa steht. Wer Gyalsa sagt, meint Thimpu. Die Hauptstadt ist zugleich die Residenz des Königs. Nadelwälder an Berghängen halten rings um die Hauptstadt die Hänge grün.

Auf vielfältige Weise suche ich das Land der Drachen an vielen Punkten zu erkunden. Mit einer Maultierkarawane ziehe ich nordwärts nach Punakha, der ehemaligen Hauptstadt. Niemals in der bhutanesischen Geschichte wurde Punakha von Bhutans Feinden erobert. Tagelang betreibe ich in den »Geheimen Kammern« von Punakha, den Gung Khangs, meine Studien.

Laute Gesänge lenken meine Aufmerksamkeit auf Bogenschützen, die hinter dem Dzong (einer burgähnlichen Anlage) von Punakha in zwei Gruppen einen Wettbewerb austragen. Das Bogenschießen ist der Nationalsport der Bhutanis. Heute betreiben sie als Spiel, was früher tödlicher Ernst war. Noch vor wenigen Jahrzehnten haben sich die »Drachenmenschen« mit Pfeil und Bogen gegen ihre Feinde verteidigt – gegen Tibeter, Burmesen, Briten und Bengalen, Sikkimesen und Assamer.

Was noch die Großväter als Kriegswaffe handhaben, dient heute als Sportgerät. Schilfrohr ist unverändert das Material der Pfeile; aus Bambus besteht der etwa eineinhalb Meter hohe Bogen; wie ehedem wird die Sehne aus einer Pflanzenfaser gedreht. Lediglich auf die Widerhaken an den metallenen Pfeilspitzen, die sich im Krieg beim Schießen auf Menschen »aufs beste bewährt« haben sollen, verzichtet man beim Schießen auf Holzscheiben. Eine

295

Kriegsübung ist dieser Sport zur Selbstverteidigung. Der Pfeil, den ich als Ehrenschuß abgeben darf, flattert in die Irre.

Meine Zeit ist knapp bemessen. Obwohl Punakha mich monatelang beschäftigen könnte, muß ich den Dzong nach wenigen Tagen verlassen. Rote Erde staubt unter dem Jeep, den der König mir zur Verfügung gestellt hat, als der Dzong von Wangdiphodrang, Felsenburg, Festung und Mittelpunkt des Bezirks, in mein Blickfeld rückt. Jeder der 32 Dzongs von Bhutan ist der Mittelpunkt eines Bezirks.

Die Sonne dunkelt bereits, als ich auf dem Tempelhof des Dzongs von Wangdiphodrang, der in Bhutan als das »Tor des Ostens« bekannt ist, mit Tseten Gyaltshen ankomme. Tseten, Fahrer und Dolmetscher, ist mein Begleiter. Der glühende Hitzeball über dem Himalaja, der mir tagsüber mächtig eingeheizt hat, läßt sich von den Bergen schlucken, während er sinkt.

Mit dem Licht schwindet die Wärme. Im Handumdrehen friere ich, kaum daß der Hitzeschweiß unter meinem Hemd getrocknet ist. Von undurchdringlicher Schwärze ist die Dunkelheit, die aus der Flußniederung des Mo Chu aufsteigt. Die Silhouetten der Gipfel verschwimmen im nachtschwarzen Einerlei. Übergangslos endet der Tag in der Nacht.

Ein Gelong, ein buddhistischer Mönch, der den Kashag, meinen Geleitbrief mit dem Siegel des Königs, entgegennimmt, teilt mir mit: »Beide Herren Gebieter bedauern, den barah Sahib nicht empfangen zu können.« Barah Sahib bedeutet »weißer Herr« und ist eine Wendung der Höflichkeit gegenüber Europäern; mit den beiden Herren Gebietern sind der Trimpon, der »gewaltige Herr« über das Gesetz, und der Nyerchen, der »reiche Herr« über die Wirtschaft, gemeint.

Tseten übersetzt: »Beide Herren Gebieter

Oben: Ein bhutanesischer Bauer, ein Treba, der am Wettbewerb der Bogenschützen in Paro als Zuschauer teilnimmt. In der Hand schwenkt der Treba die Gebetstrommel, deren Umdrehung jeweils ein Gebet ergibt.
Rechts: Die Mittelpunkte der 16 Distrikte, in die das Königreich Bhutan eingeteilt ist, bilden die 32 Dzongs. Außer den Staatsbeamten und den Angestellten der Distriktsverwaltung wohnen in den burgähnlichen Dzongs die buddhistischen Mönche.

sind mit wichtigen Angelegenheiten in der Gyalsa beschäftigt.« Sie halten sich demnach in der Hauptstadt Thimpu auf. Es ist verständlich, daß sie mich nicht empfangen können, wenn sie nicht anwesend sind. Mein Gastgeber ist der Hauptsekretär, ein mürrischer Mann in einem kleidartigen Mantelgewand aus schwarzer Seide: dem Kho, der Nationaltracht der Bhutanis;

über dem Kho prangt eine rote Schärpe; auffällig ist sein silberverziertes Schwert.

»Cha, Dasho!« wird mir von einem Diener zugerufen, der über einem rot und blau karierten Kho eine weiße Schärpe trägt; in den Färbungen der Schärpen zeigen sich die Rangunterschiede. »Cha, Cha!« Tee, Tee!

Bei flackerndem Talglicht schlürfe ich heißen Tee, auf dem Fettaugen von Yakbutter schwimmen – zwar schmeckt der Buttertee ranzig, aber er wärmt. Der Hauptsekretär, der Abt von Wangdiphodrang, der Tanzmeister: der Chamai Chichap, und mehrere Lamas, die mit gekreuzten Beinen im Lotossitz auf seidenen Kissen hocken, leisten mir bei dem Dämmerschoppen schlürfend Gesellschaft.

Wir plaudern, soweit die Verständigung in fremder Sprache es zuläßt, bis den Hauptsekretär eine Störung in Wut versetzt. Der Auftritt des Torwächters, eines indischen Zaps, erregt ihn bis zum Gebrüll. Noch weiß ich nicht, daß der Torwächter durch sein Erscheinen meine Pläne beeinflußt. Er verhilft mir zu einem Erlebnis.

Der Torwächter, der ehrerbietig mit der Stirn den Boden vor dem Hauptsekretär berührt, erkundigt sich mit sanfter Stimme, ob er das Haupttor des Dzongs schließen dürfe. »Nein!« wird ihm zornig bedeutet, das dürfe er nicht. Das Haupttor des Dzongs von Wangdiphodrang habe solange offen zu bleiben, bis Sangay angelangt sei.

Sangay? »Wer ist Sangay?« frage ich mit unverhohlener Neugier, denn nur der neugierige Europäer erlangt in Asien die gewünschte Information. Wer in Asien nicht fragt, wird mit Schweigen übergangen. Mein Beruf nötigt mich zur Unhöflichkeit. Unumwunden stelle ich meine Fragen. »Wer«, wiederhole ich, dem Hauptsekretär zugewandt, »wer ist Sangay?«

Oben: Manche der Kinder von Bhutan, die in Ortschaften leben, besuchen staatliche oder klösterliche Schulen. Doch nebenher müssen sie bei der Arbeit helfen. Denn das kleine Volk der »Drachen«, wie die runde Million Bhutanis sich nennt, braucht jede Hand im Alltag.
Rechts: Sangay mit Bambusbogen und Schilfrohrpfeil beim Schuß auf die Scheibe.

Der Hauptsekretär, der sein silberverziertes Schwert auf seine gekreuzten Beine gebettet hat, neigt mit einem Mißtrauensblick den Kopf zur Seite, ehe er, wütend und traurig zugleich, mir eine Antwort erteilt. Sangay sei, sagt er, ein Meister. »Ein Meister worin?« frage ich weiter. Wie eine Trauerbotschaft hört sich an, was Tseten übersetzt: »Ein Meister im Bogenschießen.« Und Sangay wird erwartet? »Ja, er wird dringend erwartet.«

Schließlich erfahre ich den Grund für das

seltsame Benehmen des Hauptsekretärs, der zwischen Wut und Trauer schwankt: »Wir erwarten Sangay sehnlich, weil er ausgewählt worden ist, beim königlichen Wettbewerb der Bogenschützen, der übermorgen in Paro stattfindet, das Ansehen von Wangdiphodrang zu vertreten.« Sangay sei der Meister aller Bogenschützen von Wangdiphodrang. Man warte seit mehreren Tagen »mit Trauer und in Demut, aber voll Zorn« auf seine Rückkehr. Woher kehrt Sangay zurück? »Aus Tashigang.« Dieser Dzong liegt, weit entfernt von Wangdiphodrang, am östlichen Rand von Bhutan. Wodurch wurde dieser lange Weg gerechtfertigt? »Der lange Weg wurde dadurch gerechtfertigt«, erwidert der Hauptsekretär müde, »daß der Vater von Sangay in Tashigang lebt.« Weil Sangay sich ausbedungen hatte, mit dem Bogen seines Vaters zu schießen, war ihm die Reise nach Tashigang erlaubt worden. Längst sei er überfällig.

»Vielleicht«, gebe ich im Gespräch mit Tseten zu bedenken, »ist sein Reittier verendet?« Tseten schüttelt den Kopf: »Er hat kein Reittier.« Kein Reittier? Wie aber bewältigt er ohne Reittier die lange Strecke durch Dschungel und über Pässe des Hochgebirges? »Auf die übliche Weise, zu Fuß.« Ein Bursche seines Alters müsse zu Fuß schaffen, was nur dem Gyalpo und höchsten Beamten beritten erlaubt sei. »Wenn er bis Mitternacht nicht eintrifft, kommt er für den Wettbewerb zu spät.«

Wir essen Pfefferschoten und ungeschälten Reis. Insgeheim horchen wir. Erscheint Sangay? Bleibt er aus? Auch ich bin gespannt. Gelingt es ihm, die Gebirgsketten und die versumpften Täler zwischen Tashigang und Tongsa und Wangdiphodrang in der geforderten Zeit zu überwinden? Es gelingt ihm nicht. Wir warten vergeblich. Er erscheint weder während der Nacht noch am Morgen.

»Verloren!« stöhnt der Hauptsekretär, als

die Sonne den Tag einleuchtet. »Der Dzong von Wangdiphodrang ist aus dem Wettbewerb ausgeschieden, bevor der König ihn eröffnet hat!« Und Sangay? »Sangay?« Achselzucken. »Er muß verrückt geworden sein.« Verrückt? Weshalb verrückt? »Weil ein Bogenschütze, der durch seine Leistungen die Teilnahme am nationalen Wettbewerb des Gyalpo erzwungen hat, um jeden Preis der Welt zur rechten Zeit pünktlich ist. Es sei denn, daß er ...« Daß er was? »Daß er tot ist.«

Mit einer verzweifelten Gebärde drückt der Hauptsekretär aus, daß er aufgibt. Ich gebe nicht auf. Ich erhebe mich und sage, daß ich Sangay suchen werde. Tseten, der meinen Entschluß übersetzt, ist so erschrocken wie der Hauptsekretär. Wo ich Begeisterung erwarte, zeigt sich auf dem mürrischen Gesicht des Hauptsekretärs tiefste Verwirrung. »Was, bitte, Dasho«, fragt er entgeistert, »gedenken Sie zu tun?«

Ich sei entschlossen, Sangay in den Bergen zu suchen, wiederhole ich lächelnd. Wiewohl ich meiner Sache keineswegs sicher bin, erkläre ich im Brustton der Überzeugung: »Und ich werde ihn finden! Und rechtzeitig zurückbringen!«

Die Lamas beten im Uchi, dem geheiligten Bezirk des Dzongs, für das Gelingen meines Vorhabens. Der Abt läßt alle Gebetstrommeln drehen, um von Buddha das Heil für mich zu erflehen. Tempelglöckchen werden geläutet. Der Hauptsekretär entläßt mich mit guten Wünschen: »Lord Buddha behüte Sie, Dasho, auf den gefahrvollen Wegen, auf die Sie sich wagen, um uns zu helfen.« Der Torwächter ruft mir »Lok chekay!« nach: Auf Wiedersehen!

Tatsächlich – gefahrvoll sind die Wege. Der Jeep schraubt sich durch Geröll bergaufwärts; wir gleiten in morastige Täler hinab; schlingern durch sumpfigen Dschungel. Geschickt steuert Tseten den

Wagen. Halten, sich umsehen, suchen und
wieder anfahren. Rufen und auf Antwort
warten – doch die Antwort, die ich erwarte, erfolgt nicht.
Blauschafe hasten durch Kiefernwälder.
Mit Lotosblüten ist ein See betupft. Bären
sehe ich, hochaufgereckte Kolosse, und
flinke Wiesel, gehörnte Bergziegen und
wilde Yaks. Aber keine Spur von Sangay!

Wer für die Natur schwärmt, wird hier
reich bedient. Im Osten Bhutans, hinter
den Rinaks, den Schwarzen Bergen, trägt
die Erde noch das Antlitz, das sie schon
vor Jahrtausenden trug. Keine Stromlei-
tungen, keine Fernsehantennen, keine gepflasterten Straßen in ausgeholzten Wäldern, keine Parkplätze, keine beschilderten
Wanderwege – hier hat sich die Natur un-

beschadet so erhalten, wie sie schon war, als diesen Teil des Himalaja noch keine Menschen bewohnten. Hier ist die Natur noch wirklich Natur. Ungestutzt blüht und grünt es drauflos, es wuchert und verdorrt nach dem unverfälschten Gesetz der Wildnis. Doch von dem Anblick, der mich begeistert, lenkt mich die Suche nach Sangay ab.

Tseten fährt auf den Pele La zu. La heißt Paß. Von mehreren Gebirgspässen, die Wangdiphodrang mit Tashigang verbinden, ist der Paß Pele der erste. Nimmt man es genau, ist der Pele La nichts anderes als ein vereister Maultierpfad in 3600 Meter Höhe. Auf dieser Fahrt erreiche ich den Gipfelpunkt nicht.

Ich schwenke mein Fernglas. Tseten ruft. Die Rufe sind nutzlos. Ungehört verhallt das Echo. Vorwärts! Aufwärts! Abwärts! Steile Abhänge, die wir umkurven, lassen mich Schlimmes befürchten: Wer da hinabstürzt, sage ich mir, steht so bald nicht mehr auf. Der Motor heult. Die Räder, die in nassem Gras nicht greifen, drehen durch. Aussteigen und laufen? Oder umkehren? Klein beigeben? Nein – meine Hoffnung treibt mich weiter.

Sie trügt nicht. Hinter Samthengang führt mich meine Hoffnung zum Erfolg. Das Schicksal meint es gut mit Sangay. Denn »Buddhas göttlicher Wille«, wie Tseten sich ausdrückt, bringt uns ans Ziel. Zwei Frauen bahnen uns mit Klageworten, die ich nicht verstehe, den Weg durch Fichtengestrüpp zu einer Bodensenke, wo auf Laub und Zweigen ein junger Mann ruht: mehr ein Halbwüchsiger als ein Erwachsener, der einen Bambusbogen umklammert hält und ein in Blätter gewickeltes Bündel von Pfeilen – Sangay! Im Dickicht, von den beiden Frauen, die sich nicht zu helfen wußten, mit Reisig zugedeckt, finden wir den Gesuchten.

Er war nach langem Fußmarsch im Dauerlauf ausgeglitten, abgestürzt, hatte sich verletzt, war auf allen vieren bis zu einer Schneise gekrochen, wo er vor Schmerz und Erschöpfung in Bewußtlosigkeit gelegen hatte, bis die beiden Frauen ihn fanden. »Yapu du, Sangay?« frage ich besorgt. Alles in Ordnung, Sangay? »Oh apa«, erwidert er glücklich.

Er ist unfähig, sich aus eigener Kraft fortzubewegen – macht nichts, um so kräftiger ist der Jeep! Ich beschenke die Frauen. Tseten wendet den Wagen. »Dro, dro!« Vorwärts, vorwärts! Die Erde spritzt unter den Reifen auf.

»Kadin chi la«, stammelt Sangay fortwährend: Danke, Herr. Wie eine kostbare Errungenschaft, die er nicht loslassen darf, hält er den Bambusbogen im Arm. »Er ist mein Glück«, haucht er mit leuchtenden Augen, »und mein Sieg.« Ich sehe mir den Bogen daraufhin näher an. Doch ich entdecke nichts Ungewöhnliches. Was ist an diesem Bogen anders?

Nicht die geringste Besonderheit kann ich bemerken. Der Bogen hat die Form, die Beschaffenheit, das Aussehen wie jeder Bogen in Bhutan. Er hat etwa meine Größe, um einen Meter siebzig; die straff gespannte Sehne ist eine gedrehte Pflanzenfaser aus einer Brennesselart, die so reißfest ist wie die harte Kunstfaser aus der Retorte einer Chemiefabrik. Und sonst? Nichts sonst. Der Bogen ist ein recht gewöhnlicher Bogen, finde ich. Und dafür hat er sein Leben gewagt?

Rechts: Die Zielscheibe. Bei ländlichen Wettkämpfen wird sie in einer Entfernung von 101 Armlängen aufgestellt. Beim »Königsschießen« der Meister von Bhutan beträgt die Distanz 150 Meter. Ein Zielrichter begutachtet den Treffer.

»Ich würde es wieder tun«, sagt Sangay. Denn dieser Bogen sei besser als jeder Bogen in Bhutan. Ist das so? Mir kommt der Bogen durchaus üblich vor. »Nein, Dasho! Falsch!« Sangay entschuldigt sich für seinen heftigen Widerspruch. »Verzeihung, wenn ich meinem Retter widerspreche, doch, Gott verzeihe mir, Sie irren.« Worin irre ich? »Mein Bogen ist überhaupt nicht üblich.«

Das Bambusrohr, aus dem der Bogen gefertigt ist, stamme aus einem nahezu unzugänglichen Dschungelgehölz im fernen Osten, wogegen das Rohr der üblichen bhutanesischen Bogen im südlichen Grenzgebiet der Duars geschlagen werde. »Deshalb ist mein Bogen geschmeidig wie eine Gazelle und kraftvoll wie ein Bär.« Und das Schilfrohr, aus dem die Pfeile geschnitzt sind, wachse an einer verborgenen Stelle an einem entlegenen See, die nur sein Vater kenne. »Meine Pfeile sind schnell wie der Strahl, den die Sonne abschießt.«

Ich nicke zu seinen Worten, um ihn nicht durch Zweifel aufzuregen. Siegesgewiß tätschelt er den Bogen und verrät mir das Geheimnis, das ihn beflügelt: »Nie hat mein Vater mit dem Bogen jemals einen Wettbewerb verloren.« Er vertraut darauf, daß ihm gelingen wird, was seinem Vater stets gelungen ist. Ich wünsche ihm keine Enttäuschung.

Während der wilden Rückfahrt in westliche Richtung, von der Zeit gedrängt, füttere ich Sangay mit Eiweißpulver und Vitamindragees. Vorsichtig behandele ich seine Wunden. Seinen verstauchten Knöchel massiere ich mit einer Sportsalbe, die mir selbst schon im Dschungel von Borneo eine Linderung verschafft und nach einem Unfall in den Cordilleren sogar zur Heilung verholfen hat.

Sein Zustand bessert sich. Der junge Mann, der einem Toten ähnlicher war als einem Lebenden, erholt sich schnell. Bald lacht er. Fröhlich streichelt er den Bogen. Mit Ungeduld fiebert er dem Wettkampf entgegen.

Nach vielstündiger Raserei erreichen wir Paro, als der Mond die Sonne abgelöst hat. Tseten ist aschfahl von der Anstrengung. Sangay läßt sich vor dem Dzong von Paro der Länge nach auf den Boden in den steinigen Sand fallen und dankt Buddha für seine Errettung. »Om mani«, flüstert er, »om mani padme hum« – du Kleinod im Lotos, Buddha, ich danke dir.

Die Abendmahlzeit im Dzong, die sich durch Gespräche mit dem König und durch den Umgang mit mehreren Ministern verlängert, dehnt sich bis in die Nacht aus. Der Mond und das Sternbild des Großen Bären sind alles, was in dieser Umgebung an Europa erinnert. Ein Gedanke, bevor ich einschlafe, gilt Sangay, der in einem Seitenflügel des Dzongs untergebracht ist. Tempelgeläute klingelt mich in den Schlaf, aus dem mich rabengroße Vögel, die vor dem Fenster hocken, mit hungrigem Gekreische wecken.

Nachdem die Morgensonne den Frühnebel aus dem Tal verscheucht hat, treffen sich die 32 Bogenschützen, je einer für jeden Dzong, hinter dem Pavillon der Gyalru, der Königsmutter. Erlenbüsche umstehen den Schießplatz und Weiden. Hunderte Zuschauer, die alte Lieder singen, sind da. Diese überlieferten Lieder wurden schon von den Urgroßeltern und deren Großeltern gesungen.

Rechts: Einer der Meister der Bogenschützen, der mit dem Kho, dem Nationalgewand der Bhutanis, bekleidet ist, beobachtet das Abschneiden seiner Gegner.
(Fotos: F. C. Siebeck)

Sangay lahmt. Wird er die Kraft aufbringen, den langwierigen Wettkampf durchzustehen? Gewiß, aber gewiß doch, er fühle sich blendend in Form. Doch mir scheint, daß er sich überschätzt.

Beim Probeschießen tut sich der Gap von Paro, der Bürgermeister, hervor. Seine Pfeile kommen der Zielscheibe in 150 Meter Entfernung am nächsten. Gegen ihn fällt Sangay ab. Er hinterläßt lediglich einen befriedigenden, keineswegs einen überragenden Eindruck. Am Können der anderen Meister gemessen, bildet Sangay nur schwächlichen Durchschnitt.

Doch sein mittelmäßiges Abschneiden bekümmert ihn nicht. Das sei doch nur das Probeschießen gewesen, das nicht gewertet werde, gibt er mir zu verstehen; die entscheidenden zehn Durchgänge, auf die es ankomme, folgten erst noch.

»Wenn es am Nachmittag beim Schießen um die Ehre des Königs auf Punkte ankommt, werde ich siegen«, sagt er in einem Ton, als leiste er einen Schwur. Gott gebe es.

Nach zwei Durchgängen liegt Sangay vorn. Er macht eine gute Figur und erzielt, was wichtiger ist, die Höchstzahl an Punkten. Viermal trifft er die Scheibe, das ergibt acht Punkte. Wer die Scheibe trifft, erhält zwei Punkte; wer mit seinem Schuß die Scheibe im Umkreis einer Pfeillänge erreicht, erhält einen Punkt.

Sangay behält auch weiterhin die Spitze. Erst nach fünf Durchgängen verschieben sich die Positionen innerhalb des Spitzentrios: der Gap von Paro führt. Zweiter ist der Meister von Luntshi. An dritter Stelle liegt Sangay. Das ändert sich nach dem siebten Durchgang. Und wiederum nach dem achten. Und abermals nach dem neunten. Drei Meister, drei von Bhutans 32 Meistern, teilen sich punktgleich in die Führung.

Wie eine gellende Beschwörung klingt der Schrei, den jeder Schütze seinem Pfeil nachsendet. Er rennt ihm nach, schreit, fuchtelt mit den Armen, sucht den Flug des Pfeils zur Scheibenmitte zu bestimmen – selten mit Erfolg.

Beide Schüsse, die Sangay in der ersten Hälfte des letzten, des zehnten Durchgangs abgibt, sind Volltreffer auf der Scheibe. Sogar seine Gegner beglückwünschen ihn. Der Gesang der Zuschauer steigert sich; sie werfen die Arme hoch und drehen sich, wie es der uralte Brauch gebietet, mit stampfenden Tanzsprüngen um sich selbst. Vier Punkte! Der Gap bleibt um einen Punkt hinter Sangay zurück; der Dritte, dessen Pfeil von einer Windbö abgetrieben wird, büßt zwei Punkte ein.

Der letzte Durchgang muß die Entscheidung bringen. Mit seinem vorletzten Schuß trifft Sangay wieder voll die Scheibe – zwei Punkte! Im Siegestaumel schwingt er den Bogen über dem Kopf und wirbelt mit hohen Sprüngen den Jubelreigen des Gewinners – zu früh! Er vergißt, daß er angeschlagen ist. Er wankt, fällt, bricht zusammen. Hilflos liegt er da. Sein verstauchter Knöchel versagt. Glück für die Widersacher? Pech für ihn? Ein Gottesurteil? Oder zuviel Selbstvertrauen? Muß Sangay, dem Sieg nahe, ausscheiden?

»Nein, Dasho! Buddha helfe mir!« Obwohl ihm Schmerzen das Gesicht verzerren, schießt er verbissen weiter. Er läßt nicht locker. Er ist besessen von der Verlockung des Sieges. Die Zuschauer feuern ihn an. Aber er ist zu schwach, um auf einem Bein den schweren Bogen zu handhaben und mit ruhiger Hand zu schießen. Am Ende ist er Dritter. Er unterliegt zwei Bogenschützen, die nicht besser waren – aber gesund.

Dem König wird die dramatische Vorgeschichte dieser Niederlage berichtet. Wäre es nicht eine majestätische Geste, eines Königs würdig, dem jungen Mann einen Trostpreis zuzuerkennen? Gern greift der König den Vorschlag auf. Sangay erhält aus der Hand des Gyalpo, des Königs der Drachen, einen Sonderpreis. Das lindert nicht seine Enttäuschung. Doch die Entbehrungen, die er auf sich genommen, und der Mut, den er bewiesen hat, werden mit der Königsehre vergolten.

Der Gap von Paro sagt: »Ich habe gewonnen. Doch Sangay ist der wahre Sieger. Ihm gebührt, was mir zufällt. Buddha möge ihm künftighin zu vielen Siegen verhelfen.«

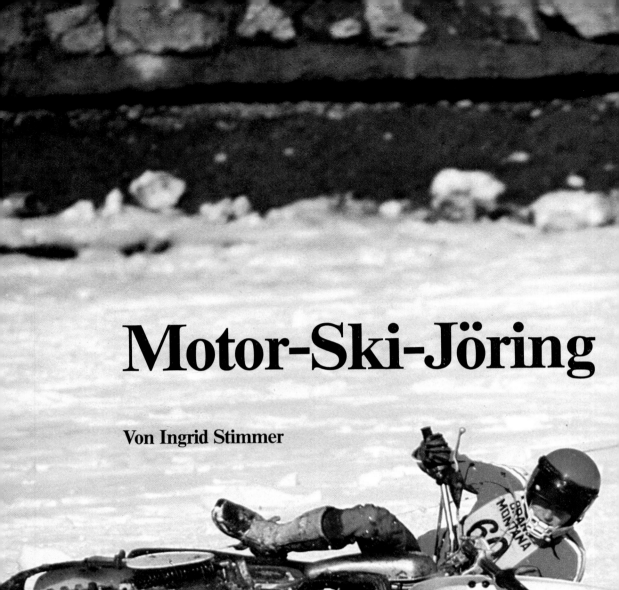

Motor-Ski-Jöring

Von Ingrid Stimmer

*In den Kurven zeigt sich das Greenhorn.
Durch die relativ niedrige Geschwindigkeit
gehen die Stürze aber meist glimpflich aus.*

»Motor-Ski-Jöring, was ist das denn?« fragte ich meinen Berchtesgadener Freund, bei dem ich ein paar Tage Urlaub machte. »Na, das wirst du dann schon sehen; jetzt gehen wir erst mal hin«, eröffnete er mir, nicht ohne noch etwas von »typisch Preußen, nicht mal Ski-Jöring kennen sie« vor sich hin zu brummeln. Inzwischen weiß ich, daß dieser Sport den Lappen abgeschaut wurde, die sich auf Skiern von ihren Rentieren ziehen ließen. Mit Pferden oder mit Motorrädern als »Zugtieren« wird Ski-Jöring schon seit 1928 in Deutschland ausgeübt; überwiegend in den Alpenländern. Dies nur zur Ehrenrettung der »Preußen«. Ich stapfte also mit meinem Freund zum Fußballplatz. Es war Februar, und in dem kleinen Dorf im Berchtesgadener Land hatte es über Nacht stark geschneit. Das Thermometer signalisierte etliche Grade unter Null.

Weit über 1000 Personen hatten sich am Sportplatz versammelt und warteten dick vermummt auf das Spektakel, das gleich beginnen sollte. Vom Fahrerlager herüber war jetzt Motorengeräusch zu hören. »Die lassen ihre Maschinen warmlaufen«, wurde ich aufgeklärt. Der Fußballplatz war zu einer etwa 600 Meter langen, ovalen Schneebahn umfunktioniert worden. Noch am Vorabend hatte die Freiwillige Feuerwehr (»Beziehungen muß man haben!«) den Platz in einen kleinen See verwandelt, der rasch gefroren war. »Das Inzeller Eisstadion wäre zwar besser geeignet, aber Spaß macht's auch so«, versicherte uns der Veranstaltungsleiter. Morgens war der Neuschnee noch mal mit Bahnschlitten gewalzt und gepreßt worden, so daß sich die Fläche nun als fast idealer Untergrund für die Jöring-Fans präsentierte.

Und dann ging's los. Knatternd rollten die ersten vier 250-ccm-Motorräder an den Start, am vier Meter langen Seil je einen Skifahrer. Im Abstand von etwa zwei Metern stellten sich die Fahrer in einer Reihe an der Startlinie auf und hielten ihre Cross-Maschinen auf Drehzahl. Die Startflagge sauste herab – und erst mal war nur eine riesige Schneefontäne zu sehen. Die Hinterräder mit den breiten Stollenreifen drehten durch, wirbelten Schnee auf, und die Maschinen setzten sich in Bewegung. Die Seile strafften sich, und dann kam der kritische Augenblick für die Skifahrer. Ein kurzer Ruck, und sie glitten in der Hocke hinter ihren »Zugpferden« her, wurden rasch schneller und richteten sich nun auf. Auf der 300 Meter langen Geraden ging noch alles gut. Der KTM-Fahrer zeigte schon einen deutlichen Vorsprung vor den drei Konkurrenten. Mit rund 80 km/h donnerte er auf die Kurve zu und bremste mit »Zehenspitzengefühl« das Gefährt etwas ab (die Handbremse darf laut Reglement nicht funktionieren). Der Skifahrer hangelte sich am Seil näher, glitt neben das Motorrad und nahm in geduckter Stellung die Kurve – zumindest versuchte er es. Vielleicht war es nur ein kleiner Ruck am Seil oder eine Unebenheit der Piste: Der Skifahrer konnte sich nicht mehr auf seinen langen Abfahrts-Brettern halten und kugelte, die Maschine mit sich reißend, aus der Bahn. Die Verfolger waren behutsamer gewesen. Etwas langsamer rollten sie auf die Kurve zu. Die Fahrer paßten ihren Fahrstil dabei exakt den schwierigen Bedingungen an. Der kurveninnere Fuß stützte sich am Boden ab. Auf der Geraden beschleunigten die Fahrer wieder kurz, und schon war die nächste Kurve da.

»Wer die drei Runden ohne Sturz durch-

Rechts: Die Fahrer warten auf das Startzeichen, am vier Meter langen Seil je ein Skifahrer.

Unmittelbar nach dem Start entscheidet sich, wer in der ersten Runde die Führung übernimmt. Kein Wunder, daß da auch schon die ersten Rangeleien beginnen.

halten will, der muß schon viel Gespür für die Maschine haben«, erläuterte mein Ski-Jöring-begeisterter Freund, »und vor allem muß das Team optimal aufeinander eingespielt sein.« Eine zu hastige Bewegung am breiten Geländelenker der Motorräder, eine matschige Stelle im Schnee, und schon wird es kritisch für das »Gespann«. Besonders ärgerlich, wenn das kurz vor dem Ziel passiert, wie beim Rennen der Klasse 4 (über 250 ccm). Nachdem die 250er die Bahn geräumt hatten, kamen die »dicken« Brummer an den Start. Auch sie waren mit Stollenreifen ausgerüstet, allerdings mit Spikes versehen, und mußten deshalb einzeln starten. Während in der Schweiz beim Motor-Ski-Jöring die hilfreichen Stahlnägel grundsätzlich verboten sind, bleibt in Deutschland die Wahl den Fahrern überlassen. Sie müssen dafür den Einzelstart in Kauf nehmen.

Da es ein internationales Reglement für Motor-Ski-Jöring nicht gibt, hat der

Oben: Der Start ist mit das Schwierigste am Motor-Ski-Jöring. Solche Schlaufen am Seilende sind allerdings nur in der Schweiz üblich.
Rechts: Damit der Skifahrer trotz aufgewirbeltem Schnee nicht den Überblick verliert, montieren einige Motor-Ski-Jöring-Fahrer Spritzschützer an ihre Maschinen.

ADAC Südbayern zusammen mit dem ADAC Württemberg Richtlinien ausgearbeitet. Demnach dürfen Spikes maximal acht Millimeter lang sein. Die Schutzbleche der Maschinen müssen dafür auf beiden Seiten einen Zentimeter breit die Reifen überdecken. Nach hinten muß der Plastikschutz bis mindestens 30 Zentimeter zum Boden herabgezogen sein, um bei Stürzen Spikes-Verletzungen so weit wie möglich zu vermeiden. In Deutschland scheinen die Bestimmungen für diesen Sport allgemein nicht so streng wie in der Schweiz zu sein.

314

Rechts: Der Ski-Jöring-Fahrer muß seinen Kurvenstil ganz dem Skifahrer anpassen: Ein Drift wie beim Speedway ist deshalb nicht möglich. Das kurveninnere Bein des Motorradfahrers stützt sich am Boden ab; der Skifahrer fährt ganz nah am Motorrad.

Nur auf Sturzhelmpflicht bestehen beide Länder, und zwar für Motorradfahrer und Skifahrer. In Punkto Kleidung legen sich die Veranstalter nicht fest. Es ist jedoch üblich, daß die Motorradfahrer wie beim Moto-Cross mit Lederhosen und dicken Pullis, die Skifahrer mit den normalen Skianzügen starten. Die eidgenössischen Alpenländler benötigen zusätzlich eine Fahrerlizenz, während in Deutschland der Führerschein der Klasse 1 ausreicht.
Ohne Cross- oder Trial-Erfahrung geht es allerdings beim Motor-Ski-Jöring nicht. Das bewies bei »meinem« ersten Rennen

im Berchtesgadener Land ein 400-ccm-Team meisterhaft. Drei nahezu gleich schnelle Maicos waren gemeldet. Die Teams mußten mit ihren Spikes-Stollen einzeln starten und gegen die Uhr fahren. Souverän passierten sie die kritischen Kurven, röhrten donnernd über die Geraden. Das letzte Team war jedoch deutlich schneller als die beiden ersten. Nur noch knapp 100 Meter bis zum Ziel, da löste sich die Bindung, der Skifahrer stürzte. Ob Reflex oder Überlegung, er klammerte sich an das verbindende Seil, das zwar keine Schlinge (wie in der Schweiz), wohl aber einen Knoten zur besseren Griffigkeit haben darf, und ließ sich über die Ziellinie schleifen. Die blauen Flecken, die er wohl davongetragen haben wird, hatten sich gelohnt: Das Team wurde Sieger. Schreiben doch die Richtlinien lediglich vor, daß eine Wertung dann erfolgt, wenn am Ziel der Skiläufer mit dem Motorrad noch per Seil verbunden ist. Es wird nicht davon geredet,

Oben: Absolute Konzentration erfordern die Rennen bei Motorrad- und Skifahrer.
Rechts: In kleinen Dörfern ersetzt nicht selten ein Fußballplatz den (für Ski-Jöring optimalen) zugeschneiten und vereisten See.
(Fotos: B. Wagner)

daß er dabei auch noch beide Skier unter den Füßen haben muß.

Außer einer stolzgeschwellten Brust und einem Pokal – für beide natürlich – kann das Sieger-Team nichts mit nach Hause nehmen, denn Geldpreise sind in diesem Sport verpönt. Dient er doch laut Reglement des ADAC der »sportlichen Ertüchtigung von Kraft- und Skifahrer« und muß nicht von der Obersten Motorrad-Kommission (OMK) genehmigt werden.

Für die Lappen freilich, die »Erfinder« des Ski-Jörings (jöring heißt auf schwedisch »ziehen«), war diese Fortbewegungsart nur ein bequemeres Mittel, mit Hilfe ihrer Ren-

tiere rascher die weiten Schneelandschaften ihrer Heimat zu überwinden. Diese Idee muß irgendwann ein deutscher Nordland-Reisender »importiert« haben. Zunächst wurde das Ren durch Pferde ersetzt. Heute noch ist diese Art des Ski-Jörings sehr beliebt, wenn auch nicht gerade tierfreundlich. Wie die sensiblen, hochgezüchteten Rennpferde nach dem Sturz auf eisigglatter, harter Piste aussehen, kann man sich vorstellen. Nicht umsonst stehen bei diesen Rennen sogenannte »Ambulante Pferde-Kliniken« an der Bahn.

Vom Pferde- zum Motor-Ski-Jöring war dann nur noch ein kurzer Schritt. Nach den Richtlinien können neben Spezial-Bahnmaschinen auch Cross-Motorräder und ganz gewöhnliche Serienmotorräder eingesetzt werden. Letztere müssen natürlich ordnungsgemäß zugelassen sein. Die Maschinen werden vor dem Start von der technischen Abnahme auf ihre Betriebssi-cherheit überprüft und in vier Klassen aufgeteilt: bis 50 ccm, bis 125 ccm, bis 250 ccm und über 250 ccm. Selbstverständlich fahren in diesen Klassen nur Maschinen des gleichen Typs, also jeweils Serien- und Spezialmotorräder, gegeneinander. Eine Hubraumbegrenzung gibt es nicht, aber nach Auskunft des ADAC hat sich bisher noch keiner mit einer 1000er aufs Eis gewagt. Dafür hat sich in diesem Sport der Zweitakt-Einzylinder-Motor durchgesetzt; bringt er doch bei relativ leichter Bauweise hohe Leistung.

Inzwischen hat das Motor-Ski-Jöring schon Ralley-Fahrer animiert. Seit kurzem gibt es Richtlinien für Auto-Ski-Jöring und die Zahl der Starter sowie Zuschauer wächst ständig. Wer weiß, vielleicht werdem demnächst sogar Meisterschaften ausgetragen. Sicher ein Lichtblick für all diejenigen Motorsport-Fans, denen die saisonbedingte Winterpause zu lange dauert.

Die Rätsel der alten Ägypter

Von Harry Vitalis

Vor 5000 Jahren begann das alte Ägypten ins Licht der Geschichte zu treten. Dieses Licht reicht aber bis heute nicht aus, das Dunkel der Kultur am Nil zu erhellen. Vieles bleibt Geheimnis. Auch wir können die Rätsel nicht lösen, die uns die Pyramiden,

die Tempel und Gräber der Pharaonen aufgeben, aber es ist sicher wert, darüber nachzudenken. Hierzu soll dieser Bericht anregen.

Schon vom Flugzeug aus erweist sich Ägypten als ein Land ganz besonderer Natur: Wie mit dem Lineal gezogen verläuft die Grenze zwischen dem fruchtbaren, grünen Schwemmland des Nils und der kahlen, gelbbraunen Wüste ringsum. Und hart an dieser Grenze, etwa zehn Kilometer vom Zentrum Kairos entfernt, sieht man die drei großen Pyramiden des Cheops, des Chefren und des Mykerinos das Flußtal überragen. Die Baumeister der Zeit um 2700 vor Christus haben sie am Rand des westlichen Wüstenplateaus errichtet als Gräber und gewaltige Kultgebäude für ihre Herrscher. Die älteste der drei Pyramiden von Giseh, die Cheops-Pyramide, war ursprünglich 147 Meter hoch, massiv aus Steinblöcken aufgebaut und mit polierten

Oben: Die Stufenpyramide von Sakkara gehört zu den ältesten Bauten in Ägypten. Sie steht seit 4700 Jahren am Rande der Wüste.

Kalk- und Granitplatten verkleidet. Die Spitze hatte man zu Ehren des Sonnengottes mit Gold überzogen. Die Jahrtausende haben an dem riesigen Bauwerk genagt und ganze Schichten abgetragen. Aber noch heute ist es ein unbeschreibliches Gefühl, vor diesem künstlichen Berg zu stehen und zu seinem Gipfel hinaufzuschauen.

Niemand weiß, wie dieses Bauwerk entstanden ist. Man kann einzelne Daten zusammentragen. Rund 2,3 Millionen Steinquadern setzen die Cheops-Pyramide zusammen, jeder Quader hat das Volumen von fast einem Kubikmeter. Der Kalkstein stammt nicht aus der Umgebung am westlichen Flußufer, sondern aus Steinbrüchen jenseits des Nils, etwa zehn Kilometer von den Pyramiden entfernt. Man muß die Blöcke dort aus dem anstehenden Fels gehauen, dann auf Flöße verladen, über den Nil befördert und am Westufer wieder ausgeladen haben. Schon dies ist eine kaum vorstellbare Leistung, wenn man bedenkt, daß jeder Quader etwa 2,5 Tonnen wiegt. 2700 Jahre vor Christus gab es noch keine Werkzeuge aus Stahl, sondern man war auf Bronze und harte Steinmeißel angewiesen. An Ort und Stelle angelangt, mußte der Kalksteinblock zur Spitze der wachsenden Pyramide hinauftransportiert werden. Flaschenzüge waren unbekannt. Offenbar schütteten die Arbeiter schräge Rampen aus Sand auf und zogen die Steine dann nach oben. Vielleicht halfen auch Rollen aus Baumstämmen bei der Bewegung mit; das Rad war damals noch nicht üblich. Auch wenn man unterstellt, daß zur Zeit der ältesten Pharaonen das Land um den Nil noch keine extreme Wüste, sondern eher eine Trockensteppe war, so muß doch Baumwuchs eine Seltenheit gewesen sein. Wo also kamen die vielen Baumstämme her, die man für den Quadertransport brauchte?

Das gesamte Pyramidenbauprojekt bleibt ein Rätsel. Für die Arbeiten stand ausschließlich Menschenkraft zur Verfügung. Pferd und Kamel waren noch keine Haustiere. Folglich müssen unzählige Menschen die Steinblöcke an Seilen gezogen haben. Schon der Transport von täglich zehn Quadern aus den Mokkatam-Steinbrüchen bis hin zur Pyramide hätte Zehntausende von Arbeitern beschäftigt. Diese Leistung bliebe aber viel zu gering, denn um 2,3 Millionen Blöcke heranzuschaffen, müßten diese Arbeiter fast 600 Jahre lang tätig gewesen sein! Das ist offensichtlich unmöglich. Also bleibt nur eine höhere Tagesleistung – und damit wächst das Heer der Arbeiter ins Unermeßliche. Geht man von 100 000 Beschäftigten aus, so erwachsen neue Probleme. Um 100 000 Menschen zu ernähren, müßten ungeheure Speicher mit Getreide vorhanden gewesen sein. Wer sollte diese Mengen liefern? Wer aber hätte überhaupt 100 000 Menschen gleichzeitig lenken und ihren Einsatz koordinieren können? Fragen über Fragen, die keine Antwort finden. Ein anderes Beispiel. Etwa zwanzig Kilometer südlich von Gizeh liegt die noch ältere Pyramide des Pharaos Djoser, die sogenannte Stufenpyramide von Sakkara. Ganz in ihrer Nähe hat man ein unterirdisches Gangsystem von etwa 350 Meter Länge entdeckt, das einem sonderbaren Zweck gedient hat: Hier wurden viele Jahrhunderte lang die heiligen Stiere bestattet, die die damalige Religion verehrte. Dem Gott Ptah waren diese Apis-Stiere geweiht, und wenn sie starben, balsamierte man sie ein, wie dies mit den Körpern der Pharaonen geschah. Die Stiermumien fanden dann

Rechts: Die Cheops-Pyramide (erbaut um 2690 vor Christus) war früher mit Steinplatten verkleidet und trug eine goldene Spitze.

ihre letzte Ruhestätte tief unten im Gangsystem des sogenannten Serapeums, wo man sie unter Beigabe von Gold und Edelsteinen in riesigen Sarkophagen beisetzte. Fast alle Sarkophage hat man in späterer Zeit geplündert und ausgeraubt, so daß für die Wissenschaft wenig übrig blieb. Aber das Problem liegt auf anderem Gebiet: Die Gänge sind etwa drei Meter breit und in der Wölbung fast sechs Meter hoch, eingeschlagen in massiven Untergrund. Die Sarkophage stehen in Seitennischen, sind aus Granit gefertigt und wiegen je 60 bis 70 Tonnen! Wie hat man sie in die Gänge und Nischen transportieren können? Selbst wenn man annimmt, daß Tausende von Menschen sie gezogen oder geschoben haben könnten, so hätten diese Arbeitermassen in den engen unterirdischen Räumen gar keinen Platz gefunden. Bei einigen der 24 Sarkophage bleibt zwischen ihnen und der anstehenden Felswand nur ein Spalt von 40 Zentimetern. Unmöglich, daß hier Kräfte zum Bewegen von Tonnengewichten ansetzen konnten. Den Beweis hat man in der Neuzeit geführt. Der französische Ägyptologe Mariette, der 1851 das Serapeum entdeckte, wollte einen der Sarkophagdeckel anheben, um den Inhalt zu prüfen. Es gelang ihm selbst mit den Mitteln der modernen Technik nicht. Der enge Raum ließ einfach keinen Einsatz entsprechender Maschinen zu. Er mußte den Deckel schließlich aufsprengen. Der Sarkophag war im übrigen leer.

Ähnliche Probleme bieten die berühmten Königsgräber von Theben. Im Felsengebirge westlich der heutigen Stadt Luxor sind die Mumien zahlreicher Pharaonen bestattet, und zwar am Ende von Gängen, die tief ins Naturgestein geschlagen wurden. Die Grabkammern enthalten mächtige Sarkophage, die, wie die im Serapeum, meist von Räubern der altägyptischen Zeit ge-

plündert wurden. Es würde heute noch technisch äußerst schwierig sein, die tonnenschweren Sargdeckel zu öffnen. Die Arbeit haben uns die Plünderer abgenommen. Ihnen gelang es, die dicken Granitplatten offenbar mit einem alten Trick zu sprengen: Erhitzen durch Anzünden eines Feuers und anschließendes Aufgießen von Wasser. Die Spannungen führen zum Platzen des Gesteins. Anders kann man sich das Öffnen der Sarkophage nicht erklären. Aber seltsam: Die mit farbigen Reliefs und Hieroglyphen bedeckten Wände der Grabkammern zeigen keine Spur von Feuereinwirkung oder Rußbildung. Sie sind frisch wie zur Zeit ihrer Entstehung. Dies führt zu einem weiteren Rätsel: Wie konnten die Künstler des Pharaonenreichs in der Tiefe des Berges, bis zu 100 Meter vom Eingang entfernt, überhaupt ohne künstliche Beleuchtung die Felswände verzieren? Fackeln oder Kienspäne hätten ihr Werk in kurzer Zeit verrußt. Sauerstoffmangel wäre ihnen ebenso wie den feuerentfachenden Grabräubern zum Verhängnis geworden. Man hat an raffinierte Spiegelungen des Sonnenlichtes gedacht, aber abgesehen von den großen Entfernungen, wäre es in vielen Fällen nötig gewesen, das Licht mehrmals um Ecken und Kanten zu lenken, und das hätte Hochleistungsspiegel verlangt, die sicherlich nicht existierten.

Nicht weit von den Königsgräbern entfernt stehen auf einem ebenen Feld zwei riesige Statuen, die von jeher als die Memnon-Kolosse bekannt sind. Der Tempel, zu dem sie einst gehörten, ist längst dem Erdboden gleichgemacht. Kein Stein ist mehr davon geblieben. Erhalten aber haben sich diese beiden Standbilder, jedes 15 Meter hoch. Sie sind gefertigt aus Quarzit, einem besonders festen Sandstein. Und jede der beiden Statuen ist aus einem einzigen, gewaltigen Stück gehauen! Ein Stein von 15 Meter

*Oben: Wie mit dem Lineal gezogen verläuft
die Grenze zwischen dem grünen Niltal und
der Wüste: Blick aus dem Flugzeug bei Assuan.*

Höhe wiegt mehr als 700 Tonnen, und dieser Felsklotz muß von weit her herantransportiert worden sein, denn es gibt bei Luxor dieses Material nicht.

Die Kolosse – im wahrsten Sinne des Wortes – auch nur um Millimeter verschieben
zu wollen, grenzt an Utopie, und doch
muß man sie herangeschafft haben, wahrscheinlich auf dem Nil. Wo gibt es Stein-
brüche, die solchen Quarzit liefern?

Die Klärung dieser Frage war recht interessant. Zunächt ging man davon aus, daß
eine Schiffsfahrt nilabwärts schon schwierig genug sein mochte, so daß eigentlich
nur eine Herkunft vom Niloberlauf wahrscheinlich sein konnte. Tatsächlich gibt es
bei Assuan Quarzite ähnlicher Zusammensetzung. Assuan liegt 200 Kilometer nilaufwärts. Naturwissenschaftliche Untersuchungen in neuester Zeit haben jedoch ergeben, daß die Gesteine von Assuan ausscheiden. Das Material der Memnon-Kolosse stammt nicht aus der südlichen Gegend. Vielmehr bestätigte sich eine Annah-
me, die Fachleute schon früher geäußert
hatten: Die alten Ägypter haben die
700-Tonnen-Klötze über eine Entfernung
von fast 700 Kilometern aus Steinbrüchen
bei Kairo herangeschafft. Dort wurden die
Stücke gebrochen, auf Nilbarken verladen
und dann stromaufwärts bis Luxor befördert!

Die Geschichte der Memnon-Kolosse hat
übrigens noch eine besondere Pointe. Im
Jahre 27 vor Christus erschütterte ein Erdbeben das Gebiet von Luxor. Dabei spalte-
te sich ein Stück des Oberteils am nördlichen Koloß. Merkwürdigerweise vernahm
man von nun an morgens kurz nach Sonnenaufgang ein sonderbares »Singen« in

der Nachbarschaft der Steinfigur, dessen Herkunft nie geklärt wurde. Wahrscheinlich verursachten temperatur- und feuchtigkeitsbedingte Spannungen im Stein Schwingungen, die sich auf die Luft übertrugen. Jedenfalls gehörte ein Besuch der »singenden« Statue zum Pflichtpensum der römischen Touristen, die schon damals Ägypten als Fremdenverkehrsland entdeckt hatten. Das Phänomen endete abrupt, als um das Jahr 200 nach Christus der römische Kaiser Septimus Severus auf den Gedanken kam, den musikbegabten Koloß zu restaurieren. Er befahl, das Standbild wieder zu ergänzen – und von dieser Zeit an »sang« die Figur nicht mehr. Der Imperator schaffte zum Ausbessern Quarzit heran, sparte sich aber den weiten Weg nilaufwärts und ließ Gestein von Assuan kommen.

Die alten Ägypter hatten eine Vorliebe für Standbilder aus einem einzigen, einheitlichen Steinblock, einem sogenannten Monolithen. Aber nicht nur die Statuen, sondern auch die berühmten Obelisken mußten monolithisch sein. Bildete sich darin ein Riß, so war das Stück wertlos. Wir kennen einen Steinbruch östlich von Assuan, in dem noch heute ein unfertiger Obelisk liegt. Die Baumeister der Pharaonen hatten ihn halb aus dem festen Rosengranit herausgehauen, als er einen – noch jetzt sichtbaren – Sprung bekam und deshalb nicht weiterbearbeitet wurde. Es dürfte sich um den größten bekannten Obelisken gehandelt haben, denn er mißt 40 Meter Länge. Drei seiner Seiten sind bereits ausgeschlagen, und nur die Unterseite verbindet den Obelisken noch mit dem anstehenden Granit. Die Absprengtechnik war im alten Ägypten stets die gleiche: Man meißelte Vertiefungen ins Gestein, schlug Keile aus trockenem Sykomorenholz hinein und goß Wasser darüber. Das Holz sog sich voll und sprengte ein Felsstück ab. Besonders mühsam dürfte es allerdings gewesen sein, den Obelisken von der Unterlage zu lösen, denn das hieß, daß man Gänge im Granit anlegen mußte, um von unten heranzukommen. Solche Gänge sieht man am unfertigen Obelisken von Assuan noch deutlich, und wahrscheinlich hatten diese speziellen Arbeiten »unter Tage« Pygmäen zu verrichten, die man aus Zentralafrika heranholte. Unbekannt bleibt aber in jedem

Rechts: Die Memnon-Kolosse von Theben. Jeder wiegt rund 700 Tonnen und wurde über 700 Kilometer Entfernung herangeschafft!
Unten: Der 40 Meter lange unfertige Obelisk von Assuan im Steinbruch. Später hat man die Treppe darangebaut.
(Fotos: H.-H. Vogt)

Fall wieder der Transport eines solchen Monolithen vom Steinbruch zum Nil und zum Ort der Aufstellung. Das wertlos gewordene Stück von Assuan deutet an, daß man es nach dem Herausmeißeln aus dem Grund wohl auf schräger Bahn zum Fluß abgleiten lassen wollte, denn der gewaltige Stein liegt zum Tal hin geneigt. Aber 400 Tonnen zu bewegen, erscheint uns wiederum fast unglaublich. Und doch wäre das kein Rekord der alten Ägypter gewesen, denn im Tempelbezirk des Ramesseums bei Theben liegen die Trümmer einer einst 23 Meter hohen Ramsesstatue, deren Gewicht man auf 1000 Tonnen schätzt. Und diese 1000 Tonnen Rosengranit müssen tatsächlich 200 Kilometer weit herantransportiert worden sein – unbekannt, wie dies geschah . . .

Alle diese Fragen mußten ohne Antwort bleiben. Es fällt schwer, angesichts dieser Probleme nicht an »überirdische Kräfte« oder an eine unbekannte Art von Technik zu glauben, Vermutungen, die im übrigen schon wiederholt geäußert wurden. Sie führen uns aber nicht weiter, weil sie grundsätzlich unbeweisbar sind. Kann man den alten Ägyptern überhaupt solche Fähigkeiten zutrauen? Nichts spricht dafür: An den Tempeln und in den Gräbern der vornehmen Herren sind immer und immer wieder Bilder vom Leben in der damaligen Zeit zu finden. Berühmt ist das Grab des Herrn Ti in Sakkara, der um 2500 vor Christus starb. Farbig wird an den Wänden der Alltag abgebildet: Ti und seine Familie beaufsichtigen die Arbeiter, die ein Papyrusboot bauen, Fische mit Netzen fangen, den Boden hacken, den Acker mit einem Holzpflug bestellen – keine Spur eines technischen Wunderwerkes oder einer »göttlichen Kraft«. So bleibt denn der Schleier ungelüftet, der seit Jahrtausenden über dem alten Ägypten liegt.

Tauschaktion für Linien-Jets

Lufthansa-Flotte im Wandel

Von Erich H. Heimann

Fast 100 Jets tragen den Lufthansa-Kranich am Leitwerk. Steigende Passagierzahlen, ständiger Wettbewerb auf dem internationalen Markt und technischer Fortschritt erfordern eine ständige Modernisierung der Flotte. So machen die Boeing 727-30 Europa Jets nach und nach der gestreckten 727 und dem Airbus Platz.

Wer als Fluggast oder auch nur als Besucher von der Aussichtsplattform eines Flughafens die in Reih und Glied auf dem Vorfeld und an den Fingerflugsteigen geparkten Jets betrachtet, gewinnt leicht den Eindruck, daß der Flottenpark einer großen Linien-Fluggesellschaft über Jahre aus den gleichen Maschinen besteht. Der Laie nimmt meist an, daß die Flotte lediglich bei Bedarf durch Zukauf von ein oder zwei Maschinen erweitert wird oder hin und wieder ein paar Jets in Pension gehen, weil sie inzwischen zu betagt für den Liniendienst sind. Auch die nur langsam steigende Maschinenzahl der Lufthansa-Flotte täuscht einen statischen Flugzeugpark vor. Neben den Neuzugängen, die durch ein ständig steigendes Passagieraufkommen, zunehmende Frachtbeförderung und eine Erweiterung des Streckennetzes notwendig werden, vollzieht sich nämlich meist unbemerkt ein Tausch von älteren Typen, die durchaus noch eine Reihe von Jahren im Einsatz bleiben könnten, gegen neuere Versionen des gleichen Typs oder auch größere Maschinen.

Flog man zur Zeit der Propellermaschinen meist einen Typ so lange, wie es seine Lebenserwartung erlaubte, so haben sich die modernen Liniengesellschaften wie die Lufthansa heute darauf eingestellt, viele ihrer Jets nicht mehr auf Lebenszeit in Dienst zu nehmen. Sie werden nach einigen Jahren zum Teil »im besten Flugzeugalter« wieder abgegeben und durch modernere und wirtschaftlichere Maschinen ersetzt. Grund für diesen ständigen Wandel in der Flottenzusammensetzung ist einmal der rasche technische Fortschritt, zum anderen aber auch der Markt, auf dem die Luftverkehrsgesellschaften in einem harten Konkurrenzkampf stehen. Es gilt, so wirtschaftlich wie möglich zu fliegen und dem Passagier den größtmöglichen Komfort zu bieten. Außerdem muß man durch entsprechend großes und leistungsfähiges Fluggerät mit dem Verkehrsaufkommen auf den einzelnen Strecken Schritt halten. All dies führt zu einer ständigen Umrüstung der Lufthansa-Flotte, die sich so fortwährend modernisiert. Dem Fluggast fällt dies allenfalls auf, wenn er häufig ein und dieselbe Strecke fliegt und anstelle des bisher vertrauten Typs plötzlich ein neues Modell eingesetzt wird. Dabei kann es sich sowohl um eine Weiterentwicklung des früher eingesetzten Typs handeln als auch um ein völlig neues Baumuster.

So ersetzte die durch Einbau von zwei Rumpfsektionen von je drei Metern vor und hinter dem Flügel gestreckte Boeing 727-230 auf vielen Strecken das früher eingesetzte Grundmuster Boeing 727-30. Durch diesen Austausch erhöhte sich nicht nur die Zahl der Sitzplätze von acht in der ersten und 101 Plätzen in der Economy-Klasse auf acht plus 138 Sitze, sondern auch der Komfort für den Fluggast, der sein Handgepäck nun in verschließbaren Fächern unterbringen kann und in einer großzügiger gestalteten Passagierkabine befördert wird.

Das ständig wachsende Passagieraufkommen auf vielen Strecken hat die gestreckte Boeing 727-230 hier und dort bereits verdrängt und einen Ersatz durch einen noch größeren Typ wie den Airbus A 300 notwendig gemacht. Er fliegt zum Beispiel seit diesem Jahr anstelle der 727-230 nach Athen.

Aber auch andere Entwicklungen können einem Flugzeugmuster einen längeren Einsatz verbauen. So erging es zum Beispiel den Boeing-Typen 727-30 und 737-230 C, die sich in kurzer Zeit vom Passagierflugzeug in einen Frachter abändern lassen und an einer großen seitlichen Frachtluke zu erkennen sind. Der rasche Umbau er-

möglichte den Einsatz als Passagierflugzeug am Tage und als Frachter bei Nacht.
Immer schärfer werdende Nachtflugein-
schränkungen in der Bundesrepublik wie
auch im europäischen Ausland machen
diese rationale Doppelnutzung zunichte,
was Auswirkungen auf die Flottenpolitik
hat. Man braucht nun mehr Frachtraum
am Tage – also größere Maschinen, die neben einem großen Sitzplatzangebot auch
viel Fracht befördern können, wie das
beim Airbus der Fall ist.

Die gute alte Boeing 707, die bei der Lufthansa zuletzt in zwei Passagierversionen
(707-430 und 707-330 B) sowie als Frachter
(707-330 F) im Einsatz war, weicht nun
den größeren und komfortableren Lang-
streckenjets wie der DC-10 und der 747,
deren erste Baumuster, erst im Sommer
1970 in Dienst gestellt, nun bereits der
moderneren Super-Langstrecken-Version
747-230B SL – oder kurz 747 SL (SL = Su-
per long range) – weichen. Bis Ende

*Oben: Die kleine Boeing 737 wurde vor rund
zehn Jahren speziell nach den Wünschen der
Lufthansa entwickelt. Heute sucht die Lufthansa nach einem geeigneten Nachfolgetyp.
Rechts: In der um sechs Meter gestreckten
Ausführung 727-230 kann der Europa-Jet
146 Passagiere befördern. Neben einer größeren Passagierkapazität zeichnet auch eine
neugestaltete Passagierkabine diese Weiterentwicklung der 727 aus.*

1978/Anfang 1979 sind alle alten Jumbos
der ersten Generation bei der Lufthansa
durch die schnellere und wirtschaftlichere
747 SL ersetzt. Auch der »Dicke«, wie
bei der Lufthansa der über ·90
Tonnen Fracht verdauende Jumbo-
Frachter 747 F genannt wird, findet bald
Ersatz durch einen jüngeren Bruder, der
neben der praktischen Klappnase auch
noch über große seitliche Frachttüren verfügt, wodurch das Beladen noch schneller

und reibungsloser erfolgen kann. Verkürzte Ladezeiten ermöglichen zum Beispiel kürzere Übergangszeiten bei Anschlußflügen und lassen die Fracht durch Einsparung von vielleicht nur einer halben Stunde beim Be- oder Entladen unter Umständen einen halben Tag früher ans Ziel gelangen, weil eine frühere Anschlußmaschine erreicht werden kann.

Bei den hohen Anschaffungskosten für moderne Verkehrsflugzeuge – ein Jumbo kostet, ohne Ersatzteile, immerhin 110–125 Millionen DM – wäre ein so rascher Wechsel der Flugzeuge kaum zu finanzieren, wenn es nicht die Möglichkeit gäbe, ältere Maschinen zu verkaufen und so die Neubeschaffung modernen Fluggerätes wenigstens zum Teil mitzufinanzieren. Tatsächlich gibt es einen weltweiten Markt für gebrauchte Verkehrsflugzeuge. Er trägt dazu bei, die Bedürfnisse kleinerer Luftverkehrsgesellschaften zu decken, deren Passagieraufkommen und Streckennetz diesen auf

anderen Routen nicht mehr attraktiven Jets genau entspricht. Daneben gibt es auch Firmen, die gebrauchte Verkehrsflugzeuge ankaufen und an Luftverkehrsgesellschaften »leasen«, das heißt vermieten, um so einen gewissen Bedarf auf Zeit zu decken. So kann es vorkommen, daß man als Passagier auch einmal ein Flugzeug wiedertrifft, in dem man unter anderen Farben schon häufig geflogen ist, wie es mir vor einiger Zeit erging.

Schon beim Einsteigen war mir an der Boeing 727-30, die in frischem Lack und den Farben von Olympic Airways erstrahlte, aufgefallen, daß am Heck anstelle der erwarteten Registrierung mit den griechischen Kennbuchstaben SX ein amerikanisches Kennzeichen mit dem Kennbuchstaben N und einer Ziffernkombination prangte. Die Boeing 727 war also Eigentum eines amerikanischen Unternehmens und offensichtlich an die griechische Luftverkehrsgesellschaft verchartert oder »ge-

leased«. Beim Betreten der Kabine erkannte ich die 727 an ihrer Innenausstattung und ihrer deutsch/englischen Beschriftung der Leuchtzeichen über den Sitzen als alte Bekannte wieder. Ich flog in einem ehemaligen Europa Jet der Lufthansa, der offensichtlich im Tausch gegen eine modernere gestreckte 727 an das Herstellerwerk zurückgegeben worden war und nun mit einer amerikanischen Registrierung und den sechs bunten Olympic-Ringen am Leitwerk auf innergriechischen Routen zwischen dem Festland und den griechischen Inseln Dienst tat.

Natürlich war ich auf meine Entdeckung ziemlich stolz, und wer bei einem Besuch auf einem internationalen Flughafen seine Augen offenhält, kann vielleicht auch einmal einen solchen seltenen Vogel ausmachen. Ein zweites Mal ist es mir bisher allerdings noch nicht gelungen.

Solche Zweit- und Drittkarrieren von Linienjets sind durch die lange Lebensdauer

Oben: In europäischer Gemeinschaftsarbeit entstand der Airbus A 300, der auf manchen Strecken bereits die gestreckte Boeing 727-230 verdrängt und als besonders leise Maschine bekannt ist.
Rechts: Die Boeing 707 war einst das Arbeitspferd der Lufthansa auf den Langstrecken. Ihre Tage bei Lufthansa sind gezählt. Zwei ehemalige 707-Frachter der Lufthansa fliegen heute bei der Lufthansa-Tochter German Cargo Services GmbH im Fracht-Charter-Dienst.

der heutigen Flugzeuge möglich, denn moderne Bauweisen und hochwertige, langlebige Werkstoffe sorgen neben einer nach festen Plänen durchgeführten Wartung und Überholung für eine nahezu »ewige Jugend« der Maschinen. Neben der üblichen Funktionskontrolle vor jedem Start unterzieht die Lufthansa beispielsweise ihre Boeing-747-Maschinen in regelmäßigen

332

Intervallen intensiven technischen Prüfungen. So ist bei jedem Jumbo nach jeweils 170 bis maximal 200 Stunden die Flugbetriebskontrolle II fällig, die auf den dafür vorgesehenen Übernachtungsstationen durchgeführt wird. Bei dieser allgemeinen Kontrolle wird die Maschine bei geöffneten Triebwerkshauben innen und außen geprüft, wobei auch zurückgestellte Beanstandungen behoben werden.

Nach jeweils 700 bis 770 Stunden geht der Jumbo zur Flugbetriebskontrolle III in die Wartungsbasis Frankfurt, wo zusätzlich zu den Kontrollen, die bei 170 bis 200 Stunden Flugzeit üblich sind, die Struktur der Maschine wie auch ihre Funktionen intensiv geprüft werden.

Nach insgesamt 2800 Flugstunden ist die sogenannte Basiskontrolle fällig, die in vier Teilkontrollen in Verbindung mit der bereits erwähnten Flugbetriebskontrolle III etappenweise durchgeführt wird. Die Basiskontrolle setzt noch strengere Maßstäbe als die vorhergegangenen Checks. Sie bezieht auch weitere Teile der Struktur der Flugzeugzelle und umfangreichere Funktionsprüfungen ein.

Nach spätestens 40 Monaten kommt es zu einer Zwischenliegezeit. Zu diesem Zweck schafft man die Maschine in die Überholungsbasis Hamburg, wo nach einem festliegenden Plan insbesondere die tragende Struktur genauestens untersucht wird. Neben Sichtkontrollen wird der einwandfreie Zustand auch durch Röntgenaufnahmen geprüft. Gleichzeitig bessert man, soweit notwendig, die Außenlackierung der Maschine aus und frischt die Kabine auf.

Das größte Wartungsereignis ist die Teilüberholung, die bei der Boeing 747 alle 16 000 bis 20 000 Flugstunden fällig wird. Hierbei werden praktisch alle Systeme und Zellenbauteile überprüft, Großbauteile ausgetauscht, Neuerungen eingebaut und der Vogel auf Herz und Nieren getestet. Man begnügt sich hierbei nicht nur mit der

Inspektion des Innenlebens der Maschine durch Wartungsluken, sondern legt praktisch alle wichtigen Teile durch Abnehmen der Flügel- wie auch von Rumpfbeplankungsteilen frei. Kabinenrenovierung und Neulackierung versetzen die Maschine in Tausenden von Arbeitsstunden wieder in den Neuzustand.

Ständige Kontrollen und der Austausch von Verschleißteilen nach Plan und bevor Schäden auftreten, bescheren einem modernen Linienjet eine fast unbegrenzte Lebensdauer. Daß die Maschinen dennoch bei vielen Luftverkehrsgesellschaften nur begrenzte Zeit im Einsatz bleiben, ist nicht allein eine Frage des technischen Fortschrittes, der leistungsfähigere und rentablere Maschinen ermöglicht, sondern auch eine Kostenfrage, denn wenn ein Jet ein bestimmtes Alter erreicht hat, wird es notwendig, die Wartungs- und Überholungsintervalle zu verkürzen. Dies kostet nicht nur Geld, sondern auch zusätzliche Liege-

Unten: In die Lücke zwischen der Boeing 707 und der 747 stieß Douglas mit der DC 10, die von der Lufthansa auf den Langstrecken nach Fernost, Nord- und Südamerika eingesetzt wird.

Rechts: So mancher kann sich noch an die Einführung der ersten Boeing 747 Jumbo Jets bei der Lufthansa erinnern. Die ersten 747-130 werden bis Anfang 1979 durch die Super-Langstreckenversion 747-230 SL ersetzt. Hier ein Lufthansa Jumbo der zweiten Generation, die 747-230 B im Landeanflug in Frankfurt. Dieser Typ kann insgesamt 361 Passagiere befördern, davon 28 in der Ersten Klasse.

zeit, in der die Maschinen nicht eingesetzt werden können. Auch dies erklärt die Notwendigkeit der ständigen Modernisierung der Flotte.

So ist es auch nicht verwunderlich, daß die Lufthansa schon heute Neubeschaffungspläne für ihre Flotte in den achtziger Jahren entwickelt. Wer im Luftverkehr erfolgreich sein will, braucht modernes und marktgerechtes Fluggerät – sozusagen eine Flotte nach Maß. Diese Idee zu verwirklichen ist oft recht schwierig, denn das Wunschflugzeug der Zukunft existiert heute allenfalls auf dem Papier in den Konstruktionsbüros der Flugzeugwerke.

Während im Langstreckenbereich mit der Douglas DC 10 und der Boeing 747 SL bei der Lufthansa die Weichen für die Zukunft bereits gestellt sind, suchen die Flottenplaner noch immer nach Nachfolgetypen für die Kurz- und Mittelstrecken-Maschinen, also die einst für die Lufthansa maßgeschneiderte Boeing 737 wie auch den Euro-

pa Jet 727. Zwar decken sechs weitere gestreckte Boeing 727-200, die ab August 1978 zusammen mit fünf 747 SL in einer großen Umtauschaktion die Flotte modernisieren, zu einem Teil den steigenden Bedarf auf der Kurz- und Mittelstrecke, aber ein Ersatz für den City Jet 737 ist noch nicht in Sicht.

In ihren unterschiedlichen Versionen bieten die beiden kleinen Boeing-Typen 737 und 727 mit einem Angebot von 90 bis 146 Sitzen eine sinnvolle Anpassungsmöglichkeit an die wachsenden Passagierzahlen auf Kurz- und Mittelstrecken. Zwischen der gestreckten Boeing 727-200 mit 146 Sitzen und dem Airbus, der – nur mit Sitzen in der Economy-Klasse versehen – 270 Passagiere befördern kann, fehlt eine Maschine mittlerer Passagierkapazität mit etwa 210 Sitzen. Würde man nämlich die 727-200 bei steigendem Passagieraufkommen direkt durch den Airbus ersetzen, so wäre diese große Maschine über längere

Zeit nicht ausreichend ausgelastet und somit unwirtschaftlich. Da man im Luftverkehr angesichts der ohnehin schmalen Gewinnspannen mit einem sehr spitzen Bleistift rechnet, ist eine Zwischengröße zwischen den beiden jetzigen größeren Kurz- und Mittelstreckenmaschinen unerläßlich. Ideal wäre ein verkleinerter Airbus mit 210 Sitzen und einem neuen Flügel, der aufgrund seiner nahen Verwandtschaft mit dem bereits vorhandenen Airbus ideal in die Flotte paßte. Aber dieses Wunschflugzeug existiert zur Zeit noch nicht.

Von der Idee eines kleineren Airbus ausgehend hat die Lufthansa für die achtziger Jahre ein neues interessantes Flottenkonzept entwickelt, das von zwei Flugzeugen ausgeht, die in jeweils zwei verschiedenen, das heißt einer größeren und einer kleineren Version ein abgestimmtes Sitzplatzangebot im gesamten Kurz- und Mittelstreckenbereich ermöglichen. Dabei sind beide Versionen eines Typs jeweils mit den glei-

Oben: Die für extreme Langstrecken angeschaffte Boeing 747-230 SL ist durch die abweichenden Triebwerksverkleidungen und vor allem durch die Frachttür am Rumpfheck von den älteren 747-Jumbos zu unterscheiden. Sie befördert bei der Lufthansa 239 Passagiere und kann durch einen Frachtraum hinter der Passagierkabine rund 254 m³ Fracht aufnehmen.

Rechts: Durch die aufklappbare Nase läßt sich der Jumbo-Frachter, den die Lufthansa als erste Luftverkehrsgesellschaft der Welt in Dienst stellte, schnell und reibungslos beladen. Der »Dicke«, wie er bei der Lufthansa scherzhaft genannt wird, soll in Kürze ebenfalls durch eine moderne Version ersetzt werden.

chen Triebwerken ausgerüstet; der Schub wird jedoch in der kleineren Version nicht voll ausgenutzt. Hierdurch wäre ein besonders wirtschaftlicher Flugbetrieb möglich,

denn die gleiche Triebwerksausstattung macht Wartung, Ersatzteilhaltung und Training von Besatzungen und Bodenpersonal besonders kostengünstig.

Das neue Lufthansa-Konzept sieht einen Typ I in der Version I A mit 120 Sitzen und als I B mit 160 Sitzen vor. Daneben wäre ein Typ II wünschenswert, der in der Variante II A ein Platzangebot von 210 Sitzplätzen und als Version II B 270 Sitze aufweist. Bis jetzt existiert nur der Typ II B mit 270 Sitzen in Gestalt des Airbus A 300. Da die ersten Boeing-737-Maschinen aus wirtschaftlichen Gründen ab 1982 durch einen modernen Nachfolgetyp ersetzt werden sollen, hofft die Lufthansa auf eine baldige Entscheidung für den Typ I A. Die Techniker in der Flottenplanung wissen zwar, was er leisten soll, aber noch nicht, wie er heißen wird, denn noch steht nicht fest, wann welcher Hersteller ein entsprechendes Baumuster anbieten wird. So steht es also noch in den Sternen, ob die neuen Kurz- und Mittelstreckenmaschinen mit dem Kranich am Leitwerk in den achtziger Jahren den Namen Airbus, Boeing oder Douglas tragen werden. Diese wichtige Entscheidung ist noch nicht gefallen.

Rechts: Nachts schlug bislang die große Stunde der Fracht, und viele Passagier-Boeings verwandelten sich zu dieser Zeit in fliegende Güterwagen. Nachtflug-Beschränkungen machen dieses Konzept mehr und mehr zunichte und erfordern mehr Frachtkapazität am Tage.
(Fotos: Lufthansa)

Trotzdem vollzieht sich beinahe Monat für Monat die Modernisierung der Lufthansa-Flotte, in der ab Sommer 1978 sechs der alten Boeing 727-30 C durch sechs gestreckte Europa Jets ersetzt werden und die übrigen dreistrahligen Boeings durch vier bereits bestellte Airbusse A 300 verdrängt werden.

Angesichts dieser fortlaufenden Flottenmodernisierung wird man leicht an ein altes Sprichwort erinnert, nach dem nichts beständiger ist als der Wandel. Aber für die Lufthansa ist der Wandel keinesfalls Selbstzweck, sondern eine dringende Notwendigkeit, um im harten internationalen Wettbewerb zu bestehen, der Wirtschaft Wege in alle Welt zu bahnen und nicht zuletzt die Arbeitsplätze von fast 30 000 Mitarbeitern zu sichern.

Die Lufthansa-Flotte auf einen Blick: Typen, Daten, Zahlen
(Stand Sommer 1978)

Hersteller/Typ	Spann-weite	Länge	Triebwerke/ Schub in Kilo-newton (KN)	max. Start-gewicht	Passagiersitze bzw. Frachtkapazität	Tank-kapazität	Reise-ge-schw.	Reise-ver-brauch	größte Reich-weite	Be-stand	Bestellt/ Optio-nen
Boeing 747-130 (1)	59,64	70,51	4 × 202,48	333,4 t	28/333 · 147 m³	178 700	914	14 000	9 260	2	–
Boeing 747-230B	59,64	70,51	4 × 209,15	352,00 t	28/333 · 147 m³	193 060	914	14 500	9 820	2	–
Boeing 747-230SL	59,64	70,51	4 × 233,63	326,88 t	28/221 · 252 m³	193 870	914	14 400	9 880	3	6/2
Boeing 747-230F	59,64	70,51	4 × 209,15	352,00 t	632 m³ · 105,9 t	193 060	914	15 800	9 620	1	1/
McDonnell Douglas DC10-30	50,40	55,35	3 × 226,95	251,75 t	22/243 · 112,6 m³	139 970	900	10 100	10 470	11	–
Airbus A300B-2	44,84	53,62	2 × 226,95	137,00 t	24/225 · 94,6 m³	43 000	870	7 000	3 726	5	–
Airbus A300B-4	44,84	53,62	2 × 226,95	153,00 t	24/225 · 94,6 m³	56 600	870	7 500	4 940	2	4/9
Boeing 707-330B (3)	44,40	46,60	4 × 80,10	150,85 t	16/128 · 45,70 m³	90 280	875	6 800	9 240	7	–
Boeing 707-330F (Frachter)	44,40	46,60	4 × 80,10	150,85 t	212 m³ · 33,6 t a)	90 280	875	7 200	9 016	4	–
Boeing 727-30C (2)	32,92	40,60	3 × 62,30	72,775 t	8/101 · 25 m³ b)	27 150	865	4 500	3 590	10	–
Boeing 727-230	32,92	46,70	3 × 68,98	82,75 t	8/138 · 42,60 m³	31 000	865	5 400	3 490	20	6/
Boeing 737-130 (3)	28,35	28,65	2 × 62,30	44,20 t	8/82 · 15,2 m³	13 420	830	2 640	2 415	22	–
Boeing 737-230C	28,35	30,48	2 × 64,53	50,20 t	8/95 · 24,8 m³	13 420	830	3 000	2 116	6	–

Flottenbestand (ohne Schulflugzeuge)   95   17/11

a) als Nur-Frachter 128 m³ oder max. 19 t
b) als Nur-Frachter 89,6 m³ oder max. 12,7 t
(1) wird bis Ende·1978/Anfang 1979 durch 747-230B SL ersetzt
(2) wird zur Zeit durch 727-230 bzw. A300B ersetzt
(3) wird ab 1982 durch Nachfolgemuster ersetzt.

Handelsschiffahrt unter Wasser

Von E. Klacks

Oben: Modell des Handels-U-Bootes »Deutschland« in der Sammlung des Deutschen Schiffahrtsmuseums in Bremerhaven.

Eine Entwicklung in der Schiffahrt, die vor 60 Jahren geeignet gewesen wäre, eine Art Schiffahrts-Revolution auszulösen, scheint heute vergessen: In den Jahren 1916/17 gab es eine Unterwasser-Schiffsverbindung zwischen Europa und den USA!
Seit etwa 1906 wurden in Deutschland U-Boote gebaut. Sie dienten der Kaiserlichen Marine jedoch ausschließlich als Unterwasser-Kriegsschiffe. Im Jahre 1915 befand sich das Deutsche Reich im blutigen Krieg mit den meisten Staaten der Erde. Da die deutsche Küste an der Nordsee von der englischen Marine blockiert und es deshalb nicht möglich war, Rohstoffe per Schiff einzuführen, entstand bei den deutschen Reedern die Idee, ein Unterwasser-Frachtschiff zu bauen. Man konnte damit die englischen Sperren unterfahren und die zwar eingeschlafenen, aber noch bestehenden Handelsbeziehungen zu den USA wieder aufleben lassen. Denn Amerika war noch nicht in den Krieg mit Deutschland eingetreten.
Zwei Werften, die Bremer Schiffswerft A. G. Weser und die Kieler Germania-Werft, beschäftigten sich mit der Entwicklung, und am 15. 10. 1915 wurden zwei Schiffe bei der Germania-Werft in Auftrag gegeben. Als erstes Schiff sollte die »Deutschland« fertiggestellt werden, dann sollte das zweite Handels-U-Boot »Bremen« folgen.

Am 1. 4. 1916 wurde die »Deutschland« ausgeliefert, ein Schiff mit 65 Metern Länge, 8,9 Metern Breite und 791 Brutto- bzw. 414 Nettoregistertonnen. Die beiden Dieselmotoren lieferten 800 PS (588 kW), die Geschwindigkeit über Wasser wurde mit 10 Knoten (18 km/h), unter Wasser mit 6,7 Knoten (12 km/h) angegeben. Es war also kein sonderlich schnelles Schiff. Man war bei der Konstruktion rasch davon abgekommen, als Vorbild für die äußeren Abmessungen die eines Kriegs-U-Bootes zu verwenden. Dadurch hätte man zu wenig Frachtraum erhalten. Oberhalb der Wasserlinie war die »Deutschland« deshalb ein schlankes Schiff, darunter wurde sie jedoch kompakt und geräumig konstruiert. Trotzdem machte das Beladen des Frachtraums durch die engen Luken große Schwierigkeiten.

Die erste Fahrt am 25. Juni 1916 unter Kapitän Paul König wurde zum Abenteuer. Mit 27 Mann Besatzung und einer Ladung Chemikalien an Bord lief das Boot aus. Bis zu den deutschen Vorposten-Schiffen wurde es von einem Torpedoboot begleitet, dann tauchte es und entschwand den Blicken seiner Beschützer.

Am 10. Juli 1916 erreichten das Schiff, der Kapitän und seine Mannschaft unbeschadet den Hafen von Baltimore. Außer einigen riskanten Feindbegegnungen, denen man durch Abtauchen entkommen war, entstanden keine Probleme während der 16tägigen Fahrt. Ortungsgeräte wie z. B. Radar gab es noch nicht, und auch die Funkanlage entsprach bei weitem nicht dem heutigen technischen Stand. Das wichtigste Instrument neben dem Tiefenmanometer war der Kreiselkompaß.

Im Hafen von Baltimore war ein besonderer Liegeplatz geschaffen worden, um das Schiff gegen Attentate und feindliche Agenten zu schützen. Ein Unterseeboot als Handelsschiff war bis dahin unbekannt und wäre unweigerlich als Kriegsschiff eingestuft worden, obwohl die »Deutschland« keinerlei Bewaffnung an Bord hatte.

Das Entladen und besonders das Verstauen der neuen Fracht verlangten sehr viel Sorgfalt. Immer wieder wurde durch halbes Abtauchen des Schiffes die genaue Trimmlage überwacht. Schließlich lief das U-Boot am 1. August 1916 aus. Die Besatzung wußte, welchen Gefahren sie entgegenfuhr. Acht feindliche Schiffe mit Suchbooten und Netzen lagen vor der Chesapeak-Bay und wollten das Schiff versenken.

Getaucht und mit ausgefahrenem Sehrohr tastete Kapitän König sich an den todbringenden Schiffen vorbei, die er an Suchscheinwerfern und Positionslampen erkennen konnte. Nach Stunden ungeheurer Spannung tauchte er vorsichtig auf: Man hatte die Sperrschiffe hinter sich gelassen und konnte mit äußerster Kraft in den offenen Atlantik laufen.

Erst im Bereich der englischen Flotte mußte man wieder vor einem Kreuzer abtauchen. Dann begegnete man einem deut-

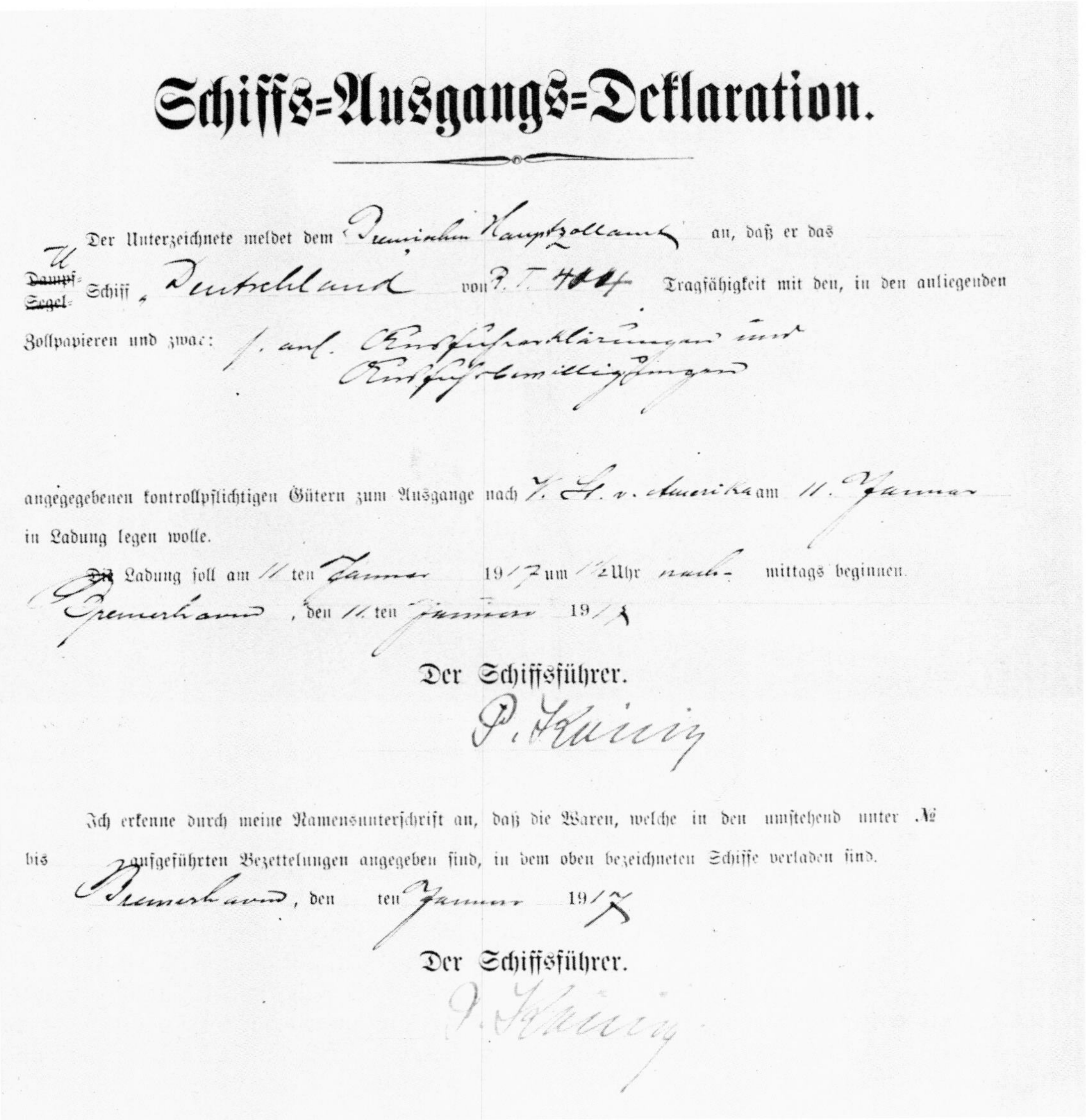

Schiffs=Ausgangs=Deklaration.

Der Unterzeichnete meldet dem *Kaiserlichen Hauptzollamt* an, daß er das

~~U~~
~~Dampf~~
~~Segel~~ Schiff *Deutschland* von *R.T. 4004* Tragfähigkeit mit den, in den anliegenden

Zollpapieren und zwar: *1. anl. Ausfuhrerklärungen und Ausfuhrbewilligungen*

angegegebenen kontrollpflichtigen Gütern zum Ausgange nach *V.St. v. Amerika* am *11. Januar*
in Ladung legen wolle.

~~Die~~ Ladung soll am *11 ten Januar* 19*17* um *12 Uhr nach* mittags beginnen.

Bremerhaven, den *11 ten Januar* 19*17*

Der Schiffsführer.

P. König

Ich erkenne durch meine Namensunterschrift an, daß die Waren, welche in den umstehend unter №

bis aufgeführten Bezettelungen angegeben sind, in dem oben bezeichneten Schiffe verladen sind.

Bremerhaven, den ten *Januar* 19*17*

Der Schiffsführer.

P. König

---

schen U-Boot, und eine Nacht später schlich sich die »Deutschland« in die Nähe der deutschen Vorpostenschiffe. Bei Dunkelheit und im Nebel suchte sich Kapitän König mit größter Vorsicht seinen Weg, Boot und Besatzung jederzeit zum Alarmtauchen bereit. Am nächsten Morgen erschien endlich im Dunst die Insel Helgoland. Man hatte es geschafft!
Am 25. August, drei Tage später, ging die Fahrt nach Bremerhaven und die Weser hinauf nach Bremen. Unter Jubel und Feierlichkeiten ging die erste Reise der »Deutschland« zu Ende.
Im Januar 1917 lief sie noch einmal als Handelsschiff aus, dann trat Amerika in den Krieg ein, und die Pläne der Unterwasser-Handelsschiffahrt gerieten in Vergessenheit. Die »Deutschland« wurde zu einem Kriegsschiff umgebaut. Nach dem 1. Weltkrieg verschwand das Schiff in einem schottischen Hafen als Museumsschiff und

Oben: Kapitän König (unterste Reihe, Mitte) mit seiner Besatzung.
Links: Auslauf-Deklaration für die zweite und letzte Fahrt der »Deutschland« nach Amerika.
(Fotos: E. Leverkus, Archiv Deutsches Schiffahrtsmuseum Bremerhaven)

fiel dann dem Schneidbrenner zum Opfer. Das zweite Handels-U-Boot, die »Bre-

men«, verscholl auf seiner ersten Reise mit der gesamten Besatzung. Man vermutet, daß es auf eine Mine gelaufen ist.

An die Epoche der Unterwasser-Handelsschiffahrt erinnern heute nur noch ein Modell und einige Fotos und Urkunden im Deutschen Schiffahrtsmuseum in Bremerhaven. Vielleicht aber hätte die Weiterentwicklung dieser Schiffe den Unterseebooten ihr kriegerisches und heroisches Flair genommen.

Ein Bad wie bei den Königen

Sanitärkeramik gestern und heute

Von L. Werner

Wer frühmorgens mit erst halboffenen Augen schlaftrunken ins Bad wankt, um sich zum Wachwerden ein paar Hände kaltes Wasser ins Gesicht zu werfen oder unter einem Sturzbach warmen oder kalten Wassers den Tag zu beginnen, wird sich kaum Gedanken darüber machen, seit

Unten: Hier wird ein aus der Gipsform entformtes Rohstück mit der Schublehre auf exakte Maßhaltigkeit kontrolliert. Dies ist besonders bei der erstmaligen Fertigung eines neuen Modelles wichtig.

wann es wohl ein schön eingerichtetes Bad geben mag und wie Waschtisch und Duschwanne und was sonst noch alles unter den weiten Begriff Sanitärkeramik fällt, heute hergestellt werden.

Wenn man der Geschichte des Bades und der Sanitärkeramik einmal nachgeht, so

Unten: Ungetrocknet, unglasiert und ungebrannt wird ein Roh-Waschtisch aus seiner Gipsform entformt. Sie gehört zu einer sogenannten Waschtisch-Batteriegießanlage, die eine besonders rationelle Fertigung gestattet.

wird man mit Erstaunen feststellen, daß beide im europäischen Raum eine weit über 3000jährige Tradition besitzen.

Die wenigen erhaltenen Zeugnisse aus dieser Zeit beweisen, daß die Verbindung von Schönheit und Hygiene keinesfalls eine Erfindung unserer Tage ist. So kann man noch heute in den Ruinen des berühmten Palastes von Knossos auf der Insel Kreta das Badezimmer der Königin mit einer Badewanne aus gebranntem Ton besichtigen. Der in seinen jüngsten Teilen aus der Zeit um 1500 vor Christus stammende Palast besaß eine zentrale Wasserversorgung und

ein funktionsfähiges Abwassersystem. Neben dem Bad der Königin gab es außerdem auch Badeeinrichtungen für die übrigen Bewohner des Palastes, der nicht weniger als 1300 Räume aufwies.

In der von mykenischen Eroberern um die Wende vom 15. zum 14. Jahrhundert vor Christus gegründeten Burg Tiryns, die von Heinrich Schliemann ausgegraben wurde, entdeckte man ebenfalls ein prunkvolles Bad. Der Raum mißt 3,05 × 2,65 m, also rund acht Quadratmeter. Sein fugenloser Fußboden besteht aus einer einzigen, auf der Oberseite glatt behauenen Steinplatte und zeigt zu einer Seite, an der der Wasserabfluß lag, ein leichtes Gefälle. Hier fand man die Reste einer aus gebranntem Ton gefertigten Badewanne, die offensichtlich unmittelbar an der Seite des Raumes stand, wo der Abfluß lag. So floß aus der Wanne überschwappendes Wasser direkt ab, ohne daß es im übrigen Raum eine Überschwemmung gab. Die königliche Badewanne aus Tiryns trug auf der Innenseite Verzierungen aus Wellenornamenten; außen waren große Griffe angebracht, an denen die Wanne transportiert werden konnte. In ihrer Form ähnelt sie in etwa den großen gußeisernen Wannen aus Omas Zeiten.

Im Laufe der Geschichte hat sich das Aussehen wie auch die Einrichtung des Bades erheblich gewandelt. So gibt es heute keine Badewannen aus Keramik mehr. Dafür bietet die sanitärkeramische Industrie ein breites Sortiment an Waschtischen, Handwaschbecken, Duschwannen, Bidets und Toiletten an. Dominierte bis vor wenigen Jahren das kühle und eintönige Weiß, so wird Sanitärkeramik heute in steigendem Maße auch farbig hergestellt. Jeder zweite Käufer entscheidet sich inzwischen für farbige Sanitärkeramik. Dabei spielt sicherlich auch bewußt oder unbewußt der Ge-

Oben: Und so erfolgt die Entformung von Roh-Wandklosetts aus ihren Gipsformen im traditionellen Gießereibereich.
Rechts: Modernste Fertigungsanlagen in Mettlach wie diese mechanische Klosett-Gießbandanlage ermöglichen nicht nur eine hohe Produktion, sondern erleichtern auch die Arbeit im Gießereibereich. Hier bereitet ein Mitarbeiter die Entformung der Rohstükke vor.

danke eine Rolle, daß das Bad im Tageslauf eine besondere Funktion hat. Am Morgen ist es die erste Station nach dem Aufstehen, und es ist sicherlich keine schlechte Idee, den Tag in einer freundlichen, farbigen Umgebung zu beginnen. Dies erklärt vielleicht auch die steigende Beliebtheit muntermachender kräftiger Farben, wie des sonnig-gelben Tones »Curry« oder des vollen Rottones »Carneol«, der nur mit einem technischen

Kunstgriff herzustellen ist. Am Abend ist das Bad die letzte Station vor dem Schlafengehen, und auch aus dieser Sicht ist verständlich, daß viele über die Funktion des Bades als Hygiene-Zentrum hinaus eine freundliche, entspannende Atmosphäre schätzen und sich für farbige Sanitärkeramik entscheiden. Zusammen mit Wand- und Bodenfliesen wirkt so ein Bad wie aus einem Guß, in dem Farben und Formen eine keramische Harmonie bilden.

Daß sich glasierte Keramik über Jahrtausende in der Badausstattung gehalten und bewährt hat, hat übrigens nicht allein optische und gestalterische Gründe, wenngleich die vielfältigen Möglichkeiten der Formgestaltung wie auch der Farbgebung sicherlich ihre Bedeutung haben. Mindestens ebenso wichtig sind die günstigen Gebrauchseigenschaften von Sanitärteilen aus glasierter Keramik. Ihre dichte, geschlossene Oberfläche ist leicht zu reinigen und bietet Bakterien keine günstigen Lebensbedingungen. Gleichzeitig sind moderne Glasuren sehr hart und widerstandsfähig, so daß die Sanitärkeramik auch nach jahrelangem Gebrauch ihre Schönheit wie ihren Gebrauchswert behält. Ein weiterer Vorteil liegt in den günstigen schalltechnischen Eigenschaften, die in unserer lärmgeplagten Zeit von großer Bedeutung sind. So dämpft beispielsweise eine Duschwanne aus Keramik das Geräusch des von der Brause herabprasselnden Wassers sehr stark und sorgt so dafür, daß die Mitbewohner des Hauses nicht ungewollt akustisch an unserem Duschvergnügen teilhaben.

Der Fachmann unterscheidet übrigens drei verschiedene Werkstofftypen, aus denen Sanitärkeramik hergestellt wird. Da gibt es zunächst einmal Sanitärporzellan. Dieses Material wird, wie uns ein Techniker von Villeroy & Boch bei einem Besuch in Mettlach erklärte, im wesentlichen zu gleichen Teilen aus Ton, Kaolin, Feldspat und

Quarz hergestellt. Beim Brennen ergeben diese Erden, die im Tagebau in Deutschland, Frankreich, der CSSR, England und Skandinavien gewonnen werden, einen dicht gebrannten Scherben mit einer sehr geringen Wasseraufnahme von nur maximal 0,75 Prozent. Der Rohling, wie der Fachmann sagt, erhält zusäzlich eine weiße oder farbige Glasur, die während des Brennens aufschmilzt und für die glatte, porenfreie Oberfläche des Sanitärporzellans sorgt. Aus Sanitärporzellan, in Mettlach Vilbovit genannt, werden vorwiegend Einzel-Waschtische wie auch die Ausstattung des stillen Örtchens, Klosetts, Bidets und Einzel-Urinale hergestellt.

Daneben gibt es auch noch Feuerton, bei Villeroy & Boch Vilbogres genannt, und Feinfeuerton (Vilbolith). Diese beiden Werkstoffe entstehen aus keramischen Rohstoffen mit Zusätzen von Schamotte, das ist gebrannter Ton in verschiedenen Körnungen. Feinfeuerton, den durch die sehr feinkörnige Mischung ein besonders gleichmäßiges Gefüge auszeichnet, ist der bevorzugte Werkstoff für großformatige Waschtische und für Einbauspülen. Aus Feuerton dagegen werden vorwiegend Duschwannen, Spültische und für Groß-Sanitäranlagen Urinale und Reihen-Waschbecken hergestellt. Ebenso wie das Sanitärporzellan sind Feinfeuerton und Feuerton mit einer weißen oder farbigen Glasurschicht überzogen, die einmal die günstigen Gebrauchseigenschaften wie dichte Oberfläche, geringe Haftmöglichkeit für Bakterien, leichte Pflege und Reinigung, Beständigkeit gegen organische wie anorganische Chemikalien sowie Reinigungsmittel, hohe Oberflächenhärte und Verschleißfestigkeit schafft und zum anderen für ein schönes Aussehen sorgt.

Der Weg von der Aufbereitung der Rohstoffe bis zum fertigen Sanitärteil ist lang und erfordert in allen Etappen eine sorgfältige Überwachung, um am Schluß Produkte von einheitlich hoher Qualität zu erhalten. Im Mettlacher Stammwerk von Villeroy & Boch, wo neben den traditionellen Produkten Steingutgeschirr und Fliesen seit der Jahrhundertwende (also nunmehr schon rund 80 Jahre lang) Sanitärkeramik produziert wird, hatten wir Gelegenheit, den Werdegang von Saintärkeramikteilen von der Aufbereitung der Rohstoffe bis zum Verpacken der Fertigteile zu verfolgen.

Auf die Mischung kommt es an

Wie bereits erwähnt, bilden verschiedene Erden den Rohstoff zur Herstellung von Sanitärkeramik. Um bestimmte Eigenschaften zu erzielen, müssen sie in einem bestimmten Mengenverhältnis gemischt und vor allem in reinem Zustand eingesetzt werden. Deshalb beginnt die Qualitätskon-

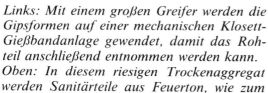

Links: Mit einem großen Greifer werden die Gipsformen auf einer mechanischen Klosett-Gießbandanlage gewendet, damit das Rohteil anschließend entnommen werden kann.
Oben: In diesem riesigen Trockenaggregat werden Sanitärteile aus Feuerton, wie zum Beispiel Küchenspülen, vorgetrocknet.
Rechts: Im Tunnelofen wird das Sanitärporzellan gebrannt. Die Teile durchlaufen auf sogenannten Brennwagen den Ofen. Hier ein Blick auf mit Fertigware beladene Brennwagen, die gerade den Ofen verlassen haben und mit der Transportvorrichtung im Vordergrund in das entsprechende Gleis geleitet werden.

trolle bei Villeroy & Boch bereits unmittelbar nach der Anlieferung der Rohstoffe, die im Labor auf ihre chemische Zusammensetzung und Reinheit genauestens geprüft werden, bevor sie zur Verarbeitung gelangen.

Erst nach bestandener Qualitätsprüfung werden die tonartigen Rohstoffe, Ton und Kaolin, aus den Lagersilos in Rührbottiche geleitet, wo sie unter Zusatz von Wasser und Verflüssigungsmitteln zu einem dünnen Teig aufgelöst werden. Die Hartstoffe, Quarz und Feldspat, werden in großen Mahltrommeln auf die erwünschte Feinheit vermahlen und dann mit den aufgelösten Tonrohstoffen zum sogenannten Gießschlicker zusammengemischt. Dieser wird noch einmal abgesiebt und anschließend in Vorratsbehälter abgelassen. Rührwerke sorgen dafür, daß sich die homogene Mischung nicht entmischt und sich nichts absetzen kann. Aus den Vorratsbehältern wird der Schlicker dann zur Verarbeitung in die Gießhallen gepumpt.

So kommt der Waschtisch in Form

Um aus der flüssigen Gießmasse ein festes Formteil zu erhalten, bedient man sich eines raffinierten Tricks. Man nutzt die Eigenschaft von Gips, der begierig Wasser aufnimmt, aus und füllt eine in ihren Innenkonturen dem Formteil entsprechende Hohlform aus Gips mit dem flüssigen Gießschlicker. Die Gipswand dieser sogenannten Arbeitsform entzieht dem Schlikker Wasser, wobei sich seine festen Bestandteile an der Innenseite der Form anlagern und sich in ein bis zwei Stunden der rohe Formling mit der gewünschten Wandstärke aufbaut. Danach wird der überschüssige Schlicker aus der Form abgeleitet. Nun muß die Form mit dem in ihr eingeschlossenen Formteil noch etwa zwei Stunden ruhen, bis sich das Material so weit verfestigt hat, daß der jetzt immer noch weiche Formling zum Antrocknen und Nachverfestigen beiseitegestellt werden kann. Die mit Wasser vollgesogene Arbeitsform trocknet über Nacht und kann so am nächsten Tag wieder zum Gießen eingesetzt werden.

Um viele gleichartige Teile in großen Stückzahlen zu fertigen, braucht man entsprechend viele Arbeitsformen. Sie entstehen nach einem als Positiv geformten Urmodell aus Gips, das unter den geschickten Händen eines Formenbauers nach der Entwurfzeichnung eines Formgestalters modelliert wird. Von diesem Urmodell wird nun ein Gipsabdruck genommen, die sogenannte Mutterform, die der späteren Arbeitsform in allen Einzelheiten entspricht. Zur Vervielfältigung der Mutterform stellt man von dieser einen Kunstharzabguß her, in dem dann die Vielzahl der benötigten Arbeitsformen aus Gips gegossen wird.

Für die Produktion großer Serien gibt es in Mettlach Band- oder Batterieanlagen, die es zum Teil gestatten, mehrere Arbeitsformen gleichzeitig und automatisch gesteuert zu gießen. Das Entformen der Formteile geschieht bei diesen Anlagen vorwiegend mit mechanischen Hilfsgeräten, wodurch der Gießer von anstrengender körperlicher Arbeit entlastet wird.

Auf geschickte Handarbeit kommt es allerdings wieder an, wenn die angetrockneten Formteile nach Erreichen einer bestimmten Grundfestigkeit verputzt werden. Mit Schwamm und Wasser wird ihre gesamte Oberfläche sorgfältig geglättet. Weil das Material in dieser Phase eine leichte graugrüne Färbung hat, nennt der Fachmann diese erste Oberflächenglättung »Grünputz«.

Nach dem Trocknen kommt der Weißputz

Den vorgeputzten Formling trocknet man nun an der Luft oder in Spezialtrocknern bei Temperaturen bis zu 90 °C, wobei das Material seine spätere weiße Farbe annimmt. Danach bekommen alle Teile beim sogenannten Weißputz den letzten Schliff. Mit einem Blechschaber und einem Schwamm werden Grate und Unebenheiten beseitigt und Rauhstellen geglättet. Dann wandern die Teile zum Glasieren.

Die Glasur besteht aus Feldspat, Quarz, Kreide, Kaolin und farbgebenden Metalloxiden. All diese Bestandteile werden gemischt, fein gemahlen, gesiebt und mit Wasser zum sogenannten Glasurschlicker aufbereitet, der ähnlich wie beim Autolackieren mit einer Spritzpistole aufgetragen wird.

Auch hierbei spielt die Automation zum Teil schon eine wichtige Rolle. Ähnlich wie die Automobilbauer verwenden auch die Hersteller von Sanitärkeramik sogenannte Spritzroboter, das heißt automatisch gesteuerte Spritzanlagen.

Rechts: Das kritische Auge des Prüfers wacht über die Qualität.

Während der dichte Scherben von Sanitärporzellan direkt mit Glasurschlicker überzogen werden kann, verlangt die poröse Struktur von Feuerton und Feinfeuerton nach einer zuvor aufzubringenden Isolierschicht, die ein Aufsaugen der Glasur verhindert und Engobe genannt wird.

Glasur und Scherben werden gebrannt

Die nächste Station der mit Glasurschlicker überzogenen Formlinge ist der Brennofen, ein langgestreckter Tunnel mit verschiedenen Temperaturzonen. Das Brenngut bewegt sich auf sogenannten Ofenwagen langsam und gleichmäßig durch den Tunnelofen. Hierbei passiert es zunächst eine Vorwärmzone, in der die Temperatur kontinuierlich gesteigert wird. Die gleichmäßige Erwärmung verhindert Risse und Verzug. Schließlich hat der Formling die Brennzone erreicht, in der der Scherben dicht gebrannt wird. Bei weiter zunehmender Temperatur, die bis zu 1250 °C erreicht, schmilzt die Glasur und verläuft zu einer gleichmäßig dünnen und sehr harten Schutzschicht.

Wenn die Glasur in der heißesten Zone des gasbeheizten Tunnelofens zu einer gleichmäßigen Schicht geschmolzen ist, durchläuft das Brenngut eine Abkühlzone, die so gesteuert wird, daß im Material keine Spannungen auftreten. Insgesamt nimmt das Brennen mit Aufheizen und Abkühlen zwischen 15 und 25 Stunden in Anspruch.

Wenn die Sanitärteile den Ofen verlassen, hat sich ihr Material durch die Hitze verändert. Der Scherben ist nun hart und widerstandsfähig. Der Werkstoff ist jetzt dicht, das heißt wasserundurchlässig, und die Glasur bildet einen glänzenden, glatten Überzug, der das Endprodukt nicht nur verschönert, sondern auch gegen mechanische und chemische Einflüsse schützt.

Oben: Damit die Einbauspüle später auch beim Einbau in die Arbeitsplatte der Küche überall gut aufliegt, werden ihre Montageflächen mit einer großen Schleifmaschine plangeschliffen.
Rechts: Schönheit und Zweckmäßigkeit vereinigen sich in diesem modern gestalteten Bad. Ton-in-Ton-Farbharmonie zwischen Wand- und Bodenfliesen und die dezente Farbe der Sanitärteile schaffen ein zeitlos elegantes Raumbild. Die beiden deutlich voneinander getrennten Waschplätze vermeiden morgens unliebsames Gedränge im Bad.

Aber auch in einer anderen Hinsicht hat sich das Produkt verändert. Beim Trocknen und Brennen schrumpft nämlich der Formkörper um rund zehn Volumenprozent. Der Keramiker spricht von Trocken- und Brennschwindung, die schon vom Modelleur bei der Modellgestaltung berück-

sichtigt werden muß. Das Urmodell, von dem die Mutterform abgenommen wird, muß genau um diese Schwindung größer gehalten werden. Gleichzeitig ist bei der Konstruktion darauf zu achten, daß die Wandstärken und Formen so gewählt werden, daß sich das keramische Fertigteil durch die Schwindung nicht beim Brennen verzieht.

Wenn die Teile die Brennöfen verlassen, sind sie aber immer noch nicht fertig. Zunächst müssen sie die kritischen Augen der Qualitätskontrolle passieren, die Stück für Stück sorgfältig von allen Seiten prüfen. Fehlerhafte Teile werden ausgesondert, die qualitativ einwandfreien Teile wandern weiter. Der größte Teil geht in die Schleiferei, in der Stand- und Montageflächen plangeschliffen werden.

Dann endlich folgt die letzte Station: Die Teile werden für den Versand vorbereitet. Zum Schutz der Kanten gegen Transportbeschädigungen beklebt man die Waschtische, Bidets, Klosetts und Duschwannen entlang ihren Kanten mit reißfesten, selbstklebenden Kunststoffbändern. Teilweise werden auch die Flächen mit solchen Bändern geschützt. So kommen die Sanitärteile dann auf hölzerne Transport-Paletten, über die eine Haube aus Kunststoffolie gestreift wird. In einem sogenannten Schrumpftunnel zieht sich die Folie unter Wärmeeinwirkung zusammen und schmiegt sich dicht an das Transportgut an, so daß Palette und Sanitärteile eine gegen Verrutschen gesicherte Einheit bilden.

Per Bahn oder Lkw reisen die Sanitärteile dann zu den Händlern im Bundesgebiet wie auch im Ausland, um schließlich vom Fachmann in Bädern, Toiletten, Duschräumen oder auch in Küchen installiert zu werden.

Die sich wandelnden Ansprüche an den Wohnkomfort und an die häusliche Hygiene haben den Bedarf an hochwertiger Sanitärkeramik in den letzten Jahren deutlich

Oben: Farbige Sanitärkeramik wird immer beliebter. Die in den Wand- und Bodenfliesen wiederkehrende Farbe schafft eine wirkungsvolle Farbharmonie und läßt Raum und Sanitärteile optisch zu einer Einheit verschmelzen.

steigen lassen. Baute man früher meist Wohnungen und Häuser mit relativ kleinen Bädern, in denen oft auch noch die einzige Toilette der Wohnung oder des Hauses untergebracht war, zieht man es heute mehr und mehr vor, das Bad geräumiger zu planen und so auszustatten, daß es modernen Hygiene-Ansprüchen gerecht wird. So findet man in einem modernen Bad statt einem, oft sogar zwei Waschti-

sche, eine Dusche und eine Badewanne sowie meist optisch vom eigentlichen Bad ab-
geschirmt eine Toilette.

Für Gäste und Besucher gibt es in vielen
Häusern heute bereits eine eigene Toilette
mit Waschgelegenheit. Vorausschauende
Bauherren denken bei der Planung von
Einfamilienhäusern heute auch mehr und
mehr daran, daß die Kinder ja einmal größer werden und die Zeit kommt, in der

morgens beinahe die ganze Familie innerhalb kurzer Zeit durch das Bad geschleust
werden muß, um rechtzeitig für Schule und
Beruf das Haus verlassen zu können. So
gibt es heute schon viele Häuser mit einem
separaten Bad oder zumindest einem eigenen Waschplatz für den Nachwuchs, der
sich sicherlich kaum Gedanken darüber
macht, daß das eigene Bad einst einmal ein
Privileg der Könige war.

Geschichten auf Geld

Von Inge Leverkus

Über 50 Jahre ist es her – also fast ein mittleres Menschenalter –, daß Papierscheine mit aufgedruckten bunten Bildern die Kleingeldstücke ersetzen mußten. Nach dem ersten Weltkrieg – um die Jahre 1917 bis 1921 – waren in Deutschland die Materialien Kupfer und Nickel, die zur Herstellung von Scheidemünzen gebraucht wurden, äußerst knapp und sehr teuer geworden. Darum erhielten die Städte und Gemeinden die Erlaubnis, sich das notwendige »Kleingeld« selbst herzustellen. Allerdings war die nur örtliche Gültigkeit des selbst hergestellten bzw. gedruckten Ersatzgeldes meist auf eine bestimmte – überwiegend kurze – Zeitspanne begrenzt; etwa auf einen bis drei Monate nach Ausgabe.

Bei der Herstellung der Notgeldscheine gab man sich oft sehr viel Mühe. Manchmal wurden namhafte Künstler mit den Entwürfen beauftragt, wobei auch vielfach mit Humor der Mut der Bevölkerung zum Ertragen der schweren Zeit nach dem verlorenen Krieg gestärkt werden sollte. Es war zu Anfang der später sogenannten »Goldenen Zwanziger Jahre«, die aber den Menschen damals beileibe nicht so »goldig« erschienen, denn die rasend fortschreitende Geldentwertung machte alle Leute immer ärmer.

Bald entdeckten Sammler das Gebiet der Notgeldscheine, und bereits in den Jahren 1921/22 war das Sammeln dieser kleinen bunten Kunstwerke so verbreitet, daß sie in vielen Orten in Schreibwarenläden und beim Buchhändler angeboten wurden. Dieses Notgeld wurde in Bilder-Serien herausgebracht (daher die offizielle Bezeichnung »Serien-Notgeld«), damit die Anregung gegeben war, ganze Geldschein-Folgen aufzubewahren. Dafür gab es zweierlei Gründe: Man wollte dem Kleingeldmangel abhelfen und später den Geldumlauf bremsen. Die weiteren Hintergründe hier aufzuzeichnen, würde den Rahmen unseres eigentlichen Themas sprengen.

Auf vielen Scheinen wurden zusammenhängende Geschichten in – manchmal recht holperigen und mundartlichen – Ver-

sen erzählt, ähnlich wie heute Comic-Fortsetzungen in Zeitschriften. Ein Beispiel ist die Serie, die der Magistrat der Stadt Detmold im August 1920 herausbrachte. Hier sollte der Sammler nicht mit fortlaufenden Serien-Nummern gelockt werden, sondern mit dem lückenlosen Zusammentragen der Bilderserie im Stückwert von 50 Pfennig. Die Scheine tragen eine Kontrollziffer und sind auf der Rückseite mit scherenschnittähnlichen Bildern verziert. Es handelt sich um eine Folge von zehn Bildern, die auf rauhes Büttenpapier gedruckt sind. Die dazugehörenden »Reim-dich-oder-ich-freß-dich«-Verse sollten die Vernichtung von drei römischen Elite-Legionen unter P. Quinctilius Varus durch den germanischen Cheruskerfürsten Arminius (»Hermann, der Cherusker«) im Jahre 9 n. Chr. im Teutoburger Wald erzählen:

Da sprach er voll Ärgernussen
zu Herrn Centurio Titiussen
Kamerade zeuch Dein Schwert hervor
und von hinten mich durchbohr –
weil doch alles futsch ist.«

Das »Braunschweiger Notgeld«, das die Braunschweigische Staatsbank in den Jahren 1921 bis 1923 als 10-, 25-, 50- und 75-Pfennig-Scheine in Umlauf brachte, hatte Szenen aus den Eulenspiegel-Geschichten zum Thema und dazu mundartliche Verse:

»Ullenspeigel as Bäcker«
Statts Luffen dä hei Apen
maken / un Ulen un Krein
un annere Saken / Blot
Pennige kosten sei dor-
taumalen / Nu most du
mer dafor betalen / denn
de Tiden sind slimmer
Awer de Deigapen
backet noch immer!«

Bald ließen außer Banken und Gemeinden auch Geschäfte, Vereine, Hotels oder Firmen ihr eigenes Geld drucken. Selbst Privatpersonen versuchten, sich durch die Herstellung notgeldähnlicher Scheine an diesem Boom zu beteiligen. Eintrittskarten zu irgendwelchen Veranstaltungen oder Ereignissen wurden so gestaltet, daß man sie für Notgeld halten konnte. Diese Papierstücke sind heute weitaus seltener aufzufinden und auch viel teurer zu erwerben als manche Notgeldscheine, da solches Pseudo-Notgeld meistens weggeworfen wurde.

»Echtes« Notgeld trägt immer die Unterschrift eines Bürgermeisters, eines Gemeindevorstehers, einer Bank oder Sparkasse oder einer Finanz-Deputation. Scheine ohne Unterschrift stammen fast immer von einer nichtamtlichen Stelle und sind privater Herkunft, wie man es an dem nachfolgenden Beispiel erkennen kann. Dieses Papier wurde in Wildeshausen in Oldenburg

von »Stegemanns Hotel« herausgegeben.
Es zeigt auf der Vorderseite den Sachsen-
herzog Wittekind (um 800 n. Chr.) und
zwischen grünen Wiesen und Bäumen den
Ort Wildeshausen mit den Worten:
*»Kennst Du die Stadt am Huntestrand mit
ihrem grünen Wall?*
*Wo Wittekind die Heimstatt fand, nach rei-
cher Sagen Schwall?*
*So bietet die Geschichte viel, dem Forscher
manche Kund,*
*Sie war so manches Wandrers Ziel und ist's
noch diese Stund.«*
Außerdem heißt es rechts am Rand: *»Nur
für Stegemanns Hotelräume gültig«.* Die
Rückseite zeigt das Hotel mit einem
Spruch in plattdeutscher Sprache:
»Mien leewe Jung, mien söte Deern,
Magst du good drinken un äten geern,
Denn gah na Hotel Stegemann,
Wer do eenmal weer, kehrt jümmer an.«

Die Sparkasse zu Lilienthal bei Bremen gab eine besonders hübsch gestaltete Notgeldserie, »die Lilienthaler Astronomen«, heraus. Der 75-Pfennig-Schein erklärt, daß die Sparkasse zu Lilienthal diesen Notgeldschein zu Ehren des großen Astronomen Schroeter herausgab, der auf der Sternwarte von Lilienthal seine bedeutenden Entdeckungen machte. Johann Hieronymus Schroeter, Oberamtmann von Lilienthal, lebte von 1782 bis 1816.

Ein anderes Stück Papiergeld des gleichen Herausgebers, das auch eine interessante künstlerische Gestaltung zeigt, stellt auf der Rückseite einen der Torfkähne mit braunem Segel auf dem Flüßchen Wümme bei Bremen dar, wie sie für diese schwermütige Moorlandschaft typisch waren. Auf einer Kopfleiste heißt es in Plattdeutsch:
»Wer de Hann nich leggt in'n Schoot,
wahnt hier ok int Moor ganz good.«

Auf der Fußleiste prangt der Spruch:
»Wer sick tum Pannkauken makt,
ward'r ok vor uppeten.«
Ein sehr schöner 50-Pfennig-Notgeldschein der Gemeinde Ritterhude bei Bremen rät auf der Rückseite:
»Is de Not ok bannig grot,
Michel lat den Kopp nich hangen,
raff di up, denn brukst nich bangen.«
Die Vorderseite zeigt das Schloß des Ortes. Außer lustigen Sachen brachte man aber auch »gewaltige« Worte auf Notgeldscheinen unter. Der Magistrat von Eckartsberga in Thüringen ließ unter einer kunstvollen Federzeichnung des Ortes mit der Eckartsburg drucken:
»Nichtswürdig ist doch die Nation, die nicht
ihr Alles freudig setzt an ihre Ehre.«
Der Gutschein über 5 Pfennig des gleichen Ortes trägt die markige Inschrift:

»*Sei's trüber Tag,*
Sei's heitrer Sonnenschein,
Wir sind Preußen
Und wollen Preußen sein.«

Nun soll noch ein Notgeldschein vom 21. Februar 1921 aus Bad Pyrmont gezeigt werden, der auf seiner Bildseite eine im Jugendstil dargestellte Szene aus dem Kurleben des Bades trägt. Auf der Rückseite wird versichert, daß der Gutschein jederzeit von der Kreissparkasse in Bad Pyrmont in Reichsgeld umgewechselt wird.

Solche Zusagen sind häufiger auf diesem Kleingeldersatz zu finden; man wird aber kaum damit gerechnet haben, daß die Leute die Scheine eintauschen würden, denn 50 Pfennig waren ja damals kaum etwas wert. Schließlich endete die Inflation im November 1923 ja damit, daß der Gegenwert von einer *Billion* Papiermark auf *eine* Goldmark festgesetzt wurde!

Für einen Sammler ist es schwieriger geworden, diese kleinen bunten Scheine zu bekommen. Viele sind natürlich mit der Zeit verlorengegangen. Aber manchmal kann man in irgendeinem vergessenen Karton im hintersten Hausbodenwinkel oder im Keller noch auf solche Schätze stoßen. Auch Münzhändler bieten Notgeldscheine noch zu halbwegs akzeptablen Preisen an. Aber wer weiß, wie lange noch ...

Chemiewerkstoffe im Kreuzverhör
Werkstoffprüfung sichert Qualität

Von L. C. Treppel

Wer seine Umwelt mit »offenen Augen« betrachtet und sich dabei einmal fragt, woraus die vielen Dinge hergestellt sind, mit denen wir tagtäglich umgehen, wird sicherlich mit Erstaunen feststellen, wieviele Produkte ganz oder teilweise aus Kunststoffen oder besser gesagt aus »Chemiewerkstoffen« bestehen. Die Möglichkeit rationeller Massenfertigung durch Gießen, Spritzen, Pressen oder Tiefziehen hat dazu beigetragen, daß viele Dinge heute in großen Stückzahlen und für jedermann erschwinglich hergestellt werden können.

Bei Elektrogeräten sind gespritzte Gehäuse heute eine Selbstverständlichkeit. Dank ihrer guten Isoliereigenschaften sind sie ein entscheidender Beitrag zur Sicherheit.

Die moderne Technik wie auch unser Alltagsleben sind ohne Chemiewerkstoffe kaum denkbar. In jedem Mittelklasse-Auto stecken heute etwa 80 Kilogramm der verschiedensten Kunststoffe in Form von Batteriekästen, Leuchtenabdeckungen, Armaturenbrettern, Sitzpolstern, Kabelisolierungen, Schläuchen, Kunstlederbezügen, Matten, Zierleisten, Griffen und Knöpfen und vielem anderem mehr. Was wäre ein Radio, was ein Fernseher ohne Kunststoffe? Ohne Chemiewerkstoffe gäbe es keine pflegeleichten Textilien aus Kunstfasern, keine Teppichböden, keine Schallplatten und Tonbänder, keine Spanplatten für den Möbelbau. Ohne Kunststoffschäume mit hohem Wärmedämmvermögen wären Kühlschrank und Gefriertruhe dickwandige Monster mit weniger Nutzraum.

Ein Blick in Mutters Küche zeigt ebenfalls, auf was wir ohne Kunststoffe verzichten müßten: Küchenmaschine, Rührmix, unzerbrechliche Schüsseln, praktische Verpackungen für Gefrierkost und viele nützliche Kleinteile vom Eierlöffel bis zum Sieb.

Auch im Freizeitbereich sind Kunststoffe heute vielfältig vertreten – angefangen vom Sturzhelm für Motorradfahrer über Skistiefel bis zur Luftschraube fürs Modellflugzeug oder Teilen für die Modelleisenbahn. Diese Aufzählung ließe sich beinahe endlos fortführen. Dies liegt nicht zuletzt daran, daß es den Chemikern in den Versuchslabors der großen Kunststoff-Hersteller wie der Bayer AG gelungen ist, durch den kunstvollen Zusammenbau von Molekülen in der Retorte Werkstoffe mit buchstäblich maßgeschneiderten Eigenschaften zu schaffen. Als Werkstoffe nach Maß haben die Chemiewerkstoffe, deren erste großtechnisch verwertbare Vertreter kurz nach der Jahrhundertwende auf den Markt kamen, eine überragende Bedeutung erlangt. Moderne Kunststoffe haben die Technik revolutioniert, ihre beliebige Formbarkeit gestattet dem modernen Design zweckmäßige und zugleich gefällige Formen. Eckige

Blechgehäuse wurden von griffreundlichen Kunststoffgehäusen mit geringerem Gewicht und vielfach auch schalltechnisch günstigeren Eigenschaften abgelöst.

An die Stelle von gläsernen Leuchtenabdeckungen setzten die Kunststoffchemiker glasklare oder auch transparent-farbige Abdeckungen aus dem von Bayer-Forschern entwickelten Makrolon. Sie sind nahezu unzerbrechlich, lassen das Licht aber praktisch wie Glas unbehindert passieren. Auch hier ein Beispiel für einen nach Maß geschnittenen, dem Verwendungszweck exakt angepaßten Werkstoff.

Doch der Weg von der Problemstellung bis zum fertigen Produkt ist lang und nicht selten ebenso kostspielig wie beschwerlich. Vom Geburtsstadium als Versuchsprodukt bis zum späteren Einsatz in der verarbeitenden Industrie begleiten die kritischen Augen der Prüfer den Chemiewerkstoff.

Prüfer rücken mit unbestechlichen Meßgeräten der ersten Materialprobe zuleibe, um

Oben: Mit dem Rasterelektronenmikroskop gelingt es, in den Molekülbau von Chemiewerkstoffen einzudringen und so die Materialeigenschaften zu ergründen.

Rechts: Bruchflächen von glasfaserverstärkten Kunststoffen unter dem Rasterelektronenmikroskop.

festzustellen, was sie kann, was an ihr verbesserungswürdig ist und auch, wo die besonderen Stärken des neuen Werkstoffes liegen. Er entsteht heute längst nicht mehr als Zufallsprodukt, sondern wird in der Regel von Chemikern und Physikern buchstäblich konstruiert. Physikalische Untersuchungsgeräte, wie das in die Molekülstruktur vordringende Elektronenmikroskop, haben dazu beigetragen, die Zusammenhänge zwischen Molekülstruktur und Eigenschaften von Chemiewerkstoffen zu enträtseln. Damit wurde dem in der Entwicklung von Chemiewerkstoffen tätigen

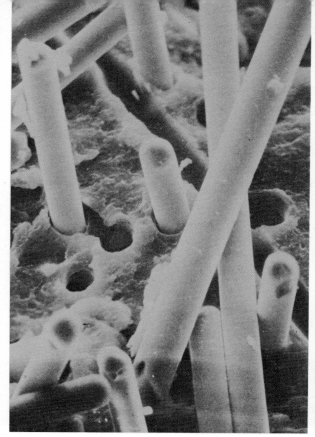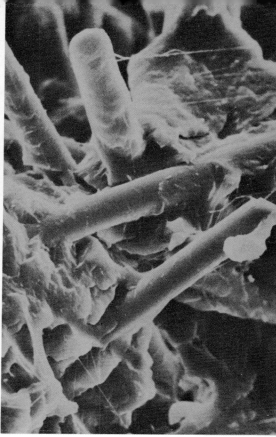

Chemiker die Möglichkeit gegeben, bei der Suche nach einem Werkstoff mit bestimmten Eigenschaften nach Plan vorzugehen. Ein interessantes Beispiel für diese Möglichkeit ist die Verbesserung des Bruchverhaltens von Thermoplasten, das heißt warmverformbaren Kunststoffen. Jeder Modellbauer kennt heute Polystyrol, einen Kunststoff, aus dem die beliebten Modellbausätze bestehen, aus denen man naturgetreue Flugzeuge, Autos oder auch Schiffe bauen kann. Dieses Material ist recht spröde und bricht leicht. Das gleiche gilt auch für einen anderen Kunststoff, der nach seinen Bestandteilen Styrolacrylnitril oder auch kurz SAN genannt wird. Gegenüber Polystyrol zeichnet sich dieses Material, dessen Molekülketten aus Styrol- und Acrylnitrilmolekülen aufgebaut sind, durch eine gute Warmformbeständigkeit und eine gute Beständigkeit gegen Lösungsmittel aus. Für die Praxis bedeutet dies, daß Teile aus SAN bei Wärme nicht so schnell die Form verlieren und auch nicht so leicht anquellen oder sich gar auflösen, wenn sie mit Lösungsmitteln in Berührung kommen. Beide Eigenschaften sind für die technische Nutzung von Bedeutung. Für viele Einsatzzwecke unerwünscht ist allerdings die Sprödigkeit des Materials, das bei Stoß-, Schlag- oder Biegebeanspruchung allzu leicht bricht.

Um 1955 fand man heraus, daß durch Zusatz von elastischen Stoffen wie Polybutadien, einem Synthesekautschukbestandteil, die Schlagzähigkeit deutlich verbessert werden konnte. Es entstand ein neuer Kunststoff mit dem Namen ABS (A für Acrylnitril, B für Butadien und S für Styrol), der sich aufgrund seiner günstigen Eigenschaften rasch ein breites Anwendungsfeld eroberte. Lange Zeit wußte man nicht zu erklären, worauf diese günstige Schlagzähigkeit beruht. Elektronenmikroskopische Untersuchungen haben erst vor einigen Jahren dieses Rätsel gelüftet und

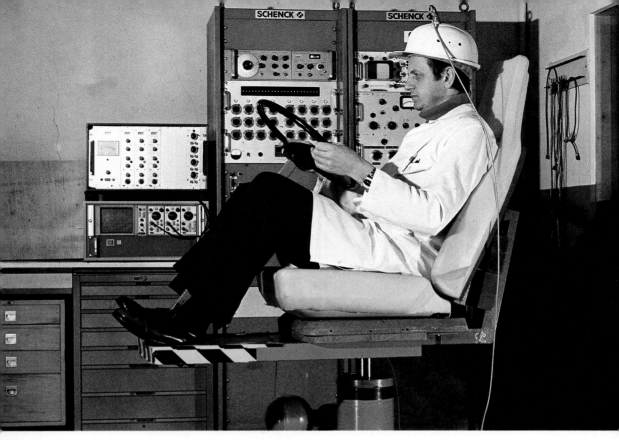

zugleich den Weg zu interessanten Weiterentwicklungen gewiesen.

In der extremen Vergrößerung des Elektronenmikroskopes wurde sichtbar, daß nicht etwa, wie man ursprünglich angenommen hatte, die Kautschuk-Partikel im ABS-Material die Energie gleichsam elastisch aufnahmen. Vielmehr entdeckte man in Proben, aus denen man auf chemischem Wege die Kautschuk-Teilchen herausgeätzt hatte, interessante Sprossen-Strukturen aus stark verstrecktem SAN-Material zwischen unverstrecktem SAN-Material. So ergibt sich eine Struktur, die an Leiterholme aus unverstrecktem Material und dazwischenliegenden Sprossen aus verstrecktem ABS erinnern. Die als »Crazes« bezeichneten Sprossenzonen gehen von den eingelagerten Polybutadienkügelchen aus, die mit den Sprossenstrukturen gekoppelt sind und so einen Übergang der Crazes in echte Risse verhindern. Hieraus resultiert die verbesserte Schlagzähigkeit des ABS-Materials.

Oben: Ein Beispiel für die Vielfalt der Fertigteilprüfung ist diese Untersuchung der Schwingungsdämpfung von Pkw-Sitzen. Die Fahrererschütterungen werden durch einen Schwingungsgeber simuliert. Am Helm der Testperson werden die übertragenen Schwingungen aufgenommen und die Meßwerte über ein Kabel zur rechnerischen Auswertung weitergeleitet.

Rechts: Damit der Schutzhelm wirklich schützt, wird seine Stoßdämpfung und Bruchfestigkeit mit einem Fallgewicht geprüft.

Rechts oben: Hydraulische Zylinder prüfen hier die Belastbarkeit eines Stuhles aus Chemiewerkstoffen. Ständige Lastwechsel schaffen die Bedingungen wie sie bei einem jahrelangen Gebrauch auftreten.

Mittlerweile wissen die Chemiker diese Erkenntnisse bei der Herstellung neuer Chemiewerkstoffe gezielt einzusetzen. Schwerpunkt der derzeitigen Entwicklung sind sogenannte Polymerlegierungen, bei denen die Komposition verschiedener Polymere einen Werkstoff mit ganz speziellen Eigenschaften ergibt.

Wie dieses Beispiel zeigt, erfordert die Arbeit an Chemiewerkstoffen nicht nur eine ausgefeilte Technik beim Bau der Molekülverbände, deren Größe, Zusammensetzung und Aufbau für die Eigenschaften des Materials von entscheidender Bedeutung sind. Zugleich müssen moderne physikalische Prüfmethoden, die es erlauben, den Erfolg der Bemühungen des Chemikers zu verfolgen und Möglichkeiten zu weiteren Verbesserungen aufzuzeigen, angewendet werden. Mit der Entwicklung eines neuen Chemiewerkstoffes oder einer Variante bekannter Kunststoffe allein ist es aber nicht getan, denn die chemische Forschung ist

gleichsam nur der erste Schritt. Nicht das Produkt ist letztendlich verkäuflich, sondern die Problemlösung, die das neue Material ermöglicht.

Aus diesem Grunde gibt es bei Bayer in Leverkusen neben der Forschungsabteilung eine große anwendungstechnische Versuchsabteilung, in der Wissenschaftler und Techniker die Verarbeitungsbedingungen des neuen Werkstoffes untersuchen und ihm den Weg zur technischen Nutzung bahnen. Auch hier wird Messen und Prüfen großgeschrieben.

Einen breiten Raum nimmt die sogenannte Anwendungsentwicklung im Bereich der Anwendungstechnik ein. Hier gilt es, die Erfordernisse der Praxis in meßbare Größen zu fassen und so der Produktentwicklung eine Art Leitlinie zu geben, an der sich die Chemiker bei der Formulierung ihres Produktes orientieren können. Die fast grenzenlose Palette der Anwendungsgebiete und technischen Probleme schafft ein

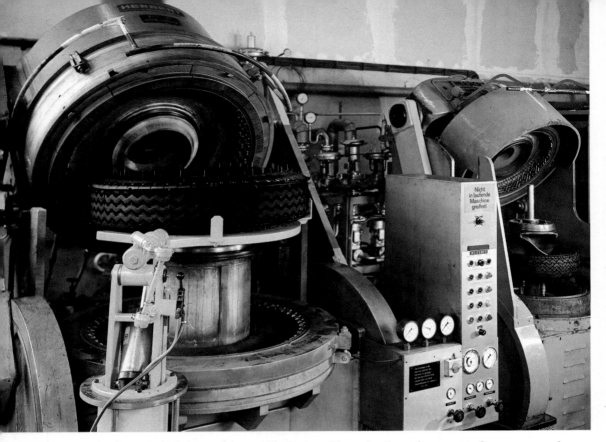

überaus breites und vielgestaltiges Arbeitsfeld, bei dem nicht sofort zu erkennen ist, was eigentlich »geprüft« werden soll. Ein Blick in die Praxis zeigt jedoch deutlich, welche große Bedeutung auch hier dem Messen und Prüfen zukommt.

Wenn es zum Beispiel darum geht, einen Automobilsitz aus einem flexiblen Polyurethanschaum zu entwickeln, so wird man zunächst in einer Art Bestandsaufnahme zusammentragen, welche Ansprüche an einen solchen Sitz gestellt werden. Er sollte komfortabel sein, also weich und elastisch, aber auch wieder fest genug, um dem Fahrer und den Passagieren im Wagen ausreichenden Halt zu bieten. Er sollte luftdurchlässig sein und auch Wasserdampf passieren lassen, damit man auf dem Sitz nicht schwitzt. Dies sind nur einige von vielen Forderungen. Allerdings kann der Entwickler im Labor mit diesen allgemeinen Begriffen relativ wenig anfangen, und so muß der Prüfer diese Forderungen in Meß-

Oben: In Leverkusen werden unter anderem Stabilisatoren und andere Hilfsmittel für die Reifenindustrie hergestellt. In der anwendungstechnischen Abteilung der Kautschuk-Entwicklung werden Reifen aus unterschiedlichen Kautschuk-Mischungen gefertigt, um die Verarbeitungsbedingungen und die Gebrauchseigenschaften der neu entwickelten Werkstoffe zu prüfen.
Rechts: Auf einem Hochgeschwindigkeits-Prüfstand werden Reifen aus verschiedenen Kautschuktypen und unterschiedlicher Konstruktion bis zum Zerreißen getestet.

größen umsetzen. Er erarbeitet gleichsam als Wegweiser dienende Zielgrößen, die technisch meßbar sind und es ermöglichen, den Chemiewerkstoff in eine bestimmte Richtung zu entwickeln. Für einen Autositz sind zum Beispiel Stauchhärte, Wärmeleitfähigkeit, Wasserdampfdurchlässigkeit, Elastizität, Verhalten unter statischer Bela-

stung und dynamischer Beanspruchung im Fahrbetrieb wie auch die Dauergebrauchstauglichkeit von Bedeutung.

Doch all dies allein garantiert noch keinen guten Autositz, denn insbesondere bei Chemiewerkstoffen kommt der werkstoffgerechten Konstruktion eine große Bedeutung zu. So können die für die Entwicklung maßgeblichen Leitdaten oft erst anhand von Versuchen an Prototypen ausgewählt und ermittelt werden. Anhand der so zusammengestellten Soll-Werte kann dann die eigentliche chemische Entwicklung anlaufen. Doch auch jetzt arbeitet der Chemiker nicht isoliert, denn meist wird seine Arbeit von einer verfahrenstechnischen Entwicklung begleitet, deren Ziel es ist, die günstigste Verarbeitung zu finden, die einmal ein technisch hochwertiges Produkt ergibt und zum anderen auch die wirtschaftlichen Gesichtspunkte berücksichtigt. Wenn ein noch so guter Autositz gegenüber den bisherigen Sitzen einen doppelten

Arbeitsaufwand und den Einsatz teurerer Materialien erfordert, wird er sich kaum in der Praxis durchsetzen.

Am Ende dieses langen Weges steht schließlich die probeweise Verarbeitung der in die engere Wahl gezogenen Werkstoffe zu einem Fertigteil. Dabei muß sich zeigen, ob die erarbeitete Verfahrenstechnik den Anforderungen der Praxis entspricht und ob die entwickelten Werkstoffe die gestellte Aufgabe in allen zuvor festgelegten Richtwerten wie auch in der Gebrauchsprüfung voll erfüllen. Die Erprobung des Fertigteiles muß schließlich den Beweis für die eigentliche Funktionstauglichkeit erbringen. Sie entscheidet darüber, ob die vorangegangene Entwicklungsarbeit das gesetzte Ziel erreicht hat.

Die Fertigteilprüfung erfordert einen großen technischen Aufwand und setzt immer ein besonderes Wissen um alle technischen Fragen des jeweiligen Problemkreises voraus. Es ist nun mal ein Unterschied, ob man Crash-Versuche mit Stoßfängern und elastischen Heckpartien eines Autos durchführt oder einen Vollkunststoff-Skischuh unter Praxisbedingungen testet. Deshalb erfolgt die Fertigteilprüfung in der Regel auch in Zusammenarbeit mit den späteren Abnehmern des neuen Chemiewerkstoffes.

Manche Fertigteilprüfungen erfordern spezielle Prüfeinrichtungen. So gibt es in Leverkusen einen Reifenprüfstand, auf dem Reifen bei Hochgeschwindigkeitsversuchen bis zum Platzen getestet werden können, und eine Testeinrichtung für Aufprallversuche von Stoßfängern.

Die wohl größte Prüfeinrichtung in der Fertigteilprüfung ist das Brandversuchshaus, in dem Fertigteile aus Chemiewerkstoffen unter einsatzgerechten Bedingungen auf ihr Brandverhalten untersucht werden können. Hier geht es um die Sicherheit des Verbrauchers, für den es nicht nur wichtig ist, ob ein Elektrogerät einwandfrei seinen Dienst tut, sondern auch, ob es unter Umständen bei einem Defekt einen Brand auslösen kann.

Das Brandversuchshaus der Bayer AG enthält einen Raum, in dem das Brandverhalten von Fertigteilen untersucht werden kann. Außerdem gibt es einen Brandschacht, in dem Baustoffe auf ihr Brandverhalten geprüft werden können. Daneben verfügt man über einen Wandprüfstand, in dem großformatige Wandelemente bis zu einer Größe von 2,90 × 2,90 m von einer Seite einer bestimmten Feuerbeanspruchung ausgesetzt werden. So kann man feststellen, welchen Widerstand das Wandelement der Ausweitung eines Brandes entgegensetzt. Für Vorversuche gibt es zusätzlich noch eine kleinere Versuchsanlage.

Das Brandgeschehen wird von Meßsonden und Fühlern kontinuierlich verfolgt. So gewinnt man Daten über die Temperaturentwicklung, über Rauchgase und ihre Zusammensetzung und über das Fortschreiten des Brandes. Eine gleichzeitige Fernsehaufzeichnung hält den Versuchsablauf zusätzlich im Bild fest. Fast noch imposanter als die umfangreichen Meßeinrichtungen, die zur Auswertung mit einem Elektronenrechner gekoppelt sind, ist die riesige auf dem Dach des Brandversuchshauses installierte Anlage zur Reinigung der Abgase. Selbst wenn im Brandversuchshaus stark rußende Materialien verbrannt werden, bleibt der Himmel über dem Brandhaus blau und klar, denn zwei Nachverbrennungsanlagen und ein Gaswäscher befreien die Abluft sowohl von Ruß als auch von nicht gerade umweltfreundlichen Zersetzungsprodukten

rialien entstehenden Ruß beseitigen die Nachverbrennungsanlagen. Die Rußpartikel werden hier in einer Gasflamme bei Luftüberschuß und Temperaturen zwischen 850° und 1000°C zu Kohlendioxid verbrannt. Je nachdem, wieviel Rauch zu erwarten ist, wird die kleinere oder größere Nachverbrennungsanlage eingesetzt. Diese Anlagen sorgen dafür, daß selbst wenn die Fernsehkamera vor lauter Rauch und Ruß in der Brandkammer buchstäblich erblindet, nur weißer Wasserdampf und Kohlendioxid aus den Abluft-Kaminen des Brandversuchshauses entweichen. Gasförmige Zersetzungsprodukte, die sich nicht durch Nachverbrennung beseitigen lassen, werden in einem zweistufigen Gaswäscher aufgefangen. So erlaubt das Brandversuchshaus in Leverkusen buchstäblich einen Großbrand im Labor, ohne daß

Links: Hier wird ein Stoßfänger mit einem Rammbock getestet, um die Energieaufnahme des Chemiewerkstoffes aus Polyurethan zu ermitteln. Die Meßwerte werden elektronisch erfaßt und ausgewertet.
Oben: Ein Wildwasser-Kajak muß einiges aushalten. Hier wird seine Verwindungssteifigkeit getestet. Diese Fertigteilprüfung gibt die letzte Sicherheit für die Tauglichkeit der Konstruktion und der eingesetzten Chemiewerkstoffe.
Rechts: Messen und Prüfen im Dienste von Entwicklung und Qualitätssicherung. Hierzu sind bei Bayer täglich über tausend Messungen notwendig, die größtenteils über Elektronenrechner ausgewertet werden, so daß die Ergebnisse schnell und vor allem zuverlässig zur Hand sind.

wie etwa Schwefeldioxid oder Chlorwasserstoff.
Den beim Abbrand von organischen Mate-

Schadstoffe in die Luft gelangen, und entspricht selbst bei großen Brandversuchen allen Anforderungen des modernen Umweltschutzes.

Neben der Fertigteilprüfung dient das moderne Brandversuchshaus auch der Produktentwicklung, die hier ihre Laborversuche durch Untersuchungen der neu entwickelten Werkstoffe im Brandschacht ergänzt.

Wir haben mittlerweile schon eine Vielzahl von Aufgaben der Chemiewerkstoffprüfung bei Bayer kennengelernt und dennoch nicht den Gesamtbereich abgesteckt. In einem Werk, das täglich in Tankwagen, auf Lastzügen, per Schiff und Bahn Chemiewerkstoffe an Verarbeiter der verschiedensten Branchen von Industrie und Handwerk im In- und Ausland liefert, kommt auch der ständigen Qualitätskontrolle eine große Bedeutung zu. Sie sichert eine gleichbleibende Qualität und gleichbleibende Verarbeitungseigenschaften.

Oben: Das Brandversuchshaus in Leverkusen erlaubt Brandtests mit Chemiewerkstoffen unter Praxisbedingungen. Umfangreiche Abgasreinigungsanlagen sorgen dafür, daß jede Belästigung der Umwelt durch Rauch- und Verbrennungsgase ausgeschlossen ist.
Rechts: Am Fassaden-Prüfstand wird hier gerade eine von Bayer entwickelte selbsttragende Fassade aus Legupren-Leichtbeton mit Deckschichten aus glasfaserverstärktem Polyesterharz einem Brandtest unterzogen. (Fotos: Bayer)

Dies geschieht nicht allein durch chemische, sondern zugleich auch durch anwendungsbezogene Prüfungen, wofür ein ausgedehnter Maschinenpark der verschiedensten Kunststoffverarbeitungsmaschinen zur Verfügung steht.

Bei der Vielzahl der täglich auszuwertenden Meß- und Prüfdaten – bei Bayer in Leverkusen sind es weit über tausend pro

Tag – kommt es vor allem darauf an, die gewonnenen Daten so schnell wie möglich und vor allem mit der größtmöglichen Sicherheit kostengünstig auszuwerten. Hierfür sorgt in Leverkusen eine zentrale elektronische Datenverarbeitung, die selbst komplizierteste Auswertungen schnell und zuverlässig liefert.

Neben der elektronischen Datenverarbeitung hat auch die Automation im Prüfwesen heute bereits einen wichtigen Platz. Viele Routineuntersuchungen wie etwa die Überprüfung der Kerbschlagzähigkeit von Kunststoffen wurden bei Bayer bereits automatisiert. Von Menschenhand gibt man nur noch die Proben in einen Vorratsbehälter. Die genormten Prüfkörper werden automatisch einzeln entnommen, auf eine bestimmte, in der Prüfnorm festgelegte Temperatur gebracht, zum Schlagwerk transportiert und zertrümmert. Der Meßvorgang wird elektronisch gesteuert und führt die ermittelten Daten einem Rechner zu, der die errechneten Ergebnisse auf einem Fernschreiber festhält.

Auch bei der Beurteilung des Vulkanisationsverhaltens von Kautschukmischungen sorgt die Automation für eine schnelle Durchführung von Reihentests. Die verschiedenen Kautschukmischungen werden in Meßkammern eingebracht, die sich nach beliebigen Temperaturprogrammen aufheizen lassen. Der Übergang in ein festes, elastisches Material wird durch eine in regelmäßigen Zeitabständen sich wiederholende Scherbeanspruchung der Probe ermittelt. Blattschreiber zeichnen den Verlauf der Kautschukvernetzung in Abhängigkeit von Temperatur und Zeit auf und liefern so eine direkt verwertbare Information für den Prüfer.

Moderne Prüfeinrichtungen vom Rasterelektronenmikroskop bis zum Brandversuchshaus, ständige Verfolgung eines Chemiewerkstoffes von der Entstehung im Entwicklungslabor bis zur Qualitätskontrolle vor der Auslieferung, Automation und elektronische Datenauswertung – all dies steht im Dienste einer modernen Chemiewerkstoffprüfung und leistet einen wichtigen Beitrag zu Sicherheit und Fortschritt im Zeichen des Bayer-Kreuzes.

Im Motorradsattel durch Sizilien

Von Reiner H. Nitschke

In 3000 Meter Höhe stoßen wir durch die Wolkendecke. Unter uns liegt naßkaltes Grau. Vor uns erhebt sich der 3320 Meter hohe Gipfel des mächtigsten Vulkans Europas. Die gleißende Nachmittagssonne blendet die Augen. Mit durchdrehenden Hinterrädern kämpfen sich die Motorräder durch die feingemahlene Lava der Jeep-Piste. Etwa 100 Meter vom Hauptkrater entfernt stellen wir die BMW R 100/7 und die Kawasaki Z 1000 ab. Sie haben ihr Bravourstück bestanden. Genauso wie ihre Fahrer, deren Gesichter von Schweiß und Lava-Staub gezeichnet sind.

Die letzten Schritte bis zum Kraterrand kosten viel Kraft. Nicht nur die relativ schnell erklommene Höhe, vor allem auch die beißenden Schwefeldämpfe machen das Atmen zur Qual. Dafür werden wir durch einen Anblick der leibhaftigen Hölle entschädigt. Wer jemals in die Tiefe des Feuerbergs gestarrt hat, kann sich vorstellen, warum die Menschen früher an den Teufel geglaubt haben.

Antonio Nicoloso ist als erster hinabgestiegen. Geschützt durch einen Asbest-Anzug und mit einem Atemgerät ausgerüstet, wagte sich der erfahrene Ätna-Bergführer bis auf den 300 Meter tiefen Grund des Feuerlochs vor. Er überstand die Exkursion ohne gesundheitliche Schäden. Seine Familie hat übrigens Erfahrung im Umgang mit der glühenden Lava. So quoll im Jahre 1669 der Feuerstrom direkt neben dem Haus der Nicolosos aus einer Erdspalte. Dieser für das Ätna-Massiv typische Flankenausbruch zog die wohl schlimmste Katastrophe Siziliens nach sich: Bis zur Küste des Ionischen Meeres wälzte sich der Lava-Strom. Die heute wieder 400 000 Einwohner zählende Stadt Catania wurde dabei zur Hälfte zerstört.

Bis heute ist der ursprünglich aus dem Meer aufgetauchte Vulkan nicht zur Ruhe gekommen. Trotzdem bezeichnet der Gründer des Vulkanologischen Instituts von Catania, Alfred Rittmann, den Ätna als gutmütig. Denn gerade die andauernden Aktivitäten des Hauptkraters verhinderten die gefährliche Pfropfenbildung. Eine urplötzliche und unberechenbare Explosion sei daher nicht zu befürchten. Darüberhinaus würden die typischen Flankenausbrüche – bei denen sich die Lava oft weit unterhalb des Gipfels ihren Weg ins Freie sucht – so langsam anrücken, daß die Menschen rechtzeitig fliehen könnten.

So forderten auch die etwa 200 Millionen Tonnen Lava, die 1971 talwärts strömten, keine Todesopfer. Um die dabei freigewordene Wärme-Energie zu erzeugen, müßte ein mittelgroßes Kernkraftwerk ungefähr sechs Jahre lang arbeiten!

Nicolos Geburtsort Nicolosi liegt direkt im Zentrum des feurigen Spektakels. Kein Wunder, daß er sich mit dem Ätna verbunden fühlt. Wie fast alle Sizilianer verehrt er den 3300 Meter hohen Bergriesen (die absolute Höhe verändert sich laufend). »Nur – mit den Motorrädern werdet ihr ihn kaum bezwingen«, zweifelte er an unserem Vorhaben. Dann schlürfte er wieder seinen rosafarbenen Schnaps, »aber wenn ihr unbedingt wollt!« Er zuckte mit den Achseln

und kippte den Rest des 70prozentigen »Fuoco dell' Ätna« runter.

Wir verzichteten auf das Spiritus-verdächtige Feuerwasser, denn vor uns lag die aufregendste und nicht ganz ungefährliche Etappe unserer Sizilien-Reise: 30 Kilometer steile unbefestigte Lava-Piste. Ein Traumparadies für Geländefahrer – wir versuchten es mit den bis zu sechs Zentner schweren Motorrädern.

Erste Rutscher auf dem scharfkantigen Gestein erweckten die Aufmerksamkeit; dampfspuckende Lava-Spalten flößten Respekt ein. Immer steiler und unwegsamer wurde die Jeep-Piste, auf der sonst Touristen in Geländewagen durchgeschüttelt werden. Drei Meter hohe Markierungspfähle – so hoch liegt hier im Winter der Schnee – führten uns die letzten Kilometer bis zum Gipfel.

Nach etwa zwei Stunden Erkundungen und besinnlicher Ruhepausen am Kraterrand kehren wir zu den Motorrädern zurück. Erst jetzt merken wir, daß es kalt geworden ist. Binnen Sekunden ist die Sonne am Horizont über dem rosaleuchtenden Wolkenmeer verschwunden. Eis überzieht die Handgriffe und Sitzbänke der Maschinen. Kälte kriecht in unsere Knochen unter der verschwitzten Motorradkleidung. Damit hatte keiner gerechnet. Fasziniert vom Farben- und Lichtspiel an den schwefelgelben Kraterwänden haben wir den Tag vorbeiziehen lassen.

Trotz des Kälteeinbruchs springt die Kawasaki sofort an. Auch die BMW schüttelt

Rechts: Unzählige Nebelkrater und endlose Lavahänge verleihen der Ätnalandschaft ein unheimliches, düsteres Aussehen. Wir wagen uns mit den drei schweren Motorrädern bis an den Rand eines erloschenen »Feuerlochs« heran.

sich nach dem üblichen Anlasser-Georgel. Martin kommt auf die scheinbar abwegige Idee, die Scheinwerfer zu prüfen. Ergebnis: Beide Lampen haben die Rüttelei beim Aufstieg nicht überlebt. Fast wären wir ohne Licht in den finsteren Abgrund gefahren.

Da weiter unten ohnehin noch die Honda auf uns wartet – die Kupplung quittierte den mißbräuchlichen Dienst durch »Selbstverbrennung« kurz vor dem Ziel – fassen wir einen ungewöhnlichen Entschluß: Wir verbringen die Nacht hier oben. In unmittelbarer Nähe des Kraterrandes. Vor einer Höhle finden wir Windschutz – die warme Lava dient als beheiztes Bett.

Am nächsten Morgen werden wir durch eine Detonation geweckt. Der Boden unter unseren Schlafsäcken erbebt leicht – genug, um uns aufzuschrecken. Die Höhle hat uns nicht nur vor dem nächtlichen Schneefall geschützt, sie hielt uns auch

Oben: Der Höhepunkt unserer Reise: Martin und Gerd haben mit der Kawasaki und der BMW die Wolkendecke durchstoßen. In 3000 Meter Höhe empfängt sie die teilweise mit Eis überzogene Lava des Ätna.
Rechts: Mit 3300 Meter Höhe ist der Ätna der mächtigste Vulkan Europas. Er gehört zu den wenigen noch tätigen Feuerbergen überhaupt. Der letzte größere Ausbruch im Jahre 1971 forderte glücklicherweise keine Menschenleben.

gottseidank die ekelerregenden Dämpfe (sie enthalten Schwefeldioxid, Schwefelwasserstoff und Salzsäure) vom Hals. Trotzdem sind wir alle wie betäubt. Wortlos erfolgt der Aufbruch. Nach einer halben Stunde haben wir die Honda Goldwing erreicht. Die Kupplung hat sich erwartungsgemäß nicht mehr erholt. Jetzt kommt die Moto-Cross-Erfahrung von Karl-Heinz zum Tragen. Mit viel Mut und

Schwung rollt er mit dem antriebslosen Schwergewicht den anderen voran. Wo es nicht mehr weitergeht, springen wir von den Motorrädern und helfen schiebend nach. Fast drei Stunden – dann passieren wir endlich die Bergstation.

Der einzige Honda-Händler der Ostküste (Moto-Turrisi in Mascali) berichtet uns von ganzen zwei Goldwing-Fahrern auf Sizilien und organisiert binnen 24 Stunden eine neue Kupplung für die strapazierte Tausender.

In den folgenden Tagen widmen wir uns den kleinen Straßen im Umkreis des Ätna. Einige sind noch nicht einmal auf unserer Landkarte (1 : 300 000) eingezeichnet. Nur wenige Autos kommen uns entgegen. Alle halbe Stunde eine der waghalsigen Dreiradkonstruktionen. Angetrieben von einem Vespa-Zweitakt-Motor und buntbemalt wie einst die sizilianischen Eselskarren. Die sind jedoch heute nur noch Museumsstücke.

Oben: Im Landesinneren gehören Esel noch immer zu den gebräuchlichen »Transportmitteln«. Eine 1000er Kawasaki dürfte hier nur sehr selten zu sehen sein . . .
Rechts: Am Fuße des Ätna laden überall verlassene Kakteen-Plantagen zu einem Ausflug ins Abseits der befestigten Straßen.

Auf dem Marktplatz von Randazzo – umgeben von Bauwerken aus Lava-Gestein – treffen wir einen deutschen Urlauber. Er drückt seine Enttäuschung aus: Der Gipfel des Ätna hülle sich seit Tagen in Wolken und die Lava-Hänge seien ihm zu eintönig. Die Landschaft – ja, die Ungeheuerlichkeit dieses schwarzen Bergriesen sagt ihm nicht viel. Er läßt sie bei seinen täglichen Ausflügen an seinen frischgeputzten Autoscheiben vorüberziehen. Eingerahmt wie im Fernsehen. Nur mittelbar wie in einem Film. Eindrücke, wie sie sich dem Motorradfahrer offenbaren, sind ihm fremd.

Wir sind froh, mit dem Motorrad auf dieser Insel zu sein. Den Sand unter den schmalen Reifen – nur wenige Zentimeter unter unseren Füßen, den warmen Landwind im Gesicht, den süßlichen Duft der Orangenhaine in der Nase, die plötzliche Kälte im Schatten der Felswand – dies alles spüren wir unmittelbar. Ohne »schützenden« Käfig. Ohne Distanz.

Ich fahre ganz dicht an einem Orangenbaum vorbei. Ganz langsam. Ingrid streckt ihren Arm – erreicht eine gelbgrüne Frucht. Reißt sie mit sich. Nicht zuckersüß – aber auch nicht zu sauer. Die Schale schmeckt nicht nach Chemikalien!

Das Bremslicht der BMW leuchtet auf. Gerd schlägt ein Picknick vor. – Links im Tal streckt sich eine der zahlreichen verlassenen Kakteen-Plantagen hin. Ihr ehemaliger Besitzer mag sich jetzt in Taormina mit Touristen herumplagen. Souvenirs verkaufen (made in Hongkong!). Hotelzimmer saubermachen. Wir fahren vorsichtig zwischen den riesigen Kakteen hindurch. Die Stacheln sind teilweise zehn Zentimeter lang. Sie durchdringen Jeansstoff und Lederstiefel. Überreife Früchte liegen dunkelrot und faulig-braun auf dem Boden. Er ist sehr trocken. Trotzdem erhalten die Pflanzen genug Feuchtigkeit. Denn unter der durchlässigen Lava-Asche sammeln sich Niederschläge und Schneeschmelze. Festes Sediment-Gestein hindert das kostbare Naß am Versickern. Da die vulkanische Erde obendrein noch sehr mineralhaltig ist, gilt sie als außerordentlich fruchtbar.

Auf Sizilien regnet es selten. An der Ostküste so gut wie gar nicht. Für klimatischen Ausgleich sorgt hier das Meer. So wird dieser Landesteil – allen voran Taormina – seit vielen Jahren nicht nur vom Wetter sondern auch von den Touristen aus aller Welt bevorzugt. Einer der berühmtesten Besucher der ältesten griechischen Siedlung (735 v. Chr.) auf Sizilien dürfte Johann Wolfgang von Goethe gewesen sein. Ihn führte seine »Italienische Reise« im Frühjahr 1787 nach Taormina.

Wir haben jetzt schon Oktober. Trotzdem sind die gepflasterten Straßen und Gassen der alten Hellenen-Stadt mit Touristen überschwemmt. Unter dem Augenzwinkern der Carabinieris rollen wir mit den Motorrädern geräuschlos durch die Fußgängerzone Richtung Griechisches Theater. Das »Teatro Greco« von Taormina gehört zu den am besten erhaltenen seiner Art. Von hier genießen wir einen herrlichen Ausblick auf die Ostküste und in das Landesinnere. Nur 20 Kilometer weiter südwestlich – in Sichtweite der exclusivsten Hotelzimmer der Touristen-Metropole – liegt der Ätna. Immer dann, wenn er Lava spuckt, sind alle Zimmer ausgebucht!

Unser nächstes Etappenziel soll Syracus (oder Siracusa) sein. Wir meiden die gebührenpflichtige Autobahn und wühlen uns durch den dichten Verkehr der Küstenstraße. Hinter Catania durchqueren wir die einzige Tiefebene Siziliens, die Piana di Catania. Nur hier wird der intensive Anbau von Obst und Gemüse betrieben. Links auf der Seeseite tauchen bald die ersten Raffinerien auf – im Süden wird seit Jahren erfolgreich nach Erdöl gebohrt!

733 v. Chr. gründeten die Griechen Syracus, das sich Jahrhunderte später unter dem berühmt-berüchtigten Tyrannen Dionysos die Vormachtstellung in der alten Welt erkämpfen sollte. Erst 212 v. Chr. ge-

Rechts: Die steile Ostküste Siziliens bietet vor allem Motorradfahrern viel Abwechslung. Unser Bild zeigt die verschlungene, an eindrucksvollen Aussichten reiche Küstenstraße zwischen Messina und Taormina.

lingt es den Römern nach zweijähriger Belagerung, die Stadt zu erobern. Einer von über eineinhalb Millionen Bürgern war der Mathematiker Archimedes. »Störe meine Kreise nicht«, waren die letzten Worte des wohl berühmtesten Einwohners von Syracus, bevor ihn ein römischer Soldat erschlug. Heute erinnert nur noch die Ruine des einst größten klassischen Theaters der Welt – hier wurden die Werke von Äschylos uraufgeführt – an die glorreiche Vergangenheit.

Als wir die Stadt Richtung Osten verlassen, künden zarte Wolkenfetzen zur Linken heiße Tage an. Der Scirocco – ein oft unangenehmer Sahara-Wind – nähert sich vom nur 120 Kilometer entfernten afrikanischen Festland. Auf verschlungenen Landstraßen erreichen wir die Bergfestung Enna und damit nicht nur die Rennstrecke der Targa Floria, sondern auch das Einflußgebiet der Mafia.

Diese sizilianische Unterweltorganisation hat allerdings in den letzten Jahren immer mehr Macht in ihrem Ursprungsland verloren. Im fortschrittlichen Osten der Insel lachen die Leute sogar, spricht man sie auf »el mafioso« an. Kalabrien, die ärmste Provinz Italiens im Südzipfel des Festlan-

des, ist jetzt die Hochburg der »Ehren·wehrten Gesellschaft«. Dort, wo sie noch auf Sizilien ihr Unwesen treibt – hauptsächlich im Westen der 4,6 Millionen Einwohner zählenden Insel – bleiben Touristen aber stets verschont.

Wie überhaupt nicht nur unsere Erfahrungen alle Gerüchte Lügen strafen, die da behaupten, Sizilien sei ein unsicheres Pflaster. Selbst im turbulenten Hafen von Messina kommt kein Gepäckstück abhanden. Im Gegenteil – ein kleiner Junge trägt uns noch eine vom Motorrad gefallene Regenkombi hinterher! Was soll er auch auf Sizilien damit?

Das Fährschiff bringt uns sicher über die Straße von Messina. Dabei passieren wir zum letztenmal Stationen der Odysseus-Irrfahrt: Skylla und Charybdis, in Homers Helden-Sage zwei Meeresungeheuer, entpuppen sich in unseren Augen als harmlose Wasserstrudel . . .

»Chairete«
Griechenland

Ein Streifzug durch Antike und Gegenwart

Von Erich H. Heimann

Geschichte ist für viele Schüler nicht ohne Grund ein ungeliebtes Fach, denn es besteht für manchen leider immer noch aus wenig sinnvollem Zahlenbüffeln und Abfragen. Daß Geschichte sich aber auch anders darstellen kann, spürt man, wenn man im Urlaub seinen Fuß auf historischen Boden setzt. Dieses Erlebnis ist vielleicht in Griechenland am tiefsten und unmittelbarsten, weil hier Gestern und Heute eng miteinander verknüpft sind. Hierzu mag auch beitragen, daß griechische Kultur und Wissenschaft des Altertums fast jedem mehr oder weniger vertraut sind.

Wer heute als Tourist – in der Regel per Flugzeug – nach Athen kommt, hat zunächst ganz und gar nicht den Eindruck, der Historie zu begegnen, denn Athen ist eine durchaus moderne Stadt mit pulsierendem Großstadtleben. Endlos breitet sich das Panorama der Stadt unter dem einkurvenden Jet aus. Plötzlich kommt die Akropolis in Sicht. Sie steht scheinbar unberührt in der tosenden Brandung des Großstadtverkehrs. Daß dieser Schein trügt, erfährt der Fremde spätestens bei der Fahrt vom Flughafen in die Stadt, wenn er bemerkt, daß der Parthenon-Tempel und das Erechtheion mit Stahlrohrgerüsten umgittert sind. Der Schwefeldioxidgehalt der Athener Luft frißt unaufhaltsam an dem zweieinhalb Jahrtausende alten Marmor und verwandelt das vom Pentelikon-Berg unweit Athens stammende edle helle Material in ordinären Gips. So verflachen die

Links: Wie eine Muschelschale ist das Theater des Herodes Atticus in den Südhang des Akropolis-Berges gebettet. Ein abendliches Konzert oder eine Theateraufführung in diesem rund 5000 Zuschauer fassenden antiken Theater bleibt für viele ein unvergeßliches Erlebnis.

385

meisterhaft aus dem Stein herausgearbeiteten Reliefs mit beängstigender Geschwindigkeit, werden die wohlgeformten Züge der Statuen von Göttern und Helden zu gesichtslosen Flächen. Was Kriege, Feuersbrünste und Erdbeben nicht vermochten, schafft der Schmutz aus ungezählten Auspuffrohren, Schornsteinen und Industrieschloten in weniger als einem Menschenalter. Bald wird man auf dem 80 Meter hohen Tafelberg, der das Stadtbild so eindrucksvoll und majestätisch beherrscht, nur noch Kopien der kunstvollen Friese und Statuen sehen, denn die Originale können nur im Museum vor weiterem Verfall geschützt werden.

Allerdings bleibt dem Kunstfreund ein gewisser Trost. Die Abgüsse, die an die Stelle der antiken Kunstwerke treten werden, sind von den Originalen kaum zu unterscheiden, wie sich am Beispiel des Kerameikos-Friedhofes zeigt. Der Friedhof liegt nur ein paar Gehminuten nördlich der

Oben: Nach dem Sieg über die Perser legte Perikles im Jahre 456 vor Christus gleichsam als Dankgeschenk für die Götter den Plan einer völligen Neugestaltung der Akropolis vor. Der Parthenon, heute das Wahrzeichen Athens, war der Athena-Parthenos, der Tochter des Zeus, geweiht, der die Athener ihren Sieg dankten.
Rechts: Die Südseite des Erechtheion, das einen sieben Heiligtümer umfassenden Tempelbezirk bildet, wird von der Karyatidenhalle beherrscht. Die Säulen in Form anmutiger Mädchengestalten lassen kaum die gewaltige Last ahnen, die von ihnen getragen wird.

Agora, des Zentrums der antiken Stadt Athen. Hier, wohin sich die Touristen nur selten »verlaufen«, legten seit 1907 deutsche Archäologen vornehmlich Grabmäler aus der klassischen Zeit, dem 5. und 4. Jahrhundert vor Christus, frei. Damals war der Kerameikos-Friedhof, der seinen Namen vom nahegelegenen Töpferviertel hat, eine Art Ehrenfriedhof für verdiente Bürger. Die dort im Freigelände zu besichtigenden Grabreliefs sind fast ausnahmslos meisterhafte Abgüsse, deren Vorbilder im nahegelegenen Kerameikos-Museum oder im Athener Nationalmuseum zu besichtigen sind. Friedhöfe sind ja nicht jedermanns Sache, und dies mag vielleicht auch erklären, warum so wenige Touristen nach Kerameikos kommen. Im Gegensatz zu unseren Friedhöfen sieht man aber auf diesem antiken Friedhof keine vom Leid und Sterben geprägten Standbilder, sondern solche von vollendet schönen Menschen in der Blüte ihres Lebens.

Doch nicht nur die freigelegten Denkmäler des Kerameikos sind sehenswert. Das dazugehörige Museum beherbergt eine große Sammlung von Grabbeigaben und bestechend schönen antiken Vasen, die zum Teil unversehrt Jahrtausende überstanden haben. Mit ihren klassischen Formen und den charakteristischen Farben Rot und Schwarz begeistern sie auch die Menschen des 20. Jahrhunderts.

Wer einige Tage in Athen ist, wird vielleicht erstaunt bemerken, daß auch für ihn die Zeit ein wenig an Bedeutung verloren hat. Trotz aller Geschäftigkeit sieht man in Athen kaum Uhren auf öffentlichen Plätzen oder an Geschäftshäusern. Bald gewöhnt man es sich ab, ständig auf die Uhr zu schauen und beginnt, einfach in Tageszeiten zu denken. Wenn man sich nach einer Weile auch an die sommerliche Hitze gewöhnt hat, die dank der trockenen Luft recht gut zu ertragen ist, nähert sich der Urlauber der bewundernswerten Lebens-

weise der Griechen, für die es anscheinend nie zu heiß und nie zu spät ist.

Athen ist voller Gegensätze. Antike Bauten stehen inmitten brodelnden Verkehrs, wie das von Peisistratos begonnene und von dem römischen Kaiser Hadrian 800 Jahre später vollendete Olympieion. Von dem gewaltigen Tempel des olympischen Zeus stehen heute nur noch dreizehn der kolossalen korinthischen Säulen. Kontrastreich auch das Zusammentreffen von antiker Klassik und klassizistischen Bauwerken aus dem 19. Jahrhundert. Sie entstanden unter der Regierung Ottos von Bayern, der nach den opferreichen Befreiungskämpfen von den Großmächten zum griechischen König erhoben wurde. Diese klassizistischen Bauten Athens sind weitgehend das Werk deutscher Architekten wie Leo von Klenze und Friedrich Gärtner. Letzterer baute auf Plänen Klenzes fußend auch das sogenannte Alte Schloß, das heute Sitz des griechischen Parlaments ist. Hier spielt sich jeden Sonntag die imposante Wachablösung der Evzonenwache ab, deren Soldaten traditionell die malerische Tracht aus der Zeit der Befreiungskriege tragen.

Eine Attraktion ist zweifellos auch die Plaka, die Athener Altstadt, die sich mit ihren vielen verwinkelten Gassen am Fuße der Akropolis ausbreitet. Auch hier findet man zahlreiche vom bayerischen Klassizismus geprägte Häuser. Aus den Tavernen schallt Bouzouki-Musik, deren Erzeuger sich mit Hilfe leistungsfähiger Verstärkeranlagen gegenseitig zu übertönen versuchen. Dazwischen mischt sich das Stampfen der Sirtaki-Tänzer mit ihren kretischen Stiefeln. Viele Lokale haben sich unter Zeltdächern auf den flachen Dächern der Häuser etabliert. Von dort hat man einen herrlichen Blick über das Gewimmel in den engen Gäßchen und auf das nächtliche Athen mit der angestrahlten Akropolis. Vieles in der Plaka ist allzusehr auf den Tourismus ausgerichtet, so daß mancher Athener die einst so geliebte Altstadt meidet. Aber wer sich Zeit läßt und etwas umsieht, findet mit Sicherheit ein hübsches Lokal, in dem man in Ruhe Musik und Wein genießen kann und auch mit Einheimischen ins Gespräch kommt, selbst wenn man kein Griechisch spricht. Mancher Ober in den Plaka-Tavernen war als Gastarbeiter in Deutschland. Die natürliche Aufgeschlossenheit und Gastlichkeit, die man in unseren Breiten zumindest im Verhältnis zu Fremden nicht kennt, beseitigt schnell anfängliche Befangenheit.

Griechische Gastlichkeit überrascht den Fremden immer wieder und macht ihn meist einen Augenblick lang hilflos, wenn er beispielsweise zwei Jahre nach einem Besuch bei Dionysos, einer bekannten Taverne in der Plaka, von einem Ober wiedererkannt und voller Wiedersehensfreude nach dem Essen zu einer Flasche Wein eingeladen wird, die man gemeinsam leert, während die Gäste des griechischen Freundes wie selbstverständlich inzwischen von Kollegen mitbedient werden.

Griechische Freunde sind nicht nur hervorragende Gastgeber, sondern auch gern mit Tips bei der Hand, die helfen, mehr zu sehen und das Land besser kennenzulernen, als dies bei organisierten Rundfahrten und selbstgeplanten Erkundungstrips mit Karte und Reiseführer möglich ist. Der Rat eines Griechen führt auch zu der versteckten kleinen Taverne, wo man nach Landesart preiswert und gut essen kann, was gar

Rechts: Selten finden Touristen den Weg zum Kerameikos-Friedhof. Die meisten Monumente sind Abgüsse, deren Originale zum Schutz vor der aggressiven Luft ins Museum gewandert sind.

nicht so einfach ist, weil die großen Hotels und Restaurants sich leider mehr und mehr dem Einheitsgeschmack des Massentourismus anpassen. In den von Einheimischen besuchten Tavernen kann man hingegen echt griechisch essen und, anstatt die Speisekarte zu studieren, mit dem Wirt in die Küche gehen und sich nach Griechenart als Topfgucker betätigen, um sich so die Mahlzeit zusammenzustellen. So mag es vielleicht auch im alten Athen vor zweieinhalbtausend Jahren gewesen sein.

In die Antike zurückversetzt fühlt man sich auch, wenn man an einem schönen Sommerabend auf den Stufen des Herodes-Atticus-Theaters am Fuße der Akropolis einer Theateraufführung zuschaut oder einem Konzert lauscht. Die Marmorsitze des im Halbrund gebauten Theaters boten in der Antike 5000 Zuschauern Platz. Das Theater hat eine ausgezeichnete Akustik. Es wurde um 160 n. Chr. von einem wohlhabenden Römer gestiftet und gibt mit seiner hoch aufragenden Kulisse des ehemaligen Bühnengebäudes einen imposanten Hintergrund für die Darsteller ab.

Etwas weiter östlich sind die spärlichen Überreste eines zweiten Theaters zu erkennen, das noch ein halbes Jahrtausend älter ist. Es liegt ebenfalls am Südhang der Akropolis. Dort soll der Dichter Thespis um 534 v. Chr. mit seiner Truppe von Wanderschauspielern die ersten Dramen

Rechts: Die Plaka, die Athener Altstadt, zieht mit ihren Tavernen und Dachgarten-Restaurants viele Fremde an. An warmen Sommerabenden ist die Luft von griechischer Folklore-Musik und dem Stampfen der Tänzer auf den zahllosen kleinen Bühnen erfüllt. Gerüche von gebratenem Fleisch, Fischen und starken Gewürzen machen dem nächtlichen Besucher Appetit.

aufgeführt haben, wobei die – bis zu 16 000 – Zuschauer die natürliche Galerie des Akropolisberges als Tribüne benutzten. Später wurde der Hang muschelförmig abgetragen. Die Reste des steinernen Dionysos-Theaters datieren aus der Zeit um 330 v. Chr.

Doch nicht nur als lebendiges Museum hat Athen seine Reize. Auch die moderne Stadt hat vieles zu bieten – zum Beispiel einen Bummel über den sonntäglichen Flohmarkt im alten Basarviertel nahe dem Trajansforum, dem altrömischen Markt. In den engen Gassen drängen sich Einheimische und Touristen zwischen Mini-Supermärkten, die ihre umfangreiche Kollektion auf der Straße ausgebreitet und an den Fassaden der Häuser aufgehängt haben. Hier findet man üblichen Trödel, vom alten Kochtopf über das Bügeleisen bis zum Uralt-Radio, Werkzeug, Autoersatzteil, aber auch echten und falschen Schmuck, Handarbeiten, Souvenirs, Ikonen und An-

tiquitäten, über deren Echtheit nur ein Fachmann zu urteilen vermag. Imposant ist auch ein Besuch der Markthallen, wo Gemüse, Fleisch und Fisch in bunter Vielfalt neben lebenden Hühnern angeboten werden.

Taxis gibt es in Athen zu Tausenden, zwar sind sie meist nicht mehr die jüngsten, aber dafür so billig, daß man sich, an hiesige Preise gewöhnt, fast beim Bezahlen schämt, zumal der Sprit in Griechenland teurer ist als bei uns.

Daß Griechenland eine Handelsmetropole ist, verraten nicht nur die ungezählte Büros beherbergenden Geschäftshäuser der Innenstadt, sondern auch die vielen Straßenhändler, die Pistazien, geröstete Maiskolben, Schwämme, Wasser, Limonade, Kaffee und vieles andere mehr feilbieten. Dazwischen an fast jeder Straßenecke die obligatorischen Losverkäufer – meist Invaliden, denen die Losverkauf-Lizenz eine bescheidene Existenz bietet.

Oben: Ein nicht nur von Touristen gern besuchtes Schauspiel ist der Wachwechsel am Grabmal des Unbekannten Soldaten vor dem jetzt als Parlamentsgebäude dienenden Alten Schloß.

Links: Ein Tagesausflug führt von Athen zur Burg von Mykene mit ihren 6 Meter dicken Festungsmauern aus tonnenschweren Steinblöcken. Hier ein Blick auf das berühmte Löwentor.

Hermes, der geschwinde Götterbote und Gott des Handels, scheint als guter Geist über den vielen kleinen und größeren Geschäften zu schweben, die oft nach Branchen sortiert ganze Straßenzüge prägen. Eine Straße mit Juwelieren, eine andere mit Schuhgeschäften und Schuhmachern, eine weitere mit nach Maschinenöl, Benzin und Reifengummi riechenden Ersatzteilhandlungen, in deren Fenstern aufgemöbelte Motoren, komplette Getriebe und Hinterachsen einträchtig mit Motorradgabeln und Tanks ihre Käufer suchen.

Zum Straßenbild von Athen gehören nicht zuletzt die schwarz gewandeten Priester der orthodoxen Kirche, denen viele junge und alte Griechen auf der Straße mit ehrfürchtiger Verehrung begegnen, und die byzanthinischen Kapellen und Kirchen. Die wenigen erhaltenen Gotteshäuser, deren älteste aus dem 11. und 12. Jahrhundert stammen, sind wegen ihrer Malereien auch für den auf Klassik ausgerichteten Besucher durchaus sehenswert. An manchen Stellen der Stadt haben sich byzanthinische Kapellen trotz Bauboom und Großstadtverkehr behauptet – wie etwa jene von einem gewaltigen Bürohaus fast überwucherte: die Architekten sparten für sie eine Lücke aus. Hier beten schwarzgekleidete alte Griechinnen mit sonnengegerbten, faltigen Gesichtern im stillen Halbdunkel vor goldglänzenden Bildern. Darüber rattern in den Kontors von Reedereien, Reisebüros, Maklerfirmen und Handelshäusern die Schreibmaschinen und Buchungsautomaten.

In Athen könnte man auf wochenlangen Streifzügen immer etwas Neues entdecken, dazu bleibt dem Besucher aber meist wenig Zeit. Für viele ist die griechische Hauptstadt leider nur eine Zwischenstation auf der Reise zu einer der sonnenreichen Inseln der Ägäis. Per Schiff oder Flugzeug schwärmen die Fremden in alle Himmelsrichtungen aus. Die einen zu den Kykladeninseln, dem malerischen Mykonos oder nach Delos, nach Naxos, wo es antike Tempel zu besichtigen gibt und wo der Sage nach Dionysos zu Hause war. Oder nach Santorin, dessen Kultur unter Lava und Asche erstickte und erst in jüngster Zeit durch neue Ausgrabungen das Interesse der Archäologen wie auch interessierter Laien wiedererweckt hat. Der Linienjet trägt den Touristen in weniger als einer Stunde nach Kreta, wo der historisch Interessierte die gewaltige Palastanlage von Knossos bewundern, aber auch auf den Spuren von Venezianern und Türken wandeln kann. Ein Tagesausflug bringt den Wißbegierigen auf der Fahrt nach Süden von Heraklion aus zu den minoischen Palästen von Phästos und dem als Sommersitz dienenden Aghia Triada sowie in die alte Siedlung Gortys, das bei Homer als »tichoessa« (»die, die Mauern hat«) erwähnt ist. Dort fanden italienische Archäologen einen in die Mauern des Odeons eingemeißelten Gesetzestext aus dem 6. Jahrhundert v. Chr., den Kodex von Gortyna. Er ist der älteste erhaltene Gesetzestext Europas.

Pittoresk ist die einstige Hafenstadt Matala, von der jetzt nur noch ein Fischerdorf geblieben ist. Hier sitzt man auf einer schilfgedeckten kleinen Terasse eines winzigen Lokals und stärkt sich mit Weißbrot und frittierten fangfrischen Fischen, während die Brandung gegen die Felsen rollt und der Gischt zuweilen bis an den Tisch spritzt. Die weißsandige Bucht lädt zum Baden ein und war einige Zeit das Mekka der Hippies, die sich in einstmals ebenfalls als Wohnungen dienenden Sandsteinhöhlen nahe der Bucht häuslich niedergelassen hatten. Heute begegnet man in Griechenland allerorten größeren und kleineren Gruppen von Schülern und Studenten, die hier auf eigene Faust die Geschichte wiederentdecken. Billige Studentenhotels und Verpflegung in eigener Regie mit Weißbrot, Obst, Ziegenkäse und etwas Rotwein, der mit kaltem Wasser verdünnt ein ausgezeichneter Durstlöscher ist, sorgen dafür, daß man mit wenig Geld weit herumkommt. Hilfreich ist hierbei, daß Schiffspassagen und selbst Flüge von Insel zu Insel verhältnismäßig billig sind.

Aber die Ferienidylle ist heute auch in Griechenland nicht überall ungestört, wie das Beispiel Rhodos zeigt. Hierher strömen die sonnenhungrigen Nordländer – in Großraumjets zum Billigtarif herübergekarrt – und besetzen die Bettenburgen an der Küste, in denen die Ferienstimmung rasch verfliegt. Wer mehr sucht als Sonne und Strand stellt allerdings fest, daß abseits dieser gigantischen Hotels die Welt wieder heil ist.

Rechts: Lindos, südöstlich der Stadt Rhodos gelegen, hatte seine Blütezeit im 6. Jahrhundert vor Christus. Auf dem Hochplateau der Akropolis, die von See her uneinnehmbar war, kann man neben antiken Tempelanlagen aus dem 6. und 3. Jahrhundert vor Christus auch die mächtigen Bollwerke des Johanniter-Kastells aus dem 15. Jahrhundert nach Christus bewundern.
(Fotos: E. H. Heimann, Roebild/Scharf, Roebild/Moren)

Aber auch auf dem Festland gibt es viele Ausflugsmöglichkeiten mit dem Bus. Von Athen gehen viele halb-, ein- oder auch mehrtägige Rundfahrten aus, die zu den antiken Sehenswürdigkeiten wie den Tempelanlagen von Delphi, dem antiken Korinth, nach Epidaurus, nach Mykene, zum Kap Sunion, wo einst die berühmten Silberminen lagen, nach Sparta und nach Olympia führen.

Per Schiff kann man von Piräus aus in einem Tagesausflug die Inseln Aegina, Poros und Hydra besuchen. In Aegina ist der schön gelegene und gut erhaltene Aphaiatempel zu besichtigen. Technik-Fans werden vielleicht mehr für die modernen Tragflügelboote übrig haben, die auf ihren dünnen Stelzen pfeilschnell über das tiefblaue Wasser schießen und eilige Touristen auf die Malerinsel Hydra bringen, die mit ihrer romantischen Bucht und ihren weißen Häusern am Hang nicht nur Hobbyfotografen, sondern auch Maler aus aller Welt anzieht und zum Verweilen einlädt.

Doch meist muß der Besucher das Verweilen auf einen späteren Besuch verschieben, denn das Ende des Urlaubes steht fest. In ein paar Tagen wird die DC-10 oder die Boeing 727 in einer weiten Schleife wie zum Abschied noch einmal über dem saronischen Golf kurven und auf Kurs nach Norden gehen. Aber wer einmal Gast in Griechenland war, kehrt als Freund heim und wird auch wiederkommen. Nicht umsonst bedeutet »Chairete« zugleich »Willkommen« und »Auf Wiedersehen«.

Adhäsion 285
Adibasi 8
Ägypten 321
Äquatorial-Sonnenuhr 18
Ätna 373
Akropolis 384
Algen 249
Altarmaschine 98
Amateurfunk 182
Andalusien 216
Arlberg-Straßentunnel 278
Aronstab 59
Athen 384
Automaten 98
Automobilherstellung 120
Autonotrufsystem 182

Bäder 344
Bahnfahrt 62
Bhutan 295
Blattfarbstoffe 77
Bogenschießen 295
Brandversuchshaus 361
Brennweite 166
Brügge 78

CB-Funk 182
Chemiewerkstoffe 361
Cheops-Pyramide 321
Chihuahua 62
Chromatographie 77
Clansystem 256
Copper-Cañon 62

Digitaluhr 18
Divisadero-Barrancas 62
Doppeldecker 226
Dudelsack 256

Effelsberg,
   Radioteleskop 28
Eisenbahnfahrt 62
Elektronik 18
Entwicklungshilfe 108
Erechtheion 384
Experiment 77

Fahrradschaltung 146
Fahrtechnik 156
Flechten 249

Flor 237
Fluggesellschaft 328
Flugzeugtypen 328
Fluoreszenzanzeige 18
Fotografie 166

Gangschaltung 146
Gedränge, formloses 48
Gewichtsuhr 98
Griechenland 384
Gleitfallenblumen 59

Haggis 256
Handelsschiffahrt 340
Handels-U-Boot 340
Handsprechgeräte 182
Hebriden 256
Help-System 182
Hermann Ritter 88
Heron von Byzanz 98
Huygens 98

Indianer 62
Indien 8

Jamaica 226
Jausky, K. 28
Jungenaufzucht 38

Kampfspiel 78
Kenia 108
Kerameikos-Friedhof 384
Keramik 344
Kilt 256
Klebstoffe 285
Kohäsion 285
Kokon 38
Kondh 8
Kunstflug 232
Kupfer-Cañon 62

Lindos 384
Linienjets 328

Luftverkehrs-
 gesellschaft 328

Makrofotografie 166
Marley, Bob 226
Memnon-Kolosse 321
Mexiko 62
Moschusochsen 177
Motivwahl 166
Motorrad-Gespanne 156
Motorräder 156, 308, 373
Motorradreise 373
Motorsport 308
Motor-Ski-Jöring 308
Musik 226
Mykene 384

Nabenschaltung 146
Nomaden 108
Notgeld 356
Normalobjektiv 166
Notrufsystem 182

Obelisk 321
Objektive 166
Orissa 8

Parthenon 384
Pendeluhr 98
Philon von Byzanz 98
Pilotwerk 121
Pilzgeflecht 252
Plaka 384
Polarrind 177
Popmusik 226
Pyramiden 321

Radioastronomie 28
Radiostrahlung 28
Radioteleskop
 Effelsberg 28
Räderuhr 98
Rasta-Religion 226

Reggae 226
Reflektor 28
Reiseflugzeug 232
Ritter, Hermann 88
Ritterturnier 78
Rocío-Fest 216
Rugby 48

Sandwich-Aufnahme 166
Sanitärkeramik 344
Schottland 256
Science fiction 132
Seenotrettungskreuzer 88
Sierra Madre 62
Sizilien 373
Sonnenuhr 18
Spinnen 38
Strößenreuther,
 Manfred 232
Stuart,
 Charles Edward 256
Stufenpyramide 321
Symbiose 249

Tarahumara-Indianer 62
Tarantel 38
Technikbaukasten 98
Teleobjektiv 166
Tempeltüren,
 automatische 98
Teppichboden 237
Tuftingmaschine 237
Tunnelbau 278
Turkana 108
Turnier 78

U-Boot 340
Uhr, elektronische 18
Ureinwohner Indiens 8
Urrind 177

Vario-Objektiv 166
Verkehrsflugzeuge 328
Vogler, Andreas 18

Wallfahrt 216
Waren-Automaten 98
Wasseruhr 98
Webteppich 237
Wechselobjektive 166

Weganzeige,
  mechanische 98
Weihwasser-
  Automaten 98
Weitwinkelobjektiv 166

Werkstoffprüfung 361
Wildkatze 270

Zoom-Objektiv 166
Zugfahrt 62

Neu für junge Leser

Jetzt in jeder Buchhandlung

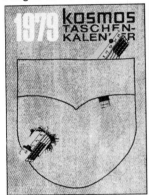